"十三五"普通高等教育会计专业规划教材

财务管理

张　林　崔玉良　卜穆峰　主　编

中国财经出版传媒集团
经济科学出版社
Economic Science Press

图书在版编目（CIP）数据

财务管理/张林主编. —北京：经济科学出版社，2017.8
"十三五"普通高等教育会计专业规划教材
ISBN 978 – 7 – 5141 – 8427 – 3

Ⅰ.①财… Ⅱ.①张… Ⅲ.①财务管理 – 高等学校 – 教材 Ⅳ.①F275

中国版本图书馆 CIP 数据核字（2017）第 223965 号

责任编辑：边　江
责任校对：刘　昕
责任印制：邱　天

财务管理

张　林　崔玉良　卜穆峰　主　编

经济科学出版社出版、发行　新华书店经销
社址：北京市海淀区阜成路甲 28 号　邮编：100142
总编部电话：010 – 88191217　发行部电话：010 – 88191522
网址：www.esp.com.cn
电子邮件：esp@esp.com.cn
天猫网店：经济科学出版社旗舰店
网址：http://jjkxcbs.tmall.com
固安华明印业有限公司印装
787×1092　16 开　19.75 印张　440000 字
2017 年 9 月第 1 版　2017 年 9 月第 1 次印刷
ISBN 978 – 7 – 5141 – 8427 – 3　定价：45.00 元
（图书出现印装问题，本社负责调换。电话：010 – 88191510）
（版权所有　侵权必究　举报电话：010 – 88191586
电子邮箱：dbts@esp.com.cn）

前　言

伴随着"一带一路"倡议和"创新驱动"的国家战略实施，经济环境的多样化以及更多的金融创新都使作为市场竞争主体的企业面临愈来愈多的风险，如何合理有效地运营资金、控制企业的各种风险成为企业管理的重要工作，财务管理作为企业管理的核心内容，其作用日益明显。本书内容从财务管理的基础理论出发，对财务管理所涉及的筹资管理、投资管理、运营管理、分配管理等方面做了详细的介绍，使企业的管理者与利益相关者能够全面系统的掌握相关财务知识并加以运用，为企业应对风险、提升竞争力和创造价值提供理论支撑。本书主要作为高等财经院校的会计及财务管理等相关专业教学用书，同时也可作为广大财务工作者及经济管理人员的自学用书。

作者在写作过程中坚持以下原则：（1）理论探讨与实践运用相结合。本书重视财务管理理论和方法体系的研究，同时注重将各种财务管理理论与方法结合运用于实际，进行案例应用分析，以理论指导实践，实践促进理论；（2）重视基础性和前沿性。对于涉及财务管理理论的基本问题展开讨论，强调对财务管理系统的全面把握，密切关注国内外财务管理研究的动向，介绍新的财务管理理念和方法；（3）结构安排合理。内容整合得当，体系清晰完整，重点突出，详略得当，使读者能够准确把握财务管理的理论与方法体系，做到厚基础，拓视野。（4）提供大量专业习题资料，强化知识掌握与能力训练。

本书由张林、崔玉良、卜穆峰主编。全书共九章，各章编写分工如下：张林编写第一章、第二章，崔玉良编写第三、四、五章，卜穆峰编写第六、七、八、九章。研究生张明溦、王子桐、孙瑶、成思阳、张琳琳参与教材资料收集与校对工作。

由于作者水平有限，书中可能存在不妥或不准确的地方，希望各位读者以及相关人士批评指正。在本书的编写过程中，作者大量借鉴了国内外会计学者专家的相关文献资料，在此表示感谢。

编　者

2017 年 8 月

财务管理

目 录

第一章 总论 ··· 1
 第一节 财务管理内涵 ·· 1
 第二节 财务管理目标 ·· 6
 第三节 财务管理模式 ··· 14
 第四节 财务管理环境 ··· 20

第二章 价值评估原理 ··· 34
 第一节 时间价值原理 ··· 34
 第二节 风险价值原理 ··· 48

第三章 筹资管理概述 ··· 64
 第一节 筹资管理的主要内容 ··· 64
 第二节 债务筹资 ·· 68
 第三节 权益筹资 ·· 78
 第四节 混合筹资 ·· 89

第四章 筹资决策 ·· 98
 第一节 资金需求量预测 ·· 98
 第二节 资本成本 ·· 103
 第三节 资本结构理论 ··· 109
 第四节 资本结构决策分析 ·· 111
 第五节 杠杆原理 ·· 117

第五章 有价证券投资 ··· 125
 第一节 股票投资 ·· 125
 第二节 债券投资 ·· 129

· 1 ·

第三节　基金投资 ································· 132

第六章　项目投资 140
　　第一节　项目投资概述 ··························· 140
　　第二节　财务可行性评价指标 ··················· 145
　　第三节　项目投资现金流量估算 ················· 153
　　第四节　项目投资决策 ··························· 165

第七章　营运资本管理 181
　　第一节　营运资本管理概述 ······················ 181
　　第二节　现金的管理 ······························ 187
　　第三节　短期有价证券的管理 ··················· 195
　　第四节　应收款项的管理 ························· 197
　　第五节　存货的管理 ······························ 202
　　第六节　流动负债管理 ··························· 208

第八章　股利分配管理 221
　　第一节　利润分配的内容和程序 ················· 221
　　第二节　股利分配理论与政策 ··················· 223
　　第三节　股利分配方案 ··························· 229
　　第四节　股票分割与股票回购 ··················· 234

第九章　财务分析 242
　　第一节　财务分析概述 ··························· 242
　　第二节　财务分析的基本方法 ··················· 248
　　第三节　财务比率分析 ··························· 255
　　第四节　上市公司基本财务分析 ················· 276
　　第五节　综合分析 ································· 280

附录 298
参考文献 309

第一章 总　论

随着资本的全球流动，各企业无一例外地被卷入激烈的竞争浪潮中。为有别于对手取得竞争优势地位，需要企业在创新、产品及服务、员工才智、长期投资、财务状况、社会责任、成本管控等方面拥有卓越的能力。这些能力的获取一方面受制于财务管理能力，另一方面又对财务管理提出诸多要求，使财务管理内容和方法不断扩充。本章主要介绍财务管理的基本概念，包括财务活动、财务关系、财务管理职能、财务管理目标、财务管理机制和财务管理环境等。

第一节　财务管理内涵

市场经济体制下的企业是依法设立，自主经营、自负盈亏从事生产、流通、服务等活动的营利性组织。尽管其组织形式、活动内容千变万化，但从财务角度剖析均表现为资金的流转。资金的实质是运动着的价值。财务管理就是对资金运动进行管理，是以理财目标为导向，运用科学方法进行分析、预测、估值、决策、计划、控制等，为企业管理提供决策支持的一种价值管理活动。

一、财务活动

企业的基本活动是筹措资金投放于生产经营活动，通过销售商品、提供劳务实现收入，抵补收益性支出、资本性支出实现价值增值的循环往复运转活动。由此，财务管理活动主要与筹资、投资、资金营运和收益分配有关。

（一）筹资活动

筹资活动就是筹措未来生产经营所需资金的活动，是企业以其预计能达到的经营效率和打算执行的财务政策为依据，预测为支撑未来期间业务量和投资行为所需资金需求量，正确选择筹资渠道、方式、结构，合理筹措资金的一系列财务活动的总称。通过筹资活动，资金流入企业形成资金运动的起点。筹资能力的强弱，不仅制约了企业的规模也决定着企业各项营业活动能否顺利进行。

按所筹资金时间特征不同，筹资可分为长期资本筹集和短期资金筹集。其中，短期资金筹集与运用密不可分，通常称为资金营运活动。（本教材第三章、第四章中涉及的均为长期资本筹集。）

（二）投资活动

投资活动是企业为取得收益，将筹集到的资金用以购置资产进而形成生产能力或经营所需物资。投资就是指对筹资所得资金的合理运用，是企业按选定的投资方向和预计要达到的投资效果编制资本预算，制定并筛选出具有财务可行性的预算执行方案加以实施的一系列活动的总称。

按投资形成资产用途不同，可以分为对内长期投资（如固定资产投资、无形资产投资等）、对内短期投资（如流动资产投资，流动资产投资与短期资金筹集合并称为营运资金管理）、对外投资（主要是指有价证券投资）。

（三）资金营运活动

资金营运活动是企业在日常生产经营中通常会发生的各种经济活动。首先，采购材料或商品进行款项支付会引起资金流出企业；组织生产加工支付职工薪酬等各种费用也会引起资金流出企业；销售商品、提供劳务实现收入并收回款项会引起资金流入企业。其次，当日常经营出现资金短缺时，需要向银行举借短期借款或利用商业信用等方式筹集短期周转资金。上述日常生产经营活动中引发的资金收付行为就是资金营运活动。

（四）收益分配活动

企业历经一段期间经营活动、投资活动后会取得一定收益，需要将收益总额在各利益主体间进行合理分割。收益分配活动就是企业对一定时期内运用资产从事投资、营运活动所产生的利益总额在各利益主体之间分割的过程。广义的收益分配是对收入进行分配；狭义的收益分配是对税后净利进行分配。

上述财务活动的四个方面内容相互联系、相互依存、相互制约。合理筹集生产经营所需资金是企业生存与发展的基础，筹资数额在制约投资规模的同时受投资时机、资本预算的影响；投融资活动的成果需要依托日常资金营运活动得以实现，投融资活动的有效性对营运资金管理效率产生制约作用；收益分配贯穿到筹资、投资和营运活动的各方面，收益分配的来源是投融资活动和资金营运共同作用的成果同时又对三方面的活动产生反作用。因此，投资、筹资、资金营运和收益分配活动是企业创造价值的基础，是实现企业可持续发展的保障。

二、财务关系

财务关系是指企业在从事各项财务活动时引发的与各有关方面之间的经济利益关系。处理好企业与各有关利益主体之间的财务关系是财务活动持续稳定运行的前提。

（一）财务关系的表现

1. 企业与资本所有者之间的财务关系

为筹集权益资本，企业向资本所有者募集资金从而形成经济利益关系。资本所有者有按照章程、协议约定按时、足额履行出资的义务，同时有权参与或监督企业经营决策、参与利润分配，并承担相应投资风险；企业运用资本进行经营，对出资者的出资承担资本保值增值的责任，并以其税后净利向资本所有者支付投资报酬。一般而言，所有者出资不同,对企业承担的责任、享有的权利也不同。因此,企业与所有者之间的关系是一种体现出经营权与所有权的委托代理关系。(资本所有者是委托方,企业是代理方,受托管理所有者的出资。)

2. 企业与债权人之间的财务关系

当企业经营出现资金不足或扩张缺少资金时会借入一定数量款项,由此借款方企业成为债务人,出资方成为债权人。企业与债权人双方都要遵守债务契约约定,一方面,债权人要按时、足额将资金提供给企业;另一方面,企业运用债权人资金过程中,要按债务契约约定按时、足额向债权人支付利息、偿还债务本金。因此,企业与债权人之间的关系是建立在债务契约基础上的债务债权关系。

3. 企业与被投资主体之间的财务关系

企业通过购买股票或直接投资的形式向其他经济主体进行投资会形成一定经济利益关系。企业应按时履行出资义务并参与被投资主体的利润分配。企业与被投资主体之间是所有权性质上的投资与受资关系。

4. 企业与债务人之间的财务关系

企业拥有的资金通过购买债券、提供拆借资金或商业信用等形式出借给其他单位使用所形成的经济利益关系。企业将资金借出后,有权要求其债务人按约定的条件支付利息和归还本金。企业与债务人之间的关系是债权债务关系。

5. 企业内部各部门(单位)之间的财务关系

企业内部各单位(部门)之间在生产经营过程中相互提供商品或劳务时会引发经济利益关系。为加强成本管理、考核单位(各部门)的业绩,企业单位(各部门)之间相互提供商品和劳务时要进行计价结算。这种建立在权、责、利划分基础上的内部资金结算关系,就是企业内部单位(各部门)之间的财务关系。

6. 企业与内部员工之间的财务关系

企业与员工之间签订劳动合同后,员工为企业提供劳务、企业向员工支付劳动报酬过程中所形成的经济利益关系。员工是企业的劳动者,他们以自身提供的劳动作为参加企业分配的依据。企业根据经营者的职务能力和经营能力高低、根据一般员工业务能力和劳动业绩大小,用营业收入向职工支付工薪、津贴和奖金,并按规定提取公益金等。企业与员工之间是以权、责、劳、绩为依据的在劳动成果上的分配关系。

7. 企业与行政管理部门之间的财务关系

各级行政管理部门代表国家担负着维护社会秩序、捍卫国家安全、组织管理社会活动等使命,为企业生产经营活动提供公平竞争的市场环境和基础设施等条件。企业与行政管理部门之间在财务关系上表现出依法纳税征税的关系,是一种强制性收益分配关系。

(二) 财务关系的协调

财务关系的形成源自于委托代理关系,委托代理关系是指一个或多个行为主体根据一种明示或隐含的契约,指定、雇佣另一些行为主体为其服务,同时授予后者一定的决策权利,并根据后者提供的服务数量和质量对其支付相应的报酬。授权者就是委托人，被授权者就是代理人。在委托代理的关系当中，由于双方均按照自身经济利益最大化原则行事，必然导致两者间利益冲突。若没有有效的制度管控，代理人的行为很可能损害委托人的利益，即出现委托代理问题。股东与经理人之间、股东与债权人之间的利益冲突就是最典型的委托代理问题。

1. 股东与经营者之间财务关系的协调

股东与经理人有着各自的价值取向，对企业运作有着不同的看法和责任。股东投资入股的目的是使投入资本保值增值；经理人的目的包括：增加报酬、增加闲暇时间、降低从业风险。有些经理人在追逐自身经济利益目标时可能会丧失诚信、贪污腐败，损害股东的利益。经理人损害股东利益主要有两类表现：一是逆向选择。经理人利用增加在职消费的方法来变相增加自己的收入等。二是道德风险。经理人利用决策选择权，倾向于选择低风险的项目决策，从而导致股东丧失可能获取高收益的机会等。

协调股东与经理人之间的关系可以采用以下方式：

(1) 建立有效的激励机制。为了发挥职业经理人的企业家才能，股东有必要建立一套激励机制，来激励和协调与职业经理人的目标利益。通过薪酬与绩效的挂钩，来平衡股东和职业经理人之间的潜在冲突。职业经理人的收入与经营业绩挂钩，薪酬的高低取决于经营业绩的好坏，能激励他们发挥主观能动作用，充分运用企业家才能。运用马斯洛的需求层次理论，将精神需求作为新的激励因素，包括权力和决策激励、声誉激励、社会地位激励和挑战性目标激励等多个方面和层次。激励的方式包括：货币激励、物质激励、精神激励、职业发展（再培训、职务晋升）激励以及股票期权激励等。

(2) 建立有效的监督机制。企业必须建立一套完善和切实可行的监督机制，对经理人的行为进行有效的规范和监督，避免道德风险和逆向选择。包括：分化经理权力，特别是董事会、监事会、经理三者的权力要相互制衡，相互监督。公司的重大问题不能由经理人一人决定，要进行共同决策。同时还要建立独立董事制度，在社会上聘任财会、法律方面的专业人员，出任公司董事，因为他们能够从专业的角度对公司运营的合法合规性作出独立判断，保护少数股东的利益。此外还要建立职业经理人业绩考核与评价指标体系，让股东定期获取反映职业经理人绩效全面、准确的信息。因此，有必要健全企业内部员工的民主管理制度，充分发挥雇员在企业生产经营各环节中的监督作用，真实向股东反映职业经理人的业绩考核与评价。为达到有效的监督效果，可以采用的监督手段包括制度监督和人员监督等。

(3) 激励与监督的动态平衡。激励和监督机制是规范职业经理人经营行为的两个重要方面，不应该孤立地实施，必须形成一种有机的动态平衡。因为激励过多、考核激励周期过长，反而会降低激励效果，降低职业经理人对目标的期望；但如果激励过少、考核激励周期过短，又无法达到激励的目的。同样地，监督过多、过严，会引发职业经理人的抵触情绪，不利于发挥职业经理人的企业家才能；但是若监督过少、过宽，又会导致职业经理人权利的滥用，权力失控。因此，对职业经理人要进行适度的激励和监督，以期使激励成本、监督成本和偏离股东利益的损失三者之和达到最小，才有利于企业最大限度地创造股东财富，实现既定的理财目标。

2. 股东与债权人之间财务关系的协调

债权人将资金借给企业后期望能够按照债务契约按时收回债务本息。但股东在从债权人处获取债务资金后，期望能够充分运用以获得更高的收益。首先，股东可能要求经营者改变举债资金的原定用途，将其挪用于超过债权人预期的风险更高的项目，这会增大偿债风险，债权人的负债价值也会降低，从而损害债权人利益。其次，股东可能在未征得现有债权人同意的情况下，要求经营者举借新债，因为偿债风险相应增大，从而致使原有债权的价值降低，也会使债权人利益受到损害。上述股东与债权人之间的利益冲突，除寻求立法保护外还可以通过以下方式解决：

（1）限制性借债。

债权人通过事先在债务契约中加入附加条款，对股东运用债务资金加以限制，附加条款的内容包括：规定借债用途并约定专款专用、借债担保条款、借债信用条件等。此外，还可以对企业旧债偿还完毕之前的资产负债率上限、非生产用固定资产更新改造频率、现金股利派发比例上限等加以限制，使所有者不能通过以上方式削弱债权人的债权价值、不能恶意降低企业的现金偿债能力。

（2）收回借款或停止借款。

当债权人发现企业有侵蚀其债权价值的意图时，可以采取收回债权或不再续借的措施，达到保护自身权益的目的。

（三）企业社会责任

企业社会责任是指企业在其商业运作里对其利益相关群体应负的责任。企业社会责任的概念是基于商业运作必须符合可持续发展的想法，企业除了考虑自身的财务和经营状况外，也要考虑其运作过程中对社会和自然环境所造成的影响。利益相关群体是指所有可以影响或会被企业的决策和行动所影响的个体或组织，包括：员工、消费者（顾客）、供应商、社区团体、母公司或附属公司、合作伙伴、投资者和股东。企业履行社会责任包括：对企业内部员工要保障其尊严、福利待遇等；对企业外部的利益相关者，要发挥企业在社会环境中的良好作用。总的来说，企业的社会责任可分为经济责任、文化责任、教育责任、环境责任等几方面。就经济责任来说，企业主要为社会创造财富，提供符合国家质量安全标准的物质产品，改善人民的生活水平；就文化责任和教育责任等方面来说，企业要为员工提供符合人权的劳动环境，教育职工在行为上符合社会公德，在生产方式上符合环保要求等。

三、财务管理职能

财务管理职能是指财务管理工作所具有的功能，随着经济、财务管理实践和管理理论的发展而不断演进。作为企业经济管理工作的一部分，财务管理既具有与其他经济管理工作相同的共性职能，又具有不同于其他经济管理工作的特性职能。具体来说，财务管理职能表现为以下四方面。

（一）财务分析

这里主要指财务报表分析，是以财务报表资料及其他相关资料为依据，采用一系列专门的分析技术和方法,对企业过去有关筹资活动、投资活动、经营活动、分配活动进行分析。财务分析的目的是为了公司及其利益相关者了解公司过去,评价公司现状,为预测公司未来、作出正确决策提供准确的信息或依据。

财务分析的方法主要有比较分析法、比率分析法和趋势分析法。

(二) 财务预测

财务预测是根据财务活动的历史资料,考虑现实的要求和条件,对未来的财务活动和财务成果作出科学的预计和测算。财务预测的目的是,测算企业投资、筹资各项方案的经济效益,为财务决策提供依据,预计财务收支(现金流量)的发展变化情况,为编制财务计划服务。

财务预测按预测对象分为投资预测和筹资预测;按预测时期分为长期预测和短期预测;按预测值多寡分为单项预测和多项预测。财务预测的常用方法主要有时间序列预测法、相关因素预测法、概率分析预测法。

(三) 财务决策

财务决策职能是指财务人员根据企业经营目标和财务管理目标的总体要求,从若干可供选择的财务活动方案中选择最优方案的功能。财务决策程序一般包括:(1)明确财务活动具体目标;(2)设计、制定可实现目标的各种备选方案;(3)选择评价方法、评价指标;(4)评价和比较各备选方案;(5)确定实现目标的最优方案。

(四) 财务计划

财务计划职能是指以货币形式预计未来规划期内财务活动、财务成果以及资金筹措、投放的功能,是企业经营计划的重要组成部分,是实施财务管理、财务监督的主要依据。包括现金流量计划、资本支出计划、经营收支计划、资源配置计划等。财务计划有助于将企业经营目标具体化并分解成各部门应完成的具体指标。通过财务计划协调、平衡、规划各部门财务活动,约束和控制企业的财务行为,为业绩考核各部门工作提供依据。

第二节 财务管理目标

一、财务管理目标的概念

目标是系统所希望实现的结果,根据不同的系统所要研究和解决的问题不同,可以确定不同的目标。财务管理的目标是企业理财活动所希望实现的结果,是评价企业理财活动是否合理的基本标准。为完善财务管理理论,有效指导财务管理实践,必须对财务管理目标进行认真研究。因为财务管理目标直接反映着理财环境的变化,并根据环境的变化做适当调整,它是财务管理理论体系中的基本要素,是财务管理实践的行为导向,是财务决策的出发点和归宿。财务管理目标制约着财务运行的基本特征和发展方向，是财务运行的一种驱动力。不同的财务管理目标，会产生不同的财务管理运行机制，科学地设置财务管理目标，对优化理财行为，实现财务管理的良性循环，具有重要意义。因为财务管理目标作为企业财务运行的导向力量，设置若有偏差，则财务管理的运行机制就很难合理。因此，研究财务管理目标问题，既是建立科学的财务管理理论结构的需要，也是优化企业财务管理行为的需要，无论在理论上，还是在实践上都有重要意义。

二、财务管理目标的基本特点

（一）财务管理目标具有相对稳定性

任何一种财务管理目标的出现，都是一定的政治、经济环境的产物，随着环境因素的变化，财务管理目标也可能发生变化。例如，西方国家企业财务管理目标就经历了"筹资数量最大化"、"利润最大化"、"股东财富最大化"等多种提法，这些提法有相似之处，也有很大的区别。在我国，财务管理的目标过去虽未明确提出过，但在过去计划经济体制下，财务管理是围绕国家下达的产值指标来进行的，可以概括为"产值最大化"。改革开放以来，我国企业最关心的是利润的多少，企业财务管理工作围绕利润来进行，可以把财务管理的目标概括为"利润最大化"。人们对财务管理目标的认识是不断深化的，但财务管理目标是财务管理的根本目的，对财务管理目标的概括凡是符合财务管理基本环境和财务活动基本规律的，就能为人们所公认，否则就被摒弃，但在一定时期或特定条件下，财务管理的目标是保持相对稳定的。

（二）财务管理目标具有多元性

多元性是指财务管理目标不是单一的，而是适应多因素变化的综合目标群。现代财务管理是一个系统，其目标也是一个多元的有机构成体系。在这多元目标中，有一个处于支配地位，起主导作用的目标，称之为主导目标；其他一些处于从属地位，对主导目标的实现有配合作用的目标，称之为辅助目标。例如，企业在努力实现"企业价值最大化"这一主导目标的同时，还必须努力实现履行社会责任、加速企业成长、提高企业偿债能力等一系列辅助目标。

（三）财务管理目标具有层次性

层次性是指财务管理目标是由不同层次的系列目标所组成的目标体系。财务管理目标之所以具有层次性，主要是因为财务管理的具体内容可以划分为若干层次。例如，企业财务管理的基本内容可以划分为筹资管理、投资管理、营运资金管理、利润分配管理等几个方面，而每一个方面又可以再进行细分，例如，投资管理就可以再分为研究投资环境、确定投资方式、做出投资决策等几个方面。财务管理内容的这种层次性和细分化，使财务管理目标成为一个由整体目标、分部目标和具体目标三个层次构成的层次体系。

（1）整体目标是指整个企业财务管理所要达到的目标。整体目标决定着分部目标和具体目标，决定着整个财务管理过程的发展方向，是企业财务活动的出发点和归宿。

（2）分部目标是指在整体目标的制约下，进行某一部分财务活动所要达到的目标。

财务管理的分部目标会随整体目标的变化而变化，但对整体目标的实现有重要作用。分部目标一般包括筹资管理目标、投资管理目标、营运资金管理目标、利润及其分配管理目标等几个方面。

（3）具体目标是在整体目标和分部目标的制约下，从事某项具体财务活动所要达到的目标。比如，企业发行股票要达到的目标、进行证券投资要达到的目标等。具体目标是财务管理目标层次体系中的基层环节，它是整体目标和分部目标的落脚点，对保证整体目标和分部目标的实现有重要意义。

财务管理目标多元性中的所谓主导目标和财务目标层次性中的所谓整体目标，都是指整个企业财务管理工作所要达到的最终目的，是同一事物的不同提法。因此，这两个目标应是统一的和一致的，对企业财务活动起着决定性的影响，可以把它们统称为财务管理的基本目标。基本目标在财务管理体系中具有极其重要的地位，当人们谈到财务管理目标时，通常是指基本目标。

财务管理目标的稳定性、多元性和层次性是财务管理目标的基本特征。研究这三个特征对确定财务管理目标体系具有重要意义。

（1）财务管理目标的稳定性要求在财务管理中必须把不同时期的经济形势、外界环境的变化与财务管理的内在规律结合起来，适时提出并坚定不移地抓住企业财务管理的基本目标，防止忽冷忽热、忽左忽右。

（2）财务管理目标的多元性要求我们既要了解各目标之间的统一性，又要了解各目标之间的差别性，要以主导目标为中心，协调各目标之间的矛盾。

（3）财务管理目标的层次性要求我们把财务管理的共性与财务管理具体内容的个性结合起来，以整体目标为中心，做好各项具体工作。根据财务管理目标的稳定性、多元性、层次性，可以建立一种协调不同时间、不同系列、不同层次的财务目标体系，以完善企业财务理论，指导企业财务管理实践。

三、财务管理的基本目标

财务管理的基本目标也称整体目标。由于财务管理工作是企业管理工作的一部分，其基本目标应该与企业运行的总体目标是一致的。即"在满足其他利益集团的合法利益请求和履行其社会责任的基础上追求企业价值最大化"。

然而，财务管理作为一项独立的管理工作，除了与企业总体目标一致的基本目标外，应该具有反映其自身特点的、与其他管理工作不同的特有目标，否则就失去了其独立存在的意义。总体来讲，管理工作的目的和作用在于以较高的效率取得较好的效果。与其他管理工作相比，财务管理的最大特点是：它是一种价值管理工作，是从价值的角度对企业的投资、筹资、利润分配和营运资金的周转等各项活动进行管理的。因此其特有的管理目标应体现在立足于价值管理方面满足企业管理对财务管理提出的要求。

企业财务管理的基本目标有如下几种具有代表性的提法。

（一）利润最大化

利润最大化是指企业财务管理以实现利润最大化为目标。

以利润最大化作为财务管理基本目标，其主要原因包括：第一，人类从事生产经营活动的目的是为了创造更多的剩余产品，在市场经济条件下，剩余产品的多少可以用"利润"这一指标来衡量；第二，在自由竞争的资本市场中，资本的使用权最终属于获利最多的企业；第三，只有每个企业在合法的前提下最大限度地创造利润，整个社会的财富才可能实现最大化，从而促进社会的进步和发展。

利润最大化目标的主要优点是，企业追求利润最大化，就必须讲求加强管理，改进技术，提高劳动生产率，降低产品成本。这些措施都有利于企业资源的合理配置，有利于企业整体经济效益的提高。

但是，以利润最大化作为财务管理目标存在以下缺陷：

（1）没有考虑利润实现时间和资金时间价值。比如，今年100万元的利润和10年以后同等数量的利润其实际价值是不一样的，10年间还会有时间价值的增加，而且这一数值会随着贴现率的不同而有所不同。

（2）没有考虑风险问题。不同行业具有不同的风险，同等利润值在不同行业中的意义也不相同，比如，风险比较高的高科技企业和风险相对较小的制造业企业无法简单比较。

（3）没有反映创造的利润与投入资本之间的关系。

（4）可能导致企业短期财务决策倾向，影响企业长远发展。由于利润指标通常按年计算，因此，企业决策也往往会服务于年度指标的完成或实现。

（二）股东财富最大化

股东财富最大化是指企业财务管理以实现股东财富最大化为目标。在上市公司中，股东财富是由其所拥有的股票数量和股票市场价格两方面决定的。在股票数量一定时，股票价格达到最高，股东财富也就达到最大。

与利润最大化相比，股东财富最大化的主要优点是：

（1）考虑了风险因素，因为通常股价会对风险做出较敏感的反应。

（2）在一定程度上能避免企业短期行为，因为不仅目前的利润会影响股票价格，其未来的利润同样会对股价产生重要影响。

（3）对上市公司而言，股东财富最大化目标比较容易量化，便于考核和奖惩。

以股东财富最大化作为财务管理目标也存在以下缺点：

（1）通常只适用于上市公司，非上市公司难以应用，因为非上市公司无法像上市公司一样随时准确获得公司股价。

（2）股价受众多因素影响，特别是企业外部的因素，有些还可能是非正常因素。股价不能完全准确反应企业财务管理状况，如有的上市公司处于破产的边缘，但由于可能存在某些机会，其股票市价可能还在走高。

（3）它强调的更多的是股东利益，而对其他相关者的利益重视不够。

（三）企业价值最大化

企业价值最大化是指企业财务管理行为以实现企业的价值最大化为目标。企业价值可以理解为企业所有者权益的市场价值，或者是企业所能创造的预计未来现金流量的现值。未来现金流量这一概念，包含了资金的时间价值和风险价值两个方面的因素。因为未来现金流量的预测包含了不确定性和风险因素，而现金流量的现值是以资金的时间价值为基础对现金流量进行折现计算得出的。

企业价值最大化要求企业通过采用最优的财务政策，充分考虑资金的时间价值和风险与报酬的关系，在保证企业长期稳定发展的基础上使企业总价值达到最大。

以企业价值最大化作为财务管理目标，具有以下优点：

（1）考虑了取得报酬的时间，并用时间价值的原理进行了计量。

（2）考虑了风险与报酬的关系。

（3）将企业长期、稳定的发展和持续的获利能力放在首位，能克服企业在追求利润上的短期行为，因为不仅目前利润会影响企业的价值，预期未来的利润对企业价值增加也会产生重大影响。

（4）用价值代替价格，克服了过多受外界市场因素的干扰，有效地规避了企业的短期行为。

但是，以企业价值最大化作为财务管理目标也存在以下问题：

（1）企业的价值过于理论化，不易操作。尽管对于上市公司，股票价格的变动在一定程度上揭示了企业价值的变化，但是，股价是多种因素共同作用的结果，特别是在资本市场效率低下的情况下，股票价格很难反映企业的价值。

（2）对于非上市公司，只有对企业进行专门的评估才能确定其价值，而在评估企业的资产时，由于受评估标准和评估方式的影响，很难做到客观和准确。

近年来，随着上市公司数量的增加，以及上市公司在国民经济中地位、作用的增强，企业价值最大化目标逐渐得到了广泛认可。

（四）相关者利益最大化

在现代企业是多边契约关系的总和的前提下，要确立科学的财务管理目标，首先就要考虑哪些利益关系会对企业发展产生影响。在市场经济中，企业的理财主体更加细化和多元化。股东作为企业所有者，在企业中承担着最大的权力、义务、风险和报酬，但是债权人、员工、企业经营者、客户、供应商和政府也为企业承担着风险。比如：

（1）随着举债经营的企业越来越多，举债比例和规模也不断扩大，使得债权人的风险大大增加。

（2）在社会分工细化的今天，由于简单劳动越来越少，复杂劳动越来越多，使得职工的再就业风险不断增加。

（3）在现代企业制度下，企业经理人受所有者委托，作为代理人管理和经营企业，在激烈的市场竞争和复杂多变的形势下，代理人所承担的责任越来越大，风险也随之加大。

（4）随着市场竞争和经济全球化的影响，企业与客户以及企业与供应商之间不再是简单的买卖关系，更多的情况下是长期的伙伴关系，处于一条供应链上，并共同参与同其他供应链的竞争，因而也与企业共同承担一部分风险。

（5）政府不管是作为出资人，还是作为监管机构，都与企业各方的利益密切相关。

综上所述，企业的利益相关者不仅包括股东，还包括债权人、企业经营者、客户、供应商、员工、政府等。因此，在确定企业财务管理目标时，不能忽视这些相关利益群体的利益。

相关者利益最大化目标的具体内容包括以下几个方面：

（1）强调风险与报酬的均衡，将风险限制在企业可以承受的范围内。

（2）强调股东的首要地位，并强调企业与股东之间的协调关系。

（3）强调对代理人即企业经营者的监督和控制，建立有效的激励机制以便企业战略目标的顺利实施。

（4）关心本企业普通职工的利益，创造优美和谐的工作环境和提供合理恰当的福利待遇，培养职工长期努力为企业工作。

（5）不断加强与债权人的关系，培养可靠的资金供应者。

（6）关心客户的长期利益，以便保持销售收入的长期稳定增长。

（7）加强与供应商的协作，共同面对市场竞争，并注重企业形象的宣传，遵守承诺，讲究信誉。

（8）保持与政府部门的良好关系。

以相关者利益最大化作为财务管理目标，具有以下优点：

（1）有利于企业长期稳定发展。这一目标注重企业在发展过程中考虑并满足各利益相关者的利益关系。在追求长期稳定发展的过程中，站在企业的角度上进行投资研究，避免站在股东的角度进行投资可能导致的一系列问题。

（2）体现了合作共赢的价值理念，有利于实现企业经济效益和社会效益的统一。由于兼顾了企业、股东、政府、客户等的利益，企业就不仅仅是一个单纯牟利的组织，还承担了一定的社会责任，企业在寻求其自身的发展和利益最大化过程中，由于客户及其他利益相关者的利益，就会依法经营，依法管理，正确处理各种财务关系，自觉维护和确实保障国家、集体和社会公众的合法权益。

（3）这一目标本身是一个多元化、多层次的目标体系，较好地兼顾了各利益主体的利益。这一目标可使企业各利益主体相互作用、相互协调，并在使企业利益、股东利益达到最大化的同时，也使其他利益相关者利益达到最大化。也就是将企业财富这块"蛋糕"做到最大化的同时，保证每个利益主体所得的"蛋糕"更多。

（4）体现了前瞻性和现实性的统一。比如，企业作为利益相关者之一，有其一套评价指标，如未来企业报酬贴现值；股东的评价指标可以使用股票市价；债权人可以寻求风险最小、利息最大；工人可以确保工资福利；政府可考虑社会效益等。不同的利益相关者有各自的指标，只要合理合法、互利互惠、相互协调，就可以实现所有相关者利益最大化。

因此，相关者利益最大化是企业财务管理最理想的目标。但是鉴于该目标过于理想化，且无法操作，本书后续章节仍采用企业价值最大化作为财务管理的目标。

四、财务管理的分部目标

财务管理的分部目标,取决于财务管理的具体内容。一般而言,有哪些财务管理的内容,就会随之有相应的各分部的目标。据此,财务管理的分部目标可以概括为以下几个方面。

(1) 企业筹资管理的目标——在满足生产经营需要的情况下,不断降低资金成本和财务风险的任何企业,为了保证生产的正常进行或扩大再生产的需要,必须有一定数量的资金。企业的资金可以从多种渠道,用多种方式来筹集,不同来源的资金,其可使用时间的长短,附加条款的限制和资金成本的大小都不相同。这就要求企业在筹资时不仅需要从数量上满足生产经营的需要,而且要考虑到各种筹资方式给企业带来的资金成本的高低、财务风险的大小,以便选择最佳筹资方式,实现财务管理的整体目标。

(2) 企业投资管理的目标——认真进行投资项目的可行性研究,力求提高投资报酬,降低投资风险企业筹来的资金要尽快用于生产经营,以取得盈利。但任何投资决策都带有一定的风险性,因此,在投资时必须认真分析影响投资决策的各种因素,科学地进行可行性研究。对于新增的投资项目,一方面要考虑项目建成后给企业带来的投资报酬;另一方面也要考虑投资项目给企业带来的风险,以便在风险与报酬之间进行权衡,不断提高企业价值,实现企业财务管理的整体目标。

(3) 企业营运资金管理的目标——合理使用资金,加速资金周转,不断提高资金的利用效果。企业的营运资金,是为满足企业日常营业活动的要求而垫支的资金。营运资金的周转,与生产经营周期具有一致性。在一定时期内资金周转越快,表明支撑相同营业额需要占用的营运资金越少,也就是说可以利用相同数量的资金,生产出更多的产品,取得更多的收入,获得更多的报酬。因此,加速资金周转,是提高资金利用效果的重要措施。

(4) 企业利润管理的目标——采取各种措施,努力提高企业利润水平,合理分配企业利润。企业进行生产经营活动,要发生一定的生产消耗,并取得一定的生产成果,获得利润。企业财务管理必须努力挖掘企业潜力,促使企业合理使用人力和物力,以尽可能少的耗费取得尽可能多的经营成果,增加企业盈利,提高企业价值。企业实现的利润,要合理进行分配。企业的利润分配关系着国家、企业、企业所有者和企业职工的经济利益。在分配时,一定要从全局出发,正确处理国家利益、企业利益、企业所有者利益和企业职工利益之间可能发生的矛盾。要统筹兼顾,合理安排,而不能只顾一头,不顾其他。

五、影响财务管理目标实现的因素

财务管理的目标是企业价值或股东财富的最大化,股票价格代表了股东财富,因此,股价高低反映了财务管理目标的实现程度。公司股价受外部环境和管理决策两方面因素的影响。外部环境的影响在本章第三节论述,这里先说明企业管理当局可以控制的因素。从公司管理当局的可控制因素看,股价的高低取决于企业的报酬率和风险,而企业的报酬率和风险,又是由企业的投资项目、资本结构和股利政策决定的。因此,这五个因素影响企业的价值。财务管理正是通过投资决策、筹资决策和股利决策来提高报酬率、降低风险,实现其目标的。

（一）投资报酬率

在风险相同的情况下,投资报酬率可以体现股东财富。公司的利润总额不能反映股东财富。例如,某公司有1万股普通股,税后净利2万元,每股收益为2元。假设你持有该公司股票1 000股,因而分享到2 000元利润。如果企业为增加利润拟扩大规模,再发行1万股普通股,预计增加盈利1万元。对此项财务决策你会赞成吗？你的财富会增加吗？由于总股数增加到2万股,利润增加到3万元,每股收益反而降低到1.5元,你分享的利润将减少到1 500元。由此可见,股东财富的大小要看投资报酬率,而不是利润总额。

（二）风险

任何决策都是面向未来的,并且会有或多或少的风险。决策时需要权衡风险和报酬,才能获得较好的结果。不能仅考虑每股收益,不考虑风险。例如,你持股的公司有两个投资机会,第一方案可使每股收益增加1元,其风险极低,几乎可以忽略不计；第二方案可使每股收益增加2元,但是有一定风险,若方案失败则每股收益不会增加。你应该赞成哪一个方案呢？回答是要看第二方案的风险有多大,如果成功的概率大于50%,则它是可取的,反之则不可取。由此可见,财务决策不能不考虑风险,风险和冒险可望得到的额外报酬相称时,方案才是可取的。

（三）投资项目

投资项目是决定企业报酬率和风险的首要因素。一般说来,被企业采纳的投资项目,都会增加企业的报酬,否则企业就没有必要为它投资。与此同时,任何项目都有风险,区别只在于风险大小不同。因此,企业的投资计划会改变其报酬率和风险,并影响股票的价格。

（四）资本结构

资本结构会影响企业的报酬率和风险。资本结构是指所有者权益与负债的比例关系。一般情况下,企业借债的利息率低于其投资的预期报酬率,可以通过借债取得债务资金而提高公司的预期每股收益,但也会同时扩大预期每股收益的风险。因为一旦情况发生变化,如销售萎缩等,实际的报酬率低于利率,则负债不但没有提高每股收益,反而使每股收益减少,企业甚至可能因不能按期支付本息而破产。资本结构不当是公司破产的一个重要原因。

（五）股利政策

股利政策也是影响企业报酬率和风险的重要因素。股利政策是指公司获得的当期税后利润中,有多少作为股利发放给股东,有多少留存下来以备后续经营运用,以便使未来的盈余增长可以继续下去。股东既希望分红,又希望每股收益在未来不断增长。两者有矛盾,前者是当前利益,后者是长远利益。加大保留盈余,会提高未来的报酬率，但再投资的风险比立即分红要大。因此，股利政策会影响公司的报酬率和风险。

第三节 财务管理模式

为保障企业财务管理活动的顺畅、财务管理职能的实施需要明确企业各财务层级的财务权限、责任和利益，特别是合理配置财务管理权限。财务管理权限的配置决定了企业财务管理的运行机制和实施模式。

一、企业财务管理模式的类型

（一）集权型财务管理模式

集权型财务管理体制是指企业对各所属单位的所有财务管理决策都进行集中统一，各所属单位没有财务决策权，企业总部财务部门不但参与决策和执行决策，在特定情况下还直接参与各所属单位的执行过程。

集权型财务管理体制下企业内部的主要管理权限集中于企业总部，各所属单位执行企业总部的各项指令。它的优点在于：企业内部的各项决策均由企业总部制定和部署，企业内部可充分展现其一体化管理的优势，利用企业的人才、智力、信息资源，努力降低资金成本和风险损失，使决策的统一化、制度化得到有力的保障。采用集权型财务管理体制，有利于在整个企业内部优化配置资源，有利于实行内部调拨价格，有利于内部采取避税措施及防范汇率风险等。它的缺点是：集权过度会使各所属单位缺乏主动性、积极性，丧失活力，也可能因为决策程序相对复杂而失去适应市场的弹性，丧失市场机会。

（二）分权型财务管理模式

分权型财务管理体制是指企业将财务决策权与管理权完全下放到各所属单位，各所属单位只需对一些决策结果报请企业总部备案即可。

分权型财务管理体制下企业内部的管理权限分散于各所属单位，各所属单位在人、财、物、供、产、销等方面有决定权。它的优点是：由于各所属单位负责人有权对影响经营成果的因素进行控制，加之身在基层，了解情况，有利于针对本单位存在的问题及时作出有效决策，因地制宜地搞好各项业务，也有利于分散经营风险，促进所属单位管理人员和财务人员的成长。它的缺点是：各所属单位大都从本位利益出发安排财务活动，缺乏全局观念和整体意识，从而可能导致资金管理分散、资金成本增大、费用失控、利润分配无序。

（三）集权与分权相结合型财务管理模式

集权与分权相结合型财务管理体制，其实质就是集权下的分权，企业对各所属单位在所有重大问题的决策与处理上实行高度集权，各所属单位则对日常经营活动具有较大的自主权。

集权与分权相结合型财务管理体制意在以企业发展战略和经营目标为核心，将企业内重大决策权集中于企业总部，而赋予各所属单位自主经营权。其主要特点是：

（1）在制度上，企业内应制定统一的内部管理制度，明确财务权限及收益分配方法，各所属单位应遵照执行，并根据自身的特点加以补充。

（2）在管理上，利用企业的各项优势，对部分权限集中管理。

（3）在经营上，充分调动各所属单位的生产经营积极性。各所属单位围绕企业发展战略和经营目标，在遵守企业统一制度的前提下，可自主制订生产经营的各项决策。为避免配合失误，明确责任，凡需要由企业总部决定的事项，在规定时间内，企业总部应明确答复，否则，各所属单位有权自行处置。

正因为具有以上特点，因此集权与分权相结合型的财务管理体制，吸收了集权型和分权型财务管理体制各自的优点，避免了二者各自的缺点，从而具有较大的优越性。

二、财务管理模式的设计与选择

（一）集权与分权之间的选择

企业的财务特征决定了分权的必然性，而企业的规模效益、风险防范又要求集权。集权和分权各有特点，各有利弊。对集权与分权的选择、分权程度的把握历来是企业管理的一个难点。

从聚合资源优势，贯彻实施企业发展战略和经营目标的角度，集权型财务管理体制显然最具保障力。但是，企业意欲采用集权型财务管理体制，除了企业管理高层必须具备高度的素质能力外，在企业内部还必须有一个能及时、准确地传递信息的网络系统，并通过信息传递过程的严格控制以保障信息的质量。如果这些要求能够达到的话，集权型财务管理体制的优势便有了充分发挥的可能性。但与此同时，信息传递及过程控制有关的成本问题也会随之产生。此外，随着集权程度的提高，集权型财务管理体制的复合优势可能会不断强化，但各所属单位或组织机构的积极性、创造性与应变能力却可能在不断削弱。

分权型财务管理体制实质上是把决策管理权在不同程度上下放到比较接近信息源的各所属单位或组织机构，这样便可以在相当程度上缩短信息传递的时间，减小信息传递过程中的控制问题，从而使信息传递与过程控制等的相关成本得以节约，并能大大提高信息的决策价值与利用效率。但随着权力的分散，就会产生企业管理目标换位问题，这是采用分权型财务管理体制通常无法完全避免的一种成本或代价。集权型或分权型财务管理体制的选择，本质上体现着企业的管理决策，是企业基于环境约束与发展战略考虑顺势而定的权变性策略。

依托环境预期与战略发展规划，要求企业总部必须根据企业的不同类型、发展的不同阶段以及不同阶段的战略目标取向等因素，对不同财务管理体制及其权力的层次结构作出相应的选择与安排。

财务决策权的集中与分散没有固定的模式，同时选择的模式也不是一成不变的。财务管理体制的集权与分权，需要考虑企业与各所属单位之间的资本关系和业务关系的具体特征，以及集权与分权的"成本"和"利益"。作为实体的企业，各所属单位之间往往具有某种业务上的联系，特别是那些实施纵向一体化战略的企业，要求各所属单位保持密切的业务联系。各所属单位之间业务联系越密切，就越有必要采用相对集中的财务管理体制。反之，则相反。如果说各所属单位之间业务联系的必要程度是企业有无必要实施相对集中的财务管理体制的一个基本因素，那么，企业与各所属单位之间的资本关系特征则是企业能否采取相对集中的财务管理体制的一个基本条件。只有当企业掌握了各所属单位一定比例有表决权的股份（如50％以上）之后，企业才有可能通过指派较多董事去有效地影响各所属单位的财务决策，也只有这样，各所属单位的财务决策才有可能相对"集中"于企业总部。

事实上，考虑财务管理体制的集中与分散，除了受制于以上两点外，还取决于集中与分散的"成本"和"利益"差异。集中的"成本"主要是各所属单位积极性的损失和财务决策效率的下降，分散的"成本"主要是可能发生的各所属单位财务决策目标及财务行为与企业整体财务目标的背离以及财务资源利用效率的下降。集中的"利益"主要是容易使企业财务目标协调和提高财务资源的利用效率，分散的"利益"主要是提高财务决策效率和调动各所属单位的积极性。

此外，集权和分权应该考虑的因素还包括环境、规模和管理者的管理水平。由管理者的素质、管理方法和管理手段等因素所决定的企业及各所属单位的管理水平，对财权的集中和分散也具有重要影响。较高的管理水平，有助于企业更多地集中财权，否则，财权过于集中只会导致决策效率的低下。

（二）财务管理模式的设计原则

一个企业如何选择适应自身需要的财务管理体制，如何在不同的发展阶段更新财务管理模式，在企业管理中占据重要地位。从企业的角度出发，其财务管理体制的设定或变更应当遵循如下四项原则。

1. 与现代企业制度的要求相适应的原则

现代企业制度是一种产权制度，它是以产权为依托，对各种经济主体在产权关系中的权利、责任、义务进行合理有效的组织、调节的制度安排，它具有"产权清晰、责任明确、政企分开、管理科学"的特征。

企业内部相互间关系的处理应以产权制度安排为基本依据。企业作为各所属单位的股东，根据产权关系享有作为终极股东的基本权利，特别是对所属单位的收益权、管理者的选择权、重大事项的决策权等，但是，企业各所属单位往往不是企业的分支机构或分公司，其经营权是其行使民事责任的基本保障，它以自己的经营与资产对其盈亏负责。

企业与各所属单位之间的产权关系确认了两个不同主体的存在，这是现代企业制度特别是现代企业产权制度的根本要求。在西方，在处理母子公司关系时，法律明确要求保护子公司权益，其制度安排大致如下：①确定与规定董事的诚信义务与法律责任，实现对子公司的保护；②保护子公司不受母公司不利指示的损害，从而保护子公司权益；③规定子公司有权向母公司起诉，从而保护自身利益与权利。

按照现代企业制度的要求，企业财务管理体制必须以产权管理为核心，以财务管理为主线，以财务制度为依据，体现现代企业制度特别是现代企业产权制度管理的思想。

2. 明确企业对各所属单位管理中的决策权、执行权与监督权三者分立原则

现代企业要做到管理科学，必须首先要求从决策与管理程序上做到科学、民主，因此，决策权、执行权与监督权三权分立的制度必不可少。这一管理原则的作用就在于加强决策的科学性与民主性，强化决策执行的刚性和可考核性，强化监督的独立性和公正性，从而形成良性循环。

3. 明确财务综合管理和分层管理思想的原则

现代企业制度要求管理是一种综合管理、战略管理，因此，企业财务管理不是也不可能是企业总部财务部门的财务管理，当然也不是各所属单位财务部门的财务管理，它是一种战略管理。这种管理要求：①从企业整体角度对企业的财务战略进行定位；②对企业的财务管理行为进行统一规范，做到高层的决策结果能被低层战略经营单位完全执行；③以制度管理代替个人的行为管理，从而保证企业管理的连续性；④以现代企业财务分层管理思想指导具体的管理实践（股东大会、董事会、经理人员、财务经理及财务部门各自的管理内容与管理体系）。

4. 与企业组织体制相对应的原则

企业组织体制大体上有 U 型组织、H 型组织和 M 型组织三种结构形式。U 型组织结构仅存在于产品简单、规模较小的企业，实行管理层级的集中控制；H 型组织结构实质上是企业集团的组织形式，子公司具有法人资格，分公司则是相对独立的利润中心；但是由于在竞争日益激烈的市场环境中，U 型组织结构和 H 型组织结构欠缺长期效益和整体性活力，因此大型企业组织形式逐渐过渡为 M 型组织结构。M 型结构由三个相互关联的层次组成，第一个层次是由董事会和经理班子组成的总部，它是企业的最高决策层。它既不同于 U 型结构那样直接从事各所属单位的日常管理，又不同于 H 型结构那样基本上是一个空壳。它的主要职能是战略规划和关系协调。第二个层次是由职能和支持、服务部门组成的。其中计划部是公司战略研究和执行部门，它应向企业总部提供经营战略的选择和相应配套政策的方案，指导各所属单位根据企业的整体战略制定中长期规划和年度的业务计划。M 型结构的财务是中央控制的，负责整个企业的资金筹措、运作和税务安排。第三个层次是围绕企业的主导或核心业务，相互依存又相互独立的各所属单位，每个所属单位又是一个 U 型结构。可见，M 型结构集权程度较高，突出整体优化，具有较强的战略研究、实施功能和内部关系协调能力。它是目前国际上大的企业管理体制的主流形式。M 型组织结构的具体形式有事业部制、矩阵制、多维结构等。

M 型组织结构中，在业务经营管理下放权限的同时，更加强化财务部门的职能作用。事实上，西方多数控股型公司，在总部不对其子公司的经营过分干预的情况下，其财务部门的职能更为重要，它起到指挥资本运营的作用。有资料表明，英国的控股性公司，财务部门的人数占到管理总部人员的 60%～70%，而且主管财务的副总裁在

公司中起着核心作用。他一方面是母子公司的"外交部长",行使对外处理财务事务的职能;另一方面,又是各子公司的财务主管,各子公司的财务主管是"外交部长"的派出人员,充当"外交部长"的当地代言人角色。

三、集权与分权相结合的财务管理模式内容

总结中国企业的实践,集权与分权相结合型财务管理体制的核心内容是企业总部应做到制度统一、资金集中、信息集成和人员委派。具体应集中制度制定权,筹资、融资权,投资权,用资、担保权,固定资产购置权,财务机构设置权,收益分配权,分散经营自主权、人员管理权、业务定价权、费用开支审批权。

(一)集中制度制定权

企业总部根据国家法律、法规和《企业会计准则》、《企业财务通则》的要求,结合企业自身的实际情况和发展战略、管理需要,制定统一的财务管理制度,在全企业范围内统一施行。各所属单位只有制度执行权,而无制度制定和解释权。但各所属单位可以根据自身需要制定实施细则和补充规定。

(二)集中筹资、融资权

资金筹集是企业资金运动的起点,为了使企业内部筹资风险最小,筹资成本最低,应由企业总部统一筹集资金,各所属单位有偿使用。如需银行贷款,可由企业总部办理贷款总额,各所属单位分别办理贷款手续,按规定自行付息;如需发行短期商业票据,企业总部应充分考虑企业资金占用情况,并注意到期日存足款项,以防票据到期不能兑现而影响企业信誉;如需利用海外兵团筹集外资,应统一由企业总部根据国家现行政策办理相关手续,并严格审查贷款合同条款,注意汇率及利率变动因素,严防外汇风险。企业总部对各所属单位进行追踪审查现金使用状况,具体做法是各所属单位按规定时间向企业总部上报"现金流量表",动态地描述各所属单位现金增减状况并分析各所属单位资金存量是否合理。遇有部分所属单位资金存量过多,运用不畅,而其他所属单位又急需资金时,企业总部可调动资金,并应支付利息。企业内部应严禁各所属单位之间放贷,如需临时拆借资金,在规定金额之上的,应报企业总部批准。

(三)集中投资权

企业对外投资必须遵守的原则为:效益性、分散风险性、安全性、整体性及合理性。无论企业总部还是各所属单位的对外投资都必须经过立项、可行性研究、论证、决策的过程,其间除专业人员外,必须有财务人员参加。财务人员应会同有关专业人员,通过仔细调查了解,开展可行性分析,预测投资期内市场变化趋势及可能发生风险的概率、投资该项目的建设期、投资回收期、投资回报率等,撰写财务可行性分析报告并报送决策层参考。

为了保证实现投资效益,分散及减少投资风险,企业内对投资可实行限额管理,超过限额的投资其决策权属企业总部。被投资项目一经批准确立,财务部门应协助有关部门对项目进行跟踪管理,对出现的与可行性报告的偏差,应及时报有关部门予以纠正。对投资收益不能达到预期目的的项目应及时清理解决,并应追究有关人员的责

任。同时应完善投资管理，企业可根据自身特点建立一套具有可操作性的财务考核指标体系，规避财务风险。

（四）集中用资、担保权

企业总部应加强资金使用安全性的管理，对大额资金拨付要严格监督，建立审批手续，并严格执行。这是因为各所属单位财务状况的好坏关系到企业所投资本的保值和增值问题，同时各所属单位因资金受阻导致获利能力下降，会降低企业的投资回报率。因此，各所属单位用于经营项目的资金，要按照经营规划范围使用，厌于资本项目上的资金支付，应履行企业规定的报批手续。

担保不慎，会引起信用风险。企业内部对外担保权应归企业总部管理，未经批准，各所属单位不得为其他企业提供担保；企业内部各所属单位相互担保，应报经企业总部同意。同时企业总部为各所属单位提供担保应制订相应的审批程序，可由各所属单位与银行签订贷款协议，企业总部为各所属单位做贷款担保，同时要求各所属单位向企业总部提供"反担保"，保证资金的使用合理及按时归还，使贷款得到监控。

同时，企业对逾期未收贷款，应作硬性规定。对过去的逾期未收货款，指定专人，统一步调，积极清理，谁经手，谁批准，由谁去收回贷款。

（五）集中固定资产购置权

各所属单位需要购置固定资产必须说明理由，提出申请报企业总部审批，经批准后方可购置。各所属单位资金不得自行用于资本性支出。

（六）集中财务机构设置权

各所属单位财务机构设置必须报企业总部批准，财务人员由企业总部统一招聘，财务负责人或财务主管人员由企业总部统一委派。

（七）集中收益分配权

企业内部应统一收益分配制度，各所属单位应客观、真实、及时地反映其财务状况及经营成果。各所属单位收益的分配，属于法律、法规明确规定的按规定分配，剩余部分由企业总部本着长远利益与现实利益相结合的原则，确定分留比例。各所属单位留存的收益原则上可自行分配，但应报企业总部备案。

（八）分散经营自主权

各所属单位负责人主持本企业的生产经营管理工作，组织实施年度经营计划，决定生产和销售，研究和考虑市场周围的环境，了解和注意同行业的经营情况和战略措施，按所规定时间向企业总部汇报生产管理工作情况。对突发的重大事件，要及时向企业总部汇报。

（九）分散人员管理权

各所属单位负责人有权任免下属管理人员，有权决定员工的聘用与辞退，企业总部原则上不应干预，但其财务主管人员的任免应报经企业总部批准或由企业总部统一委派。一般财务人员必须获得"初级会计职称（助理会计师）"或相关执业资格证书，才能从事财会工作。

（十）分散业务定价权

各所属单位所经营的业务均不相同，因此，业务的定价应由各所属单位经营部门自行拟订，但必须遵守加速资金流转，保证经营质量，提高经济效益的原则。

（十一）分散费用开支审批权

各所属单位在经营中必然发生各种费用，企业总部没必要进行集中管理，各所属单位在遵守财务制度的原则下，由其负责人批准各种合理的用于企业经营管理的费用开支。

第四节 财务管理环境

财务管理环境又称理财环境，是指对企业财务活动和财务管理产生影响作用的企业内外各种条件的统称。企业财务活动在相当大程度上受理财环境制约，如生产、技术、供销、市场、物价、金融、税收等因素，对企业财务活动都有重大的影响。只有在理财环境的各种因素作用下实现财务活动的协调平衡，企业才能生存和发展。研究理财环境，有助于正确地制定理财策略。对企业财务管理影响比较大的理财环境有经济环境、法律环境、金融环境和技术环境等。

一、经济环境

经济环境是企业各种理财环境中对企业的财务管理活动影响最直接、最重大的环境因素，经济环境因素主要包括经济周期、经济发展水平、经济政策和通货膨胀水平等。

（一）经济周期

市场经济条件下，经济发展与运行带有一定的波动性，大体上经历复苏、繁荣、衰退和萧条几个阶段的循环，这种循环叫做经济周期。经济周期是人所共知的现象，财务学者曾探讨了经济周期中财务活动的趋势特征。现择其要点归纳如表1-1所示。

表1-1　　　　　　　不同经济周期中财务活动的趋势特征

复苏	繁荣	衰退	萧条
1. 增加厂房设备	1. 扩充厂房设备	1. 停止扩张	1. 建立投资标准
2. 实行长期租赁	2. 签订长期购货合同	2. 处置不需用设备	2. 保持市场份额
3. 建立存货供应渠道	3. 提高产品价格	3. 停产不利产品	3. 缩减管理费用
4. 开发、引入新产品	4. 推动营销	4. 停止长期采购合同	4. 放弃次要利益
5. 招募员工（寻找代加工工厂）	5. 招募员工（增加代加工订单）	5. 削减员工（减少代加工订单）	5. 削减员工（减少代加工工厂）

我国经济发展与运行带有一定的经济波动性，也呈现出其特有的周期性特征。过去曾经历过若干次从投资膨胀、生产高涨到控制投资、紧缩银根和正常发展的过程，

使我国宏观经济步入持续增长状态。在此宏观环境下，企业的筹资、投资和运营等理财活动都受到这种经济波动的影响，比如在银根紧缩时期，社会资金十分短缺，利率上涨，使企业筹资出现困难，筹资成本上升，甚至影响到企业的正常生产经营活动。相应企业的投资方向会因为市场利率的上涨而转向本币存款或贷款。此外，由于国际经济交流与合作的发展，西方的经济周期影响也不同程度地波及我国。因此，企业财务人员必须认识到经济周期的影响，在经济发展波动中适时调整长短期财务决策。

（二）经济发展水平

改革开放以来，我国的国民生产总值以很高的速度增长，各项建设方兴未艾。市场经济体制的日益完善进一步推动了我国国有企业的现代化进程。这就给企业扩大规模、调整方向、打开市场，以及拓宽财务活动的领域带来了机遇。同时，由于高速发展中的资金短缺将长期存在，又给企业财务管理带来严峻的挑战。因此，企业财务管理工作者必须积极探索与经济发展水平相适应的财务管理模式。

（三）经济政策

宏观经济政策主要包括财税政策、金融政策、外汇政策、外贸政策、计划政策、价格政策、投资政策、社会保障制度等内容。这些经济政策的变动深刻地影响着企业的财务活动和财务战略。如财税政策会影响企业的资金结构和投资项目的选择；金融政策中货币的发行量、信贷规模、公开市场回购和逆回购将影响企业筹资的资金来源和投资的预期收益；价格政策将影响决定资金的投向和投资的回收期及预期收益；会计政策将影响企业对经济活动的结果进行确认、计量、记录和报告，进而影响企业对财务活动的预测、决策、评价等产生影响。为此，要求企业财务人员要善于把握经济政策及其动向，及时调整财务活动顺应宏观经济政策。

（四）通货膨胀水平

通货膨胀对企业财务活动的影响主要表现在现金流、筹资和经营三个方面。在通货膨胀水平较高的时期，原材料价格、员工薪酬等成本水平上升，导致企业经营过程中对现金支付需求大幅度增加；产品销售价格上升会使利润虚增，在对所有者进行现金红利分配时不仅引起现金流出更会提高权益成本；与此同时，企业未来经营的现金缺口增大、融资需求增加，而资本市场中资金供给减少、有价证券价格下降使企业面临艰难的融资环境，出现筹资困难等财务问题。

为减轻通货膨胀对企业财务活动产生不利影响，企业需要对通货膨胀水平及其发展趋势进行预判并调整财务策略，防止并减少现金流失、增强现金流入，减轻企业的筹资压力。具体措施包括：在通货膨胀初期，进行投资可以减少未来货币贬值后投资的支出量、降低投资风险、实现资本保值；调整债务筹资的期限结构，增加长期负债的比例以稳定债务资金成本预防利率上升的风险；在经营策略上与客户签订长期订货合同，减轻未来物价上升对现金流出量的影响。在通货膨胀持续期，企业可以收紧信用政策，加快现金回流；调整收益分配方式，减少现金红利的发放等。

二、法律环境

市场经济的重要特征就在于它是以法律规范和市场规则为特征的经济制度。法律环境是指企业运行财务活动时应遵守的有关法律、法规和规章制度等。法律环境为企业经营活动规定了活动空间、约束了企业的财务活动，同时也为企业在相应空间内自由经营提供了法律保护。法律环境对企业财务管理的影响主要包括：企业组织形式、公司治理结构、投融资活动、经营活动以及收益分配等方面。

（一）企业组织形式

企业是市场经济的主体，不同类型的企业在所适用的法律方面有所不同。了解企业的组织形式，有助于企业财务管理活动的开展。按照企业组织形式不同，可将企业分为独资企业、合伙企业和公司制企业。

1. 独资企业

独资企业是指由一个自然人完成投资，企业财产为业主（投资者）个人所有，投资人以其个人财产对企业债务承担无限责任的经营实体。独资企业具有结构简单、容易开办、利润独享、限制较少、税收负担轻等优点。但也存在着无法克服的缺点，首先业主对企业债务负有无限偿债责任，风险高；其次独资企业筹资困难，业主个人财力有限、企业能运用的筹资方式有限，在借款时往往会因信用不足而遭到拒绝。

2. 合伙企业

合伙企业是指由各合伙人订立合伙协议，共同出资、合伙经营、共享收益、共担风险，并对本企业债务承担无限连带责任的营利性组织。合伙企业的法律特征是：①有两个以上合伙人，并且都是具有完全民事行为能力，依法承担无限责任的人；②有书面合伙协议，合伙人依照合伙协议享有权利，承担责任；③有各合伙人实际缴付的出资，合伙人可以用货币、实物、土地使用权、知识产权或者其他属于合伙人的合法财产及财产权利出资，经全体合伙人协商一致，合伙人也可以用劳务出资，其评估作价由全体合伙人协商确定；④有关合伙企业改变名称、向企业登记机关申请办理变更登记手续、处分不动产或财产权利、为他人提供担保、聘任企业经营管理人员等重要事务，均须经全体合伙人一致同意；⑤合伙企业的利润和亏损，由合伙人依照合伙协议约定的比例分配和分担；合伙协议未约定利润分配和亏损分担比例的，由各合伙人平均分配和分担；⑥各合伙人对合伙企业债务承担无限连带责任。合伙企业具有开办容易、信用较佳的优点，但也存在责任无限、权力不易集中、有时决策过程过于冗长等缺点。

3. 公司制企业

公司是指依照公司法登记设立，以其全部法人财产，依法自主经营、自负盈亏的企业法人。公司享有由股东投资形成的全部法人财产权，依法享有民事权利，承担民事责任。公司股东作为出资者按投入公司的资本额享有所有者的资产受益、重大决策和选择管理者等权利，并以其出资额或所持股份为限对公司承担有限责任。我国《公司法》所称公司指有限责任公司和股份有限公司。

（1）有限责任公司。是指由 2 个以上 50 个以下股东共同出资，每个股东以其所认缴的出资额为限对公司承担有限责任，公司以其全部资产对其债务承担责任的企业法人。其特征有：①公司的资本总额不分为等额的股份；②公司向股东签发出资证明书，不发股票；③公司股份的转让有较严格的限制；④限制股东人数，不得超过一定限额；

⑤股东以其出资比例享受权利、承担义务;⑥股东以其出资额为限对公司承担有限责任。

(2) 股份有限公司。是指其全部资本分为等额股份,股东以其所持股份为限对公司承担责任,公司以其全部资产对公司的债务承担责任的企业法人。其特征有:①公司的资本划分为股份,每一股的金额相等;②公司的股份采取股票的形式,股票是公司签发的证明股东所持股份的凭证;③同股同权,同股同利;股东出席股东大会,所持每一股份有一表决权;④股东可以依法转让持有的股份;⑤股东不得少于规定的数目,但没有上限限制;⑥股东以其所持股份为限对公司债务承担有限责任。公司的最大优点是公司的所有者——股东只承担有限责任,股东对公司债务的责任以其投资额为限。公司的另一个优点是比较容易筹集资金,通过发行股票、债券等可以迅速筹集到大量资金,这使公司比独资企业和合伙企业有更大发展的可能性。公司这一组织形式,已经成为西方大企业所采用的普遍形式。也是我国建立现代企业制度过程中选择的企业组织形式之一。本书所讲的财务管理,主要是指公司的财务管理。

(二) 影响财务活动的各种法律规范

影响财务活动的各种法律规范见表1-2。

表1-2　　　　　　　　对不同财务活动产生影响的主要法律法规

财务活动类别	影响财务活动的法律法规
筹资活动	公司法、证券法、金融法、证券交易法、合同法等
投资活动	公司法、证券交易法、企业财务通则等
经营活动	公司法、经济合同法、证券交易法、企业财务通则、税法等
收益分配活动	公司法、税法、企业财务通则等

三、金融环境

企业从事任何投资活动和经营活动都必须有足够的资金保障。企业在筹资时,除投资者投入自有资金外,主要从金融机构和金融市场筹集取得。金融环境包括金融中介机构、金融工具、金融市场和利息率等。

(一) 金融中介机构

社会资金从资金供应者手中转移到资金需求者手中,大多要通过金融机构。金融中介机构分为银行及非银行金融机构两类。银行是指从事存贷款业务的金融机构,包括商业银行、政策性银行、邮政储蓄银行和农村信用银行等。主要职能是充当信用中介、充当企业之间的支付中介、提供信用工具、充当投资手段和充当国民经济的宏观调控手段。非银行金融机构是指非从事存贷款业务,以发行股票和债券、接受信用委托、提供保险等形式筹集资金,并将所筹资金运用于长期性投资的金融机构,包括保险公司、投资基金公司、证券市场机构、财务公司、金融资产管理公司、金融租赁公司等。

1. 银行

我国银行主要包括：①中央银行，即中国人民银行；②商业银行，包括国有商业银行（如中国工商银行、中国农业银行、中国银行和中国建设银行）和其他商业银行（如交通银行、中信实业银行、广东发展银行、招商银行、光大银行、民生银行等）；③国家政策性银行（如中国进出口银行、国家开发银行）。银行的业务主要包括：吸收存款；发放长、中、短期贷款；办理国内外结算；办理票据承兑与贴现；代理发行、兑付、承销政府债券；交易政府债券、金融债券；从事同业拆借；买卖、代理买卖外汇等。

2. 保险公司

保险公司是指依保险法和公司法设立的企业法人。保险公司收取保费，将保费所得资本投资于债券、股票、贷款等资产，运用这些资产所得收入支付保单所确定的保险赔偿。保险公司通过上述业务，能够在投资中获得高额回报并以较低的保费向客户提供适当的保险服务，从而盈利。

保险公司的业务分为两类：（1）人身保险业务，包括人寿保险、健康保险、意外伤害保险等保险业务。（2）财产保险业务，包括财产损失保险、责任保险、信用保险、保证保险等保险业务。我国的保险公司一般不得兼营人身保险业务和财产保险业务。

3. 投资基金公司

投资基金，也称为互助基金或共同基金（Mutual Fund），是通过公开发售基金份额募集资金，然后投资于证券的机构。投资基金由基金管理人管理，基金托管人托管，以资产组合方式进行证券投资活动，为基金份额持有人的利益服务。

投资基金运作方式可以采用封闭式或开放式。封闭运作方式的基金，是指经核准的基金份额总额在基金合同期限内固定不变，基金份额可以在依法设立的证券交易场所交易，但基金份额持有人不得申请赎回的基金。开放运作方式的基金，是指基金份额总额不固定，基金份额可以在基金合同约定的时间和场所申购或者赎回的基金。

投资基金把许多人的闲散资金集中起来，形成一定规模，有助于降低交易成本并构建投资组合。每份基金的价格变动，与基金所持有的证券投资组合的构成有关。如果组合中债券的比例大，则基金风险较小；如果组合中股票的比例大，则基金风险较大。

4. 证券市场机构

（1）证券交易所。

证券交易所是根据国家有关法律，经政府证券主管机关批准设立的集中进行证券交易的有形场所，是组织和监督证券交易，实行自律管理的非营利机构。实行会员制的证券交易所的财产积累归会员所有，其利益由会员共同享有，在其存续期间，不得将其财产积累分配给会员。

进入证券交易所参与集中交易的，必须是证券交易所的会员。投资者应当与证券公司签订证券交易委托协议，并在证券公司开立证券交易账户，以书面、电话或网络等方式，委托该证券公司代其买卖证券。

证券交易所的职责有：①为组织公平的集中交易提供保障，公布证券交易即时行情，并按交易日制作证券市场行情表，予以公布。②有权依照法律、行政法规，以及国务院证券监督管理机构的规定，办理股票、公司债券的暂停上市、恢复上市或者终止上市的事物。③因突发性事件而影响证券交易的正常进行时，证券交易所可以采取技术性停牌的措施；因不可抗力的突发性事件或者为维护证券交易的正常秩序，证券交易所可以决定临时停市。证券交易所采取技术性停牌或者决定临时停市，必须及时报告国务院证券监督管理机构。④对证券交易实行实时监控，并按照证券监督管理机构的要求，对异常交易的情况提出报告。证券交易所应当对上市公司及相关信息披露义务人披露信息进行监督，督促其依法及时、准确地披露信息。⑤从其收取的交易费用和会员费、席位费中提取一定比例的金额设立风险基金。⑥依照证券法律、行政法规制定的上市规则、交易规则、会员管理规则和其他有关规则，并报国务院证券监督管理机构批准。

（2）证券公司。

证券公司是指依照公司和证券法规定设立的、专门经营证券业务的、具有法人身份的有限责任公司或者股份有限公司。设立证券公司，必须经国务院证券监督管理机构审查批准。

证券公司的业务范围是：①证券经纪；②证券投资咨询；③与证券交易、证券投资活动有关的财务顾问；④证券承销与保存；⑤证券自营；⑥证券资产管理；⑦其他证券业务。

此外，证券市场机构还有证券服务机构，包括专业的投资咨询机构、财务顾问机构、资信评级机构、资产评估机构、会计师事务所等。

（二）金融工具

金融工具是指在金融市场上资金供需双方进行交易时所使用的信用工具，它是在信用活动中产生的能够证明金融交易金额、期限、价格的书面文件。金融工具是使交易的一方形成金融资产，同时使另一方形成金融负债或权益工具的任何合约。常见的金融工具包括：商业票据、存款单、存折、股票、债券、保险单、期货合约、期权合约、外汇等。在金融市场上，公司可以借助于金融工具进行筹资和投资。

1. 金融工具的特征

金融工具具有以下基本特征：

（1）收益性，是指金融工具能够带来价值增值的收益。

（2）风险性，是指购买金融工具的本金或预定收益存在损失的可能性。不同金融工具风险性特征的具体表现不尽相同。譬如，与债券相比，股票没有规定的偿还期限，风险更大。

（3）流动性，指金融工具在必要时迅速转变为现金而不遭受价值损失的能力。

（4）期限性，金融工具通常有规定的有效期限或偿还期限。

通常，金融工具的收益性与风险性同方向变动，收益性与流动性反方向变动。

2. 金融工具种类

按照金融工具收益性不同，可以将金融工具分为以下三种：

（1）固定收益金融工具。

固定收益证券是指能够提供固定或根据固定公式计算出来的现金流的证券。例如，公司债券的发行人承诺每年向债券持有人支付固定的利息。有些债券的利率是浮动的，但也规定有明确的计算方法。例如，某公司债券规定按国库券利率上浮两个百分点计算并支付利息。固定收益证券是公司筹资的重要形式。固定收益证券的收益与发行人的财务状况相关程度低，除非发行人破产或违约，证券持有人将按规定数额取得收益。

（2）权益证券金融工具。

权益证券代表特定公司所有权的份额。发行人事先不对持有者作出支付承诺，收益的多少不确定，要看公司经营的业绩和公司净资产的价值，因此其风险高于固定收益证券。权益证券是公司筹资的最基本形式，任何公司都必须有股权资本。权益证券的收益与发行人的财务状况相关程度高，其持有人非常关心公司的经营状况。

（3）金融衍生品。

衍生证券的种类繁多，并不断创新，包括各种形式的金融期权、期货和利率互换合约。由于衍生品的价值依赖于其他证券，因此它既可以用来套期保值，也可以用来投机。衍生证券是公司进行套期保值或者转移风险的工具。根据公司理财的原则，企业不应依靠投机获利。衍生品投机失败导致公司损失巨大甚至破产的事情时有发生。

（三）金融市场

金融市场是指资金供应者和资金需求者双方通过信用工具融通资金的场所，即实现货币借贷和资金融通、办理各种票据和进行有价证券交易活动的市场。

1. 金融市场的分类

金融市场可以按照不同的标准进行分类。

（1）货币市场和资本市场。

以期限为标准，金融市场可分为货币市场和资本市场。货币市场又称短期金融市场，是指以期限在1年以内的金融工具为媒介，进行短期资金融通的市场，包括同业拆借市场、票据市场、大额定期存单市场和短期债券市场；资本市场又称长期金融市场，是指以期限在1年以上的金融工具为媒介，进行长期资金交易活动的市场，包括股票市场和债券市场。

（2）发行市场和流通市场。

以功能为标准，金融市场可分为发行市场和流通市场。发行市场又称为一级市场，它主要处理金融工具的发行与最初购买者之间的交易；流通市场又称为二级市场，它主要处理现有金融工具转让和变现的交易。

（3）资本市场、外汇市场和黄金市场。

以融资对象为标准，金融市场可分为资本市场、外汇市场和黄金市场。资本市场以货币和资本为交易对象；外汇市场以各种外汇金融工具为交易对象；黄金市场则是集中进行黄金买卖和金币兑换的交易市场。

(4) 基础性金融市场和金融衍生品市场。

按所交易金融工具的属性,金融市场可分为基础性金融市场与金融衍生品市场。基础性金融市场是指以基础性金融产品为交易对象的金融市场,如商业票据、企业债券、企业股票的交易市场;金融衍生品交易市场是指以金融衍生品为交易对象的金融市场,如远期、期货、掉期(交换)、期权,以及具有远期、期货、掉期(交换)、期权中一种或多种特征的结构化金融工具的交易市场。

(5) 地方性金融市场、全国性金融市场和国际性金融市场。

以地理范围为标准,金融市场可分为地方性金融市场、全国性金融市场和国际性金融市场。

2. 货币市场

货币市场的主要功能是调节短期资金融通。其主要特点是:①期限短。一般为3~6个月,最长不超过1年。②交易目的是解决短期资金周转。它的资金来源主要是资金所有者暂时闲置的资金,融通资金的用途一般是弥补短期资金的不足。③金融工具有较强的"货币性",具有流动性强、价格平稳、风险较小等特性。

货币市场主要有拆借市场、票据市场、大额定期存单市场和短期债券市场等。拆借市场是指银行(包括非银行金融机构)同业之间短期性资本的借贷活动。这种交易一般没有固定的场所,主要通过电信手段成交,期限按日计算,一般不超过1个月。票据市场包括票据承兑市场和票据贴现市场。票据承兑市场是票据流通转让的基础;票据贴现市场是对未到期票据进行贴现,为客户提供短期资本融通,包括贴现、再贴现和转贴现。大额定期存单市场是一种买卖银行发行的可转让大额定期存单的市场。短期债券市场主要买卖1年期以内的短期企业债券和政府债券,尤其是政府的国库券交易。短期债券的转让可以通过贴现或买卖的方式进行。短期债券以其信誉好、期限短、利率优惠等优点,成为货币市场中的重要金融工具之一。

3. 资本市场

资本市场的主要功能是实现长期资本融通。其主要特点是:①融资期限长。至少1年以上,最长可达10年甚至10年以上。②融资目的是解决长期投资性资本的需要,用于补充长期资本,扩大生产能力。③资本借贷量大。④收益较高但风险也较大。

资本市场主要包括债券市场、股票市场和融资租赁市场等。债券市场和股票市场由证券(债券和股票)发行和证券流通构成。有价证券的发行是一项复杂的金融活动,一般要经过以下几个重要环节:①证券种类的选择。②偿还期限的确定。③发售方式的选择。在证券流通中,参与者除了买卖双方外,中介非常活跃。这些中介主要有证券经纪人、证券商,他们在流通市场中起着不同的作用。融资租赁市场是通过资产租赁实现长期资金融通的市场,它具有融资与融物相结合的特点,融资期限一般与资产租赁期限一致。需要强调的是:①金融市场是以资金为交易对象的市场,在金融市场上,资金被当作一种"特殊商品"来交易。②金融市场可以是有形的市场,也可以是无形的市场。前者有固定的场所和工作设备,如银行、证券交易所;后者利用电脑、电传、电话等设施通过经纪人进行资金商品交易活动,而且可以跨越城市、地区和国界。

金融市场对于商品经济的运行具有充当金融中介、调节资金余缺的功能。从总体上看,建立金融市场,有利于广泛地积聚社会资金,有利于促进地区间的资金协作,有利于开展资金融通方面的竞争,提高资金使用效益,有利于国家控制信贷规模和调节货币流通。从企业财务管理角度来看,金融市场作为资金融通的场所,是企业向社会筹集资金必不可少的条件。财务管理人员必须熟悉金融市场的各种类型和管理规则,有效地利用金融市场来组织资金的筹措和进行资本投资等活动。

(四) 利息率

利息率简称利率,是利息占本金的百分比指标。从资金的借贷关系看,利率是一定时期运用资金资源的交易价格。资金作为一种特殊商品,以利率为价格标准的融通,实质上是资源通过利率实行的再分配。因此利率在资金分配及企业财务决策中起着重要作用。

1. 利率的类型

利率可按照不同的标准进行分类:

(1) 按利率之间的变动关系,分为基准利率和套算利率。基准利率又称基本利率,是指在多种利率并存的条件下起决定作用的利率。所谓起决定作用是说,这种利率变动,其他利率也相应变动。因此,了解基准利率水平的变化趋势,就可了解全部利率的变化趋势。基准利率在西方通常是中央银行的再贴现率,在我国是中国人民银行对商业银行贷款的利率。套算利率是指在基准利率确定后,各金融机构根据基准利率和借贷款项的特点而换算出的利率。例如,某金融机构规定,贷款 AAA 级、AA 级、A 级企业的利率,应分别在基准利率基础上加 0.5%、1%、1.5%,加总计算所得的利率便是套算利率。

(2) 按利率与市场资金供求情况的关系,分为固定利率和浮动利率。固定利率是指在借贷期内固定不变的利率。受通货膨胀的影响,实行固定利率会使债权人利益受到损害。浮动利率是指在借贷期内可以调整的利率。在通货膨胀条件下采用浮动利率,可使债权人减少损失。

(3) 按利率形成机制不同,分为市场利率和法定利率。市场利率是指根据资金市场上的供求关系,随着市场而自由变动的利率。法定利率是指由政府金融管理部门或者中央银行确定的利率。

2. 利率的一般计算公式

任何商品的价格均由供应和需求两方面来决定一样,资金这种特殊商品的价格——利率,也主要是由供给与需求来决定。但除这两个因素外,经济周期、通货膨胀、国家货币政策和财政政策、国际经济政治关系、国家利率管制程度等,对利率的变动均有不同程度的影响。因此,资金的利率通常由三部分组成:纯利率;通货膨胀补偿率(或称通货膨胀贴水)和风险报酬率。利率的一般计算公式可表示如下:

$$利率 = 纯利率 + 通货膨胀补偿率 + 风险报酬率$$

纯利率是指没有风险和通货膨胀情况下的均衡点利率;通货膨胀补偿率是指由于

持续的通货膨胀会不断降低货币的实际购买力，为补偿其购买力损失而要求提高的利率；风险报酬率包括违约风险报酬率、流动性风险报酬率和期限风险报酬率。其中，违约风险报酬率是指为了弥补因债务人无法按时还本付息而带来的风险，由债权人要求提高的利率；流动性风险报酬率是指为了弥补因债务人资产流动不好而带来的风险，由债权人要求提高的利率；期限风险报酬率是指为了弥补因偿债期长而带来的风险，由债权人要求提高的利率。

四、技术环境

技术环境，是指财务管理得以实现的技术手段和技术条件，它决定着财务管理的效率和效果。目前，我国进行财务管理所依据的会计信息是通过会计信息系统所提供的，占企业经济信息总量的60%～70%。在企业内部，会计信息主要是提供给管理层决策使用，而在企业外部，会计信息则主要是为企业的投资者、债权人等提供服务。目前，我国已全面建立健全会计信息化法规体系和会计信息化标准体系［包括可扩展商业报告语言（XBRL）分类标准］，基本实现大型企事业单位会计信息化与经营管理信息化的融合，做到数出一门、资源共享，便于不同信息使用者获取、分析和利用，在优化投融资决策和相关决策的基础上进一步提升企事业单位的财务管理能力和风险防控能力；基本实现大型会计师事务所采用信息化手段对客户的财务报告和内部控制进行审计，进一步提升社会审计质量和效率；基本实现政府会计管理和会计监督的信息化，进一步提升会计管理水平和监管效能。随着企业会计信息化的全面推进，必将推动企业财务管理的技术环境进一步完善和优化。

技术环境不仅包括上述软件环境也包括硬件设施环境，通常软硬件环境共同决定了企业财务管理的技术环境。伴随着人工智能应用领域的不断拓宽，财务智能机器人运用到了企业的财务共享中心，这不仅提高了财务人的工作效率和服务质量，减少了整个流程的处理时间，还节省了人力和物力，为企业创造更高价值。目前已开发在用的财务智能机器人不仅能替代简单的财务流程中的手工操作，实现录入信息、合并数据，汇总统计的财务自动化还能够管理和监控各财务自动化流程并根据既定的业务逻辑判断、识别财务流程中的优化点；不仅能将财务机器人运用在财务领域，还扩展到了人力资源、供应链以及信息技术等其他领域，不仅可以实现商业活动和流程的自动化，有效提升业务运营效率与服务质量，它还可以通过配置或与电脑软件交互的方式来获得和分析信息的应用程序，从而实现交易处理、数据传输、数据比较等功能；财务智能机器人能够将RPA传统（重复性、基于规则的大量活动）、RPA认知（通过机器学习和自然语言处理，管理非结构化数据）、智能聊天机器人（与使用者互动）、AI（数据分析、洞察和决策）进行强强联合，来实现最大的财务管理效益；财务智能机器人还为企业提供一站式服务，确定高级自动化的优先领域；为未来的员工制定一个多方面的战略和路线图；为客户的独特需求选择合适的供应商和合作伙伴；建立治理计划，帮助客户实现先进自动化的预期价；通过试点或多个流程领域实施首选的自动化解决方案。

以毕马威（KPMG）的智能财务机器人为例：

毕马威运用财务智能机器人协助了一家国际领先的商业银行在华成立分支机构，并实现了贸易融资和大宗商品交易部门试点业务流程的数字化转化工作。该银行通过RPA技术实现了流程和员工效率的提升，提高了客户满意度，还提升了部门应对业务大量增长的能力，让员工能更集中精力去处理一些有价值的工作。除此之外，毕马威还协助该银行未来五年的RPA应用推广计划并进行详尽的成本和收益分析，设计了未来的业务流程框架。该银行通过利用RPA的试点运行，有效减少了手工作业的环节，提高了数据的准确性并通过减少单元数据处理时间和更低的错误率，加快了整个流程处理时间，同时向市场传递出财务机器人将会被广泛应用于经济管理领域的信息。这势必将会推进财务管理理论、手段、方法的改进。

课后练习题

一、单项选择题

1. 下列财务活动中能引发企业与债权人之间财务关系的是（　　）。
   A. A公司向银行举借长期借款
   B. B公司向职工支付工资
   C. C公司向D公司支付货款
   D. D公司向国家税务机关缴纳税款

2. 企业与资产所有者之间财务关系体现的是（　　）。
   A. 经营权与所有权的关系
   B. 债务与债权之间的关系
   C. 所有权性质的投资与受资的关系
   D. 劳动成果按劳分配的关系

3. 企业与债权人之间财务关系体现的是（　　）。
   A. 经营权与所有权的关系
   B. 债务与债权之间的关系
   C. 所有权性质的投资与受资的关系
   D. 劳动成果按劳分配的关系

4. 企业与被投资企业之间财务关系体现的是（　　）。
   A. 经营权与所有权的关系
   B. 债务与债权之间的关系
   C. 所有权性质的出资与受资的关系
   D. 劳动成果按劳分配的关系

5. 企业与内部员工之间财务关系体现的是（　　）。
   A. 经营权与所有权的关系
   B. 债务与债权之间的关系
   C. 所有权性质的投资与受资的关系
   D. 劳动成果按劳分配的关系

6. 下列各项财务活动中，属于企业对外投资活动的是（　　）。
   A. 购买设备　　B. 购买零部件　　C. 购买专利权　　D. 购买国库券

7. 下列各项财务活动中，不属于企业对内投资的是（　　）。
   A. 购置固定资产　　B. 购买股票　　C. 购置无形资产　　D. 垫支营运资金

8. 企业从事财务活动所引发的经济利益关系被称为（　　）。
   A. 企业财务　　B. 企业财务活动　　C. 企业财务关系　　D. 企业财务管理

9. 影响企业融资最主要的外部环境是（　　）。
   A. 宏观经济环境
   B. 金融市场环境

C. 法律环境 D. 政治环境
10. 下列各项中，属于每股收益最大化财务管理目标的优点是（　　）。
  A. 考虑了资金的时间价值
  B. 考虑了投资的风险价值
  C. 有利于企业克服短期行为
  D. 反映了创造的利润与投入的资本之间的关系
11. 下列各项中，能够反映股东财富的最佳指标为（　　）。
  A. 总资产报酬率 B. 净资产收益率
  C. 每股市价 D. 每股利润
12. 下列选项中，不属于财务管理主要职能的是（　　）。
  A. 财务预测 B. 财务核算管理 C. 财务决策 D. 财务分析
13. 在没有通货膨胀的条件下，纯利率是指（　　）。
  A. 投资期望收益率 B. 银行贷款基准利率
  C. 社会实际平均收益率 D. 没有风险的社会平均利息率
14. 下列各项中，不属于金融市场构成要素的是（　　）。
  A. 金融市场交易主体 B. 金融市场交易客体
  C. 金融机构 D. 证券从业者
15. 金融市场按照交易对象的不同，可划分为（　　）。
  A. 资金市场、外汇市场和黄金市场 B. 短期资金市场和长期资金市场
  C. 现货市场、期货市场和期权市场 D. 发行市场和流通市场
16. 下列选项中，不属于金融中介机构的是（　　）。
  A. 商业银行 B. 政策性银行 C. 保险公司 D. 养老基金会
17. 在我国的所有金融管理机构中处于核心地位的机构是（　　）。
  A. 证券监督委员会 B. 银行监督委员会
  C. 保险监督委员会 D. 中国人民银行
18. 在金融市场的构成要素中，其存在为金融交易提供了场所，优化了金融资源的配置的是（　　）。
  A. 金融市场主体 B. 金融市场客体
  C. 金融中介机构 D. 金融管理机构
19. 金融市场中成交量最大、最频繁的市场是（　　）。
  A. 货币市场 B. 资本市场 C. 外汇市场 D. 黄金市场
20. 根据利率之间的变动关系，利息率可划分为（　　）。
  A. 基准利率和套算利率 B. 固定利率和浮动利率
  C. 名义利率和市场利率 D. 实际利率和名义利率
21. 根据利率是否随市场资金供求关系变化，利息率可划分为（　　）。
  A. 基准利率和套算利率 B. 固定利率和浮动利率
  C. 名义利率和市场利率 D. 实际利率和名义利率

22. 根据债权人取得的报酬情况不同，利息率可划分为（   ）。
   A. 基准利率和套算利率   B. 固定利率和浮动利率
   C. 名义利率和市场利率   D. 实际利率和名义利率

23. 在整个利率体系中处于主导地位的是（   ）。
   A. 固定利率   B. 浮动利率   C. 基准利率   D. 套算利率

二、多项选择题

1. 企业通过筹集资金形成的权益性质的资金来源包括（   ）。
   A. 资本金   B. 流动负债
   C. 资本公积   D. 盈余公积
   E. 未分配利润

2. 财务管理的主要内容包括（   ）。
   A. 投资管理   B. 营运资金管理
   C. 生产管理   D. 筹资管理
   E. 利润分配管理

3. 下列选项中，属于企业营运活动的有（   ）。
   A. 支付利息   B. 购买银行债券
   C. 采购原材料   D. 销售商品
   E. 购买其他公司股票

4. 下列选项中，属于企业筹资活动的有（   ）。
   A. 利用商业信用   B. 偿还借款
   C. 支付利息   D. 购买债券
   E. 购买股票

5. A 公司持有 B 公司债券和 C 公司的股票，并向 D 公司赊销产品，另外向 E 公司支付公司债券利息，则 A 公司与其他公司之间的财务关系包括（   ）。
   A. 经营权与所有权的关系   B. 债务与债权之间的关系
   C. 所有权性质的投资与受资的关系   D. 劳动成果按劳分配的关系
   E. 依法纳税与依法征税的关系

6. 利润最大化理财目标存在的缺陷体现在（   ）。
   A. 利润最大化理财目标没有考虑利润取得的时间
   B. 利润最大化理财目标不具可比性
   C. 利润最大化理财目标会造成资源的浪费
   D. 利润最大化理财目标没有考虑风险因素
   E. 利润最大化理财目标会造成企业短期行为

7. 财务管理的职能包括（   ）。
   A. 制定和实施企业筹资决策方案   B. 财务预测
   C. 财务控制   D. 财务分析
   E. 建立有效的财务管理机制

三、判断题

1. 营运资金尽管主要用于企业日常生产经营，但其属于长期投资。（ ）
2. 资产结构是资产内部流动资产与非流动资产之间的比例关系。（ ）
3. 资本结构是在企业资本总额中所有者权益资本与负债资本的比例关系。（ ）
4. 财务关系是企业在组织生产活动过程中与各有关方面发生的经济利益关系。（ ）
5. 财务预测是财务管理的重点和核心。（ ）
6. 资金的实质是再生产过程中运动着的价值。（ ）
7. 当现有资金不能满足企业生产经营需要时，企业采用短期借款、商业信用等形式筹集资金的活动属于筹资活动。（ ）
8. 财务计划和财务控制构成了财务管理的基本循环体系。（ ）
9. 企业管理的本质目标是获利，具体目标是生存、发展和获利。（ ）
10. 企业将每股收益最大化目标作为其财务管理的主要目标可以避免利润最大化目标没有考虑风险因素的缺点。（ ）
11. 股东财富最大化就是每股市价的最大化。（ ）
12. 财务预测方法中定性预测法可分为趋势预测法和因果预测法。（ ）
13. 因果预测法是按时间顺序排列历史资料，根据事物发展的连续性来进行预测的一种方法。（ ）
14. 财务决策方法包括确定性决策法、风险性决策法和不确定性决策法，其中确定性决策法也称损益决策法。（ ）
15. 前馈性控制是指在财务活动发生前制定一系列制度和规定，把可能产生的差异予以排除的一种控制方法。（ ）

四、简答题

1. 财务活动的含义及其包含的内容。
2. 财务关系的含义及其包含的内容。
3. 财务管理目标的种类及各种理财目标的优缺点。

五、论述题

1. 企业选择财务管理目标时应考虑的因素有哪些。
2. 理财环境包括哪些，举例说明不同理财环境如何影响企业财务活动。

第二章

价值评估原理

价值评估原理是在财务管理实践中总结出来，对各项财务管理活动具有指导作用的理论基础。本章主要阐述两个基本价值评估原理：时间价值原理和风险价值原理。

第一节 时间价值原理

时间价值是客观存在的经济范畴，任何企业的财务活动，都是在特定时期中进行的。时间价值原理的作用在于揭示不同时点上资金之间的换算关系，是企业财务决策的基本依据。

一、时间价值的涵义

西方经济学家对于时间价值的传统解释是：即使在没有风险、没有通货膨胀的条件下，现在1万元的价值也会大于1年后1万元的价值。资金所有者运用1万元进行投资便牺牲了即时使用或消费这1万元的机会或权利，依牺牲时间的长短来计算的这种牺牲的代价或因此而要求得到的报酬就定义为时间价值。英国经济学家凯恩斯从资本家和消费者心理出发，高估现在货币的价值低估未来货币的价值。他认为，时间价值在很大程度上取决于灵活偏好、消费倾向等心理活动。简言之，时间价值来源于资金所有者推迟的一定时期的消费。西方经济学家认为资金所有者进行社会投资活动就必须放弃或推迟即时的消费，对资金所有者推迟消费的耐心或放弃享用的权利应该给予报酬，该报酬额与推迟的时间长短成正比。故此，单位时间内的报酬额与投入资金量之间的比值称为时间价值。

事实上，西方经济学家所给出的解释仅仅从表象上描述了时间价值与时间要素二者间的量变关系，似乎时间价值来源于"时间""推迟消费""放弃即时使用的权力"等，似乎"时间""耐心"等个别心理因素能够创造出价值，从经济学角度分析这显然是不科学的，并没有真正揭示出资金时间价值的本质来源。

（一）时间价值的本质来源

马克思对资本主义商品经济进行深入研究后得出结论：商品经济的周转过程是使用价值的形成和价值的实现过程。商品价格作为中介便于供求双方之间进行交易，而商品的价格是以价值为核心、围绕价值上下波动的。商品的价值由 $c+v+m$ 三部分构成，其中：c 是在商品生产过程中转移到商品价值中的物质资料的价值；v 是劳动者的劳务报酬；m 是劳动者创造的剩余价值。在商品交换过程中，任何内容、任何形式的价值增值均来源于劳动者活劳动创造的剩余价值。资金作为特殊的商品，伴随财务周转在其交换、使用过程中获得的增值也来源于劳动者的活劳动。马克思在资本论中虽然没有使用"时间价值"这一概念，但是他从本质上阐述了"时间价值"的来源。在商品经济条件下，商品流通的变化形态是 $G-W-G'$。这一运动的起始点和终点均是货币，没有质的区别，但是却有量上的不同。马克思指出，从流通中取出的货币量会大于初始的投入量。当完整地对资金运动过程加以描述时，可以表示为 $G-W\cdots P\cdots W'-G'$。处于周转终点的货币量 G' 是以商品价值的实现为前提条件的，价值是在生产过程中形成的。其中增值部分是工人创造的剩余价值。从上面的分析中也可得知流通中的全部增值均来源于剩余价值。

总之，时间价值不可能由"时间""牺牲"所创造，也不可能由"耐心"创造，它只能由劳动者的活劳动所创造。即时间价值产生的真正来源是劳动者创造的剩余价值。

（二）时间价值的产生过程

对时间价值产生过程的研究更能验证时间价值的真正来源。若推迟消费就能取得报酬、产生时间价值，那么按此逻辑，资金不必参与社会经济活动（不必进行任何形式的投资），只需不使用或者埋入地下保存起来就应该可以获得增值，这显然是不可能的。马克思认为，货币只有作为资本投入社会再生产过程，参与生产和流通后才能增值。马克思指出"作为资本的货币，流通本身就是目的，因为只能在这个不断更新的运动中才有价值的增值。""如果把它从流通中取出来，那它将凝固为贮藏货币，即使贮藏到世界末日也不会增加分毫。"因此，只有参与到投资、再投资活动中的货币才能有增值，才会有时间价值。即资金时间价值的形成过程是社会再生产过程；是经济实体的生产经营过程；是资金的所有者对资金加以运用而引发的投资、再投资过程。

（三）时间价值的量化表现

一般商品的价值决定于商品中所蕴含的一般人类劳动，由社会必要劳动时间来衡量。资金时间价值是由社会平均资金利润率来度量。

马克思在《资本论》中精辟地论述了剩余价值转化为利润，利润转化为平均利润的过程，并对社会必要劳动时间做出了详细的注释，即社会必要劳动时间是指"在一定的社会正常的生产条件下，在社会平均的劳动熟练程度和劳动强度下，制造某种使用价值所需要的劳动时间"。与此相适应，决定时间价值量的关键因素在于资金的所有者运用资金所能得到的报酬，即资金利润率水平。资金这一特殊商品的价值量与其他商品价值量的形成相同，都可以运用"蛛网模型"理论进行分析：在自由竞争的商品经济条件下，资金可以自由地流向利润率水平高的行业。此时因供求关系的变化（供给＞需求），使资金利润率下降，资金的交易价格随之而下降，资金时间价值也下降；资金退出该竞争领域流向其他相对利润率水平较高的行业，在周而复始的周转中使得全社会各个行业的资金利润率水平达到均衡，此时资金才相对静止。由此可见，时间价值的量化表现是社会平均资金利润率，是在没有风险、没有通货膨胀条件下的社会平均资金利润率。

综上所述，时间价值是指资金经历一定时间的投资和再投资所增加的价值，又称货币时间价值。其具体表现是在没有风险和没有通货膨胀条件下的社会平均资金利润率。

在商品经济条件下，任何绝对没有风险的经济活动是不存在的，都或多或少地带有一定的风险；而通货膨胀又是客观存在的经济现象。因此，财务管理实践中表现出的投资报酬率或资金利润率不仅包括时间价值，还包括风险报酬和通货膨胀补偿。

二、时间价值计算

时间价值的外在表现有相对数和绝对数两种形式。相对数是指一定时期内的增值额与投入本金的比值，又称为利息率，常用 i 来表示；绝对数是指一定时期内的增值额，在数额上等于投入的本金量与利息率的乘积，也称为利息额，常用 I 来表示。

按利息能否由资金所有者控制并参与下一期的周转活动来划分，资金时间价值的计算有两种方法：单利和复利。单利，只有本金能产生利息，而利息不再生息的一种时间价值计算方法。这里所说的"本金"是指资金所有者初始投入到经济活动中的原始金额。利息是指经济活动结束后收回的超过本金的那部分数额。复利，不仅本金能产生利息，而且利息在下一个计息期能自动滚入本金随同本金一同计息的一种时间价值计算方法。按照这种方法，每经过一个计息期，都要将本金所产生的利息加入本金，作为下一个计息期的投入本金计算利息，逐期滚算，俗称"利滚利"。

在时间价值计算中涉及四个基本要素：计息期、利息率、终值和现值。计息期，是指两次相邻计算利息时点之间的时间间隔，如年、月、日等。一般常用 n 来表示计息期的个数。利息率，又称为"计息期对应的利息率"，是指一个计息期内的利息率水平，常用 i 来表示。终值（future value），是指一定量的本金在将来的价值，是本金与利息之和，又称本利和，常用 F 来表示。现值（present value），是指将来一定量资金的现在价值，是将来一定量的资金扣除了利息之后的金额，常用 P 来表示。

（一）单利终值与现值的计算

1. 单利终值

例如，在年利息率为10%并采用单利计息的条件下，年初投资10 000元，从第1年年末到第3年年末，该资金在各年年末的终值计算如下：

1 年末的终值 = 10 000 × (1 + 10% × 1) = 11 000 （元）
2 年末的终值 = 10 000 × (1 + 10% × 2) = 12 000 （元）
3 年末的终值 = 10 000 × (1 + 10% × 3) = 13 000 （元）

因此，单利终值的计算式为：

$$F = P \times (1 + i \cdot n) \tag{2-1}$$

式中：F 为终值，P 为现值，i 为计息期对应的利息率，n 为计息期个数。

2. 单利现值

单利现值是指未来末期期末收到或付出资金按单利折算的现在价值。它可以用逆求本金的方式计算。

例如，在年利息率为10%并采用单利计息的条件下，从第1年年末到第3年年末10 000元资金的现值计算如下：

1年末10 000元的现值 = 10 000 ÷ (1 + 10% × 1) = 9 091（元）
2年末10 000元的现值 = 10 000 ÷ (1 + 10% × 2) = 8 333（元）
3年末10 000元的现值 = 10 000 ÷ (1 + 10% × 3) = 7 692（元）

因此，单利现值的计算式为：

$$P = F \div (1 + i \cdot n) \qquad (2-2)$$

（二）复利终值与现值的计算

1. 复利终值

复利终值是指一定量的本金按复利计算的若干期后的本利和。例如，在年利息率为10%并采用复利按年计息的条件下，年初投资10 000元，从第1年年末到第3年年末，该资金在各年年末的终值计算如下：

第1年年末的终值 = 10 000 × (1 + 10%) = 11 000（元）
第2年年末的终值 = 11 000 × (1 + 10%)
　　　　　　　　= 10 000 × (1 + 10%)² = 12 100（元）
第3年年末的终值 = 12 100 × (1 + 10%)
　　　　　　　　= 10 000 × (1 + 10%)³ = 13 310（元）

因此，复利终值的一般计算公式为：

$$F = P \times (1 + i)^n \qquad (2-3)$$

式中：i——计息期对应的利息率
　　　n——计息期个数

$(1+i)^n$ 称为"复利终值系数"或"1元的复利终值"，通常用符号$(F/P, i, n)$或$(FVIF, i, n)$来表示。

复利终值的计算公式可简写为：

$$F = P \times (F/P, i, n) \text{ 或 } F = P \times (FVIF, i, n) \qquad (2-4)$$

【例2-1】BJM公司将1 000万元投资于一项年报酬率为12%的项目，投资期为5年，则5年期满时，从该项目中收回的货币资金总量为：

$F = 1\,000 \times (1 + 12\%)^5$
　$= 1\,000 \times (F/P, 12\%, 5)$
　$= 1\,000 \times 1.7623$
　$= 1\,762.3$（万元）

为了便于计算，可以编制"复利终值系数表"（见本书附表一）以供查阅。该表的第一行是利息率i，第一列为计息期数n，横纵交叉处即为相对应的复利终值系数值。通过该表可查出$(F/P, 12\%, 5) = 1.7623$，即当资金时间价值为12%的情况下，现在的1元与5年后的1.7623元在经济价值上是等效的。根据该系数表可以将现在的货币资金量换算成将来的货币资金量，即终值。该表的作用不仅在于当已知i和n时查找出对应的复利终值系数值，而且还可用于当已知复利终值系数值和 n 时查找 i，或者当已知复利终值系数值和 i 时查找 n。

【例2-2】BJM公司将1 000万元投资于一项年报酬率为15%的项目，公司高管层想知道至少要经过多少年才能够使现在的投资本金增加1倍？

$F = 1\,000 \times 2 = 2$ 万元

$F = 1\,000 \times (1 + 15\%)^n$

$2\,000 = 1\,000 \times (1 + 15\%)^n$

$(1 + 15\%)^n = 2$

$(F/p, 15\%, n) = 2$

查找"复利终值系数表"，在 $i = 15\%$ 的纵列中寻找2，最接近的系数值为2.0114

$(F/p, 15\%, 5) = 2.0114$

所以：$n = 5$，即5年后方能够使现有的投资本金增加1倍。

【例2-3】BJM公司现有1 000万元投资本金，股东要求在7年后使其达到原来的3倍，为达到增值的目的，该公司所应选择的投资项目的报酬率最低应达到何种水平？

$F = 1\,000 \times 3 = 3\,000$

$F = 1\,000 \times (F/P, i, 7)$

$3\,000 = 1\,000 \times (F/P, i, 7)$

$(F/P, i, 7) = 3$

查找"复利终值系数表"，在 $n = 7$ 的横行中寻找3，对应的 i 的值为17%，即：

$(F/p, 17\%, 7) = 3.0012$

所以：$i = 17\%$，即投资项目的最低报酬率为17%时，才能使现在的投资本金在7年后达到原来的3倍。

2. 复利现值

复利现值是指未来一定时点的特定资金量按照复利折算的现在价值，或者说是为取得将来一定的本利和在现在需要投入的本金量。可按照复利终值的原理用逆求本金的方法计算。由终值求现值也叫贴现，在贴现时所用的利息率叫贴现率。

求现值的过程其实是求终值过程的逆运算，可由终值的计算式推导得到：

因为：$F = P \times (1+i)^n$

所以：$P = F \times \dfrac{1}{(1+i)^n}$ （2-5）

式中：$\dfrac{1}{(1+i)^n}$ 称为"复利现值系数"或"1元的复利现值"，通常用符号 $(P/F, i, n)$ 或者 $(PVIF, i, n)$ 来表示。则复利现值的计算公式又可写为：

$P = F \times (P/F, i, n)$ 或者 $P = F \times (PVIF, i, n)$ （2-6）

为了便于计算，可以编制"复利现值系数表"（见本书附表二）以供查阅。该表的使用方法与"复利终值系数表"的使用方法相同。

【例2-4】BJM公司打算在5年后更新一套机器设备，预计5年后的市场价格为100 000元，若该公司的投资报酬率为10%，则为实施该项更新计划现在应准备多少

资金？

$$P = F \times (P/F, i, n)$$
$$= 100\,000 \times (P/F, 10\%, 5)$$
$$= 100\,000 \times 0.621$$
$$= 62\,100 \text{（元）}$$

该公司现在应准备 62 100 元方能在 5 年后更新机器设备。

（三）年金终值与现值的计算

上述终值与现值的计算，适用于现金流量只在某一时点发生一次，或称一次性资金流动。但是在现实的财务管理实践中，由于财务活动是连续不断地发生的，导致资金的收付行为不是一次完成，表现为一个系列的收付款过程。其中有些是每间隔一定时间产生等额的连续收付款业务，如分期付款赊购、分期付款偿还贷款、融资租赁、养老金的发放、固定资产按照直线法计提的年折旧额、保险费支付等。对于这些有规律的资金收付，如果对每次收付款分别采用复利的方法来计算其终值或现值而后进行汇总，势必非常麻烦。此时，可以对系列资金流动采用专门的方法简化计算，即年金的终值与现值计算。

年金（annuity），是指一定时期内每间隔相等时间有等量资金的收款（或付款）现象。年金的特点是"三同"，即金额相同、时间间隔、资金流动方向相同。按每次资金流动发生的时点不同，年金可分为后付年金、先付年金、延期年金和永续年金四种。

1. 普通年金

后付年金是指从第一期期末开始，每期期末有等额资金流动的现象。在现实经济生活中这种年金最为常见，因此，又称为后付年金。

（1）普通年金终值。

普通年金终值是一定时期内每期期末等额资金流动量截止到最后一期期末的复利终值之和，它犹如零存整取的本利和。

普通年金终值的计算可用图 2-1 来说明。

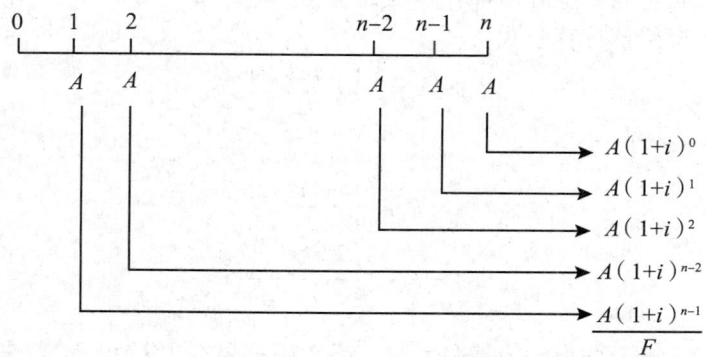

图 2-1　普通年金终值计算示意图

图 2-1 中：A——年金数额
i——计息期对应的利息率
n——计息期个数
F——终值

由图 2-1 可知，普通年金终值的计算式为：
$$F = A(1+i)^0 + A(1+i)^1 + A(1+i)^2 + \cdots + A(1+i)^{n-2} + A(1+i)^{n-1}$$
$$= A \sum_{t=1}^{n} (1+i)^{t-1} \tag{2-7}$$

或：$$F = A \cdot \frac{(1+i)^n - 1}{i} \tag{2-8}$$

式中 $\sum_{t=1}^{n}(1+i)^{t-1}$、$\frac{(1+i)^n-1}{i}$ 称为"普通年金终值系数"或"1元的普通年金终值"。通常用符号 $(F/A, i, n)$ 或 $(FVIFA, i, n)$ 来表示。普通年金终值的计算式又可写为：
$$F = A \cdot (F/A, i, n) \text{ 或者 } F = A \cdot (FVIFA, i, n) \tag{2-9}$$

为了简化计算，可以编制"普通年金终值系数表"（见本书附表三）以供查阅。

【例 2-5】BJM 公司从第 1 年起每年年末存入银行 100 万元，一直持续到第 5 年年末为止，若年复利利率为 10%，则该公司在第 5 年年末可以从银行取出多少存款？

$$F = A \cdot \frac{(1+i)^n - 1}{i} = 100 \times \frac{(1+10\%)^5 - 1}{10\%} = 610.51 \text{（万元）}$$

或：$F = A \cdot (F/A, i, n) = 100 \times (F/A, 10\%, 5)$
$= 100 \times 6.1051 = 610.51$（万元）

利用普通年金终值系数还可以解决偿债基金的问题。所谓偿债基金，是指为使年金终值达到既定数额每年年末应支付（或准备）的年金量。

普通年金终值是在已知年金量 A 和普通年金终值系数的条件下求终值的过程；而偿债基金是在已知普通年金终值系数和普通年金终值求年金量 A 的过程。所以，偿债基金的计算过程是普通年金终值计算过程的逆运算。

根据普通年金终值计算公式：
$$F = A \cdot \frac{(1+i)^n - 1}{i}$$

可知：
$$A = F \div \frac{(1+i)^n - 1}{i} \tag{2-10}$$

或
$$A = F \cdot \frac{i}{(1+i)^n - 1} \tag{2-11}$$

式中 $\frac{i}{(1+i)^n - 1}$ 称为偿债基金系数，通常用符号 $(A/F, i, n)$ 来表示，是普通年金终值系数的倒数。它可以把年金终值折算为每年需要支付的金额。偿债基金系数可以制成表格备查，也可根据普通年金终值系数求倒数确定。

【例 2-6】BJM 公司有一笔 5 年后到期的 500 万元债务，该公司的年资金利润率为 10%，为确保能够到期及时偿债，该公司每年年末需留存多少资金？

$$A = \frac{F}{(F/A, i, n)} = \frac{500}{(F/A, 10\%, 5)}$$
$$= \frac{500}{6.1051} = 81.8988 （万元）$$

可见，该公司每年年末需留存 81.8988 万元才能还清该笔到期债务。

（2）普通年金现值。

普通年金现值是一定时期内每期期末等额的系列资金流动的复利现值之和。普通年金现值的计算可用图 2-2 来说明。

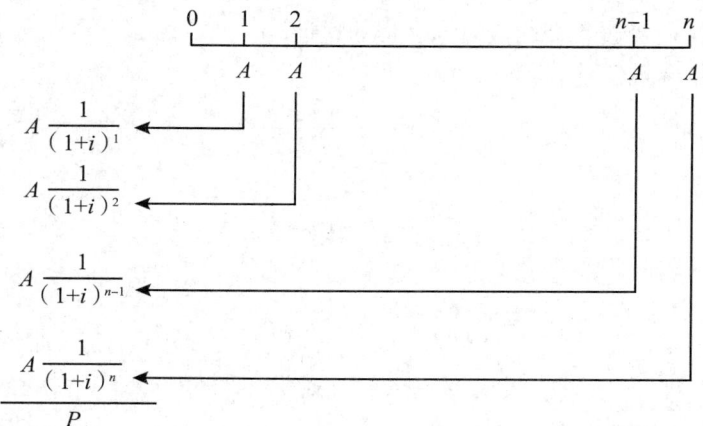

图 2-2　普通年金现值计算示意图

由图 2-2 可知，普通年金现值的计算公式为：

$$P = A\frac{1}{(1+i)^1} + A\frac{1}{(1+i)^2} + \cdots + A\frac{1}{(1+i)^{n-1}} + A\frac{1}{(1+i)^n}$$
$$= A\sum_{t=1}^{n}\frac{1}{(1+i)^t} \tag{2-12}$$

或
$$P = A \cdot \frac{1-(1+i)^{-n}}{i} \tag{2-13}$$

式中：$\sum_{t=1}^{n}\frac{1}{(1+i)^t}$、$\frac{1-(1+i)^{-n}}{i}$ 称为"普通年金现值系数"或"1 元的普通年金现值"。通常用符号 $(P/A, i, n)$ 或 $(PVIFA, i, n)$ 来表示，普通年金现值的计算式又可写为：

$$P = A \cdot (P/A, i, n) \text{ 或 } P = A \cdot (PVIFA, i, n) \tag{2-14}$$

为了简化计算，可以编制"普通年金现值系数表"（见本书附表四）以供查阅。

【例 2-7】BJM 公司有一笔债务，利息率为 4%，约定在未来的 5 年内每年年末等额偿还 50 万元，若公司选择现在一次付清，应偿还多少？

$$P = A \cdot \frac{1-(1+i)^{-n}}{i} = 50 \times \frac{1-(1+4\%)^{-5}}{4\%}$$
$$= 222.59（万元）$$

或：$P = A \cdot (P/A, i, n) = 50 \times (P/A, 4\%, 5)$
$$= 50 \times 4.4518 = 222.59（万元）$$

若现在一次付清应偿还 222.59 万元。

利用普通年金现值系数还可以解决投资回收资金的问题。

在投资者分析投资方案的可行性时，常遇到以下问题：投资者以一定的筹资成本筹集相当数量的资金，并决定是否应将其投入某项投资项目，在进行项目的可行性分析时需要考虑能否将投资本金在项目的有效寿命期内收回。在投资决策中，将每年年末等额收回的投资本金或清偿债务的金额称为投资回收资金。投资回收资金的计算分析过程实际上就是普通年金现值计算过程的逆运算。

根据普通年金现值计算公式：
$$P = A \cdot \frac{1-(1+i)^{-n}}{i}$$

可知：
$$A = P \div \frac{1-(1+i)^{-n}}{i} \tag{2-15}$$

$$A = P \cdot \frac{i}{1-(1+i)^{-n}} \tag{2-16}$$

式中 $\frac{i}{1-(1+i)^{-n}}$ 称为投资回收系数，通常用符号 $(A/P, i, n)$ 来表示，是普通年金现值系数的倒数。投资回收系数可以制成表格备查，也可根据普通年金现值系数求倒数确定。

【例 2-8】BJM 公司今年初从银行借入 5 年期贷款 100 万元，年利率为 10%，约定每年年末等额还本付息，则每年年末应偿还本息多少万元？

$$A = P \times \frac{i}{1-(1+i)^{-n}} = 100 \times \frac{10\%}{1-(1+10\%)^{-5}}$$
$$= 26.3797（万元）$$

或：$A = \frac{P}{(P/A, i, n)} = \frac{100}{(p/A, 10\%, 5)}$
$$= \frac{100}{3.7908} = 26.3797（万元）$$

可见，该公司每年年末只要向银行偿还 26.3797 万元，就可以在第 5 年年末还清所有本息。

2. 先付年金

先付年金，又称即付年金或预付年金，是指从第一期期初开始，每期期初都有等额资金流动的现象。它与普通年金的区别在于每次资金流动的时点不同。

n 期先付年金与 n 期普通年金的对比如图 2-3 所示。

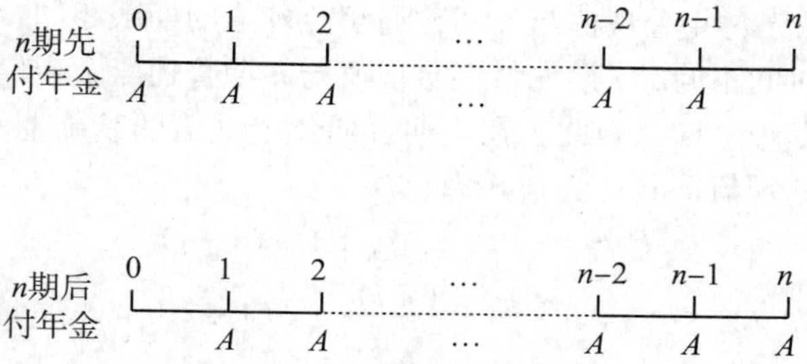

```
n期先    0   1   2   …   n-2  n-1   n
付年金    A   A   A   …    A    A
```

```
n期后    0   1   2   …   n-2  n-1   n
付年金        A   A   …    A    A    A
```

图2-3 普通年金与先付年金对比图

(1) 先付年金终值。

先付年金终值，是指一定时期内每期期初等额资金流动的复利终值之和。

从图2-3可以看出，n期先付年金与n期普通年金的资金流动次数相同，计算终值的时间点相同。但由于每次资金流动发生的时点不同，n期先付年金终值与n期普通年金终值相比，每次资金流动的终值都需要多计算一期利息。因此，在n期普通年金终值的基础上乘上$(1+i)$就是n期先付年金的终值。其计算公式为：

$$F = A \cdot (F/A, i, n) \cdot (1+i) \tag{2-17}$$

$$= A \cdot \frac{(1+i)^n - 1}{i} \cdot (1+i) \tag{2-18}$$

此外，还可以根据n期先付年金与$n+1$期普通年金的关系推导出另一公式。n期先付年金与$n+1$期普通年金的计息期数相同，但比$n+1$期普通年金少付一次款，因此，只要将$n+1$期普通年金的终值减去一期付款额A，便可求出n期先付年金终值，计算公式为：

$$F = A \cdot (F/A, i, n+1) - A \tag{2-19}$$

$$= A \cdot [(F/A, i, n+1) - 1] \tag{2-20}$$

【例2-9】BJM公司连续10年间每年年初将100万元存入银行作为建房基金，银行存款的年利率为8%，那么该公司在第10年年末可从银行一次性取出的本利和为多少？

$F = A \cdot (F/A, i, n) \cdot (1+i)$
$= 100 \times (F/A, 8\%, 10) \times (1+8\%)$
$= 100 \times 14.487 \times 1.08$
$= 1\,564.5$（万元）

或：$F = A \cdot [(F/A, i, n+1) - 1]$
$= 100 \times [(F/A, 8\%, 11) - 1]$
$= 100 \times (16.645 - 1)$
$= 1\,564.5$（万元）

可见，按照这种情况，该公司到第10年年末能够从银行中提取1 564.5万元。

(2) 先付年金现值。

先付年金现值，是指一定时期内每期期初等额资金流动的复利现值之和。

如前所述，n 期先付年金现值与 n 期普通年金现值的期限相同，现值计算的时点相同。但由于其付款时间不同，n 期先付年金现值与 n 期普通年金现值相比，每次资金流动的现值都需要少贴现一期。因此，在 n 期普通年金现值的基础上乘以 $(1+i)$，便可求出 n 期先付年金的现值。其计算公式为：

$$P = A \cdot (P/A, i, n) \cdot (1+i) \qquad (2-21)$$

$$= A \cdot \frac{1-(1+i)^{-n}}{i} \cdot (1+i) \qquad (2-22)$$

此外，根据 n 期先付年金现值与 $n-1$ 期普通年金现值的关系，还可推导出计算 n 期先付年金现值的另一个公式。n 期先付年金现值与 $n-1$ 期普通年金现值的贴现期数相同，但 n 期先付年金比 $n-1$ 期普通年金多一期不用贴现的付款 A，因此，先计算 $n-1$ 期普通年金的现值，然后再加上一期不需要贴现的付款 A，便可求出 n 期先付年金的现值。计算公式为：

$$P = A \cdot (P/A, i, n-1) + A \qquad (2-23)$$

$$= A \cdot [(P/A, i, n-1) + 1] \qquad (2-24)$$

【例 2-10】BJM 公司打算分期付款购买一栋办公楼，双方商定在未来的 10 年间，每年年初支付 50 万元，若该公司平均资金利润率为 6%，那么分期付款购买办公楼所支付的资金相当于现在一次性付款多少？

$$P = A \cdot (P/A, i, n) \cdot (1+i)$$
$$= 50 \times (P/A, 6\%, 10) \times (1+6\%)$$
$$= 50 \times 7.3601 \times 1.06$$
$$= 390.1 \text{（万元）}$$

或：$P = A \cdot [(P/A, i, n-1) + 1]$
$$= 50 \times [(P/A, 6\%, 9) + 1]$$
$$= 50 \times (6.802 + 1)$$
$$= 390.1 \text{（万元）}$$

3. 延期年金

延期年金又称递延年金，是指在最初的若干期没有资金流动的情况下，后面若干期每期期末有等额的系列资金流动。延期年金是普通年金的特殊形式，凡不是从第一期开始的普通年金都称为延期年金。

假设最初有 m 期没有资金流动，后面 n 期有等额资金流动，则延期年金如图 2-4 所示。

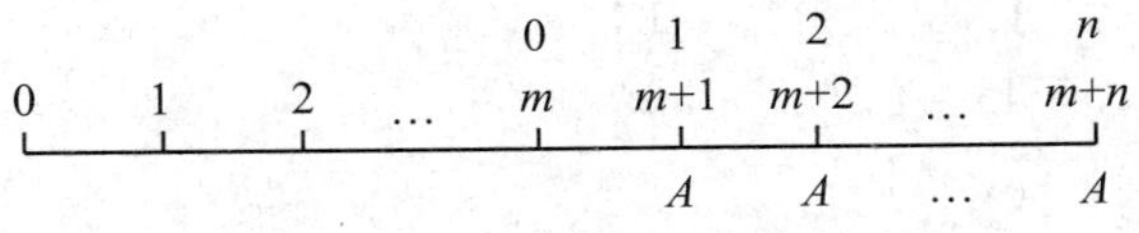

图 2-4 延期年金示意图

（1）延期年金终值。

从图 2-4 可以看出，延期年金终值与 n 期普通年金终值的计算方法相同。

【例 2-11】BJM 公司采用补偿贸易方式引进国外一条先进的生产线，协议中约定生产线投产后从第 4 年年末开始，连续 5 年每年年末用该生产线生产出的价值 100 万元的产品偿还设备的价款。若利息率为 6%，则到最后一期设备款支付完毕为止该公司共支付货款的总价值是多少元？

$$F = A \cdot (F/A, i, n)$$
$$= A \cdot (F/A, 6\%, 5)$$
$$= 100 \times 5.6371$$
$$= 563.71 （万元）$$

从上述计算过程可以看出，延期年金终值与资金流动次数相等的普通年金终值数值相同但经济意义不同。

（2）延期年金现值。

以图 2-4 为例，延期年金的现值即为后 n 期年金贴现到 m 期第一期期初的现值。可先求出延期年金在 n 期期初（m 期期末）的现值，再将它作为终值贴现至 m 期的第一期期初，便可求出延期年金的现值。其计算公式为：

$$P = A \cdot (P/A, i, n) \cdot (P/F, i, m) \qquad (2-25)$$

延期年金还可以用另外一种方法计算，先求出 m+n 期普通年金现值，再扣除没有资金流动的前 m 期普通年金现值，二者之差便是推迟了 m 期的 n 期延期年金现值。其计算公式为：

$$P = A \cdot (P/A, i, m+n) - A \cdot (P/A, i, m)$$
$$= A \cdot [(P/A, i, m+n) - (P/A, i, m)] \qquad (2-26)$$

【例 2-12】某储户在年初存入一笔资金，打算存满 5 年后，从第 6 年年末开始，连续 5 年每年年末从银行提取 10 000 元，若银行存款利率为 10%，则该储户现在需要存入多少才能实现资金计划？

$$P = A \cdot (P/A, i, n) \cdot (P/F, i, m)$$
$$= 10\,000 \cdot (P/A, 10\%, 5) \cdot (P/F, 10\%, 5)$$
$$= 10\,000 \times 3.7908 \times 0.6209$$
$$= 23\,538 （元）$$

或：$P = A \cdot [(P/A, i, m+n) - (P/A, i, m)]$
$$= 10\,000 \times [(P/A, 10\%, 10) - (P/A, 10\%, 5)]$$
$$= 10\,000 \times (6.1446 - 3.7908)$$
$$= 23\,538 （元）$$

上述计算结果表明，只要该公司现在存入银行 23 538 元现金，便能够从第 5 年起，每年年末从银行提取 10 000 元，直至第 10 年年末。

4. 永续年金

永续年金是指从第一期期末开始，无限期地在每期期末都有等额的资金流动，即无限期收付的年金。在西方国家有些债券是无限期的，可以将这种债券的利息视为永续年金。

由于永续年金没有终止的时间,所以永续年金没有终值。但永续年金存在现值,其计算等同于无限期的普通年金现值的计算。

由普通年金现值的计算公式:

$$P = A \cdot \frac{1-(1+i)^{-n}}{i}$$

可导出:当 $n \to \infty$ 时,

故永续年金现值的计算公式为:

$$P = \frac{A}{i} \qquad (2-27)$$

【例 2-13】 BJM 公司拟建立一项永久性的基金以资助偏远山区儿童,每年计划资助 100 人,每人 2 000 元,每年资助总额为 200 000 元。若利息率为 8%,则现在应准备多少助学基金?

$$P = \frac{A}{i} = \frac{200\ 000}{8\%} = 2\ 500\ 000 \text{(元)}$$

(四) 利率、贴现率和期数的推算

以上有关资金时间价值的计算,分别阐述了单利终值与现值、复利终值与现值以及年金终值与现值的计算方法,这些计算的前提是计息期为 1 年,而且贴现率和期数都是给定的。但是,在实际生活中,有时计息期短于 1 年,或者需要根据已知条件确定利率、贴现率和计息期数的情况。为此,就需要对资金时间价值计算中的这些特殊问题进行分析。

1. 实际利率的推算

前面有关终值与现值的计算均假定利率为年利率(如果未作特别说明,一般公布的利率就是年利率),每年复利一次。但实际上,复利的计息期间不一定是 1 年,有可能是季度、月份或日。比如,有些债券半年计息一次,有的抵押贷款每月计息一次,银行之间的拆借资金每天计息一次等。当每年复利只有一次时,给定的年利率既是名义利率(名义年利率),又是实际利率(实际年利率),但当每年复利次数超过一次时,给定的年利率只是名义利率,此时应将名义利率换算成实际利率,复利终值和复利现值的计算公式也要作适当调整。实际利率可按下列公式计算:

$$1 + i = \left(1 + \frac{r}{m}\right)^m$$

$$i = \left(1 + \frac{r}{m}\right)^m - 1 \qquad (2-28)$$

式中:r——名义利率

m——每年复利次数

i——实际利率

复利终值和现值可按下列公式计算:

$$F = P \times \left(1 + \frac{r}{m}\right)^{mn} \qquad (2-29)$$

$$P = F \times \left(1 + \frac{r}{m}\right)^{-mn} \quad (2-30)$$

【例 2-14】BJM 公司向银行借款 200 万元,期限 2 年。公司与银行约定借款年利率为 12%,每季度复利一次,借款到期时公司应偿还银行多少款项?

$$F = 200 \times \left(1 + \frac{12\%}{4}\right)^{4 \times 2} = 200 \times 1.2668 = 253.36 \text{(万元)}$$

【例 2-15】接上例,该笔借款的实际利率是多少?

$$i = \left(1 + \frac{12\%}{4}\right)^4 - 1 = 1.1255 - 1 = 0.1255 = 12.55\%$$

为了验证,可用实际利率 i 按年复利计算,求本利和。这时,$i = 12.55\%$,$n = 2$,计算出来的两年后终值,与用季利率按季复利计息的结果完全一致:

$$F = 200 \times (1 + 12.55\%)^2 = 253.35 \text{(万元)}$$

通过上述分析和计算,可以得出名义利率与实际利率存在下述关系:

①当计息期为 1 年时,名义利率与实际利率相等;计息期短于 1 年时,实际利率大于名义利率;计息期长于 1 年时,实际利率小于名义利率。

②名义利率越大,计息期越短(1 年内计息频率越高),实际利率与名义利率的差异就越大。

③设名义利率为 $i_名$,在 1 年内计息 m 次,实际利率与名义利率的关系式为:

$$i_实 = \left(1 + \frac{i_名}{m}\right)^m - 1 \quad (2-31)$$

④名义利率不能完全反映资金的时间价值,实际利率才能真正反映资金的时间价值。

2. 贴现率的推算

资金时间价值的计算公式中共含有四个要素:现值、终值、利率和期限,只要知道其中三个,就可以推导出另一个。贴现率的推算,其实就是已知现值、终值和期限,求利率。

贴现率的推算比较复杂,当无法直接套用公式时,必须利用有关的系数表,有时还要利用插值法。

利用插值法计算贴现率的具体计算步骤如下:

第一步,根据普通年金现值的计算公式,可求出普通年金现值系数值,设为 α。

$$(P/A, i, n) = P/A = \alpha$$

第二步,查年金现值系数表,找到恰好等于 α 的系数值,则这一系数值所对应的 i 值,即为所求的贴现率。如果未能找到这一系数值,则在表中找到与上述系数值最接近的两个临界值,设为 β_1、β_2,其所对应的贴现率分别为 i_1、i_2,假设贴现率 i 对应的现值系数在较小范围内均匀变化,则可采用比例推算法(即利率差之比等于系数差之比)推算出贴现率,其计算公式为:

$$i = i_1 + \frac{\beta_1 - \alpha}{\beta_1 - \beta_2} \times (i_2 - i_1) \quad (2-32)$$

【例2-16】BJM公司年初向银行借款8 000万元，9年期，银行要求公司每年年末等额还本付息1 600万元，该笔借款的利率为多少？

依据题意，已知 $P=8\ 000$，$A=1\ 600$，$n=9$，则：

$(P/A, i, 9) = P/A = 8\ 000/1\ 600 = 5$

查普通年金现值系数表，在 $n=9$ 一行上无法找到恰好等于5的系数值，于是在该行上寻找大于和小于5的临界系数值，分别为 $\beta_1=5.132>5$ 和 $\beta_2=4.946<5$，其对应的临界利率分别为 $i_1=13\%$ 和 $i_2=14\%$。则：

$$i = i_1 + \frac{\beta_1 - \alpha}{\beta_1 - \beta_2} \times (i_2 - i_1) = 13\% + \frac{5.132-5}{5.132-4.946} \times (14\%-13\%)$$
$$= 13.71\%$$

3. 期数的推算

期数的推算，其原理和步骤同贴现率的推算相同。以普通年金现值为例，已知 P、A 和 i 时，设系数值为 α，则期数 n 的推算公式为：

$$n = n_1 + \frac{\beta_1 - \alpha}{\beta_1 - \beta_2} \times (n_2 - n_1) \tag{2-33}$$

【例2-17】BJM公司拟购买一台新设备，以更换目前的旧设备。新设备较旧设备价格高出80 000元，但每年可节约成本20 000元。若利率为10%，问新设备应至少使用多少年对公司而言才有利？

依题意，已知 $P=80\ 000$，$A=20\ 000$，$i=10\%$，则：

$(P/A, 10\%, n) = P/A = 80\ 000/20\ 000 = 4$

查 $i=10\%$ 的普通年金现值系数表，在 $i=10\%$ 一列上无法找到恰好等于4的系数值，于是在该列上寻找大于和小于4的临界系数值，分别为 $\beta_1=4.355>4$ 和 $\beta_2=3.791<4$，其对应的临界期数分别为 $n_1=6$ 和 $n_2=5$。则：

$$n = n_1 + \frac{\beta_1 - \alpha}{\beta_1 - \beta_2} \times (n_2 - n_1) = 6 + \frac{4.3553-4}{4.3553-3.7908} \times (5-6)$$
$$= 5.4（年）$$

新设备至少使用5.4年对公司才有利。

上述有关时间价值的计算原理，在财务管理实践中具有广泛用途，如租赁决策、项目决策、资产和负债估价及筹资决策等。

第二节 风险价值原理

任何财务活动都或多或少地存在着风险。当投资者冒风险从事财务活动时，会要求获得一定的超过时间价值的超额报酬或额外收益，该超额报酬或额外收益称为投资的风险价值。如果投资者投资前就确知不能获得超额报酬，那么投资者将不会冒风险进行资金的投放，或者投资者会认为不值得冒险去投资。因此，在制定财务决策时，必须树立正确的风险价值观念，掌握衡量风险的方法、应对风险的策略，将财务活动的风险控制在可承受范围内，以达到提高公司价值的目标。

一、风险的涵义

（一）风险

当某一事件的发生有多种可能结果，其将来的结果不能在事前确知，则称该事件有风险。简言之，风险是未来事件（结果）的不确定性。

在财务管理实践中，将风险定义为"未来不确定性事件给财务造成损失的可能性"。如果公司的一项财务活动有多种可能的结果，其将来的财务后果（现金流量）是不确定的。预期结果的不确定性越大，风险就越大；预期结果的不确定性越小，风险就越小。如果公司的某项财务活动只有一种现金流量结果，则该项财务活动无风险。例如：投资购买中国政府发行的国债并持有至到期。将一笔低于50万元的资金存入国有商业银行，就可以确切地知道到期后能够从银行得到的本利和是多少，这些财务活动是没有风险的。反之，如果将该笔资金投资于一座矿山的开发，将来可能获利也可能损失，预期结果是不确定的，这种财务活动就是有风险的。

风险具有如下三个显著的特点：

（1）客观存在性。风险既然是事件本身的不确定性，便具有客观性。即财务活动的风险是客观存在的。每一个别财务活动风险的大小是既定的，是决策者所无法改变的。但是，是否冒风险以及冒多大的风险却是决策者能够选择的，是决策者通过拟定财务决策在主观上能够控制的。

（2）相对性。风险是一个相对的概念，随时间的推延而演变。对某一既定的财务活动而言，在预测阶段由于财务活动本身受各种外界因素的影响，而各种因素的变化本身具有不确定性和不可控性，所以事先的预测可能很不准确。但是随着时间的推移，外界的各种影响因素逐渐地变成了事实，成为客观存在的环境，是决策者所能够掌握的信息资料，使财务活动的不确定性随之而减少，风险也在减少；当财务活动完结后，其结果已既成事实，形成完全肯定的数据资料，也就不存在风险了。因此，风险是相对于时间而言的，是"一段时间内"的风险。

（3）"双刃剑"。风险具有两面性，像"双刃剑"一样，它可能给投资者带来超出预期的收益，也可能给投资者带来超出预期的损失。正因如此，投资者冒风险进行投资时，不仅要考虑可能获得的超额报酬，同时也要考虑风险可能产生的超额损失及公司对风险带来损失的承受能力。一般而言，投资者对意外损失的关切远比对意外收益的关切强烈得多，人们在研究风险时，往往侧重于对风险带来的意外损失的分析，常常致力于研究如何降低风险带来的不利影响。故此，风险的概念在财务上常被描述成"不利事件发生造成损失的可能性"，或"无法达到预期报酬的可能性"。

（二）风险的种类

风险是因为某种影响因素或事件的存在导致预期结果不确定，这种不确定性可能来自于公司所处外部宏观环境或市场，也可能源自于公司内部，前者称为系统性风险，后者称为公司特有风险。

1. 系统性风险

系统性风险，又称"市场风险"，是指对整个市场上所有公司都会产生影响的风险。如发生战争、通货膨胀、经济衰退、社会动荡、政局不稳等因素引起的风险。系统性风险源于公司之外，在其发生时所有公司都受影响，表现为整个市场平均报酬率的变动。由于这类风险来自于公司外部，是公司无法控制和回避的。同时，这类风险涉及所有的投资对象，对所有公司都产生影响，无论投资于哪个公司都无法避免，因而不能通过多角化投资而分散，故又称"不可分散风险"。

2. 非系统性风险

非系统性风险是指由那些只对个别公司产生影响的特有事件所引起的风险，如公司工人罢工、新产品开发失败、经营决策失误、诉讼失败、产品质量下降等给公司带来损失的风险。这类风险是由公司所处的微观环境的变化所产生，并非所有公司都发生，有较大的随机性，投资者可以通过多角化投资来分散或消除这类风险，因为发生于一家公司的不利事件有可能被其他公司的有利事件所抵消。由于这类风险具有可分散性，因此也称为"可分散风险"或"公司特有风险"。例如，公司投资股票时，买入几种不同行业、不同业务公司的股票要比只买进一家公司股票的风险要小。

从公司本身来看，非系统性风险又可分为经营风险和财务风险两种。

（1）经营风险。

经营风险是指因公司生产经营的不确定性而引起的风险，它是任何商业活动都具有的风险，也称为"商业风险"。经营风险主要来自以下几个方面：市场销售的波动、生产成本的变化、生产技术的不断改进以及其他对生产经营活动产生影响的各因素的变化。经营风险将会使企业的运营报酬变得不确定。

（2）财务风险。

财务风险是指公司因负债融资（或发行优先股融资等）而引起的风险，它是筹资决策带来的风险，也称为"筹资风险"。

例如，BJM公司普通股股本10万元，若公司的运营资金全部来源于股东，在经营状况好的年度每年盈利2万元，则股东资本报酬率为20%（公司的资金利润率水平为20%）；在经营状况不佳的年度公司将会亏损1万元，则股东资本报酬率为-10%。但是如果公司改变了筹资决策，在自有资金的基础上另筹集了10万元的债务资金，债务利息率为10%，那么上述两种不同的经营状况下公司股东的报酬率水平将会发生很大幅度的变化。当经营状况好时，资金利润率水平保持20%，则公司会获利4万元，付息后利润为3万元，股东资本报酬率上升至30%；反之，当经营状况不佳时，公司将会亏损2万元，支付了1万元的债务利息后使亏损加大到3万元，股东资本报酬率降低到-30%（上述分析没有考虑所得税，当然考虑所得税的结果与上述分析结果是一致的）。这种因筹资结构的改变给股东（公司的所有者）带来的风险，即负债经营的风险就是财务风险。

从上述例子可以看出，公司举债便加大了生产运营过程中的风险。当公司生产经营状况好的时候，适当的举债会使股东获利更高；当公司生产经营状况差的时候，公司举债的规模越大股东损失得越多。如果公司不筹集债务资金，则公司全部生产经营用的经济资源均来源于股东（公司的所有者），那么公司便没有财务风险，而只有经营风险。如果公司经营状况是稳定的，只要公司举债的税后利息率低于公司的净经营资产净利水平即可，在这种情况下，公司举债越多获得的财务杠杆利益会越大。

（三）风险对策

在评估了相关的风险程度后，决策者要确定如何应对风险。应对风险的对策包括：规避风险、分散风险、分担风险和自担风险。在选择应对风险策略的过程中，决策者应评估风险的可能性及可能产生的影响，遵循成本效益原则，选择能够使剩余风险处于风险容忍限度以内的应对对策。

（1）规避风险。通过避免受未来可能发生事件的影响而消除风险。规避风险的办法有：通过制定公司政策、限制性制度、负面清单和标准等，阻止高风险的经营活动、交易行为、财务损失和资产风险的发生；通过重新定义目标，调整战略及政策，或重新分配资源，停止某些特殊的经营活动；在确定业务发展和市场扩张目标时，避免追逐"偏离战略"的机会；审查投资方案，避免采取导致低回报、偏离战略，以及承担不可接受的高风险的行动；通过撤出现有市场或区域，或者通过出售、清算、剥离某个产品组合或业务，规避风险。

（2）降低风险。利用政策或措施将风险降低到可接受的水平，包括降低风险事件发生的可能性、降低风险事件的不利影响程度等。降低风险的方法有：分散风险和控制风险。分散风险是指将金融资产、实物资产或信息资产分散投资于不同对象（方向、领域），以降低遭受灾难性损失的风险。控制风险是指借助内部流程、授权、监察或行动等，将不良事件发生的可能性降低到可接受的程度，以控制风险。

（3）转移风险。通过某种方式（手段）将风险转移给第三方。转移风险的方法有：保险、再保险。也可以通过结盟、合资、委托加工或签订风险分担合同等转移风险。

（4）自担风险。维持现有的风险水平，当不利事件发生遭受损失时，将损失确认为当期的成本费用。自担风险的方法有：不采取任何行动，将风险保持在现有水平；根据市场情况，对产品和服务进行重新定价，从而补偿风险成本；通过合理设计的组合工具，抵消风险。

（四）风险偏好

决策者对待风险的态度因个人的偏好不同也有所差别，对相同的项目可能得出不同的决策结论。按决策者的风险偏好不同，可以将决策者分为三种：风险追求者、风险中性者和风险厌恶者。风险追求者会趋向风险，从而选择风险水平高的项目；风险中性者既不会厌恶风险也不会偏好风险，在制定决策时会依据收益水平高低优选收益水平较高的方案；厌恶风险的决策者会回避风险，这些决策者在制定决策时要充分考虑风险与报酬之间的关系，并做出理性判断，即选择相对风险小而报酬水平高的项目。

本书中的决策者均为理性经济人，既不片面追逐风险也不片面追逐收益，而是权衡可能获得的报酬水平是否值得冒风险。

二、单一资产风险的衡量

衡量单一资产风险大小的方法有很多种,较常用的是使用概率统计方法。因为风险的大小与各种可能结果变动程度的大小密切联系,因此,概率统计中的标准差、标准离差率等反映实际结果与期望结果偏离程度的指标,往往被用于衡量风险的大小。具体步骤如下。

(一)确定概率分布

在经济活动中,有些事件在相同条件下可能发生也有可能不发生,这类事件被称为"随机事件"。用来描述随机事件发生的可能性大小的数值称为"概率"。通常,把必然事件发生的概率定为1,把不可能发生的事件的概率定为0,其他随机事件的概率则是介于0~1的一个数值。概率越大,说明事件发生的可能性越大。

如果将某一随机事件的所有可能结果及其概率都列示在一起,便构成了概率的分布。某一事件的概率分布是对该事件的完整描述。

随机事件的概率分布必须符合以下两个要求:

(1)所有随机事件的概率 P_i 都介于0与1之间,即 $0 \leq P_i \leq 1$;

(2)所有随机事件的概率之和等于1,即 $\sum_{i=1}^{n} P_i = 1$,其中 n 为所有可能结果的个数。

【例2-18】BJM公司面临两个投资机会可供选择,A投资机会是一个高科技项目,该领域市场竞争激烈,如果经济发展迅速并且项目研制开发搞得好,则能够取得较大的市场份额,获得较高的利润;反之,将会获得较少的利润甚至亏损。B项目是一个成熟的产品,市场发展稳定,销售前景可以根据市场调研资料进行可靠的预测。经过对市场数据的分析整理,得到以下资料,见表2-1。

表2-1   A、B项目的概率分布及报酬率

市场行情	发生的概率	A项目的预期报酬率(%)	B项目的预期报酬率(%)
繁荣	0.3	50	14
一般	0.4	15	9
衰退	0.3	-40	4
合计	1.0	—	—

在表2-1中,概率不仅表示各种市场行情发生的可能性,同时也揭示了获得各种预期报酬率的可能性大小。以A项目为例,未来市场行情繁荣的可能概率为30%,当真的出现繁荣的市场行情时公司能够获得50%的报酬率,即公司获得50%报酬率的可能性为30%。

(二)计算期望报酬率

期望报酬率是各种可能的预期报酬率以概率为权数进行加权平均得到的报酬率,

它反映了未来报酬率水平的集中趋势。其计算公式为：

$$\overline{X} = \sum_{i=1}^{n} X_i P_i \qquad (2-34)$$

式中：$\overline{X}$——期望报酬率

X_i——第 i 种可能结果的预期报酬率

P_i——第 i 种可能结果的概率

n——可能结果的个数

如【例 2-18】所示：

A 项目的期望报酬率：

$\overline{X}_A = 50\% \times 0.3 + 15\% \times 0.4 + (-40\%) \times 0.3 = 9\%$

B 项目的期望报酬率：

$\overline{X}_B = 14\% \times 0.3 + 9\% \times 0.4 + 4\% \times 0.3 = 9\%$

从计算结果上看，两个项目的期望报酬率相同，但对投资者而言两个项目并不是等同的，因为两个项目的概率分布情况不同。A 项目的预期报酬率相对于 B 项目分散程度大，变动范围在 -40% ~ 50%；而 B 项目的预期报酬率变动范围在 4% ~ 14%。前者的报酬率水平跨度为 90 个百分点，后者的报酬率水平跨度为 10 个百分点，这说明二者的风险程度不同。上述分析仅从定性的角度说明了两个项目风险程度上存在的差异，还缺乏量化比较的依据，为了从定量的角度衡量风险程度的大小，需要运用数理统计中衡量概率分布离散程度的变量——标准差和标准离差率。

（三）计算标准差

标准差是指各种可能结果的报酬率偏离期望报酬率的综合差异水平，是用来定量衡量预期报酬率离散程度的经济变量。标准差越小，说明离散程度越小，风险越小；反之，标准差越大，说明离散程度越大，风险越大。其计算公式为：

$$\sigma = \sqrt{\sum_{i=1}^{n}(X_i - \overline{X})^2 \cdot P_i} \qquad (2-35)$$

式中：σ——标准差

$\overline{X}$——期望报酬率

X_i——第 i 种可能结果的预期报酬率

P_i——第 i 种可能结果的概率

n——可能结果的个数

将上例中 BJM 公司两个项目的资料代入，得到两个项目的标准离差：

$\sigma_A = \sqrt{(50\% - 9\%)^2 \times 0.3 + (15\% - 9\%)^2 \times 0.4 + (-40\% - 9\%)^2 \times 0.3}$
$= 35.2\%$

$\sigma_B = \sqrt{(14\% - 9\%)^2 \times 0.3 + (9\% - 9\%)^2 \times 0.4 + (4\% - 9\%)^2 \times 0.3}$
$= 3.87\%$

从计算的结果中能够看出，A 项目与 B 项目的期望报酬率相同，但 A 项目的标准差大于 B 项目的标准差，说明 A 项目的风险程度大于 B 项目的风险程度。

(四) 计算标准离差率

标准差是绝对数指标，只能用在期望报酬率相同的投资方案间风险程度的比较。对于期望报酬率不同的项目应使用相对数指标，即标准离差率。标准离差率是标准差与期望报酬率的比值，又称变异系数，用以描述单位期望报酬风险程度。标准离差率越小，说明单位期望报酬的风险越小，投资方案的风险程度越小；反之，标准离差率越大，说明单位期望报酬的风险越大，投资方案的风险程度越大。其计算公式为：

$$V = \frac{\sigma}{\overline{X}} \times 100\% \qquad (2-36)$$

式中：V——标准离差率（变异系数）

σ——标准离差

$\overline{X}$——期望报酬率

【例 2-18】中，A、B 项目的标准离差率为：

$$V_A = \frac{35.2\%}{9\%} \times 100\% = 391\%$$

$$V_B = \frac{3.87\%}{9\%} \times 100\% = 43\%$$

从计算的结果看，A 项目的标准离差率大于 B 项目的标准离差率，说明 A 项目的风险程度大于 B 项目的风险程度。

当然，在上述例子中，A、B 两项目的期望报酬率相同，可以直接利用标准差比较风险程度的大小，而不必通过标准离差率比较。但如果投资项目的期望报酬率不同，则必须计算标准离差率才能比较其风险程度的大小。例如，假定 A、B 项目的期望报酬率不同，分别为 200% 和 9%，标准差仍然为 35.2% 和 3.87%。这时，通过标准差指标就无法比较出项目的风险大小，而必须计算标准离差率进行比较。

A 项目的标准离差率：$V_A = \frac{35.2\%}{200\%} \times 100\% = 17.6\%$

B 项目的标准离差率：$V_B = \frac{3.87\%}{9\%} \times 100\% = 43\%$

计算结果表明，在上述假定条件下，虽然 A 项目的标准差大于 B 项目的标准差，但由于 A 项目的标准离差率小于 B 项目的标准离差率，所以 A 项目的风险程度小于 B 项目的风险程度。

三、风险与收益

(一) 风险报酬

风险报酬是指投资者因为冒风险进行投资而获得的超过资金时间价值的超额报酬，又称投资风险收益，或投资风险价值。

一般而言，投资者都厌恶风险，并力求回避风险，但为何还有人愿意进行风险投资呢？这是因为风险投资可以得到足够的额外报酬——风险报酬。风险和报酬的基本关系是风险越大要求的报酬率越高。各投资项目的风险程度是不同的，在投资报酬率相同的情况下,人们都会选择风险小的项目投资,结果竞争使其风险增加,报酬率下降。最终,高风险的项目必须有高报酬,否则就没有人投资;低报酬的项目必须风险很低,否则也没有人投资。风险与报酬的这种联系是市场竞争的结果。

风险报酬有两种表现形式:风险报酬额和风险报酬率。风险报酬额是指投资者因冒风险进行投资而获得的超过资金时间价值额的那部分超额报酬额,它是用绝对数形式表现的风险报酬。风险报酬率是指投资者因冒风险进行投资而获得的超过资金时间价值率的那部分超额报酬率,即风险报酬额与原投资额的比率,它是用相对数形式表现的风险报酬。

(二) 风险报酬的计算

风险报酬率与项目的风险程度有关,风险越大,投资者要求的风险投资回报就越高。在风险的计量中所计算的标准离差率指标只能揭示出项目的风险程度,而不能反映风险报酬率的高低。因此,有必要引入另一个参数——风险报酬系数。风险报酬系数是指投资者进行特定项目投资对所承担的单位风险要求的风险报酬水平,它是将风险程度转化为风险报酬率的一种系数。风险报酬率可以表示为风险的线性函数,其计算公式为:

$$R_R = bV \tag{2-37}$$

式中:R_R——风险报酬率

b——风险价值系数

V——标准离差率,即风险程度

风险报酬系数的确定通常可以借助以下几种方法:

(1) 根据以往的历史资料加以确定。风险报酬系数可以参照同类项目的历史资料,运用上述关系式进行推断。例如,BJM公司打算进行一项投资,同类项目的投资报酬率通常为20%,标准离差率为100%,无风险报酬率为8%,则利用公式$K = R_F + bV$(见式(2-38))可得:

$$b = \frac{K - R_F}{V} = \frac{20\% - 8\%}{100\%} = 12\%$$

(2) 由公司决策层或有关专家确定。如果缺乏可比的历史资料,则可以由公司领导层根据以往的经验加以确定,也可以由公司组织有关的专家确定。实际上,风险报酬系数的大小很大程度上取决于决策者对待风险的态度。风险承受能力强的决策者往往会把风险报酬系数定得较低,此时投资者要求的风险报酬率便会较小;相反,决策者对风险的承受能力较差,则会把风险报酬系数定得较高,此时只有当风险报酬率很大时项目才能被接受。

(3) 由国家有关部门组织专家确定。国家有关部门,如财政部、国家银行等组织专家,根据各行业的条件和有关因素,确定各行业的风险报酬系数,并由国家定期公布,可以以此作为投资者制定决策时的参考。

如【例2-18】中,假定A项目的风险报酬系数为10%,B项目的风险报酬系数为6%,则:

A 项目的风险报酬率为:
$R_R = 10\% \times 581\% = 58.1\%$
B 项目的风险报酬率为:
$R_R = 6\% \times 38.75\% = 2.325\%$

(三) 投资报酬率的构成

在不考虑通货膨胀影响的情况下,投资者所要求得到的投资报酬率由两部分构成:一是资金时间价值,由于它是投资者在无风险情况下得到的报酬,又称无风险报酬率;二是风险报酬率。其计算公式为:

$$K = R_F + R_R = R_F + bV \qquad (2-38)$$

式中:K——投资者要求的投资总报酬率

R_F——无风险报酬率,即资金时间价值,一般可将国库券等国家债券的利率看作是无风险报酬率

如【例 2-18】中,假定同期无风险报酬率为 8%,则:

投资者投资于 A 项目要求的投资总报酬率为:

$K = R_F + R_R = 8\% + 58.1\% = 66.1\%$

投资者投资于 B 项目要求的投资总报酬率为:

$K = R_F + R_R = 8\% + 2.325\% = 10.325\%$

四、投资组合的风险与收益

为分散风险,企业(投资者)很少把所有的资金都投放于一种资产(或单个投资项目)中,而是构建一个投资组合或投资于一系列项目上。因此,财务管理要求权衡资产组合的风险和报酬,选择构建最优投资组合。

(一) 组合的期望报酬率

组合是指包含两种或两种以上的证券或资产的集合。组合的期望报酬率是构成投资组合的各资产(证券)的期望收益率按其在组合中所占比重为权数进行加权平均得到的平均收益水平。组合的期望报酬率 R_p 的计算如下:

$$R_p = \sum R_i \times W_i \qquad (2-39)$$

式中:R_i——第 i 项资产的期望报酬率

W_i——第 i 项资产在组合中所占的比重

【例 2-19】投资者投资于由国库券、企业债券和股票三种有价证券形成的组合,有关三种有价证券的数据资料见表 2-2。

表 2-2　　　　　　　　　　三种有价证券的数据

项目	国库券	企业债券	股票
期望报酬率(%)	8	9.7	10.4
在组合中所占比重(%)	40	30	30

组合的期望收益率计算如下:

$R_p = \sum R_i \times W_i = 0.4 \times 0.08 + 0.3 \times 0.097 + 0.3 \times 0.104 = 0.0923 = 9.23\%$

(二) 组合的风险

投资组合的期望报酬率是组合投资中各项资产期望收益率的加权平均数。可是,投资组合的标准差却不能理解为是单项资产标准差的加权平均数。因为如果只是将单项资产的标准差进行加权平均,则会忽略投资报酬的相互关系。由于标准差是对可能收益率偏离期望收益率程度的度量。在某一概率状态下,某项资产的报酬率可能高于期望报酬率,而另一项资产的报酬率却可能会低于其期望报酬率,这种一高(正值)一低(负值)会相互抵消一部分,使得总体的报酬率偏离总体期望报酬率的程度降低,从而减少投资组合的标准差水平。也就是说,即使两个各自具有较大标准差的投资方案或金融资产形成投资组合,在组合中由于实际报酬率偏离期望报酬率的程度被相互抵消,使组合整体风险水平大大降低,甚至于降低到零。在统计学中,用相关系数 r 来表示两个变量之间的关系,相关系数的取值范围介于 $+1$ 到 -1 之间。

当两资产收益率之间的相关系数 $r=1$ 时,表明这两种资产的收益之间是完全正相关的关系。即一种资产的报酬率上升,另一种资产的报酬率随之同幅度上升;一种资产的报酬率下降,另一种资产的报酬率也会随之同幅度下降,此时,投资组合不能分散任何风险。

当两资产收益率之间的相关系数 $r=0$,表明两种资产收益率之间不相关。若一种资产的收益率上升,另一种资产的收益率可能会上升、可能会下降、可能不会发生变化,这样两种资产形成组合能够分散一定的风险。

当两资产收益率之间的相关系数 $r=-1$ 时,表明这两种资产的收益率之间是完全负相关的关系。若一种资产的收益率上升,另一种资产的收益率将会同幅度下降;一种资产的收益率下降,另一种资产的收益率将会发生同幅度上升的变化。此时,投资组合能最有效地分散风险。

两资产形成组合的标准差计算公式为:

$$\sigma_p = \sqrt{W_1^2\sigma_1^2 + W_2^2\sigma_2^2 + 2W_1W_2\sigma_1\sigma_2 r_{12}} \qquad (2-40)$$

式中:σ_p——投资组合的标准差

W_i——i 资产在组合中所占比重

σ_i——i 资产的标准差

r——组合中两资产收益率之间的相关关系

假设 X 和 Y 两项风险资产构成一投资组合。在这一组合中,两资产收益率之间的相关关系由 $+1$ 递变到 -1 时,组合标准差的变动趋势如图 $2-5$ 所示。

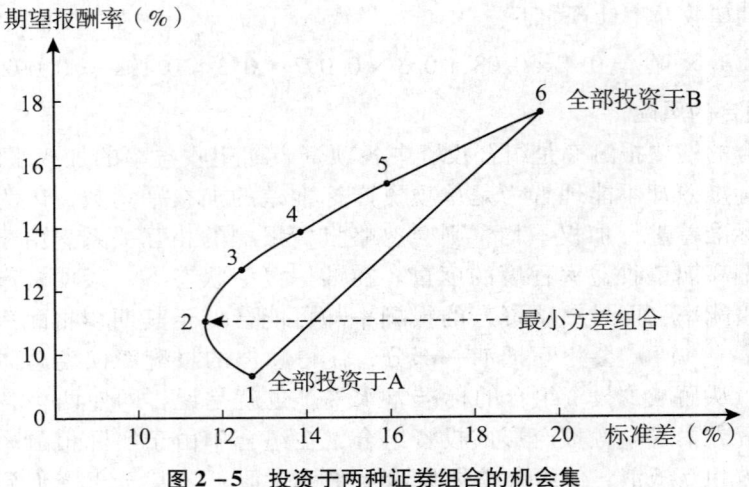

图 2-5 投资于两种证券组合的机会集

在目前的资本市场中,几乎不存在完全负相关的两项资产;同样,除了资产自身以外也几乎不存在完全正相关的两项资产。因此,任意将两资产进行搭配形成投资组合将能抵减部分风险,却不能抵消全部风险。如果组合中资产种类增多,则能尽可能分散掉非系统性风险。但无法分散系统性风险。投资组合风险与组合中资产数量之间的关系见图 2-6。

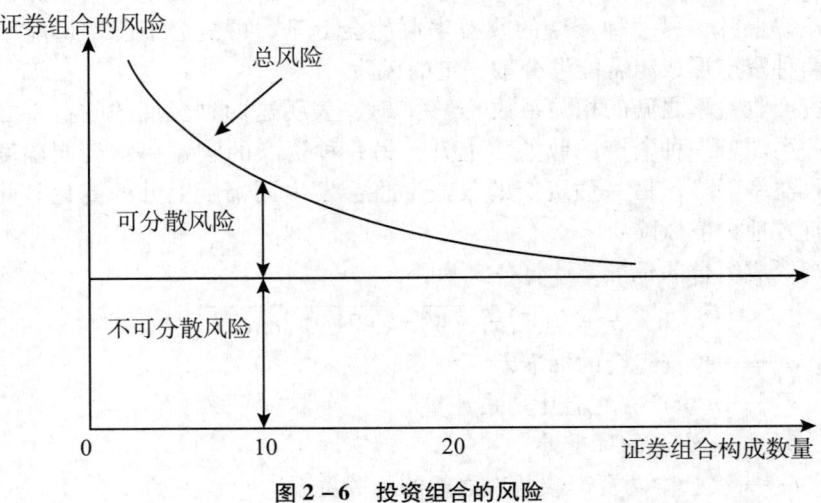

图 2-6 投资组合的风险

(三) 系统性风险的衡量

通常用 β 系数(贝塔系数)来衡量资产系统性风险(不可分散风险)的程度。其计算公式如下:

$$\beta_i = \frac{\mathrm{COV}(R_i, R_m)}{\sigma_m^2} = r_{jm}\left(\frac{\sigma_i}{\sigma_m}\right) \tag{2-41}$$

式中，$COV(R_i, R_m)$ 是第 i 种证券的收益率与市场组合报酬率之间的协方差。

资产的 β 系数还等于该证券的标准差、市场组合标准差与二者间相关系数之积。由此可以看出，资产的 β 系数值大小取决于以下三项因素：

(1) 资产与资本市场的相关性；
(2) 资产自身的风险程度（标准差）；
(3) 资本市场的风险程度（标准差）。

对于表中公司 β 系数的大小，我们可这样理解，凡 β 系数小于 1，称低风险证券；β 系数大于 1 的证券称为高风险证券。作为整体的证券市场的 β 系数为 1，即市场投资组合的 β 系数等于 1。这时，如果某种股票的 β 系数也等于 1，则称该种股票的风险情况与整个证券市场的风险情况一致，它意味着当证券市场行情上涨 10% 时，这种股票的行情也会上涨 10%，反之，反是。如果某种股票的 β 系数大于 1，说明其风险大于整个市场的平均风险；如果某种股票的 β 系数小于 1，说明其风险小于整个市场的平均风险。

以上只是说明了 β 系数的计算方法。而从一个投资人看，他如果将资产投放于有若干种股票形成的投资组合，那么这个证券组合的 β 系数如何计量呢？于是，证券组合的 β 系数是单个证券 β 系数的加权平均数，权数为多种股票在证券组合中所占的资金份额比重。其计算公式是：

$$\beta_p = \sum W_i \beta_i \tag{2-42}$$

式中：β_p——证券组合的系数
W_i——证券组合中第 i 种股票所占的比重
β_i——第 i 种股票的 β 系数

【例 2-20】 现有 A、B、C 三种证券，其 β 系数分别是 $\beta_a = 0.5$，$\beta_b = 1.0$，$\beta_c = 2.0$，如果某投资人将资金分别投向这三种证券并进行组合投资，三种证券在投资组合中所占比例分别为 40%、30% 和 30%，则该组合的 β 系数为：

$\beta_p = 0.4 \times 0.5 + 0.3 \times 1.0 + 0.3 \times 2.0 = 1.1$

（四）资本资产定价模型

1964 年威廉·夏普（William Sharp）在对美国著名学者马科维兹提出的投资组合理论加以发展、完善的基础上提出了资本资产定价模型（CAPM）。资本资产定价模型学发展历程中最重要的、具有里程碑意义的研究成果。资本资产定价模型的突出贡献在于首次提出了衡量市场风险、系统性风险的方法；将投资者投资时承担的系统性风险与投资者要求的必要报酬率之间建立函数关系；为财务估值提供了技术条件。这一模型的具体内容为：

$$K_i = R_F + \beta_i (R_m - R_F) \tag{2-43}$$

式中：K_i——第 i 种资产或第 i 种投资组合的必要报酬率
R_F——无风险报酬率
β_i——第 i 种股票或第 i 种投资组合的 β 系数
R_m——市场组合的平均报酬率

资本资产定价模型在直角坐标系中用图形加以表示,这就是证券市场线(简称SML),它说明了必要报酬率 K_i 与不可分散风险 β 系数之间的关系(见图2-7)。

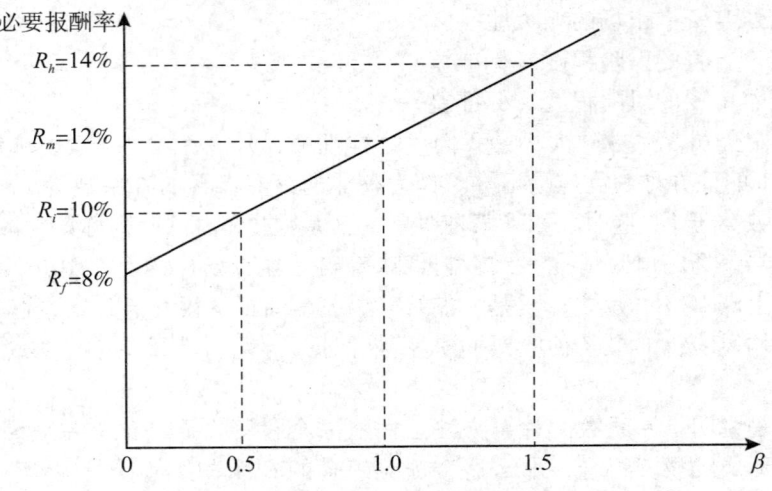

图2-7 证券市场线:β 值与必要报酬率

从图2-7中可以看出,无风险报酬率代表了证券市场线在纵轴即必要报酬率上的截距,而 β 系数代表了证券市场线的斜率,资产 β 系数越大,投资者要求的风险报酬率越高,要求的必要报酬率随之越高。

【例2-21】S公司股票的 β 系数为1.5,无风险收益率是4%,市场组合的平均报酬率是12%,那么,投资于该股票要求的必要报酬率应为:

$$K_i = R_F + \beta_i(K_m - R_F) = 4\% + 1.5 \times (12\% - 4\%) = 16\%$$

课后练习题

一、单项选择题

1. 将100元钱存入银行,利息率为100%,计算5年后的终值应用(　　)来计算。

　　A. 复利终值系数　　　　　　　　B. 复利现值系数
　　C. 年金终值系数　　　　　　　　D. 年金现值系数

2. 每年年底存款100元,求第五年末的价值,可用(　　)来计算。

　　A. $PVIF_{i,n}$　　　B. $FVIF_{i,n}$　　　C. $PVIFA_{i,n}$　　　D. $FVIFA_{i,n}$

3. A方案在3年中每年年初付款100元,B方案在3年中每年年末付款100元,若利率为10%,则二者在第3年年末时的终值相差(　　)。

　　A. 33.1　　　B. 31.3　　　C. 133.1　　　D. 13.31

4. 计算先付年金现值时,应用下列公式中的(　　)。

A. $V_0 = A \times PVIFA_{i,n}$ B. $V_0 = A \times PVIFA_{i,n} \times (1+i)$
C. $V_0 = A \times PVIFA_{i,n}/(1+i)$ D. $V_0 = A \times PVIF_{i,n}$

5. 已知某证券的 β 系数等于2，则该证券（　　）。
A. 无风险
B. 有非常低的风险
C. 与金融市场所有证券的平均风险一致
D. 是金融市场所有证券平均风险的两倍

6. 两种完全正相关的股票的相干系数为（　　）。
A. $\gamma = 0$ B. $\gamma = 1.0$ C. $\gamma = -1.0$ D. $\gamma = \infty$

7. 两种股票完全负相关时，则把这两种股票合理地组织在一起时，（　　）。
A. 能适当分散风险   B. 不能分散风险
C. 能分散掉一部分风险   D. 能分散掉全部风险

二、多项选择题

1. 设利率为 i，计息期数为 n，则普通年金终值的计算公式为（　　）。
A. $FVA_n = A \times FVIFA_{i,n}$ B. $FVA_n = A \times FVIF_{i,n}$
C. $FVA_n = A \times ACF_{i,n}$ D. $FVA_n = A \times FVIF_{i,n}$

2. 设年金为 A，利息率为 i，计息期数为 n，则后付年金现值的计算公式为（　　）。
A. $PVA_n = A \times PVIF_{i,n}$ B. $PVA_n = A \times PVIFA_{i,n}$
C. $PVA_n = A \times ADF_{i,n}$ D. $PVA_n = A \times PVIF_{i,n} \times (1+i)$
E. $PVA_n = A \times FVIFA_{i,n}$

3. 设年金为 A，计息期数为 n，利息率为 i，则先付年金现值的计算公式为（　　）。
A. $V_0 = A \times PVIFA_{i,n}(1+i)$ B. $V_0 = A \times PVIFA_{i,n}$
C. $V_0 = A \times (PVIFA_{i,n-1} + 1)$ D. $V_0 = A \times FVIFA_{i,n} \times (1+i)$

4. 设年金为 A，计息期数为 n，利息率为 i，则先付年金终值的计算公式为（　　）。
A. $V_n = A \times FVIFA_{i,n} \times (1+i)$ B. $V_n = A \times PVIF_{i,n} \times (1+i)$
C. $V_n = A \times PVIFA_{i,n} - A$ D. $V_n = A \times FVIFA_{i,n+1} - A$
E. $V_n = A \times PVIF_{i,n} - A$

5. 关于风险报酬，下列表述中正确的有（　　）。
A. 风险报酬有风险报酬额和风险报酬率两种表示方法
B. 风险越大，获得的风险报酬应该越高
C. 风险报酬额是指投资者因冒风险进行投资所获得的超过时间价值的那部分额外报酬
D. 风险报酬率是风险报酬与原投资额的比率
E. 在财务管理中，风险报酬通常用相对数即风险报酬率来加以计量

6. 在财务管理中，衡量风险大小的指标有（　　）。
A. 标准离差　　　　　　　　　B. 标准离差率
C. β系数　　　　　　　　　D. 期望报酬率
E. 期望报酬额

7. β系数是衡量风险大小的重要指标，下列有关β系数的表述中正确的是（　　）。
A. β越大，说明风险越小
B. 某股票的β值等于零，说明此证券无风险
C. 股票的β值小于1，说明其风险小于市场的平均风险
D. 股票的β值等于1，说明其风险等于市场的平均风险

三、判断题

1. 时间价值原理正确地揭示了不同时点上资金之间的换算关系，是财务决策的基本依据。（　　）
2. 货币的时间价值是由时间创造的，因此，所有的货币都有时间价值。（　　）
3. 只有把货币投入生产经营才能产生时间价值，即时间价值是在生产经营中产生的。（　　）
4. 投资报酬率或资金利润率只包含时间价值。（　　）
5. 没有风险和通货膨胀的情况下，投资报酬率就是时间价值率。（　　）
6. 复利终值与现值成正比，与计息期数和利率成反比。（　　）
7. 复利现值与终值成正比，与贴现率与计息期数成反比。（　　）
8. 在两个方案对比时，标准离差越小，说明风险越大；同样，标准离差率越小，说明风险越大。（　　）
9. 当两种股票完全负相关（$\gamma = -1.0$）时，分散持有股票没有好处；当两种股票完全正相关（$\gamma = +1.0$）时，所有的风险都可以分散掉。（　　）
10. 不可分散风险的程度，通常用β系数来计量。作为整体的证券市场的β系数为1。（　　）
11. 股票的β值等于2，说明其风险高于市场的平均风险。（　　）

四、简答题

1. 按风险程度，可把财务决策分为哪几类？
2. 什么是可分散风险？在投资组合中，不同投资项目之间的相关关系对可分散风险起到什么作用？
3. 什么是不可分散风险？怎样计量股票的不可分散风险？

五、计算与分析题

1. LM公司有一笔120 000元的资金，准备存入银行，希望在7年后利用这比存款的本利和购买一套生产设备。与银行商定的存款利率为年利率6%，按年复利计息，该生产设备的预计价格为240 000元。
要求：（1）请计算并分析7年后LM公司能否用这笔存款的本利和购买设备。

（2）请计算并分析为确保7年后LM公司能用这笔存款的本利和购买设备，公司与银行协商的年利率下限是多少。

（3）若年利率维持6%不变，为达到7年后用存款本利和购买设备的目的，公司目前需至少存入银行多少本金。

2. SD公司需用一台设备，买价为1 600元，可用10年，如果租用，则每年年初需付租金200元。除此之外，买与租的其他情况相同。假设利率为6%。

要求：计算说明买与租如何选择。

3. 若国债利息率为4%，市场证券组合的报酬率为12%。

要求：完成以下分析。

（1）同期市场组合的风险报酬率。

（2）A股票β值为1.5，投资于该股票的必要报酬应为多少。

（3）B投资项目的β值为0.8，期望报酬为9.8%，是否值得投资？

（4）若C股票的必要报酬为30%，其β值应为多少？

第三章

筹资管理概述

企业的各种财务活动都是以资金作为支撑的。资金是企业设立、生存和发展的物质保障。没有资金,企业就无法运转;原有的生产经营活动难以维持,至于扩张性投资,更是无力进行。因此,企业必须及时、足额地筹集生产经营所需资金。筹资,就是企业依据生产经营、对外投资和调整资本结构的需要,通过一定的渠道,采用一定的方式,经济有效地筹措和集中资金的财务活动。

第一节 筹资管理的主要内容

一、企业筹资动机

筹资动机就是企业从事筹资活动预期要达到的目的。从筹资活动的外在表现上看,企业筹资动机复杂多样。例如,为了创办一家企业而进行的初创筹资;为了扩大经营规模、开拓市场、实行多元化经营战略或一体化经营战略等追加筹资;为了研发新产品、新技术而筹资;为了满足日常经营周转、偿还到期债务、调整资本结构而筹资等。归纳起来,企业筹资的目的主要有四种:创立动机、支付动机、扩张动机和调整动机。

(一)创立动机

筹资活动是企业资金周转运动的起点,决定了企业资金运动的规模和生产经营发展的程度。创立动机,是指企业设立时,为取得资本金以达到开展经营活动的基本条件而产生的筹资动机。拥有必要的资金,是设立企业的第一道门槛,按我国的《公司法》《合伙企业法》《个人独资企业法》等相关法律的规定,一个企业或公司在设立时法律上都要求有最低的注册资本限额。企业创建时,要按照企业经营规模核定长期资本需要量和流动资金需要量,购建厂房设备等,安排营运资金垫支,形成企业的生产经营能力。为此,在企业初创时需要筹措一定数量自有资金,当自有资金不足以满足运营需要时还会安排筹集银行借款等债务资金。

(二)支付动机

支付性筹资动机,是指为了满足经营业务活动的正常波动所形成的支付需要而产生的筹资动机。企业在开展经营活动过程中,经常会出现超出维持正常经营活动资金需求的季节性、临时性的交易支付需要,如原材料购买的大额支付、员工工资的集中发放、银行借款的提前偿还、股东股利的发放等。这些情况要求除了正常经营活动的资金投入以外,还需要通过经常的临时性筹资来满足经营活动的正常波动需求,维持企业的支付能力。

(三) 扩张动机

当企业资产管理水平不变时,维持简单再生产所需要的资金也将是稳定的,通常不需要或很少需要追加筹资;若企业具有良好发展前景、处于成长期或快速增长期,势必会谋求经营规模扩大、提高竞争力、制定并执行扩张型财务战略、开展对外投资活动等,往往会产生扩张性筹资动机。扩张动机,就是指企业为满足扩大经营规模或对外投资所需而产生的筹资动机,筹资后企业资产总规模会显著增加(若依靠单一方式筹资,增资后企业资本结构也将会发生显著变化)。扩张动机下开展筹资活动时,在筹资时机和筹资数额上都要服从投资决策和投资计划的安排,避免资金闲置和贻误投资时机。

(四) 调整动机

调整动机,是指企业因调整资本结构而产生的筹资动机。资本结构调整的目的在于降低资本成本,控制财务风险,提升企业价值。企业产生调整性筹资动机的具体原因大致有二:一是优化资本结构,合理利用财务杠杆效应。企业现有资本结构不尽合理的原因有:债务资本比例过高,有较大的财务风险;股权资本比例较大,企业的资本成本负担较重。这样可以通过筹资增加股权或债务资金,达到调整、优化资本结构的目的。二是偿还到期债务,债务结构内部调整。如流动负债比例过大,使得企业近期偿还债务的压力较大,可以举借长期债务来偿还部分短期债务。又如一些债务即将到期,企业虽然有足够的偿债能力,但为了保持现有的资本结构,可以举借新债以偿还旧债。调整性筹资的目的,是为了调整资本结构,而不是为企业经营活动追加资金,这类筹资通常不会增加企业的资本总额。

在财务管理实践中,企业筹资的动机可能不是单纯、唯一的,通过追加筹资,既能满足经营活动、投资活动对资金的需要,又能达到调整资本结构的目的。这类情况很多,可以归纳称之为混合筹资动机。如企业对外进行股权投资需要大额资金,其资金来源通过增加长期贷款或发行公司债券解决,这种情况既扩张了企业规模,又使得企业的资本结构有较大的变化。混合性筹资动机一般是基于企业规模扩张和调整资本结构两种目的,兼具扩张性筹资动机和调整性筹资动机的特性,同时增加了企业的资产总额和资本总额,也导致企业的资产结构和资本结构同时变化。

二、筹资决策涉及的内容

1. 科学预测资金需求量

预测资金需求量包含两项内容:首先要科学、合理预测资金的需要数量。筹资规模与资金需要量应当匹配一致,既要避免因筹资不足而影响生产经营的正常进行,又要防止筹资规模过多,造成资金闲置浪费。其次要合理预测资金需要的时间。企业要依据资金需求的具体情况,合理安排资金的筹集时间,适时获取未来经营所需资金。

使资金的筹措与运用在时间上紧密衔接,既要避免过早筹集资金形成的资金投放前闲置,又要防止取得资金的时间滞后,错过资金投放的最佳时机。

2. 合理选择筹资渠道和筹资方式

企业筹集、使用资金要付出一定的代价——资本成本,不同的筹资渠道和筹资方式所取得的资金,其资本成本各不相同。企业应当在考虑筹资难易程度的基础上,针对不同来源资金的成本进行分析,尽可能选择经济、可行的筹资渠道与方式,力求降低筹资成本。

3. 合理安排资本结构并控制财务风险

企业筹资要综合考虑股权资金与债务资金的比例关系、长期资金与短期资金的期限比例关系、内部筹资与外部筹资的关系,合理安排资本结构,保持适当偿债能力,防范企业财务危机,提高筹资效益。

三、筹资管理原则

（一）按需筹资原则

企业筹集资金时,应预先确定资金的需要量。然后,按照需要的资金数额筹资。一般来说,企业的资金需求量往往是不断波动的,企业财务人员应当认真分析研究、生产经营状况,采用一定的方法,预测未来资金的需要数量,合理确定筹资规模。筹资过多会降低筹资效益;筹资不足会影响生产经营的正常进行。

（二）效益原则

企业在选择筹资渠道、确定筹资方式时,必须考虑资金成本因素。这是因为,企业筹集资金必然要付出一定的代价,不同筹资方式条件下的资金成本有高有低。为此,就需要对各种筹资方式进行分析研究,选择经济可行的筹资方式。此外,筹资时,企业还需考虑财务风险和投资收益等诸多方面的因素。

（三）优化资本结构原则

企业的资本结构一般是由自有资本和借入资本构成的。负债的多少要和自有资本与偿债能力的要求相适应,既要防止负债过多,偿债能力过低,导致财务风险过大;又要有效地利用负债经营,提高自有资本的收益水平。

（四）合法性原则

企业筹资时,必须遵守国家有关法律法规,接受国家宏观指导与调控。例如,企业发行股票筹资时,必须遵守《公司法》《证券法》《合同法》等法律法规的相关规定。

四、筹集资金的类别划分

筹资是指企业根据其生产经营、对外投资及调整资金结构等活动对资金的需要,通过一定的渠道,采取适当的方式,获取所需资金的一种行为。

企业筹集的资金按多种标准可进行不同的类别划分:

1. 按资金使用期限的长短分类

按资金使用期限的长短，可把企业筹集的资金分为短期资金与长期资金两种。短期资金一般是指供一年以内使用的资金。短期资金主要投资于现金、应收账款、存货等，一般在短期内可收回。短期资金常采取利用商业信用、取得银行短期借款和发行短期融资券等方式来筹集。

长期资金一般是指供一年以上使用的资金。长期资金主要投资于新产品的开发和推广、生产规模的扩大、厂房和设备的更新，一般需几年甚至十几年才能收回。长期资金通常采用吸收投资、发行股票、发行公司债券、取得长期借款、融资租赁和内部积累等方式来筹集。

2. 按资金的权益性质分类

按资金的权益性质不同，可将企业资金分为所有者权益和债权人权益两大类。所有者权益是投资者对企业净资产的所有权，是投资者以实现盈利和社会效益为目的，用以进行生产经营、承担民事责任而投入的资金及其在经营过程中的积累。债权人权益简称为负债，是债权人以获取本金和利息为目的，在债务契约有效期内借给企业使用的资金，是企业所承担的能以货币计量，需要企业按照债务契约的约定以资产或劳务偿付的债务。企业通过发行股票、吸收直接投资以及内部积累等方式筹集的资金属于企业的所有者权益，可以永久性使用一般不用还本，因而又称之为企业的自有资金、主权资金或权益资金。在此意义上，自有资金的筹集，财务风险小，但付出的资本成本相对较高。企业通过发行债券、向银行借款、融资租赁等方式筹集的资金属于企业的负债，要按期归还本金和利息，因而又称之为企业的借入资金或负债资金。企业采用借入资金的方式筹集资金，一般承担较大风险，但相对于自有资金债务资金的资本成本较低。

五、筹资渠道与方式

筹资活动需要通过一定的渠道并采用一定的方式来完成。

（一）筹资渠道

筹资渠道是指客观存在的筹措资金的来源方向与通道。认识和了解各筹资渠道及其特点，有助于企业充分拓宽和正确利用筹资渠道。我国企业目前筹资渠道主要包括国家财政、银行、非银行金融机构、其他企业、居民个人、互联网金融平台以及企业的留存收益等。

各种筹资渠道在体现资金供应量的多少时，存在着较大的差别。有些渠道的资金供应量多，如银行信贷资金和非银行金融机构资金等，而有些相对较少，如企业自留资金等。这种资金供应量的多少，在一定程度上取决于财务管理环境的变化，特别是宏观经济政策、银行政策和金融市场发展速度等因素。

（二）筹资方式

筹资方式是指可供企业在筹措资金时选用的具体筹资形式。我国企业目前常用的筹资方式主要有：①吸收直接投资；②发行股票；③利用留存收益；④向银行借款；

⑤利用商业信用；⑥发行公司债券；⑦融资租赁；⑧发行可转换公司债券；⑨发行认股权证等。其中：利用①~③方式筹措的资金为权益资金；利用④~⑦种方式筹措的资金为债务资金；利用⑧、⑨种方式筹措的资金为混合属性资金。

筹资渠道解决的是资金来源问题，筹资方式则解决通过何种手段、办法取得资金的问题，它们之间存在一定的联系。一种筹资方式能适用于多种筹资渠道；同样一种筹资渠道的资金往往可采用不同筹资方式获取。例如，企业采用发行股票的方式进行筹资时，可在公开市场上发行股票，其发行对象包括金融机构、居民个人、其他企业等；企业向金融机构筹资时，可以采用的筹资方式有发行股票、向银行借款、发行公司债券等。

第二节 债务筹资

债务筹资主要是指企业通过向银行借款、向社会发行公司债券、融资租赁以及赊购商品或劳务等方式筹集和取得的资金。向银行借款、发行债券、融资租赁和商业信用，是债务筹资的基本形式。其中不足1年的短期借款在企业日常经营中发生频率较高，与企业资金营运关系密切；另外，商业信用与企业间的商品或劳务交易密切相关，我们将在第七章对上述两部分内容予以介绍。

一、向银行借款筹资

银行借款是指企业向银行或其他非银行金融机构借入的、需要还本付息的款项，包括偿还期限超过1年的长期借款和不足1年的短期借款，主要用于企业购建固定资产和满足流动资金周转的需要。

（一）银行借款的种类

1. 按提供贷款的机构，分为政策性银行贷款、商业银行贷款和其他金融机构贷款

政策性银行贷款是指执行国家政策性贷款业务的银行向企业发放的贷款，通常为长期贷款。如国家开发银行贷款，主要满足企业承建国家重点建设项目的资金需要；中国进出口信贷银行贷款，主要为大型设备的进出口提供的买方信贷或卖方信贷；中国农业发展银行贷款，主要用于确保国家对粮、棉、油等政策性收购资金的供应。

商业性银行贷款是指由各商业银行，如中国工商银行、中国建设银行、中国农业银行、中国银行等，向工商企业提供的贷款，用以满足企业生产经营的资金需要，包括短期贷款和长期贷款。

其他金融机构贷款，如从信托投资公司取得实物或货币形式的信托投资贷款，从财务公司取得的各种中长期贷款，从保险公司取得的贷款等。其他金融机构的贷款一般较商业银行贷款的期限要长，要求的利率较高，对借款企业的信用要求和担保的选择比较严格。

2. 按机构对贷款有无担保要求，分为信用贷款和担保贷款

信用贷款是指以借款人的信誉或保证人的信用为依据而获得的贷款。企业取得这种贷款，无需以财产作抵押。对于这种贷款，由于风险较高，银行通常要收取较高的利息，往往还附加一定的限制条件。担保贷款是指由借款人或第三方依法提供担保而获得的贷款。担保包括保证责任、财务抵押、财产质押，由此，担保贷款包括保证贷款、抵押贷款和质押贷款。保证贷款是指按《担保法》规定的保证方式，以第三人作为保证人承诺在借款人不能偿还借款时，按约定承担一定保证责任或连带责任而取得的贷款。抵押贷款是指按《担保法》规定的抵押方式，以借款人或第三人的财产作为抵押物而取得的贷款。抵押是指债务人或第三人不转移财产的占有，将该财产作为债权的担保，债务人不履行债务时，债权人有权将该财产折价或者以拍卖、变卖的价款优先受偿。作为贷款担保的抵押品，可以是不动产、机器设备、交通运输工具等实物资产，可以是依法有权处分的土地使用权，也可以是股票、债券等有价证券等，它们必须是能够变现的资产。如果贷款到期借款企业不能或不愿偿还贷款，银行可取消企业对抵押品的赎回权。抵押贷款有利于降低银行贷款的风险，提高贷款的安全性。质押贷款是指按《担保法》规定的质押方式，以借款人或第三人的动产或财产权利作为质押物而取得的贷款。质押是指债务人或第三人将其动产或财产权利移交给债权人占有，将该动产或财务权利作为债权的担保，债务人不履行债务时，债权人有权以该动产或财产权利折价或者以拍卖、变卖的价款优先受偿。作为贷款担保的质押品，可以是汇票、支票、债券、存款单、提单等信用凭证，可以是依法可以转让的股份、股票等有价证券，也可以是依法可以转让的商标专用权、专利权、著作权中的财产权等。

3. 按企业取得贷款的用途，分为基本建设贷款、专项贷款和流动资金贷款

基本建设贷款是指企业因从事新建、改建、扩建等基本建设项目需要资金而向银行申请借入的款项。

专项贷款是指企业因为专门用途而向银行申请借入的款项，包括更新改造技改贷款、大修理贷款、研发和新产品研制贷款、小型技术措施贷款、出口专项贷款、引进技术转让费周转金贷款、进口设备外汇贷款、进口设备人民币贷款及国内配套设备贷款等。

流动资金贷款是指企业为满足流动资金的需求而向银行申请借入的款项，包括流动基金借款、生产周转借款、临时借款、结算借款和卖方信贷。

（二）银行借款的程序与保护性条款

1. 银行借款的程序

（1）提出申请。企业根据筹资需求向银行书面申请，按银行要求的条件和内容填报借款申请书。

（2）银行审批。银行按照有关政策和贷款条件，对借款企业进行信用审查，依据审批权限，核准公司申请的借款金额和用款计划。银行审查的主要内容是：公司的财务状况；信用情况；盈利的稳定性；发展前景；借款投资项目的可行性；抵押品和担保情况。

(3) 签订合同。借款申请获批准后，银行与企业进一步协商贷款的具体条件，签订正式的借款合同，规定贷款的数额、利率、期限和一些约束性条款。

(4) 取得借款。借款合同签订后，企业在核定的贷款指标范围内，根据用款计划和实际需要，一次或分次将贷款转入公司的存款结算户，以便使用。

2. 长期借款的保护性条款

由于银行等金融机构提供的长期贷款金额高、期限长、风险大，因此，除借款合同的基本条款之外，债权人通常还在借款合同中附加各种保护性条款，以确保企业按要求使用借款和按时足额偿还借款。保护性条款一般有以下三类：

(1) 例行性保护条款。这类条款作为例行常规，在大多数借款合同中都会出现。主要包括：①要求定期向提供贷款的金融机构提交财务报表，以使债权人随时掌握公司的财务状况和经营成果。②不准在正常情况下出售较多的非产成品存货，以保持企业正常生产经营能力。③如期清偿应缴纳税金和其他到期债务，以防被罚款而造成不必要的现金流失。④不准以资产作其他承诺的担保或抵押。⑤不准贴现应收票据或出售应收账款，以避免或有负债等。

(2) 一般性保护条款。一般性保护条款是对企业资产的流动性及偿债能力等方面的要求条款，这类条款应用于大多数借款合同，主要包括：①保持企业的资产流动性。要求企业需持有一定最低限度的货币资金及其他流动资产，以保持企业资产的流动性和偿债能力，一般规定了企业必须保持的最低营运资金数额和最低流动比率数值。②限制企业非经营性支出。如限制支付现金股利、购入股票和职工加薪的数额规模，以减少企业资金的过度外流。③限制企业资本支出的规模。控制企业资产结构中的长期性资产的比例，以减少公司日后不得不变卖固定资产以偿还贷款的可能性。④限制公司再举债规模。目的是以防止其他债权人取得对公司资产的优先索偿权。⑤限制公司的长期投资。如规定公司不准投资于短期内不能收回资金的项目，不能未经银行等债权人同意而与其他公司合并等。

(3) 特殊性保护条款。这类条款是针对某些特殊情况而出现在部分借款合同中的条款，只有在特殊情况下才能生效。主要包括：要求公司的主要领导人购买人身保险、借款的用途不得改变、违约惩罚条款等。

上述各项条款综合使用，将有利于全面保护银行等债权人的权益。但借款合同是经双方充分协商后决定的，其最终结果取决于双方谈判能力的大小。

(三) 银行借款的筹资特点

银行借款筹资的优点表现为：

(1) 筹资速度快。与发行债券、融资租赁等债权筹资方式相比，银行借款的程序相对简单，所花时间较短，公司可以迅速获得所需资金。

(2) 资本成本较低。利用银行借款筹资，比发行债券和融资租赁的利息负担要低。而且，无须支付证券发行费用、租赁手续费用等筹资费用。

(3) 筹资弹性较大。在借款之前，公司根据当时的资本需求与银行等贷款机构直接商定贷款的时间、数量和条件。在借款期间，若公司的财务状况发生某些变化，也可与债权人再协商,变更借款数量、时间和条件,或提前偿还本息。因此,借款筹资对公司具有较大的灵活性,特别是短期借款更是如此。

银行借款筹资的缺点表现为:

(1) 限制条款多。与债券筹资相比较,银行借款合同对借款用途有明确规定,通过借款的保护性条款,对公司资本支出额度、再筹资、股利支付等行为有严格的约束,以后公司的生产经营活动和财务政策必将受到一定程度的影响。

(2) 筹资数额有限。银行借款的数额往往受到贷款机构资本实力的制约,不可能像发行债券、股票那样一次筹集到大笔资金,无法满足公司大规模筹资的需要。

二、发行公司债券筹资

企业债券又称公司债券,是企业依照法定程序发行的、发行期限超过 1 年的、约定在一定期限内还本付息的有价证券。债券是持有人拥有公司债权的书面证书,它代表持券人同发债公司之间的债权债务关系。按照中国证监会颁布的《公司债券发行与交易管理办法》,除地方政府平台公司外,所有公司制法人均可以发行公司债券。这种筹资方式适用于向法人单位和自然人两种渠道筹资。

(一) 公开发行债券的条件与种类

1. 公开发行债券的条件

在我国,根据《公司法》的规定,股份有限公司、国有独资公司和两个以上的国有公司或者两个以上的国有投资主体投资设立的有限责任公司,具有发行债券的资格。根据《证券法》规定,公开发行公司债券,应当符合下列条件:①股份有限公司的净资产不低于人民币 3 000 万元,有限责任公司的净资产不低于人民币 6 000 万元;②累计债券余额不超过公司净资产的 40%;③最近 3 年平均可分配利润足以支付公司债券 1 年的利息;④筹集的资金投向符合国家产业政策;⑤债券的利率不超过国务院限定的利率水平;⑥国务院规定的其他条件。

公开发行公司债券筹集的资金,必须用于核准的用途,不得用于弥补亏损和非生产性支出。根据《证券法》规定,公司申请公司债券上市交易,应当符合下列条件:①公司债券的期限为 1 年以上;②公司债券实际发行额不少于人民币 5 000 万元;③公司申请债券上市时仍符合法定的公司债券发行条件。

2. 公司债券的种类

(1) 按是否记名,分为记名公司债券和无记名公司债券。

记名公司债券,应当在公司债券存根簿上载明债券持有人的姓名及住所、债券持有人取得债券的日期及债券的编号等债券持有人信息。记名公司债券,由债券持有人以背书方式或者法律、行政法规规定的其他方式转让;转让后由公司将受让人的姓名或者名称及住所记载于公司债券存根簿。

无记名公司债券,应当在公司债券存根簿上载明债券总额、利率、偿还期限和方式、发行日期及债券的编号。无记名公司债券的转让,由债券持有人将该债券交付给受让人后即发生转让的效力。

（2）按是否能够转换成公司股权，分为可转换债券与不可转换债券。

可转换债券，债券持有者可以在规定的时间内按规定的价格转换为发债公司的股票。这种债券在发行时，对债券转换为股票的价格和比率等都作了详细规定。《公司法》规定，可转换债券的发行主体是股份有限公司中的上市公司。

不可转换债券，是指不能转换为发债公司股票的债券，大多数公司债券属于这种类型。

（3）按有无特定财产担保，分为担保债券和信用债券。

担保债权是指以抵押方式担保发行人按期还本付息的债券，主要是指抵押债券。抵押债券按其抵押品的不同，又分为不动产抵押债券、动产抵押债券和证券信托抵押债券。

信用债券是无担保债券，是仅凭公司自身的信用发行的、没有抵押品作抵押担保的债券。在公司清算时，信用债券的持有人因无特定的资产作担保品，只能作为一般债权人参与剩余财产的分配。

（二）发行债券的程序

（1）作出决议。公司发行债券要由董事会制定方案，股东大会作出决议。

（2）提出申请。我国规定，公司申请发行债券由国务院证券管理部门批准。证券管理部门按照国务院确定的公司债券发行规模，审批公司债券的发行。公司申请应提交公司登记证明、公司章程、公司债券募集办法、资产评估报告和验资报告。

（3）公告募集办法。企业发行债券的申请经批准后，向社会公告债券募集办法。公司债券分私募发行和公募发行，私募发行是以特定的少数投资者为对象发行债券，而公募发行则是在证券市场上以非特定的广大投资者为对象公开发行债券。

（4）委托证券经营机构发售。公募间接发行是各国通行的公司债券发行方式，在这种发行方式下，发行公司与承销团签订承销协议。承销团由数家证券公司或投资银行组成，承销方式有代销和包销两种。代销是指承销机构代为推销债券，在约定期限内未售出的余额可退还发行公司，承销机构不承担发行风险。包销是由承销团先购入发行公司拟发行的全部债券，然后再售给社会上的投资者，如果约定期限内未能全部售出，余额要由承销团负责认购。

（5）交付债券，收缴债券款，登记债券存根簿。发行债券通常不需经过填写认购证过程，由债券购买人直接向承销机构付款购买，承销单位付给企业债券。然后，发行公司向承销机构收缴债券款并结算代理费及预付款项。

（三）债券的偿还

1. 债券的偿还时间

债券偿还时间按其实际发生与规定的到期日之间的关系，分为提前偿还、到期偿还和滞后三类，其中后者又包括分批偿还和一次偿还两种。

（1）提前偿还。提前偿还又称提前赎回或收回，是指在债券尚未到期之前就予以偿还。只有在公司发行债券的契约中明确规定了有关允许提前偿还的条款，公司才可以进行此项操作。提前偿还所支付的价格通常要高于债券的面值，并随到期日的临近而逐渐下降。具有提前偿还条款的债券可使公司筹资有较大的弹性。当公司资金有结余时，可提前赎回债券；当预测利率下降时，也可提前赎回债券，而后以较低的利率来发行新债券。

（2）分批偿还。如果一个公司在发行同一种债券的当时就为不同编号或不同发行对象的债券规定了不同的到期日，这种债券就是分批偿还债券。因为各批债券的到期日不同，它们各自的发行价格和票面利率也可能不相同，从而导致发行费较高；但由于这种债券便于投资人挑选最合适的到期日，因而便于发行。

（3）一次偿还。到期一次偿还的债券是最为常见的。

（4）滞后偿还。债券在到期日之后偿还叫滞后偿还。这种偿还条款一般在发行时便订立，主要是给予持有人以延长持有债券的选择权。滞后偿还有转期和转换两种形式。转期指将较早到期的债券换成到期日较晚的债券，实际上是将债务的期限延长。常用的办法有两种：一是直接以新债券兑换旧债券；二是用发行新债券得到的资金来赎回旧债券。转换通常指股份有限公司发行的债券可以按一定的条件转换成本公司的股票。

2. 债券的偿还形式

债券的偿还形式是指在偿还债券时使用什么样的支付手段。可使用的支付手段包括现金、新发行的本公司债券（简称新债券）、本公司的普通股股票（简称普通股）和本公司持有的其他公司发行的有价证券（简称有价证券）。

（1）用现金偿还债券。由于现金是债券持有人最愿意接受的支付手段，因此这一形式最为常见。为了确保在债券到期时有足额的现金偿还债券，有时企业需要建立偿债基金。如果发行债券合同的条款中明确规定用偿债基金偿还债券，企业就必须每年都提取偿债基金。且不能挪作他用，以保护债券持有者的利益。

（2）以新债券换旧债券。也被称为"债券的调换"。企业之所以要进行债券的调换，一般有以下几个原因：①原有债务的契约中订有较多的限制条款，不利于企业的发债；②把多次发行、尚未彻底清偿的债券进行合并，以减少管理费；③有的债券到期，但企业现金不足。

（3）用普通股偿还债务。如果企业发行的是可转换债券，那么可通过转换变成普通股来偿还债券。

（四）发行公司债券的筹资特点

1. 发行公司债券筹资的优点

（1）一次筹资规模大。利用发行公司债券筹资，能够筹集大额的资金，满足公司大规模筹资的需要。这是在银行借款、融资租赁等债权筹资方式中，企业选择发行公司债券筹资的主要原因，也能够适应大型公司经营规模的需要。

（2）所筹资金具有长期性、稳定性。债券的存续期限可以较长，除特殊情况外债券投资者不能在债券到期之前向企业索要本息，因而发行债券方式所筹资金具有长期、稳定性。

（3）能够锁定资本成本的负担。尽管公司债券的利息比银行借款高，但公司债券的期限长、利率相对固定。在预计市场利率持续上升的金融市场环境下，发行公司债券筹资，能够锁定资本成本。

（4）提高公司的社会声誉。公司债券的发行主体，有严格的资格限制。发行公司债券，往往是股份有限公司和有实力的有限责任公司所为。通过发行公司债券，一方面筹集了大量资金，另一方面也扩大了公司的社会影响。

2. 发行公司债券筹资的缺点

（1）筹资成本较高。相对于银行借款筹资，发行债券的利息负担和发行费用都比较高。公开发行债券筹资手续复杂，从申报、审批、承销到取得资金，需要经过众多环节和较长时间。需要聘请保荐人、会计师、律师、资产评估机构以及资信评级机构等，发行成本高。在发行过程中需要公开披露募集说明书、引用的审计报告、资产评估报告、资信等级报告等多种文件，信息披露成本高。而且债券不能像银行借款一样进行债务展期，加上大额的本金和较高的利息，在固定的到期日，将会对公司现金流量产生巨大的财务压力。

（2）筹集资金的使用限制条件多。与发行普通股、短期债务筹资方式相比，发行债券的契约中限制性条款较多，可能会影响企业对资金的运用和未来的筹资能力。

三、融资租赁

租赁是指出租人与承租人之间以合同的形式规定双方的权利和义务，承租人在约定的时间内占有和使用出租人租出的特定资产，并支付租金的契约性行为。在此期间内，出租人保持租赁资产的所有权，以转让资产使用权来取得租金；承租人则以支付租金为代价来取得资产的使用权。租赁物在租赁期内不表现为资产所有权的转移，因此，它不是资产的买卖，只是一种资产使用权在承租人和出租人之间暂时性的有偿转让。

（一）租赁种类

按租赁业务的性质不同，租赁可分为经营租赁和融资租赁两种。

1. 经营租赁

经营租赁是指出租人向承租人在短期内提供设备等租赁资产，并提供维修、保养、人员培训等的一种租赁。经营租赁具有短期融资作用。其租赁期限较短，出租人可将租赁资产多次出租，承租人亦可根据需要随时租入所需资产。在约定的租赁期内，如有新租赁资产出现或承租人不需要租入资产时，承租人可按规定提前解除租赁合同。出租人承担租赁资产的风险，并提供维修保养等服务；租赁期满或合同中止时，租赁资产由出租人收回。因此，经营租赁通常为可撤销租赁和毛租赁。

2. 融资租赁

融资租赁是指出租人按照承租人的要求购买租赁资产，并将其长期出租给承租人使用的一种租赁。它是现代租赁的主要类型。承租人采用融资租赁的主要目的是为了融通资金。融资租赁，一般由承租人向出租人提出正式申请，由出租人购进设备等租给承租人使用，租赁期限较长（按国际惯例，租赁期一般接近资产经济使用年限的

70%~80%)。租赁期内，租赁双方不得任意中止租赁合同，而且，由承租人负责资产的维修保养和保险。租赁期满时，按事先约定的方式来处置资产，或退或还、或续租或留购。在多数情况下，一般由承租人支付少量价款，取得租赁资产所有权。

融资租赁有三种具体形式：直接租赁、售后租回和杠杆租赁。

直接租赁就是通常所说的融资租赁，是指出租人以自有资金或筹借的资金购入资产租与承租人、收取租金的租赁形式。

售后租回是指承租人先将自己取得的资产卖给出租人，然后再与出租人签订租赁合同将资产租回使用的租赁形式。在这种租赁形式下，承租人一般都处于现金短缺的境地，其租赁物又多为自身正在使用中的设备，因此，其售出只是一种形式，而要达到的目的是既要取得企业生产经营、对外投资等方面急需的现金，又保证继续使用现有资产。

杠杆租赁是国际上比较流行的一种融资租赁形式。这是一种由出租人以自筹加信贷方式筹措资金、购置资产而形成的租赁。在这种租赁中，出租人一般只要投资20%~40%，即可取得租赁资产名义上的所有权，而其余投资由银行等金融机构提供不可追索的贷款来解决，但出租人需以租赁资产和收益租金作为借款担保。杠杆租赁涉及承租人、出租人和资金出借人三方当事人。从承租人的角度来看，这种租赁与其他租赁形式并无区别；但对出租人却不同，它既是出租人又是借款人，同时拥有对资产的所有权，既收取租金又要偿付债务。如果出租人不能按期偿还借款，那么资产的所有权就要转归资金出借者。

（二）融资租赁程序

1. 选择租赁公司

在选择租赁公司时，一般应了解各家租赁公司的经营范围、业务能力、资信状况、融资条件、租赁费等，并进行比较分析，从而择优选定。

2. 办理租赁委托

选定租赁公司后，便可向其提交租赁申请，办理委托。并提交租赁公司要求提供的有关文件，如营业执照、财务报表、项目建议书、可行性报告、所需资产的具体资料等。

3. 签署购货合同

由承租人与出租人的一方或双方合作选定设备供应厂商，并与其进行技术和商务谈判，在此基础上签署购货合同。

4. 签署租赁合同

租赁合同是由承租人与出租人签署，它是租赁业务的重要文件，具有法律效力。融资租赁合同的内容可分为一般条款和特殊条款两部分。一般条款主要包括：①合同说明。主要明确合同的性质、当事人身份、合同签订的日期等。②名词释义。解释合同中的重要名词以避免歧义。③租赁资产条款。详细地列明租赁资产的名称、规格型号、数量、技术性能等。④租赁资产交货、验收和税款、使用条款。⑤租赁期限与起租日期条款。⑥租金支付条款。规定租金的数额、支付方式和货币单位。这些内容通常以附表的形式列为合同附件。

特殊条款主要包括：购货合同与租赁合同的关系；租赁资产的产权归属；租赁期中不得退租；对出租人与承租人的保障；承租人违约及对出租人的补偿；资产的使用、保管、维修和保养责任；保险条款；租赁保证金和担保条款；租赁期满时资产的处理条款等。

5. 办理验货与保险

承租人收到租赁资产时，应进行验收。验收合格后签发交货及验收证书，并提交出租人，出租人据此向供应商支付设备价款。同时承租人向财产保险公司办理投保事宜。租赁期内，设备所有权属于出租人，使用权归承租人。

6. 支付租金

承租人在租赁期内按合同规定的租金数额、支付方式等，向出租人支付租金。

7. 合同期满处理租赁资产

融资租赁合同期满时，承租人根据合同约定，对租赁资产续租、退租或留购。租赁期满的资产通常都以低价卖给承租人或无偿赠送给承租人。

（三）租金的确定

1. 确定租金应考虑的因素

租金通常由出租人确定并提出，在确定租金的数额时，出租人一般要考虑以下几个因素：①租赁资产的购置成本。包括租赁资产的买价、运杂费和途中保险费等。②预计租赁资产的残值。指租赁资产在租赁期满时预计可变现净值。③利息。指出租人为承租人购置租赁资产融资而应计的利息。④租赁手续费，包括出租人承办租赁业务的营业费用以及一定的利润。⑤租赁期限。租赁期限既影响租金总额，也影响到每期租金的数额。⑥租金的支付方式。一般而言，租金支付次数越多，每次支付的数额越小。

2. 租金的计算

租金的支付通常表现为在租赁期内，每间隔相等的时间进行等额支付，因此计算租金时一般采用年金原理。一般，每期期初进行租金支付的属于先付年金（预付年金）；每期期末进行租金支付的属于后付年金（普通年金）。

（1）后付租金的计算。在后付租金方式下，每年年末支付租金的公式：

$$Q = \frac{租赁资产现值}{(P/A, i, n)}$$

式中：Q——每年应支付的租金

$(P/A, i, n)$——年金现值系数

n——支付租金的期数

i——租费率，通常根据利率和租赁手续费率确定

【例3-1】某公司从一家租赁公司租入一台设备，设备价款600万元，租赁期限为10年，期满设备残值50万元。租赁合同到期后设备归承租方公司所有，租赁费率（贴现率）为12%，租金于每年年末等额支付，则每年应付的租金为：

$$年租金额 = \frac{600}{(P/A, 12\%, 10)} = \frac{600}{5.6502} = 106.19（万元）$$

【例 3-2】若租赁期满，设备归出租方所有，则每年末应支付的年租金应为：

$$年租金额 = \frac{600 - 50(P/F, i, n)}{(P/A, i, n)} = \frac{600 - 50(P/F, 12\%, 10)}{(P/A, 12\%, 10)} = \frac{600 - 50 \times 0.3220}{5.6502}$$
$$= 103.34（万元）$$

（2）先付租金的计算。在先付年金方式下，则每年年初应支付的租金的计算公式为：

$$Q = \frac{租赁资产现值}{[(P/A, i, n-1) + 1]}$$

【例 3-3】接【例 3-2】，租赁合同到期后设备归承租方公司所有，但租金于每年年初支付，则每年年末应付租金为

$$年租金额 = \frac{600}{(P/A, 12\%, 10-1) + 1} = \frac{600}{5.3282 + 1} = 94.81（万元）$$

【例 3-4】接【例 3-2】，若租赁期满，设备归出租方所有，则每年年初应支付的年租金应为：

$$年租金额 = \frac{600 - 50(P/F, i, n)}{(P/A, 12\%, 10-1) + 1} = \frac{600 - 50(P/F, 12\%, 10)}{5.3282 + 1}$$
$$= \frac{600 - 50 \times 0.3220}{6.3282} = 92.27（万元）$$

（四）租赁筹资的评价

1. 租赁筹资具有以下优点

（1）能迅速获得所需资产。租赁往往比借款购置设备更迅速、更灵活，因为租赁是筹资与设备购置同时进行，可以缩短设备的购进、安装时间，使企业尽快形成生产能力，有利于企业尽快占领市场，打开销路。

（2）租赁可提供一种新的资金来源。由于种种原因，如负债比率过高，不能向外界筹集大量资金。在这种情况下，采用租赁的形式就可使企业在资金不足而又急需设备时，不付出大量资金就可能及时得到所需设备。

（3）租赁筹资限制条件较少。利用债券和长期借款筹资时都定有相当多的限制条款，但利用租赁筹资时，其限制条件一般较少。

（4）租赁能减少租赁资产陈旧过时的风险。资产因科学技术发展而变得陈旧或废弃时，其市价必然降低。租赁可将资产陈旧过时的风险转移到出租人身上，而不必自行承担。这是因为：经营租赁期限较短，到期把租赁资产归还出租人，这种风险完全由出租人承担；融资租赁的期限一般为资产使用年限的 75%，也不会像自己购买设备那样整个期间都承担风险；多数租赁协议都规定由出租人承担租赁资产陈旧过时的风险。

（5）财务风险小。租金在整个租赁期内分摊，不用到期归还大量本金。许多借款都在到期日一次偿还本金，这会给财务基础较弱的公司造成相当大的困难，有时会造成不能偿付的风险。而租赁则把这种风险在整个租赁期内分摊，可适当减少不能偿付的风险。

（6）税收负担轻。租金可在税前扣除，能减少所得税上交。

2. 租赁筹资的缺点

租金费用较高。一般来说，出租人不仅把各种成本转嫁给承租人，而且把各种风险及其应得的利润也算在租金之中，因而承租人所支付的租金要比负债筹资支付的利息高得多。在财务困难时，固定的租金也会构成一项较沉重的负担。另外，承租人不能享有租赁资产残值，因为该资产的产权仍属于出租人，这也可以看作是一种损失。

第三节　权益筹资

一、吸收直接投资

吸收直接投资是指企业按照"共同投资，共同经营，共担风险，共享利润"的原则来吸收国家、法人、个人、外商等投入资金的一种筹资方式。吸收直接投资与发行股票、留存收益都属于企业筹集自有资金的重要方式。企业采用吸收直接投资方式筹措所需要的自有资本时，投资者的出资形式可能是现金投资或非现金投资。吸收现金投资是企业乐于接受的形式；而吸收实物资产、无形资产等非现金投资，融资各方必须对投入的非现金资产进行合理的估价。

（一）吸收直接投资的条件

企业采用吸收直接投资方式筹措自有资本，必须符合下列主要条件：

（1）采用吸收直接投资方式筹措自有资本的企业，应当是非股份制企业，股份制企业按规定应以发行股票方式取得自有资本。

（2）企业通过吸收直接投资方式而取得的实物资产或无形资产，必须符合企业生产经营、科研开发的需要，在技术上能够消化应用。在吸收无形资产投资时，应符合法定比例。我国现行法规规定：企业吸收无形资产投资的比例一般不得超过注册资本的20%，如果情况特殊，含有高新技术、确需超过20%的，需经有关部门批准，但最高不得超过30%。

（二）吸收非现金资产投资的估价

企业吸收的非现金投资，如流动资产、固定资产和无形资产等，应当按照评估确认或合同、协议约定的金额计价。

1. 收到的流动资产投资的估价

企业吸收的流动资产，主要有材料、燃料、产成品、半成品、应收款项和有价证券等。对于材料、燃料、产成品等，可采用现行市价法或重置成本法进行估价；对于半成品，可先按照其完工程度折算为相当于产成品的约当量，再按产成品的估价方法进行估价；对于应收款项应针对具体情况，采用账面价值的一定比例或贴现值等作为评估价值；对于有价证券，应以现行市价或变现值作为评估价值。

2. 收到的固定资产投资的估价

企业吸收的固定资产，主要有机器设备、房屋建筑物等。对于机器设备，一般采用重置成本法和现行市价法进行估价；对于房屋建筑物，可采用现行市价法和收益现值法估价。

3. 收到的无形资产投资的估价

企业吸收的无形资产投资，主要有专利权、专利技术、商标权、土地使用权等。对于能够单独计算自创成本或外购成本的无形资产，如专利权、专有技术等，可采用重置成本法估价；对于在现行市场上有交易参照物的无形资产，如专利权、土地使用权等，可采用现行市价法估价；对于无法确定研制成本或购置成本，又不能在市场上找到交易参照物，但能为企业持续带来收益的无形资产，如特许经营权、商标权、商誉等，可采用收益现值法估价。

（三）吸收直接投资的评价

吸收直接投资增加了企业的自有资本，提高了企业的资信和再融资能力；吸收直接投资既可以获得现金资产，又可以获得先进设备或技术，而后者能够直接形成企业的生产能力；吸收直接投资的财务风险较低。但是，吸收直接投资的资本成本通常较高且由于没有证券为媒介，产权关系有时不够明晰，不便于所有权转让。

二、发行普通股筹资

股票是股份公司为筹集自有资金而发行的，用以证明投资者投资入股并据以获取股息或红利的凭证，它代表了持股人对股份公司的所有权。股票一经发行，持有者即为发行股票的公司的股东，有权参与公司的决策、分享公司的利益；同时也要分担公司的责任和经营风险。股票一经认购，持有者不能以任何理由要求退还股本，只能通过证券市场将股票转让和出售。股票本身没有价值，只是代表股份资本所有权的证书，是一种独立于实际资本之外的虚拟资本。

（一）股票的种类

股票的种类很多，可按不同的标准进行分类。

1. 根据股东权利分为普通股股票和优先股股票

（1）普通股股票。

普通股股票是指股份有限公司发行的代表股东享有平等的权利、义务，不加特别限制，股利不固定的股票。普通股是最普通、最重要，也是发行量最大的股票种类。同时，普通股也是风险最大的股票。

普通股股东是企业的所有者，享有以下四种权利：

①公司重大决策的参与权。普通股股东一般有权出席股东大会，有权选举董事会，对公司的合并、解散以及修改公司章程等都有投票权。对于公司的重大决策，按规定，一份股票拥有一份投票表决权，包括在股东大会上选举董事、监事，可以委托代理人行使其表决权。此外，普通股股东还享有对董事的诉讼权等。

②股利请求权。当公司取得盈利以后，普通股持有人有权按照正常分配顺序取得

红利，其在公司盈余分配上位于优先股之后。普通股股利的多少完全取决于公司的盈利情况及其分配政策。

③剩余财产分配权。当公司经营失败、解散或清算时，普通股持有人有权在公司的资产偿付了各种债权人及优先股股东的请求权之后，按比例参与公司剩余资产的分配。

④优先认股权。当公司增发新的普通股股票，以扩大公司资本时，现有的股东有权优先购买新发行的股票，以维持其在公司中的股份权益比例。因此，普通股股东有权按占有公司股份的原有比例，优先认购新股的权利，以保持对公司所有权的原有比例。当然，股东可行使优先认购新股的权利，也可转让出售或放弃这一权利。

（2）优先股股票。

优先股股票是股份有限公司发行的、在分配公司收益和剩余财产方面比普通股股东享有优先权的股票。优先股股东享有的权利主要有：

①优先分配股息。股份公司派发股息的顺序首先是优先股，其次才是普通股。同时，优先股的股息在股票发行时就已确定，一般按照面值的一定比例计算。因此，不论公司的经营状况和盈利水平如何，均应按照固定股息率派发其股息，优先股股东收益是稳定可靠的。正由于优先股可优先于普通股股东领取股息，即使普通股股息减少或没有股利，优先股也不受损失，所以优先股的风险要小于普通股。

②优先分配剩余财产。当公司解散或破产清算时，优先股对于公司剩余财产的分配权，其顺序在债权人之后，但在普通股股东之前。

2. 按照股票票面有无记名，可把股票分为记名股票与无记名股票

①记名股票是在股票票面上载有股东姓名并将其记入公司股东名册的一种股票。记名股票要同时附有股权手册，只有同时具备股票和股权手册，才能领取股息和红利。记名股票的转让、继承都要办理过户手续。

②无记名股票是指在股票票面上不记载股东姓名的股票。凡持有无记名股票，都可成为公司股东。无记名股票的转让、继承无需办理过户手续，只要将股票交给受让人，就可发生转让效力，移交股权。

3. 按股票票面上有无金额，可把股票分为面值股票和无面值股票

①面值股票是指在股票的票面上记载有每股金额的股票。股票面值的主要功能是确定每股股票在公司所占有的份额。

②无面值股票是指在股票票面上不记载每股金额的股票。无面值股票仅表示每一股在公司全部股票中所占有的比例。也就是说，这种股票只在票面上注明每股占公司全部资产的比例，其价值随公司财产价值的增减而增减。

（二）股票的发行

股票的发行是利用股票筹资的一个最重要的问题。

1. 股票发行的目的

股份公司发行股票的最终结果会增加公司的资金，在一般情况下，股票发行的目的主要是为了筹措资金，以利于生产和经营活动的正常进行。但具体来说，主要有以

下情况：

（1）设立性发行。

设立发行是指为设立新公司而发行的股票。创建新的股份公司需要有初始资本，需要发行新的股票予以筹措。新股份公司设立方式有发起设立和招股设立两种方式。所谓发起设立是指由公司发起人认购全部股票而设立股份公司。而招股设立是指在公司设立时，发起人只认购发行股票的一部分，其余的股票通过向社会招股，由他人认购。股份公司在成立时，通常向社会公开发行股票，可迅速达到预定的资本规模，投入生产经营。

（2）增资发行。

增资发行即为股份公司增资而发行股票。已设立的股份公司为不断扩大经营规模，也需要通过发行股票来筹集资金。如果拟发行的股票在核定的资本额度内，只需经董事会批准；如果超过了核定的资本额度，则需召开股东大会重新核定资本额。在核定的资本额度内增资发行，董事会通过之后，还要呈报政府有关机构，办理规定的手续，公司新发行的股票应由目前的股东按一定比例优先认购，其余到市场上出售。

（3）其他情形的股票发行。其他情形的股票发行主要包括：

①股利性发行，即公司为了直接增加股东股利而发行；

②转换性发行，即公司将可转换证券转换为股票；

③股票分割发行，即公司进行股票分割时的股票发行；

④配股时的发行；

⑤为提高公司的信用而发行股票；

⑥为收购其他公司而发行股票。

2. 股票发行的条件

（1）初始发行的条件。

股份公司发行股票必须具有一定的发行条件，取得发行资格，并在办理必要手续后才能发行。我国《股票发行与交易管理暂行条例》第 8 条规定，设立股份有限公司申请发行股票，应当符合以下条件：

新设立的股份有限公司申请公开发行股票，应当符合下列条件：生产经营符合国家产业政策；发行普通股限于一种，同股同权；发起人认购的资本数额不少于公司拟发行股本总额的 35%；在公司拟发行的股本总额中，发起人认购的部分不少于人民币 3 000 万元，但国家另有规定的除外；向社会公众发行的部分不少于公司拟发行的股本总额的 25%，公司拟发行股本总额超过人民币 4 亿元的，证监会按照规定可以酌情降低向社会公众发行部分的比例，但是最低不少于公司拟发行股本总额的 10%；发起人在近 3 年内没有重大违法行为，财务会计报告无虚假记载以及证监委规定的其他条件。

（2）增资发行的条件。

股份有限公司增资申请发行股票，股票发行与交易管理暂行条例第 10 条规定，除应符合上述有关规定外，还应当符合下列条件：前一次公司发行股票所得资金的使用与其招股说明书所述的用途相符，并且资金使用效益良好；距离前一次公开发行股票的时间不少于 12 个月；前一次发行股票到本次申请期间没有重大违法行为；证监委规定的其他条件。另外，公司增加股份时，按发行价格计算的新股不得超过原有公司净产值，国家另有规定的除外。发行公司在提出增资发行时，还需向有关部门和金融机构提供下列文件：公司股东大会关于增资的决议，工商注册登记执照。

3. 股票发行的基本程序

（1）发起人认足股份、缴付股资。发起方式设立的公司，发起人认购公司的全部股份；募集方式设立的公司，发起人认购的股份不得少于公司股份总数的 35%。发起人可以用货币出资，也可以非货币资产作价出资。在发起设立方式下，发起人缴付全部股资后，应选举董事会、监事会，由董事会办理公司设立的登记事项；在募集设立方式下，发起人认足其应认购的股份并缴付股资后，其余部分向社会公开募集。

（2）提出公开募集股份的申请。以募集方式设立的公司，发起人向社会公开募集股份时，必须向国务院证券监督管理部门递交募股申请，并报送批准设立公司的相关文件，包括公司章程、招股说明书等。

（3）公告招股说明书，签订承销协议。公开募集股份申请经国家批准后，应公告招股说明书。招股说明书应包括公司的章程、发起人认购的股份数、本次每股票面价值和发行价格、募集资金的用途等。同时，与证券公司等证券承销机构签订承销协议。

（4）招认股份，缴纳股款。发行股票的公司或其承销机构一般用广告或书面通知的办法招募股份。认股者一旦填写了认股书，就要承担认股书中约定的缴纳股款义务。如果认股者的总股数超过发起人拟招募的总股数，可以采取抽签的方式确定哪些认股者有权认股。认股者应在规定的期限内向代收股款的银行缴纳股款，同时交付认股书。股款认足后，发起人应委托法定的机构验资，出具验资证明。

（5）召开创立大会，选举董事会、监事会。发行股份的股款募足后，发起人应在规定期限内（法定 30 天）主持召开创立大会。创立大会由发起人、认股人组成，应有代表股份总数半数以上的认股人出席方可举行。创立大会通过公司章程，选举董事会和监事会成员，并有权对公司的设立费用进行审核，对发起人用于抵作股款的财产作价进行审核。

（6）办理公司设立登记，交割股票。经创立大会选举的董事会，应在创立大会结束后 30 天内，办理申请公司设立的登记事项。登记成立后，即向股东正式交付股票。

4. 股票发行价格

股票的发行价格是股票发行时所使用的价格，也就是投资者认购股票时所支付的价格。股票发行价格通常由发行公司根据股票面额、股市行情和其他有关因素决定。以募集设立方式设立公司首次发行的股票价格，由发起人决定；公司增资发行新股的股票价格，由股东大会做出决议。

股票的发行价格可以和股票的面值一致，但多数情况下不一致。股票的发行价格一般有以下三种：

（1）平价。平价就是以股票的票面额为发行价格。这种发行价格，一般在股票的初次发行或在股东内部分摊增资的情况下采用。平价发行股票容易推销，但无从取得股票溢价收入。

（2）时价。时价就是以本公司股票在流通市场上买卖的实际价格为基准确定的股票价格。其原因是股票在第二次发行时已经增值，收益率已经变化。选用时价发行股票，考虑了股票的现行市场价值，对投资者也有较大的吸引力。

（3）中间价。中间价就是以时价和平价的中间值确定的股票发行价格。按时价和中间价发行股票，股票发行价格会高于或低于其面值。前者称溢价发行，后者称折价发行。如属溢价发行，发行公司所获得的溢价列入资本公积。我国公司法规定，股票发行价格可以等于票面金额（平价），也可以超过票面金额（溢价），但不得低于票面金额（折价）。

（三）股票上市

股票上市指股份有限公司公开发行的股票经批准在证券交易所进行挂牌交易。经批准在交易所上市交易的股票称为上市股票。按照国际通行做法，非公开募集发行的股票或未向证券交易所申请上市的非上市证券，应在证券交易所外的场外交易市场上流通；只有公开募集发行并经批准上市的股票才能进入证券交易所流通转让。我国《公司法》规定，股东转让其股份，即股票进入流通，必须在已经设立的证券交易所进行。

1. 股票上市的利与弊

股票上市作为一种有效的筹资方式，对公司的成长起着重要的作用。发达国家的绝大部分发展迅速的公司都选择了上市。然而，股票上市也会给公司带来一些负面效果，因此，在做出股票上市的决定前，公司管理者应该非常慎重地考虑，并应该尽可能向专家或有过类似经历的企业家进行咨询，以便做出的决策能够达到预期目的。

（1）股票上市对公司的优点。

股票上市的优点主要有：①改善财务状况，便于筹措新资金。公司公开发行股票可以筹得自有资金，能迅速改善公司财务状况，并有条件得到利率更低的贷款。同时，公司一旦上市，就可以在今后有更多的机会从证券市场上筹集资金。②促进股权流通与转让。一些公司常用出让股票而不是付现金的方式去对其他企业进行收购。被收购企业也乐意接受上市公司的股票。因为上市的股票具有良好的流通性，持股人可以很容易将股票出售而得到资金。③利用股票市场可以准确及客观地评价企业价值。对于已上市的公司来说，每时每日的股市，都是对企业客观的市场估价。④便于实施股票期权激励和员工持股计划。上市公司利用股票作为激励关键人员的手段是卓有成效的。公开的股票市场提供了股票的准确价值，也可使职员的股票得以兑现。⑤提高公司知名度，吸引更多的顾客。股票上市公司为社会所知，并被认为经营优良，这会给公司带来良好的声誉，从而吸引更多的顾客，扩大公司的销售。

（2）股票上市对公司的缺点。

股票上市的缺点主要有：①信息公开的要求可能会暴露公司商业机密。一家公司从私人公司变成上市公司，其最大的变化即使公司隐私权的消失。国家证券管理机构要求上市公司将关键的经营情况向社会公众公开。②可能会分散公司控制权、限制经理人员操作的自由度，造成管理上的困难。公司上市后其所有重要决策都需要经董事会讨论通过，有些对企业至关重要的决策则需要全体股东投票决定。股东们通常以公司盈利、分红、股价等来判断经理人员的业绩，这些压力往往使得企业经理人员注重短期效益而忽略长期效益。③公开上市成本高、手续复杂。股票上市的费用包括资产评估费用、股票承销佣金、律师费、会计师费、材料印刷费、登记费等。这些费用的具体金额取决于每一个企业的具体情况、整个上市过程的难易程度和上市数额等因素。公司上市后尚需花费一些费用为证券交易所、股东等提供资料、聘请会计师、律师等。④上市后，公司将会负担较高的信息披露成本。而且，股价有时会歪曲公司的实际情况，影响公司声誉。

2. 股票上市的条件

公司公开发行的股票进入证券交易所交易必须受严格的条件限制。我国《公司法》规定，股份有限公司申请股票上市，必须符合下列条件。

(1) 股票经国务院证券管理部门批准已向社会公开发行，不允许公司在设立时直接申请上市。

(2) 公司股本总额不少于人民币5 000万元。

(3) 开业时间在3年以上，最近3年连续盈利；属国有企业依法改建而设立股份有限公司的，或者在《公司法》实施后新组建成立、其主要发起人为国有大中性企业的股份有限公司，可连续计算。

(4) 持有股票面值人民币1 000元以上的股东不少于1 000人，向社会公开发行的股份达股份总数的25%以上；公司股本总额超过人民币4亿元的，其向社会公开发行股份的比例为15%以上。

(5) 公司在最近3年内无重大违法行为，财务会计报告无虚假记载。

(6) 国务院规定的其他条件。

具备上述条件的股份有限公司经申请，由国务院或国务院授权的证券管理部门批准，其股票方可上市。股票上市公司必须公告其上市报告，并将其申请文件存放在指定的地点供公众查阅。股票上市公司还必须定期公布其财务状况和经营情况，每年定期公布财务报告。

3. 股票上市的暂停、终止与特别处理

上市公司出现财务状况或其他状况异常的，其股票交易将被交易所"特别处理(ST：Special Treatment)"。"财务状异常"是指以下几种情况：①最近2个会计年度的审计结果显示的净利润为负值；②最近1个会计年度的审计结果显示其股东权益低于注册资本；③最近1个会计年度经审计的股东权益扣除注册会计师和有关部门不予确认的部分后，低于注册资本；④注册会计师对最近1个会计年度的财产报告出具无法表示意见或否定意见的审计报告；⑤最近一份经审计的财务报告对上年度利润进行调整，导致连续2个会计年度亏损；⑥经交易所或中国证监会认定为财务状况异常的。"其他状况异常"是指自然灾害、重大事故等导致生产经营活动基本中止，公司涉及的可能赔偿金额超过公司净资产的诉讼等情况。

在上市公司的股票交易被实行特别处理期间，其股票交易遵循下列规则：①股票报价日涨跌幅限制为5%；②股票名称改为原股票名前加"ST"；③上市公司的中期报告必须经过审计。

股票上市公司有下列情形之一的，由国务院证券管理部门决定暂停其股票上市：①公司股本总额、股权分布等发生变化不再具备上市条件，限期内未能消除的，终止其股票上市；②公司不按规定公开其财务状况，或者对财务报告作虚假记载，后果严重的，终止其股票上市；③公司有重大违法行为，后果严重的，终止其股票上市；④公司最近3年连续亏损，限期内未能消除的，终止其股票上市。另外，公司决定解散、被行政主管部门依法责令关闭或宣告破产的，由国务院证券管理部门决定终止其股票上市。

（四）上市公司的股票发行

上市的股份有限公司在证券市场上发行股票，包括公开发行和非公开发行两种类型。公开发行股票又分为首次上市公开发行股票和上市公开发行股票，非公开发行即向特定投资者发行，也叫定向发行。

1. 首次上市公开发行股票（IPO）

首次上市公开发行股票（Initial Public Offering，以下简称IPO），是指股份有限公司对社会公开发行股票并上市流通和交易。实施IPO的公司，应当符合中国证监会颁布的《首次公开发行股票并上市管理办法》规定的相关条件，并经中国证监会核准。

实施IPO的基本程序是：①公司董事会应当依法就本次股票发行的具体方案、本次募集资金使用的可行性及其他事项作出决议，并提请股东大会批准；②公司股东大会就本次发行股票作出的决议；③由保荐人保荐并向证监会申报；④证监会受理，并审核批准；⑤自证监会核准发行之日起，公司应在6个月内公开发行股票；超过6个月未发行的，核准失效，须经证监会重新核准后方可发行。

2. 上市公开发行股票

上市公开发行股票，是指股份有限公司已经上市后，通过证券交易所在证券市场上对社会公开发行股票。上市公司公开发行股票，包括增发和配股两种方式。其中，增发是指增资发行，即上市公司向社会公众发售股票的再融资方式，而配股是指上市公司向原有股东配售发行股票的再融资方式。增发和配股也应符合证监会规定的条件，并经过证监会的核准。

3. 非公开发行股票

上市公司非公开发行股票，是指上市公司采用非公开方式，向特定对象发行股票的行为，也叫定向募集增发。其目的往往是为了引入该机构的特定能力，如管理、渠道等。定向增发的对象可以是老股东，也可以是新投资者。总之，定向增发完成之后，公司的股权结构往往会发生较大变化，甚至发生控股权变更的情况。

在公司设立时，上市公开发行股票与非上市不公开发行股票相比较，上市公开发行股票方式的发行范围广，发行对象多，易于足额筹集资本，同时还有利于提高公司的知名度。但公开发行方式审批手续复杂严格，发行成本高。在公司设立后再融资时，上市公司定向增发和非上市公司定向增发相比较，上市公司定向增发优势在于：①有利于引入战略投资者和机构投资者；②有利于利用上市公司的市场化估值溢价，将母公司资产通过资本市场放大，从而提升母公司的资产价值；③定向增发是一种主要的并购手段，特别是资产并购型定向增发，有利于集团企业整体上市，并同时减轻并购的现金流压力。

（五）普通股筹资的评价

1. 普通股筹资的优点

（1）普通股筹资没有固定的利息负担。公司有盈余，并认为适合分配股利，就可以分给股东；公司盈利较少，或虽有盈余但资金短缺或有更有利的投资机会，就可少支付或不支付股利。

（2）普通股没有固定的到期日，不用偿还。利用普通股筹集的是永久性的资金，除非公司清算才须偿还。它对保证企业最低的资金需求有重要意义。

（3）利用普通股筹资的风险小。由于普通股没有固定到期日，不用支付固定的利息，此种筹资实际上不存在不能偿付的风险，因此风险最小。

（4）能增加公司的信誉。普通股本与保留盈余构成公司所借入一切债务的资本有了较多的主权资本，就可为债权人提供较大的偿债保障，因而，普通股筹资可以提高公司的信用价值，同时也为使用更多的债务资金提供了强有力的支持。

（5）普通股筹资的限制较少。利用优先股或债券筹资，通常有许多限制，这些限制往往会影响公司经营的灵活性，而利用普通股筹资则没有这种限制。

2. 普通股筹资的缺点

（1）普通股筹资的资金成本较高。一般来说，普通股筹资的成本要大于债务资金的成本。这主要是由于股利要从税后盈余中支付，而债务资金的利息可在税前扣除，另外，普通股的发行费用也较高。

（2）利用普通股筹资，增发新股，引入新股东容易分散公司的控制权。

三、发行优先股筹资

（一）上市公司发行优先股的一般条件

（1）最近3个会计年度现实的年均可分配利润应当不少于优先股1年的股息。

（2）最近3年现金分红情况应当符合公司章程及中国证监会的有关监管规定。

（3）报告期不存在重大会计违规事项。公开发行优先股，最近3年财务报表被注册会计师出具的审计报告应该为标准审计报告或带强调事项段的无保留意见的审计报告；非公开发行优先股，最近1年财务报表被注册会计师出具的审计报告为非标准审计报告的，所涉及事项对公司无重大不利影响或者在发行前重大不利影响已经消除。

（4）已经发行的优先股不得超过公司普通股股份总数份额50%，且筹资金额不得超过发行前净资产的50%，已回购、转换的优先股不纳入计算。

（二）上市公司公开发行优先股的条件

《优先股试点管理办法》规定，上市公司公开发行优先股，应当符合以下情形之一：

（1）其普通股为上证 50 指数成份股；
（2）以公开发行优先股作为支付手段收购或吸收合并其他上市公司；
（3）以减少注册资本为目的回购普通股的，可以公开发行优先股作为支付手段，或者在回购方案实施完毕后，可公开发行不超过回购减资总额的优先股。

经证监会核准公开发行优先股后，上市公司的普通股不再属于上证 50 指数成份股的，上市公司仍可实施本次发行。

（三）上市公司公开发行优先股应当在公司章程中规定以下事项
（1）采取固定股息率；
（2）在有可分配税后利润的情况下必须向优先股股东分配股息；
（3）未向优先股股东足额派发股息的差额部分应当累计到下一个会计年度；
（4）优先股股东按照约定的股息率分配股息后，不再同普通股股东一起参加剩余利润分配。

商业银行发行优先股补充资本的，可就第（1）项和第（3）项事项另行约定。

（四）优先股筹资评价

1. 优先股筹资优点
（1）与债券筹资相比，发行优先股没有到期期限，不需要偿还本金；不会因为无力支付股利而导致公司破产。
（2）与普通股筹资相比，发行优先股一般不会稀释股东权益。

2. 优先股筹资缺点
（1）筹资成本高。与债务筹资相比，优先股股利不具有抵减所得税的能力，在优先股股息率与债务利息率相同的情况下，优先股筹资成本高于债务成本。
（2）对优先股股利支付有一定制约。优先股股利支付虽然没有法律约束，但是从筹资角度驱使公司按时发放优先股股利。

四、引入战略投资者

1. 战略投资者的概念与要求

我国在新股发行中引入战略投资者，允许战略投资者在公司发行新股中参与配售。按照证监会的规则解释，战略投资者是指与发行人具有合作关系或有合作意向和潜力，与发行公司业务联系紧密且欲长期持有发行公司股票的法人。从国外风险投资机构对战略投资者的定义来看，一般认为战略投资者是能够通过帮助公司融资、提供营销与销售支持的业务，或通过个人关系增加投资价值的公司或个人投资者。

一般来说，作为战略投资者的基本要求是：①要与公司的经营业务联系紧密；②要出于长期投资目的而较长时期地持有股票；③要具有相当的资金实力，且持股数量较多。

2. 引入战略投资者的作用

战略投资者具有资金、技术、管理、市场、人才等方面的优势，能够增强企业的核心竞争力和创新能力。上市公司引入战略投资者，使其能够和上市公司之间形成紧密的、伙伴式的合作关系,并由此增强公司经营实力、提高公司管理水平、改善公司治理结构。因此,对战略投资者的基本资质条件要求是:拥有比较雄厚的资金、核心的技术、先进的管理等,同时要有较好的实业基础和较强的投融资能力。

(1) 提升公司形象,提高资本市场认同度。战略投资者往往都是实力雄厚的境内外大公司、大集团,甚至是国际、国内500强,他们对公司股票的认购,是对公司潜在未来价值的认可和期望。

(2) 优化股权结构,健全公司法人治理。战略投资者在公司占一定股权份额并长期持股,能够分散公司控制权,战略投资者参与公司管理,能够改善公司治理结构。战略投资者带来的不仅是资金和技术,更重要的是能带来先进的管理水平和优秀的管理团队。

(3) 提高公司资源整合能力,增强公司的核心竞争力。战略投资者往往都有较好的实业基础,能够带来先进的工艺技术和广阔的产品营销市场,并致力于长期投资合作,能够促进公司产品结构和产业结构的调整升级,有助于形成产业集群,整合公司的经营资源。

(4) 达到阶段性的融资目标,加快实现公司上市融资的进程。战略投资者具有较强的资金实力,并与发行人签订有关配售协议,长期持有发行人股票,能够为新上市的公司提供长期稳定的资本,帮助上市公司用较低的成本融得较多的资金,提高了公司的融资效率。

从现有情况来看,目前我国上市公司确定战略投资者还处于募集资金最大化的实用原则阶段。谁的申购价格高,谁就能成为战略投资者,管理型、技术型的战略投资者还很少见。资本市场中的战略投资者,目前多是追逐持股价差、有较大承受能力的股票持有者,一般都是大型证券投资机构。

五、利用留存收益

(一) 留存收益的性质

从性质上看,企业通过合法有效地经营所实现的税后净利润,都属于企业的所有者。企业将本年度的利润部分甚至全部留存下来的原因很多,主要包括:第一,收益的确认和计量是建立在权责发生制基础上的,企业有利润,但企业不一定有相应的现金净流量增加,因而企业不一定有足够的现金将利润全部或部分派给所有者。第二,法律法规从保护债权人利益和要求企业可持续发展等角度出发,限制企业将利润全部分配出去。《公司法》规定,企业每年的税后利润,必须提取10%的法定盈余公积金。第三,企业基于自身扩大再生产和筹资的需求,也会将一部分利润留存下来。

(二) 留存收益的筹资途径

1. 提取盈余公积金。盈余公积金,是指有指定用途的留存净利润。盈余公积金是从当期企业净利润中提取的积累资金,其提取基数是本年度的净利润。盈余公积金主要用于企业未来的经营发展,经投资者审议后也可以用于转增股本(实收资本)和弥补以前年度经营亏损,但不得用于以后年度的对外利润分配。

2. 未分配利润。未分配利润,是指未限定用途的留存净利润。未分配利润有两层含义:第一,这部分净利润本年没有分配给公司的股东投资者;第二,这部分净利润未指定用途,可以用于企业未来的经营发展、转增资本(实收资本)、弥补以前年度的经营亏损及以后年度的利润分配。

(三)利用留存收益的筹资特点

1. 利用留存收益的筹资优点

(1)不用发生筹资费用。企业从外界筹集长期资本,与普通股筹资相比较,留存收益筹资不需要发生筹资费用,资本成本较低。

(2)维持公司的控制权分布。利用留存收益筹资,不用对外发行新股或吸收新投资者,由此增加的权益资本不会改变公司的股权结构,不会稀释原有股东的控制权。

2. 利用留存收益的筹资缺点

利用留存收益的筹资缺点集中表现为筹资数额有限。留存收益的最大数额是企业到期的净利润和以前年度未分配利润之和,不像外部筹资一次性可以筹集大量资金。如果企业发生亏损,那么当年就没有利润留存。另外,股东和投资者从自身期望出发,往往希望企业每年发放一定的利润,保持一定的利润分配比例。

第四节 混合筹资

一、发行可转换公司债券筹资

(一)可转换公司债券的含义及性质

可转换债券的持有者可以在一定时期内按一定比例或价格将其持有的可转换债券转换成一定数量的另一种债券。通常发行将信用债券或优先股转换成本公司的普通股股票,前者称为可转换债券,后者称为可转换优先股。可转换债券实际上是一种长期的普通股股票的看涨期权。

公司发行可转换债券的主要原因是为了增强债券对投资者的吸引力,能以较低的成本迅速地筹集所需要的资金。当公司准备发行债券筹资时,可能由于市场条件不利,不适宜发行普通股票,如因股市低迷,投资者失去信心,公司不能以较高的溢价发行股票,使筹资成本提高,甚至预计股票发行会遇到销售上的困难;可能由于市场利率过高,发行一般信用债券必须支付较高利率而使公司利息负担加重。由于可转换债券给予投资者一定的转换权利,使投资者在公司普通股价格上涨时可行使转换选择权,所以它的利率(或股息率)一般比同类信用债券略低。可转换债券不仅以较低的利率(或股息率)为公司提供财务杠杆作用,而且今后一旦转换为普通股,既能使公司将原来筹集的期限有限的资金转换成长期稳定的股本,又可省却一笔可观的股票发行费用。

从筹资者角度看,可转换债券具有债务和权益筹资的双重特性,属于一种混合型筹资。

利用可转换债券筹资，发行公司赋予债券持有人可将其转换为本公司股票的权利。因而，对发行公司而言，转换前需定期支付债券利息，如果在规定的期间内未转换还需到期偿还债券本金，在这种情况下，可转换债券筹资与普通债券筹资相同，具有债券筹资性质；如果在规定期间转换为股票，此时可转换债券不复存在，被股票所取代，因而具有权益筹资性质。

（二）可转换债券的发行条件

根据1997年国务院证券委员会发布的《可转换公司债券管理暂行办法》规定，上市公司和重点国有企业具有发行可转换债券的资格，但应经省级政府或国务院有关企业主管部门推荐，报证监会审批。

上市公司发行可转换债券，应当符合下列条件：①最近3年连续盈利，且最近3年净资产利润率平均在10%以上；属于能源、原材料、基础设施类的公司可以略低，但是不得低于7%。②可转换债券发行后，资产负债率不高于70%。③累计债券余额不超过公司净资产额的40%。④募集资金的投向符合国家产业政策。⑤可转换债券的利率不超过银行同期存款的利率水平。⑥可转换债券的发行额不小于人民币1亿元。⑦国务院证券委规定的其他条件。

重点国有企业发行可转换债券，除应当符合上列③~⑦项条件外，还应当符合下列条件：①最近3年连续盈利，且最近3年的财务报告已经具有从事证券业务资格的会计师事务所审计。②有明确、可行的企业改制和上市计划。③有可靠的偿债能力。④由具有代为清偿债务能力的保证人的担保。

（三）可转换公司债券的基本要素

可转换公司债券的基本要素包括转换期、转换价格与转换比率。

（1）转换期。可转换债券的转换期长短与可转换债券的期限相关。我国可转换债券的期限规定最短期限为3年，最长期限为5年。按照规定，上市公司发行的可转换债券，在发行结束6个月后，持有人可以依据约定的条件随时将其转换为股票。重点国有企业发行的可转换债券，在该企业改建为股份有限公司且其股票上市后，持有人可以依据约定的条件随时将其转换为股票。

（2）转换价格。可转换债券的转换价格是指可转换债券在转换期内转换成相关股票的每股价格。我国规定，上市公司发行可转换债券的，以发行可转换债券前一个月股票的平均价格为基准，上浮一定幅度作为转换价格。重点国有企业发行可转换债券的，以拟发行股票的价格为基准，折扣一定比例作为转换价格。例如，某上市公司准备发行可转换债券，发行前一个月该公司股票的平均价格为每股30元，预计该公司股票未来价格有明显的上升趋势，确定上浮的幅度为20%。该公司可转换债券的转换价格为：$30 \times (1 + 20\%) = 36$（元）。

（3）转换比率。可转换债券的转换比率是指每份可转换债券可转换成普通股的股数。即转换比率=债券面值/转换价格。例如，某上市公司发行的可转换债券面值为每份面值1 000元，转换价格为每股40元，转换比率为：1 000/40 = 25（股）即每股可转换债券可以转换 25 股股票。

（四）可转换公司债券筹资的特点

1. 可转换公司债券筹资的优点

（1）筹资灵活性强。

它向投资人提供了转为股权投资的选择权，使之有机会转为普通股并分享公司更多的收益。值得注意的是，可转换债券转换成普通股后，其原有的低息优势将不复存在，公司要承担普通股的筹资资本。

（2）筹资成本低。

与普通债券相比，可转换债券使得公司能够以较低的利率取得资金。债权人同意接受较低利率的原因是有机会分享公司未来发展带来的收益，可转换债券的票面利率低于同一条件下的普通债券的利率，降低了公司前期的筹资成本。

（3）筹资效率高。

与普通股相比，可转换债券使得公司取得了以高于当前股价出售普通股的可能性。有些公司本来是想要发行股票而不是债务，但是认为当前其股票价格太低，为筹集同样的资金需要发行更多的股票。为避免直接发行新股而遭受损失，才通过发行可转换债券变相发行普通股。因此，在发行新股时机不理想时，可以优先发行可转换债券，然后通过转换实现较高价格的股权筹资。这样做不至于因为直接发行新股而进一步降低公司股票市价；而且因为转换期较长，即使在将来转换股票时，对公司股价的影响也较温和，从而有利于稳定公司股票。

2. 可转换公司债券筹资的缺点

可转换公司债券筹资的缺点表现为持券人是否转换的不确定性。

（1）股价上涨风险。虽然可转换债券的转换价格高于其发行时的股票价格，但如果转换时股票价格大幅上涨，公司只能以较低的固定转换价格换出股票。会降低公司的股权筹资额。

（2）股价低迷风险。发行可转换债券后，如果股价没有达到转股所需的水平，可转换债券持有者没有如期转换普通股，则公司只能继续承担债务。在订有回赎条款的情况下，公司短期内集中偿还债务的压力会更明显。尤其是有些公司发行可转换债券的目的是筹集权益资本，股价低迷使其原定目的无法实现。

（3）筹资成本高于普通债券。尽管可转换债券的票面利率比普通债券低，但是加入转股成本之后的总筹资成本比普通债券要高。

二、发行认股权证筹资

（一）认股权证的含义

认股权证是指由股份有限公司发行的，在特定的时间内能按特定的价格，购买一定数量该公司股票的选择权凭证，其实质是一种有价证券，相当于公司发行的一种以该公司股票为标的资产的买入期权。持有这一证券的投资者可以在规定的期限以事先约定的价格买入权证发行方公司的股票。认股权证可以单独放行，也可以附在公司债券或优先股上与之同时发行，后者可以增加公司债券或优先股的吸引力，从而降低公司债券或优先股的筹资成本（降低债券票面利率或优先股股息率）。

（二）认股权证的要素

认股权证一般包括以下构成要素：

（1）可认购股票，是指持认股权证可以认购的标的股票。

（2）认购数量，是指认股权证认购股份的数量。认购数量可以用两种方式进行约定：确定每一单位认股权证可以认购若干股公司发行的普通股；确定每一单位的认股权证可以认购多少金额的普通股。

（3）认股价格，是指认股权证持有者行使买入期权时的结算价格，相当于一般标准期权的履约价格。

（4）认股期限，又称为行权期限，是指持券人有权凭认股权证认购股份的时间。在认购期内，认股权证持有人可以随时认购股份；超过认购期限，持券人不能认购股份。

（5）有效期，是指从认股权证发行日开始到到期日为止的时限，超过有效期认股权证失效。

（三）认股权证的发行方式

认股权证可单独发行或附带发行。单独发行较容易理解，附带发行是指依附于债券、优先股、普通股或短期票据发行认股权证。

（四）认股权证行权期限的种类

1. 定日行权

定日行权是指认股权证的持有人只能在权证到期日当天行权，该类认股权证又可称为欧式认股权证。

2. 连续行权

连续行权是指认股权证的持有人可以在权证到期日前任一交易日行权，该类认股权证又可称为美式认股权证。

3. 阶段性行权

阶段性行权是指认股权证持有人能够在有规律的多个行权日或是一段时间内行权，如到期日前每个交易周的第5个交易日行权，该类认股权证又被称为百慕大式认股权证。

（五）认股权证筹资的特点

1. 认股权证是一种融资促进工具

能保证公司能够在规定的期限内完成股票发行计划，顺利实现融资。特别是发行附认股权证债券融资时可以起到一次发行、二次融资的作用，而且可以有效较低融资成本。该债券的发行人主要是高速增长的小公司，这些公司有较高的风险，若直接发行普通债券需要承担较高的票面利率。当发行附认股权证债券筹资时，能以潜在的股权稀释为代价换取较低的利息。

2. 有助于改善上市公司的治理结构

认股权证能够约束上市公司的败德行为,并激励他们更加努力地提升上市公司的市场价值(市价过低,导致无人行权,无法筹资)。

3. 有利于推进上市公司的股权激励机制

认股权证是常用的员工激励工具。

(六) 附认股权证债券筹资的主要特点

附认股权证债券筹资的主要缺点是灵活性较差。相对于可转换债券,发行人一直都有偿还本息的义务,因无赎回和强制转换条款,从而在市场利率大幅降低时,发行人需要承担一定的机会成本。附认股权证债券的发行者,主要目的是发行债券而不是股票,是为了发债而附带期权。认股权证的执行价格,一般比发行的股价高出20%~30%。如果将来公司发展良好,股票价格会大大超过执行价格,原有股东也会蒙受较大损失。此外,附认股权证债券的承销费用通常高于债务融资。

课后练习题

一、单项选择题

1. 企业筹资按照所筹资金的性质可分为( )、债务筹资和混合筹资。
   A. 短期筹资   B. 长期筹资   C. 权益筹资   D. 外部筹资
2. 企业筹资按筹资渠道可划分为( )和外部筹资。
   A. 短期筹资   B. 混合筹资   C. 内部筹资   D. 直接筹资
3. 下列筹资方式中属于混合筹资的是( )。
   A. 吸收直接投资   B. 发行普通股票
   C. 银行借款   D. 发行可转换债券
4. 金融市场的交易对象其实质就是( )。
   A. 股票   B. 借款合同   C. 资金   D. 债券
5. 根据市场的组织形式,证券市场可分为( )与场外交易市场。
   A. 场内交易市场   B. 一级证券市场
   C. 证券流通市场   D. 期货投资市场
6. 人民币特种股票市场是指( )。
   A. A股市场   B. B股市场   C. H股市场   D. K股市场
7. ( )垄断银行券的发行权,是全国唯一的现钞发行机构。
   A. 商业银行   B. 保险公司   C. 中央银行   D. 进出口银行
8. ( )是依法设立的吸收公众存款、发放贷款、办理结算等业务的金融企业。
   A. 证券公司   B. 中央银行   C. 投资银行   D. 商业银行
9. 根据股东享有的权利,可把股票分成( )。
   A. 记名股票与无记名股票   B. 普通股股票和优先股股票
   C. 面值股票与无面值股票   D. 国家股、法人股、个人股和外资股

10. 股份有限公司申请股票上市，其股本总额不少于人民币（　　）万元。
A. 3 000　　　　B. 1 000　　　　C. 6 000　　　　D. 5 000

11. 我国公司法规定，股票不得（　　）。
A. 平价发行　　B. 溢价发行　　C. 时价发行　　D. 折价发行

12. 我国《公司法》规定，有资格发行债券的公司，必须具备的条件之一是（　　）。
A. 累计债券总额不超过公司资产总额的40%
B. 累计债券总额不超过公司固定资产净额的40%
C. 累计债券总额不超过公司净资产额的40%
D. 累计债券总额不超过公司负债总额的40%

13. 招股说明书有效期为（　　）。
A. 60天　　　　B. 90天　　　　C. 120天　　　　D. 180天

14. 某企业需要借入资金60万元，由于银行要求将贷款数额的20%作为补偿性余额，故企业需向银行申请的贷款数额为（　　）。
A. 60万元　　　B. 65万元　　　C. 75万元　　　D. 67.2万元

15. 原有企业改组设立股份有限公司申请公开发行股票，其发行前1年末，净资产在总资产中所占比例不低于（　　）。
A. 10%　　　　B. 30%　　　　C. 20%　　　　D. 40%

16. 下列筹资方式中，属于筹集短期资金的是（　　）。
A. 发行股票　　B. 发行债券　　C. 融资租赁　　D. 商业信用

二、多项选择题

1. 企业筹资的目的主要有（　　）。
A. 投资　　　　　　　　　　B. 偿债
C. 经营管理　　　　　　　　D. 调整资本结构
E. 投机

2. 企业的资金筹集，应遵循下列原则（　　）。
A. 按需筹资原则　　　　　　B. 优化资本结构原则
C. 效益原则　　　　　　　　D. 合法性原则

3. 企业筹资方式主要有以下几种（　　）。
A. 吸收直接投资　　　　　　B. 发行股票
C. 银行借款　　　　　　　　D. 发行债券
E. 商业信用

4. 金融市场上使用的金融工具主要有（　　）。
A. 商业票据　　　　　　　　B. 存款单、存折
C. 股票、债券　　　　　　　D. 保险单
E. 期货合约、期权合约

5. 按照金融市场的不同交易对象可以将金融市场分为（　　）。

A. 资金市场 B. 现货市场
C. 外汇市场 D. 股票市场
E. 黄金市场

6. 非银行金融机构主要有（　　）。
A. 保险公司 B. 信托投资公司
C. 证券公司 D. 租赁公司
E. 企业集团财务公司

7. 证券公司的业务主要有（　　）。
A. 代理证券发行 B. 代理买卖或自营证券买卖
C. 兼并与收购业务 D. 研究及咨询服务
E. 资产管理

8. 企业的自有资金，也称为（　　）。
A. 实收资本 B. 资本金
C. 自有资本 D. 股本
E. 权益资本

9. 股份公司在发行股票之前都必须向有关部门呈交的申请文件包括（　　）。
A. 申请报告 B. 批准设立股份有限公司的文件
C. 公司章程 D. 股说明书
E. 财务报告

10. 普通股股东享有的权利有（　　）。
A. 公司重大决策的参与权 B. 股利请求权
C. 剩余财产分配权 D. 优先认股权
E. 出售或转让股份的权利

11. 股票发行价格通常有（　　）。
A. 平价 B. 时价
C. 溢价 D. 中间价
E. 折价

12. 我国《股票发行与交易管理暂行条例》规定，新设立的股份有限公司申请公开发行股票，应当符合下列条件（　　）。
A. 生产经营符合国家产业政策
B. 发行普通股限于一种，同股同权
C. 发起人认购的资本数额不少于公司拟发行股本总额的35%
D. 向社会公众发行的部分不少于公司拟发行的股本总额的25%
E. 发行新股后资产负债率不低于40%

13. 根据有无抵押担保，债券可分为（　　）。
A. 抵押债券 B. 信用债券
C. 担保债券 D. 金融债券

E. 公司债券

14. 从总体上来看,信用筹资的形式主要包括( )。
   A. 预付货款　　　　　　　　B. 赊购商品
   C. 预收货款　　　　　　　　D. 商业汇票
   E. 应付账款

15. 下列表述符合股票涵义的是( )。
   A. 股票是有价证券　　　　　B. 股票是物权凭证
   C. 股票是书面凭证　　　　　D. 股票是债权凭证
   E. 股票是所有权证书

16. 决定债券发行价格的因素主要有( )。
   A. 债券面额　　　　　　　　B. 票面利率
   C. 公司经济效益　　　　　　D. 债券期限
   E. 市场利率

三、判断题

1. 金融市场上交易的是资金的所有权。（ ）
2. 负债规模越小，企业的资本结构越合理。（ ）
3. 资金的筹集量越大，越有利于企业的发展。（ ）
4. 期货投资市场是指买卖期货合约所形成的市场。（ ）
5. 目前，我国只有证券公司经营证券业务。（ ）
6. 设立股份公司首次发行股票，如果采取招股设立，所有股份都应向社会招股。（ ）
7. 公司债券和企业债券没有什么区别，只是名称不同而已。（ ）
8. 长期资金可以通过采用商业信用的方式筹集。（ ）
9. 融资租赁又称财务租赁，有时也称资本租赁，故与经营租赁不同，其性质已不属于借贷行为。（ ）
10. 一般来说，债券的市场利率越高，债券的发行价格越低；反之，就越高。（ ）

四、简答题

1. 简述企业筹资目的。
2. 试述企业筹资的原则。
3. 简述金融市场及其功能。
4. 说明金融机构的类型。
5. 简述证券市场的特征及其功能。
6. 简述股票发行的条件。
7. 试述公开发行股票的最基本程序。
8. 简述股票上市的条件。
9. 简述融资租赁的具体形式及融资租赁程序。

10. 试比较普通股筹资、吸收直接投资、长期借款筹资、债券筹资、商业信用融资、租赁融资与可转换证券筹资的优缺点。

五、计算题与分析题

1. 某公司向银行借入短期借款 10 000 元，支付银行贷款利息的方式在同银行协商后的结果是：如果采用收款法，则利息率为 14%；如采用贴现法，利息率为 12%；如采用补偿性余额，利息率降为 10%，银行要求的补偿性余额比例为 20%。请问：如果你是该公司财务经理，你将选择哪种支付方式，并说明理由。

2. 某公司拟采购一批零件，供应商报价如下：（1）立即付款，价格为 9 630 元；（2）30 天内付款，价格为 9 750 元；（3）31~60 天内付款，价格为 9 870 元；（4）61~90 天内付款，价格为 10 000 元。假设银行短期贷款利率为 15%，每年按 360 天计算。要求：计算放弃现金折扣的成本（比率），并确定对该公司最有利的付款日期和价格。

第四章

筹资决策

第一节 资金需求量预测

资金的需要量是筹资的数量依据，必须科学合理地进行预测。筹资数量预测的基本目的，是保证筹集的资金既能满足生产经营的需要，又不会产生资金多余而闲置。

一、因素分析法

因素分析法又称为分析调整法，是以有关项目基期年度的平均资金需要量为基础，根据预测年度的生产经营任务和资金周转加速的要求，进行分析调整，来预测资金需要量的一种方法。这种方法计算简便，容易掌握，但预测结果不太精确。它通常用于品种繁多、规格复杂、资金用量小的项目。因素分析法的计算公式如下：

资金需要量 =（基期资金平均占用额 − 不合理资金占用额）
×（1 ± 预测期销售增减额）×（1 ± 预测期资金周转速度变动率）

(4−1)

【例4−1】甲公司2016年度资金平均占用额为3 200万元，经分析，其中不合理部分200万元，预计2017年度销售增长8%，资金周转加速2%。则：

预测2017年度资金需要量 =（3 200 − 200）×（1 + 8%）×（1 + 2%）= 3 304.8（万元）

二、销售百分比法

（一）基本原理

销售百分比法是根据销售增长与资产增长之间的关系，预测未来资金需要量的方法。企业的销售规模扩大时，要相应增加流动资产；如果销售规模增加很多，还必须增加长期资产。为取得扩大销售所需增加的资产，企业需要筹措资金。这些资金，一部分来自留存收益，另一部分通过外部筹资取得。通常，销售增长率较高时，仅靠留存收益不能满足资金需要，即使获利良好的企业也需外部筹资。因此，企业需要预先知道自己的筹资需求，提前安排筹资计划，否则就可能发生资金短缺问题。

销售百分比法将反映生产经营规模的销售因素与反映资金占用的资产因素连接起来，根据销售与资产之间的数量比例关系，预计企业的外部筹资需要量。销售百分比法首先假设某些资产与销售额存在稳定的百分比关系,根据销售与资产的比例关系预计资产额,根据资产额预计相应的负债和所有者权益,进而确定筹资需要量。

(二)基本步骤

1. 确定随销售额变动而变动的资产和负债项目

资产是资金使用的结果,随着销售额的变动,经营性资产项目将占用更多的资金。同时,随着经营性资产的增加,相应的经营性短期债务也会增加,如存货增加会导致应付账款增加,此类债务称之为"自动性债务",可以为企业提供暂时性资金。经营性资产与经营性负债的差额通常与销售额保持稳定的比例关系。这里,经营性资产项目包括库存现金、应收账款、存货等项目;而经营性负债项目包括应付票据、应付账款等项目,不包括短期借款、短期融资券、长期负债等筹资性负债。

2. 确定经营性资产与经营性负债有关项目与销售额的稳定比例关系

如果企业资金周转的营运效率保持不变,经营性资产与经营性负债会随销售额的变动而呈正比例变动,保持稳定的百分比关系。企业应当根据历史资料和同业情况,剔除不合理的资金占用,寻找与销售额的稳定百分比关系。

3. 确定需要增加的筹资数量

预计由于销售增长而需要的资金需求增长额,扣除利润留存后,即为所需要的外部筹资额。即有:

$$外部融资需求量 = \frac{A}{S_0} \times \Delta S - \frac{B}{S_0} \times \Delta S - P \times E \times S_1 \qquad (4-2)$$

式中:A——随销售而变化的敏感性资产

B——随销售而变化的敏感性负债

S_0——基期销售额

S_1——预测期销售额

ΔS——销售变动额

P——销售净利率

E——利润留存率

A/S_0——敏感资产与销售额的关系百分比

B/S_0——敏感负债与销售额的关系百分比

【例4-2】GH公司2016年12月31日的简要资产负债表如表4-1所示。假定GH公司2016年销售额为10 000万元,销售净利率为10%,利润留存率为60%。2017年销售额预计增长30%,公司有足够的生产能力,无需追加固定资产投资。

首先,确定有关项目是否为销售额的敏感性项目以及敏感性项目与销售额之间的比例关系(敏感性项目占销售额的百分比)。在表4-1中,N为非敏感性项目,是指该项目不随销售的变化而变化。

其次,确定需要增加的资金量。从表中可以看出,销售收入每增加100元,必须增加50元的资金占用,但同时自动增加20元的短期债务资金来源,两者差额还有30%的资金需求。因此,每增加100元的销售收入,公司必须额外取得30元的资金来源,销售额从10 000万元增加到13 000万元,按照30%的比率可预测将增加900万元的资金需求。

表 4-1　　　　　　　GH 公司资产负债表（2016 年 12 月 31 日）　　　　　　单位：万元

资产	金额	与销售关系（%）	负债与权益	金额	与销售关系（%）
货币资金	500	5	短期借款	2 000	N
应收账款	3 000	30	应付账款	1 500	15
存货	1 500	15	应付费用	500	5
固定资产	5 000	N	应付债券	1 000	N
			实收资本	2 000	N
			留存收益	3 000	N
合计	10 000	50	合计	10 000	20

最后，确定外部融资需求的数量。2017 年的净利润为 1 300 万元（13 000×10%），利润留存率为 60%，则将有 780 万元利润被留存下来，还有 120 万元的资金必须从外部筹集。

根据 GH 公司的资料，可求得对外融资的需求量为：

外部融资需求量 = 50%×3 000 - 20%×3 000 - 60%×1 300 = 120（万元）

销售百分比法的优点，是能为筹资管理提供短期预计的财务报表，以适应外部筹资的需要，且易于使用。但在有关因素发生变动的情况下，必须相应地调整原有的销售百分比。

三、资金习性预测法

资金习性预测法是指根据资金习性预测未来资金需要量的一种方法。所谓资金习性，是指资金的变动同产销量变动之间的依存关系。按照资金同产销量之间的依存关系，可以把资金区分为不变资金、变动资金和半变动资金。

不变资金是指在一定的产销量范围内，不受产销量变动的影响而保持固定不变的那部分资金。也就是说，产销量在一定范围内变动，这部分资金保持不变。这部分资金包括：为维持营业而占用的最低数额的现金，原材料的保险储备，必要的成品储备，厂房、机器设备等固定资产占用的资金。

变动资金是指随产销量的变动而同比例变动的那部分资金。它一般包括直接构成产品实体的原材料、外购件等占用的资金。另外，在最低储备以外的现金、存货、应收账款等也具有变动资金的性质。

半变动资金是指虽然受产销量变化的影响，但不成同比例变动的资金，如一些辅助材料上占用的资金。半变动资金可采用一定的方法划分为不变资金和变动资金两部分。

（一）根据资金占用总额与产销量的关系预测

这种方式是根据历史上企业资金占用总额与产销量之间的关系，把资金分为不变和变动两部分，然后结合预计的销售量来预测资金需要量。

设产销量为自变量 X,资金占用为因变量 Y,它们之间的关系可用下式表示:
$$Y = a + bX \tag{4-3}$$
式中:a 为不变资金;b 为单位产销量所需变动资金。

可见,只要求出 a 和 b,并知道预测期的产销量,就可以用上述公式测算资金需求情况。a 和 b 可用回归直线方程求出。

【例 4-3】WW 公司历年产销量和资金占用数据资料如表 4-2 所示,根据表 4-2 整理出表 4-3。2017 年预计销售量为 1 500 万件,则预计 2017 年的资金需要量过程如下:

$$a = \frac{\sum X_i^2 \sum Y_i - \sum X_i \sum X_i Y_i}{n \sum X_i^2 - (\sum X_i)^2}$$

$$= \frac{6 \times 7\,250 \times 6\,300 - 7\,250 \times 7\,724\,000}{6 \times 8\,857\,500 - 7\,250^2}$$

$$= 118.41 \text{(万元)}$$

$$b = \frac{n \sum X_i Y_i - \sum X_i \sum Y_i}{n \sum X_i^2 - (\sum X_i)^2}$$

$$= \frac{6 \times 7\,724\,000 - 7\,250 \times 6\,300}{6 \times 8\,857\,500 - 7\,250^2}$$

$$= 0.775 \text{(万元)}$$

解得:$Y = 118.41 + 0.775X$

把 2017 年预计销售量 1 500 万件代入上式,得出 2017 年资金需要量为:
$118.41 + 0.775 \times 1\,500 = 1\,280.91$(万元)

表 4-2 产销量与资金变化情况表

年度	产销量(X_i)(万件)	资金占用(Y_i)(万元)
2011	1 200	1 100
2012	1 100	950
2013	1 050	930
2014	1 150	1 000
2015	1 350	1 150
2016	1 400	1 200

表 4-3 资金需要量预测表(按总额预测)

年度	产销量(X_i)(万件)	资金占用(Y_i)(万元)	$X_i Y_i$	X_i^2
2011	1 200	1 100	1 320 000	1 440 000
2012	1 100	950	1 045 000	1 210 000

续表

年度	产销量（X_i）（万件）	资金占用（Y_i）（万元）	X_iY_i	X_i^2
2013	1 050	930	976 500	1 102 500
2014	1 150	1 000	1 150 000	1 322 500
2015	1 350	1 150	1 552 500	1 822 500
2016	1 400	1 200	1 680 000	1 960 000
合计 $n=6$	$\sum X_i = 7\ 250$	$\sum Y_i = 6\ 300$	$\sum X_iY_i = 7\ 724\ 000$	$\sum X_i^2 = 8\ 857\ 500$

（二）采用逐项分析法预测

这种方式是根据各资金占用项目（如现金、存货、应收账款、固定资产）同产销量之间的关系，把各项目的资金都分成变动和不变两部分，然后汇总在一起，求出企业变动资金总额和不变资金总额，进而来预测资金需求量。

【例4-4】HW公司历年现金占用与销售额的数据资料如表4-4所示。

表4-4　　　　　　　　　现金与销售额变化情况表　　　　　　　　　单位：元

年度	销售收入（X_i）	现金占用（Y_i）
2012	2 000 000	110 000
2013	2 300 000	120 000
2014	2 650 000	146 000
2015	2 890 000	155 000
2016	3 000 000	160 000

根据以上资料，采用适当的方法来计算不变资金和变动资金的数额。此处假定采用高低点法求 a 和 b 的值。

$$b = \frac{最高收入期的资金占用量 - 最低收入期的资金占用量}{最高销售收入 - 最低销售收入}$$

$$= \frac{160\ 000 - 110\ 000}{3\ 000\ 000 - 2\ 000\ 000}$$

$$= 0.05$$

将 $b = 0.05$ 代入2016年 $Y = a + bX$，

得：$a = 160\ 000 - 0.05 \times 3\ 000\ 000 = 10\ 000$（万元）

存货、应收账款、流动负债、固定资产等项目也可根据历史数据资料进行这样的分析，然后汇总列于表4-5中。

表 4-5　　　　　　　　　　　　资金需要量预测表　　　　　　　　　　　　单位：元

项目	年度不变资金（a）	每 1 元销售收入所需变动资金（b）
流动资产		
货币资金	10 000	0.05
应收账款	100 000	0.24
存货	60 000	0.12
小计	170 000	0.41
减：流动负债		
应付账款及应付费用	90 000	0.21
净资金占用	80 000	0.20
固定资产		
厂房、设备	520 000	0
所需资金合计	600 000	0.20

根据表 4-5 的资料得出预测模型为：$Y = 600\,000 + 0.20X$

如果 2017 年的预计销售额为 2 900 000 元，则：

2017 年的资金需要量 = 600 000 + 0.20 × 2 900 000 = 1 180 000（元）

进行资金习性分析，把资金划分为变动资金和不变资金两部分，从数量上掌握了资金同销售量之间的规律性，对准确地预测资金需要量有很大帮助。实际上，销售百分比法是资金习性分析法的具体运用。

应用线性回归法必须注意以下几个问题：①资金需要量与营业业务量之间线性关系的假定应符合实际情况；②确定 a、b 数值，应利用连续若干年的历史资料，一般要有 3 年以上的资料；③应考虑价格等因素的变动情况。

第二节　资 本 成 本

一、资本成本及其内容

（一）资金成本

资金成本是企业为取得和使用资金而发生的各项费用，由资金筹集费用和资金使用（占用）费用两部分构成。长期资金（包括长期负债和所有者权益）的成本又称作资本成本。资金筹集费用是指企业在筹集资金时的各项耗费，如银行借款的手续费、发行股票及债券的注册登记费、委托代销费等，资金使用费是指企业在使用资金时付出的代价，如银行借款的利息支出、债券的利息支出、股票的股利支出等。资金成本包括资金的筹集费用和使用费用两个部分。

（二）资本成本的表达方式

为衡量资本成本的高低，既可以运用绝对数指标，也可以运用相对数指标，前者是资本成本额，后者是资本成本率。对于筹资规模不同的两个方案，资本成本额的绝对数指标不具有可比性。为便于在不同规模筹资方案之间的成本比较，长期筹资决策中的资本成本一般都采用相对数形式表达，即资本成本率指标。

资本成本率指标的公式如下：

$$资本成本率 = \frac{资本成本额}{筹资总额 - 筹资费用} \times 100\%$$

$$或 = \frac{资本成本额}{筹资总额(1-筹资费用率)} \times 100\% \qquad (4-4)$$

公式中的资本成本率，是将资本成本总额与实际筹集并可以运用到企业生产经营活动的资本数额的比率，由于筹集费用在筹资时已经支付，因此，它是对筹资总额的一种扣除，直接减少了企业可以运用的资金数额，所以从筹资总额中扣除。

（三）资本成本的作用

1. 资本成本是比较筹资方式、选择筹资方案的依据

各种资本的资本成本率，是比较、评价各种筹资方式的依据。在评价各种筹资方式时，一般会考虑的因素包括对企业控制权的影响、对投资者吸引力的大小、融资的难易和风险、资本成本的高低等，而资本成本是其中的重要因素。在其他条件相同时，应选择资本成本最低的方式筹资。

2. 平均资本成本是衡量资本结构是否合理的依据

企业财务管理的目标是企业价值最大化，企业价值是企业资产带来的未来经济利益的现值。计算现值时采用的贴现率通常会选择企业的平均资本成本，当平均资本成本率最小时，企业价值最大，此时的资本结构是企业理想的最佳资本结构。

3. 资本成本是评价投资项目可行性的主要标准

资本成本通常用相对数表示，它是企业对投入资本所要求的报酬率（或收益率），即最低必要报酬率。任何投资项目，如果它预期的投资报酬率超过该项目使用资金的资本成本率，则该项目在经济上就是可行的。因此，资本成本率是企业用以确定项目要求达到的投资报酬率的最低标准。

4. 资本成本是评价企业整体业绩的重要依据

一定时期企业资本成本的高低，不仅反映企业筹资管理的水平，还可作为评价企业整体经营业绩的标准。企业的生产经营活动，实际上就是所筹集资本经过投放后形成的资产营运，企业的总资产报酬率应高于其平均资本成本率，才能带来剩余收益。

二、个别资本成本

由于筹资方式不同，资本成本的具体计算方法也有所不同，特别是有些资本的成本是在所得税前支付，如长期借款利息和长期债券利息等，而另一些资本的成本则在

所得税后支付，如股票的股利，包括优先股的股息和普通股的红利等。对于在所得税前支付的成本，实际上可以得到免交所得税的好处，因此，企业发生的同样数额的成本支出，如果在所得税前支付，则要比在所得税后支付的负担轻得多。为了对各种不同的筹资方式下的资本成本进行比较，必须将所得税前支付的资本成本转化为所得税后的资本成本，或者将所得税后的资本成本转化为所得税前的资本成本，这样就可以在同一口径上对不同的筹资方式进行比较。在理财活动中，通常是把所得税前的资本成本率转化为所得税后的资本成本率。

（一）长期借款资本成本

长期借款的资本成本主要是借款利息与借款本金的比率，因此，长期借款的资本成本率就是长期借款的利息率。由于长期借款利息是在所得税前支付，所以长期借款的资本成本率可以通过下列公式计算：

$$长期借款资本成本 = \frac{年利息费用 \times (1 - 所得税税率)}{长期借款总额 \times (1 - 筹资费率)} \times 100\% \qquad (4-5)$$

【例4-5】HQ公司向银行举借长期借款100万元，年利率为6%，银行要求按照借款总额的0.5%支付资信调查费用和借款审核费用，该公司所得税适用税率为25%，则该项借款的资本成本率为：

$$长期借款资本成本 = \frac{100 \times 6\% \times (1 - 25\%)}{100 \times (1 - 0.5\%)} \times 100\% = 4.74\%$$

（二）债券资本成本

债券筹资的资本成本可以根据债券的利息费用与筹集的可动用资金之比得到，可动用资金是筹资总规模扣除筹集费用后的差额部分。与长期借款相同，债券的利息费用也在所得税前列支，具有抵减所得税的作用，所以也应该考虑所得税因素对债券资本成本的影响，其计算公式如下：

$$债券资本成本 = \frac{债券面值 \times 票面利率 \times (1 - 所得税税率)}{债券发行价总额 \times (1 - 筹资费率)} \times 100\% \qquad (4-6)$$

企业不一定按面值发行债券，有时溢价发行、有时折价发行。对于企业发行债券可动用资金构成直接影响的是发行价而不是债券面值，因此应该用发行价减债券发行的筹集费用计算可动用资金。

【例4-6】HG公司以120万元的价格发行一批面值为100万元的5年期债券，债券票面利率为8%。为顺利发行债券筹措资金，特委托金融机构代销，该金融机构按照发行价格的0.5%收取佣金手续费等委托发行费用，公司所得税适用税率为25%，则该债券的资本成本为：

$$债券资本成本 = \frac{100 \times 8\% \times (1 - 25\%)}{120 \times (1 - 0.5\%)} \times 100\% = 5.26\%$$

（三）普通股成本

作为普通股资金占用费用的股利来源于税后净利的分配，所以，普通股股利没有抵减所得税作用。当公司采用固定股利支付率政策或固定股利政策时，普通股的股利将保持不变或随着公司的盈利水平上升而上升。因为普通股成本与股利发放、股东投资风险密切相关,因此,普通股资本成本的计算可以采用股利模型或 CAPM 模型。

1. 股利模型计算普通股资本成本

(1) 股利固定不变时,普通股资本成本。

$$\text{普通股资本成本} = \frac{\text{普通股股利}}{\text{普通股市价} - \text{筹资费用}} \times 100\% \quad (4-7)$$

(2) 股利固定增长时,普通股资本成本。

$$\text{普通股资本成本} = \frac{\text{第一年普通股股利}}{\text{普通股市价} - \text{筹资费用}} \times 100\% + \text{股利年增长率} \quad (4-8)$$

【例 4-7】如果 DH 公司采用固定股利政策,每年发放股利总额为 1 000 万元,该公司普通股市价为 5 000 万元,筹资费用率为 0.5%,则该普通股资本成本为:

$$\text{普通股资本成本} = \frac{1\,000}{5\,000 \times (1 - 0.5\%)} \times 100\% = 20.1\%$$

【例 4-8】接上例,如果 DH 公司采用固定增长的股利政策,股利每年按照 4% 的增长率持续增长,第 1 年发放股利总额为 1 000 万元,则该普通股资本成本为:

$$\text{普通股资本成本} = \frac{1\,000}{5\,000 \times (1 - 0.5\%)} \times 100\% + 4\% = 24.1\%$$

2. CAPM 模型计算普通股资本成本

$$\text{普通股资本成本} = R_F + \beta_i (R_m - R_F) \quad (4-9)$$

因为公司的资本成本率就是投资者能够获得的投资报酬率。若公司筹资时股票发行价偏低,公司利用普通股筹资的资本成本偏高,投资者投资于普通股的投资报酬率会超过要求的必要报酬率,投资者会抢购,从而导致股价上升,公司筹资成本下降;反之,若公司发行普通股时股价偏高,投资者投资于普通股的投资报酬率将会低于要求的必要报酬率,投资者会放弃认购,为促使筹资成功,公司将会降低股票发行价格,使资本成本上升。因此,当且仅当投资者要求的必要报酬率等于公司的普通股资本成本率时,双方投融资博弈才能达到均衡,公司能够以最合理的成本筹集普通股资金。

(四) 留存收益成本

留存收益是公司税后利润中未分配的那部分,利用留存收益是公司一项重要的权益筹资方式,也称为内部筹资方式。企业利用留存收益筹资无需发生筹资费用。如果企业将留存收益用于再投资,所获得的收益率低于股东自己进行一项风险相似的投资项目的收益率,企业就应该将其分配给股东。留存收益的资本成本率,表现为股东追加投资要求的报酬率,其计算与普通股成本相同,也分为股利增长模型法和资本资产定价模型法,不同点在于留存收益资本成本不考虑筹资费用。因为留存收益资本成本不考虑筹资费用,所以可以判定留存收益资本成本低于普通股资本成本。

(五) 优先股成本

优先股的资本成本率可以根据优先股的股息与发行优先股的筹资可动用资金之比计算,其计算公式如下:

$$\text{优先股资本成本} = \frac{\text{优先股股利}}{\text{优先股市价} - \text{筹资费用}} \times 100\% \quad (4-10)$$

与普通股股利一样，发行优先股支付的用资代价——优先股股利是在所得税后列支的，所以不具有抵减所得税的作用。

【例4-9】DH公司委托金融机构发行优先股筹资，优先股的面值500万元，发行价格600万元，委托代销费用按照发行价格的0.8%计算，优先股年股息率为10%。则该优先股的资本成本为：

$$优先股资本成本 = \frac{500 \times 10\%}{600 \times (1 - 0.8\%)} \times 100\% = 8.4\%$$

三、加权平均资本成本

由于公司运营所用的资金一般都是通过多种筹资方式获取的，为评价公司筹资效率，需计算全部资本的综合成本即加权平均资本成本。加权平均资本成本，是各种筹资方式的资本成本按该筹资方式所筹资金占全部资金的权重为权数加权平均计算得到的综合资本成本。综合资本成本计算公式：

$$综合资本成本 = \sum(K_i \times W_i) \qquad (4-11)$$

式中：K_i——第 i 种筹资方式的资本成本

W_i——第 i 种筹资方式筹集的资金占全部筹资总额的权重

在计算某种筹资方式所筹集的资金占全部筹资总额的权重时，可供选择的价值基础有账面价值、市场价值、目标价值等。

1. 账面价值权数

即以各项个别资本的会计报表账面价值为基础来计算资本权数，确定各类资本占总资本的比重。其优点是资料容易取得，可以直接从资产负债表中得到，而且计算结果比较稳定。其缺点是，当债券和股票的市价与账面价值差距较大时，导致按账面价值计算出来的资本成本，不能反映目前从资本市场上筹集资本的现时机会成本，不适合评价现时的资本结构。

2. 市场价值权数

即以各项个别资本的现行市价为基础来计算资本权数，确定各类资本占总资本的比重。其优点是能够反映现时的资本成本水平，有利于进行资本结构决策。但现行市价处于经常变动之中，不容易取得，而且现行市价反映的只是现时的资本结构，不适用于未来的筹资决策。

3. 目标价值权数

即以各项个别资本预计的未来价值为基础来确定资本权数，确定各类资本占总资本的比重。目标价值是目标资本结构要求下的产物，是公司筹措和使用资金对资本结构的一种要求。对于公司筹措新资金，需要反映期望的资本结构来说，目标价值是有益的，适用于未来的筹资决策，但目标价值的确定难免具有主观性。以目标价值为基础计算资本权重，能体现决策的相关性。

【例4-10】DL股份公司的资金来源总额为10 000万元,其中发行普通股5 000万元,发行债券2 000万元,发行优先股1 000万元、长期借款1 000万元以及留存收益1 000万元,普通股、优先股、长期债券的筹资费用率分别是0.5%、0.5%和0.4%,优先股的年股息率为10%,长期债券的利息率为8%,长期借款的年利率为6%,资本市场的平均报酬率为12%,普通股第一年股利为600万元,预计股利增长率为3%,该公司所得税适用税率为25%,计算加权平均资本成本。

长期借款资本成本率 = 6% × (1 − 25%) = 4.5%

长期债券资本成本率 = 8% × (1 − 25%)/(1 − 0.4%) = 6.02%

优先股的资本成本率 = 10%/(1 − 0.5%) = 10.05%

普通股的资本成本率 = $\dfrac{600}{5\,000 \times (1 - 0.5\%)}$ + 3% = 15.06%

留存收益资本成本率 = $\dfrac{600}{5\,000}$ + 3% = 15%

加权平均资本成本率 = 4.5% × 10% + 6.02% × 20% + 10.05% × 10% + 15.06% × 50% + 15% × 10% = 11.689%

该公司的综合资本成本是11.689%。

四、边际资本成本

边际资本成本是公司在追加筹资时每增加单位资金付出的加权平均资本成本。个别资本成本和加权平均资本成本,是公司过去筹集的单项资金的成本和目前使用全部资本金的成本。然而在追加筹资时,不能仅仅考虑目前所使用资本的成本,还要考虑新筹集资金的成本,即边际资本成本。边际资本成本是企业追加筹资时的决策依据,计算边际资本成本时使用的权数为目标价值权数。

【例4-11】DH公司设定的目标资本结构为:银行借款20%、公司债券15%、普通股65%。现拟追加筹资300万元,按此资本结构来筹资。个别资本成本预计分别为:银行借款7%、公司债券12%、普通股权益15%。追加筹资300万元的边际资本成本如表4-6所示。

表4-6　　　　　　　　　　边际资本成本计算表

资本种类	目标资本结构（%）	追加筹资额（万元）	个别资本成本（%）	边际资本成本（%）
银行借款	20	60	7	1.4
公司债券	15	45	12	1.8
普通股	65	195	15	9.75
合计	100	300	—	12.95

第三节 资本结构理论

一、MM 理论

MM 理论是由两位美国学者莫迪格利尼（Franco Mocligliani）和米勒（Mertor Miller）提出的学说。最初的 MM 理论认为，由于所得税法允许债务利息费用在税前扣除，在某些严格的假设下，负债越多公司的价值就越大。但是在现实生活中有的假设不能成立，其推导出的结论也不符合现实情况。此后，MM 理论有所发展，提出了税负利益——破产成本权衡理论（见图 4-1）。

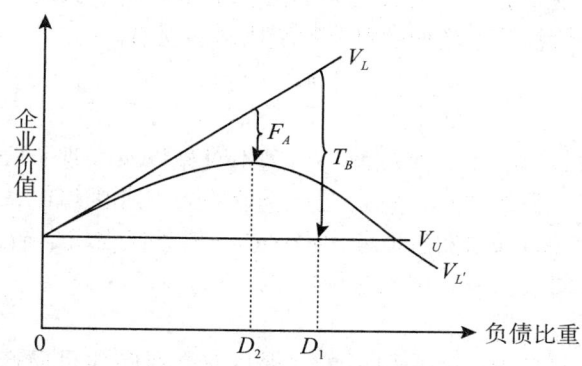

图 4-1 基于权衡理论的企业价值与资本结构

图中：V_L——只是负债税额庇护而没有破产成本的公司价值

V_U——无负债时的公司价值

$V_{L'}$——同时存在负债税额庇护、破产成本的公司价值

F_A——破产成本现值

T_B——负债税额庇护利益的现值

D_1——破产成本变得重要时的负债水平

D_2——最佳资本结构

图 4-1 说明：

（1）负债可以为公司带来税额庇护利益。

（2）最初的 MM 假设在现实中不存在。事实是：各种负债成本随负债比率的增大而上升，当负债比率达到某一程度时，息前税前盈余会降低，同时公司负担破产成本的概率会增加。当负债比率未超过 D_1 点时，破产成本不明显；当负债比率达到 D_1 点时，破产成本开始变得重要，负债税额庇护利益开始被破产成本所抵消；当负债比率达

到 D_2 时，边际负债税额庇护利益恰好与边际破产成本相等，公司价值最大，达到最佳资本结构；负债比率超过 D_2 时，破产成本大于负债税额庇护利益，导致公司价值下降。

二、权衡理论

未来现金流不稳定以及对经济冲击高度敏感的企业，如果使用过多的债务，会导致其陷入财务困境，出现财务危机甚至破产。企业陷入财务困境后所引发的成本分为直接成本与间接成本。财务困境的直接成本是指企业因破产、进行清算或重组所发生的法律费用和管理费用等；间接成本则通常比直接成本大得多，是指因财务困境所引发企业资信状况恶化以及持续经营能力下降而导致的企业价值损失。具体表现为企业客户、供应商、员工的流失，投资者的警觉与谨慎导致的融资成本增加，被迫接受保全他人利益的交易条款等。因此，负债在为企业带来抵税收益的同时也给企业带来了陷入财务困境的成本。所谓权衡理论，就是强调在平衡债务利息的抵税收益与财务困境成本的基础上，实现企业价值最大化时的最佳资本结构。此时所确定的债务比率是债务抵税收益的边际价值等于增加的财务困境成本的现值。

三、代理理论

在资本结构的决策中，不完全契约、信息不对称以及经理、股东与债权人之间的利益冲突将影响投资项目的选择，特别是在企业陷入财务困境时，更容易引起过度投资问题与投资不足问题，导致发生债务代理成本。债务代理成本损害了债权人的利益，降低了企业价值，最终将由股东承担这种损失。

1. 过度投资问题

过度投资问题，是指因企业采用不盈利项目或高风险项目而产生的损害股东以及债权人的利益并降低企业价值的现象。发生过度投资问题的两种情形：一是当企业经理与股东之间存在利益冲突时，经理的自利行为产生的过度投资问题；二是当企业股东与债权人之间存在利益冲突时，经理代表股东利益采纳成功率低甚至净现值为负的高风险项目产生的过度投资问题。

2. 投资不足问题

投资不足问题，是指因企业放弃净现值为正的投资项目而使债权人利益受损并进而降低企业价值的现象。投资不足问题发生在企业陷入财务困境且有比例较高的债务时（即企业具有风险债务），如果用股东的资金去投资一个净现值为正的项目，可以在增加股东权益价值的同时，也增加债权人的债务价值。但是，当债务价值的增加超过权益价值的增加时，即从企业整体角度而言是净现值为正的新项目，而对股东而言则成为净现值为负的项目，投资新项目后将会发生财富从股东转移至债权人。因此，如股东事先预见到投资新项目后的大部分收益将由债权人获得并导致自身价值下降时，就会拒绝为净现值为正的新项目投资。

3. 债务的代理收益

债务的代理成本既可以表现为因过度投资问题使经理和股东受益而发生债权人价

值向股东的转移,也可以表现为因投资不足问题发生股东为避免价值损失而放弃给债权人带来的价值增值。然而,债务在产生代理成本的同时,也会伴生相应的代理收益。债务的代理收益将有利于减少企业的价值损失或增加企业价值,具体表现为债权人保护条款引入、对经理提升企业业绩的激励措施以及对经理随意支配现金流浪费企业资源的约束等。

4. 债务代理成本与收益的权衡

企业负债所引发的代理成本以及相应的代理收益,最终均反映在对企业价值产生的影响。在考虑了企业债务的代理成本与代理收益后,资本结构的权衡理论模型可以扩展为如下形式:

$$V_L = V_U + PV(利息抵税) - PV(财务困境成本) - PV(债务的代理成本)$$
$$+ PV(债务的代理收益) \qquad (4-12)$$

四、优序融资理论

优序融资理论是当企业存在融资需求时,首先选择内源融资,其次会选择债务融资,最后选择股权融资。优序融资理论解释了当企业内部现金流不足以满足净经营性长期资产总投资的资金需求时,更倾向于债务融资而不是股权融资。优序融资理论揭示了企业筹资时对不同筹资方式选择的顺序偏好。

优序融资理论是在信息不对称框架下研究资本结构的一个分析。这里的信息不对称,是指企业内部管理层通常要比外部投资者拥有更多更准的关于企业的信息。在这种情况下,企业管理层的许多决策,如筹资方式选择、股利分配等,不仅具有财务上的意义,而且向市场和外部投资者传递着信号。外部投资者只能通过管理层的这些决策所传递出的信息了解企业对未来收益的预期和投资风险,间接地评价企业价值。企业债务比例和资本结构就是一种把内部信息传递给市场的工具。

既然投资者担心企业在发行股票或债券时其价值被高估,那么经理人员在筹资时为摆脱利用价值被高估进行外部融资的嫌疑,会尽量以内源融资方式从留存收益中筹措项目资金。如果留存收益的资金不能满足项目资金需求,有必要进行外部融资时,在外部债务融资和股权融资之间总是优先考虑债务融资,这是因为投资者认为企业股票被高估的可能性超过了债券。因此,企业在筹集资本的过程中,遵循着先内源融资后外源融资的基本顺序。在需要外源融资时,按照风险程度的差异,优先考虑债权融资(先普通债券后可转换债券),不足时再考虑权益融资。

第四节 资本结构决策分析

一、资本结构的含义

资本结构是指企业长期资金来源的构成,反映了各类长期投资人向企业投入的资金占全部长期资金的份额,亦即长期资金结构。资本结构通常是指一企业全部资金来源的构成情况,这里的全部资金既包括各种长期资金来源,也包括各种短期资金来源,由于短期资金来源(流动负债)将在第八章营运资金管理中进行讨论,这里只讨论资本结构问题,即长期资本来源的构成,长期资金包括长期负债和所有者的投资。

股利政策的确定就是要通过适当的财务策略调整公司的资本结构,使之达到最合理的状态,并使该公司股票的市价最大,实现企业价值最大化或股票价值最大化的理财目标。筹资决策就是通过对多种筹资渠道和筹资方式进行选择,形成一个最佳的资本结构,使企业的综合资金成本最低、筹资风险(财务杠杆)最小,企业的价值最大,股票的市价最大。因此,股利政策和筹资决策的核心问题就是确定一个最佳的资本结构,实现企业价值最大化的理财目标。

二、筹资决策制定

通过对各种资本结构理论的讨论,我们已经了解到,一个企业确实存在着一个最佳的资本结构,处于这一资本结构,企业的综合资本成本率最低,企业的价值最大。于是,每一个企业在进行筹资决策时,都应注意保持这一最佳的资本结构,以实现企业理财目标。在选择筹资方案,制定最佳筹资决策、最佳资本结构时常用以下三种方法。

(一) 每股收益法

可以用每股收益的变化来判断资本结构是否合理,即能够提高普通股每股收益的资本结构,就是合理的资本结构。在资本结构管理中,利用债务资本的目的之一,就在于债务资本能够提供财务杠杆效应,利用负债筹资的财务杠杆作用来增加股东财富。

每股收益受到经营利润水平、债务资本成本水平等因素的影响,分析每股收益与资本结构的关系,可以找到每股收益无差别点。所谓每股收益无差别点,是指不同筹资方式下每股收益都相等时的息税前利润和业务量水平。根据每股收益无差别点,可以分析判断在什么样的息税前利润水平或产销业务量水平前提下,适于采用何种筹资组合方式,进而确定企业的资本结构安排。

在每股收益无差别点上,无论是采用债务还是股权筹资方案,每股收益都是相等的。当预期息税前利润或业务量水平大于每股收益无差别点时,应当选择财务杠杆效应较大的筹资方案,反之亦然。在每股收益无差别点时,不同筹资方案的 EPS 是相等的,用公式表示如下:

$$\frac{(\overline{EBIT}-I_1)-(1-T)}{N_1}=\frac{(\overline{EBIT}-I_2)-(1-T)}{N_2}$$

$$\overline{EBIT}=\frac{I_1\cdot N_2-I_2\cdot N_1}{N_2-N_1} \qquad (4-13)$$

式中:$\overline{EBIT}$——息税前利润平衡点,即每股收益无差别点

I_1、I_2——两种筹资方式下的债务利息

N_1、N_2——两种筹资方式下普通股股数

T——所得税税率

【例 4-12】GH 公司目前资本结构为：总资本 1 000 万元，其中债务资本 400 万元（年利息 40 万元）；普通股资本 600 万元（600 万股，面值 1 元，市价 5 元）。企业由于有一个较好的新投资项目，需要追加筹资 300 万元，有两种筹资方案：

甲方案：向银行取得长期借款 300 万元，利息率 16%。

乙方案：增发普通股 100 万股，每股发行价 3 元。

根据财务人员测算，追加筹资后销售额可望达到 1 200 万元，变动成本率 60%，固定成本为 200 万元，所得税税率 20%，不考虑筹资费用因素。根据上述数据，代入无差别点公式：

$$\frac{(\overline{EBIT}-40)\times(1-20\%)}{600+100}=\frac{(\overline{EBIT}-40-48)\times(1-20\%)}{600}$$

得：$\overline{EBIT}=376$（万元）

或：$\overline{EBIT}=\dfrac{40\times600-(40+48)\times(600+100)}{600-(600+100)}=376$（万元）

这里，$\overline{EBIT}$ 为 376 万元是两个筹资方案的每股收益无差别点。在此点上，两个方案的每股收益相等，均为 0.384 元。企业预期追加筹资后销售额 1 200 万元，预期获利 280 万元，低于无差别点 376 万元，应当采用财务风险较小的乙方案，即增发普通股方案。在 1 200 万元销售额水平上，甲方案的 EPS 为 0.256 元，乙方案的 EPS 为 0.274 元。

当企业需要的资本额较大时，可能会采用多种筹资方式组合融资。这时，需要详细比较分析各种组合筹资方式下的资本成本及其对每股收益的影响，选择每股收益最高的筹资方式。

【例 4-13】GH 公司目前资本结构为：总资本 1 000 万元，其中债务资本 400 万元（年利息 28 万元）；普通股资本 600 万元（600 万股，面值 1 元，市价 5 元）。企业由于扩大经营规模，需要追加筹资 800 万元，所得税税率 25%，不考虑筹资费用因素。有三种筹资方案：

甲方案：增发普通股 200 万股，每股发行价 3 元；同时向银行借款 200 万元，利率保持原 7% 的借款利息率。

乙方案：增发普通股 100 万股，每股发行价 3 元；同时溢价发行 500 万元面值为 300 万元的公司债券，票面利率 9%。

丙方案：不增发普通股，溢价发行 600 万元面值为 400 万元的公司债券，票面利率 10%；由于受债券发行数额的限制，需要补充向银行借款 200 万元，利率 7%。

甲、乙方案的比较：$\dfrac{(\overline{EBIT}-28-200\times7\%)\times(1-25\%)}{600+200}$

$=\dfrac{(\overline{EBIT}-28-300\times9\%)\times(1-25\%)}{600+100}$

解得：$\overline{EBIT}=146$（万元）

乙、丙方案的比较：$\dfrac{(\overline{EBIT}-28-300\times 9\%)\times(1-25\%)}{600+100}$

$=\dfrac{(\overline{EBIT}-28-400\times 10\%-200\times 7\%)\times(1-25\%)}{600}$

解得：$\overline{EBIT}=274$（万元）

甲、丙方案的比较：$\dfrac{(\overline{EBIT}-28-200\times 7\%)\times(1-25\%)}{600+200}$

$=\dfrac{(\overline{EBIT}-28-400\times 10\%-200\times 7\%)\times(1-25\%)}{600}$

解得：$\overline{EBIT}=202$（万元）

（上述结果也可直接代入公式求得）

筹资方案两两比较时，产生了三个筹资分界点，上述分析结果可用图4-2表示。从图4-2中可以看出，企业 EBIT 预期为146万元以下时，应当采用甲筹资方案；EBIT 预期为146~274万元时，应当采用乙筹资方案；EBIT 预期为274万元以上时，应当采用丙筹资方案。

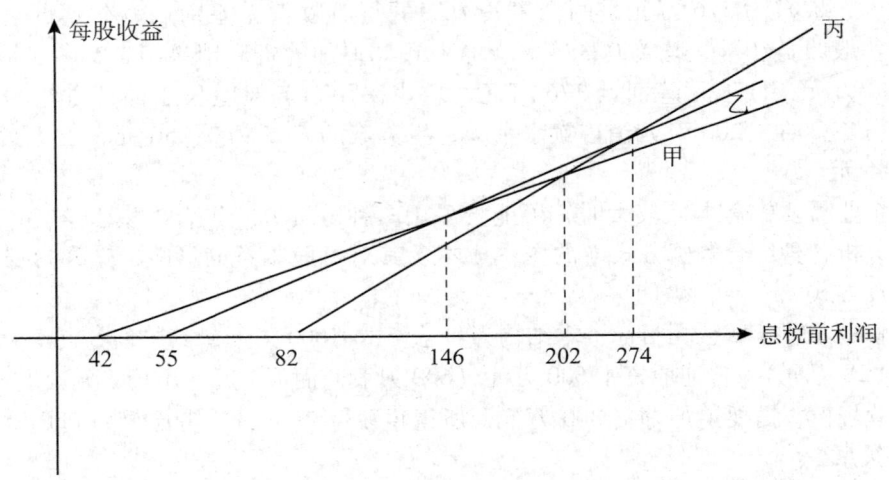

图4-2 每股收益无差别点分析图

（二）平均资本成本比较法

平均资本成本比较法，是通过计算和比较各种可能的筹资组合方案的平均资本成本，选择平均资本成本率最低的方案。即能够降低平均资本成本的资本结构，就是合理的资本结构。这种方法侧重于从资本投入的角度对筹资方案和资本结构进行优化分析。

【例4-14】CD 公司需筹集100万元长期资本，可以用贷款、发行债券、发行普通股三种方式筹集，其个别资本成本资料如表4-7所示。

表4-7　　　　　　　　CD公司资本成本与资本结构数据表　　　　　　　单位：%

筹资方式	资本结构			个别资本成本
	A方案	B方案	C方案	
银行借款	40	30	20	5
公司债券	10	15	20	8
普通股	50	55	60	9
合计	100	100	100	

首先，分别计算三个方案的综合资本成本 K。

A方案：$K = 40\% \times 6\% + 10\% \times 8\% + 50\% \times 9\% = 7.7\%$

B方案：$K = 30\% \times 6\% + 15\% \times 8\% + 55\% \times 9\% = 7.95\%$

C方案：$K = 20\% \times 6\% + 20\% \times 8\% + 60\% \times 9\% = 8.2\%$

其次，根据企业筹资评价的其他标准，考虑企业的其他因素，对各个方案进行修正之后，再选择其中成本最低的方案。本例中，我们假设其他因素对方案选择的影响甚小，则A方案的综合资本成本最低。这样，该公司的资本结构为贷款40万元，发行债券10万元，发行普通股50万元。

（三）公司价值分析法

以上两种方法都是从账面价值的角度进行资本结构优化分析，没有考虑市场反应，也没有考虑风险因素。公司价值分析法，是在考虑市场风险的基础上，以公司市场价值为标准，进行资本结构优化。即能够提升公司价值的资本结构，就是合理的资本结构。这种方法主要用于对现有资本结构进行调整，适用于资本规模较大的上市公司资本结构优化分析。同时，在公司价值最大的资本结构下，公司的平均资本成本率也是最低的。

设：V 表示公司价值，B 表示债务资本价值，S 表示权益资本价值。公司价值应该等于资本的市场价值，即：

$$V = S + B \tag{4-14}$$

为简化分析，假设公司各期的 $EBIT$ 保持不变，债务资本的市场价值等于其面值，权益资本的市场价值可通过下式计算：

$$S = \frac{(EBIT - I)(1 - T)}{K_s}$$

且：

$$K_s = R_s = R_f + \beta(R_m - R_f)$$

此时：

$$K_w = K_b \frac{B}{V}(1 - T) + K_s \frac{S}{V} \tag{4-15}$$

【例4-15】DH公司息税前利润为400万元，资本总额账面价值1 000万元。假设无风险报酬率为6%，证券市场平均报酬率为10%，所得税率为40%。经测算，不同债务水平下的权益资本成本率和债务资本成本率如表4-8所示。

表 4-8　　　　　不同债务水平下的债务资本成本率和权益资本成本率

债务市场价值 B（万元）	税前债务利息率 K_b（%）	股票 β 系数	权益资本成本率 R_s（%）
0		1.50	12.0
200	8.0	1.55	12.2
400	8.5	1.65	12.6
600	9.0	1.80	13.2
800	10.0	2.00	14.0
1 000	12.0	2.30	15.2
1 200	15.0	2.70	16.8

根据表 4-8 资料，可计算出不同资本结构下的企业总价值和综合资本成本，如表 4-9 所示。

表 4-9　　　　　　　公司价值和平均资本成本率

债务市场价值（万元）	股票市场价值（万元）	公司总价值（万元）	债务税后资本成本（%）	普通股资本成本（%）	平均资本成本（%）
0	2 000	2 000	—	12.0	12.0
200	1 889	2 089	4.80	12.2	11.5
400	1 743	2 143	5.10	12.6	11.2
600	1 573	2 173	5.40	13.2	11.0
800	1 371	2 171	6.00	14.0	11.1
1 000	1 105	2 105	7.20	15.2	11.4
1 200	786	1 986	9.00	16.8	12.1

可以看出，在没有债务资本的情况下，公司的总价值等于股票的账面价值。当公司增加一部分债务时，财务杠杆开始发挥作用，股票市场价值大于其账面价值，公司总价值上升，平均资本成本下降。在债务达到 600 万元时，公司总价值最高，平均资本成本率最低。债务超过 600 万元后，随着利息率的不断上升，财务杠杆作用逐步减弱甚至呈现副作用，公司总价值下降，平均资本成本上升。因此，债务为 600 万元时的资本结构是该公司的最优资本结构。

（四）最佳资本结构的确定

在确定企业最佳资本结构时，一方面要考虑到收益因素，另一方面要考虑到风险因素。最佳的资本结构应该是使得企业市场价值最大的资本结构，或者是企业综合资本成本率最低的资本结构。最佳资本结构应该包括权益资本收益率最大和财务风险最少两方面内容，而不仅仅是每股收益最大。

第五节 杠杆原理

在筹资决策中,不同资本结构对股东收益会产生不同的影响。当公司内外部的各种原因引起销售额或业务量发生变动时,这种变动又借由公司特定资本结构的作用引起股东收益发生更大幅度的变动,最终导致该公司的金融资产市价发生变动。这种由于业务量或销售额的变动通过特定资本结构的作用所引起的股东收益的不确定性,就是公司总体风险。公司总体风险可以进一步分解为经营风险和财务风险。公司经营风险、财务风险以及总体风险的大小可以运用"杠杆"原理进行度量。

一、经营风险和经营杠杆

(一) 经营风险

企业在市场上从事生产经营活动,会受到来自诸如所处特定产业等各个方面因素变动的影响,当然也同样受到来自企业内部诸如管理水平等因素的影响,这些因素的变动会直接反映在企业销售额或业务量的变动上,销售额或业务量的变动会通过固定成本的作用进一步夸大企业营业利润(息税前利润)的变动幅度。经营风险就是指企业经营活动的销售额或业务量的变动所引起的息税前利润的不确定性。由于经营风险反映了企业息税前利润的不确定性,所以排除了负债融资所产生的风险,因此,经营风险是企业不使用负债而产生的风险,即全部资金都是所有者的投资时,来自市场的经营活动所产生的风险。带来经营风险的主要因素包括:

(1) 市场需求的变化。在其他条件不变的情况下,对该企业生产产品的需求越稳定,企业的经营风险越小。

(2) 产品价格的变化。在其他条件不变的情况下,产品销售价格变动越大越频繁,企业的息税前利润就越不确定,承担的经营风险也越大。

(3) 产品成本的变化。产品成本的增加会直接引起企业利润的减少,因此,产品成本变动幅度越大,变动越频繁,企业利润就越不确定,企业的经营风险也就越大。

(4) 固定成本的比重。企业的固定成本并不随着产销量的变动而变动,当企业产品的产销量下降时,单位数量分担的固定成本金额就增加,在产品售价不变时,产品销售利润就会迅速下降,反之,如果固定成本在全部成本中所占的比重较小,虽然产销量的变化也会引起产品销售利润的变动,但却远不如较大比重固定成本时变动幅度大。因此,固定成本的比重是影响经营风险的重要因素。

企业的经营风险在很大程度上是由于企业所处的特定行业的结果,有些因素对于特定企业来说是不可控的,另一些因素则是可控的。通常,一个企业对影响其经营风险因素可控性越强,所承担的经营风险就越小,如在某行业或地区居垄断地位的企业,能够在一定程度上控制其产品价格和原材料价格,所以来自产品价格的变化以及来自产品成本的变化等因素所产生的经营风险就会大大地降低。

在诸多经营风险的影响因素中，固定成本核算的变动被认为最具有代表性，这首先是因为固定成本直接代表了企业所处的特定行业的结果。对于一个资本密集型行业，固定成本的比重就大，而在劳动密集型行业，其产品成本中固定成本的比重就小；其次，固定成本比重的变动会对企业息税前利润的变动产生放大作用，即由于存在着固定成本，当销售额增加时，单位销售额所负担的固定成本会相对减少，从而为企业带来额外的利益，这一额外利益被称作营业杠杆利益，当存在着较大比重的固定成本时，销售额的微小变化会带来息税前利润的较大变动，这一变动被称作营业杠杆作用。通常，用营业杠杆率作为反映经营风险大小的指标。

（二）经营杠杆

物理学中的杠杆是表示以较小的力能够抬起较重的物体，由于企业经营成本中包含了固定成本，而固定成本又不随着产量的变动而变动，产量越小，单位产量应负担的固定成本数额就越大；反之，产量越大，单位产量负担的固定成本数额就越小。所以由于存在着固定成本因素，使得产量的较小变化会引起销售利润的较大变动，而且，固定成本总额越大，这种放大作用越明显。这种由于存在固定成本而导致的销售量的较小变动引起息税前利润的较大变动的关系，就称作经营杠杆。

反映经营杠杆作用程度的指标是经营杠杆系数，经营杠杆系数表示息税前利润的变动幅度相当于业务量（销售额、销售量）变动幅度的倍数。其计算公式为：

$$DOL = \frac{\frac{\Delta EBIT}{EBIT}}{\frac{\Delta S}{S}} \text{或} \frac{\frac{\Delta EBIT}{EBIT}}{\frac{\Delta Q}{Q}} = \frac{\text{息税前利润的变化幅度}}{\text{销售额或业务量的变化幅度}} \quad (4-16)$$

式中：DOL——经营杠杆系数

$EBIT$——息税前利润

$\Delta EBIT$——息税前利润的净增加额

S——销售额

Q——业务量（销售量）

ΔS——销售额的净增加额

ΔQ——业务量的净增加额

上式经整理，经营杠杆系数的计算也可以简化为：

$$DOL = \frac{\text{基期边际贡献}}{\text{基期息税前利润}} = \frac{M}{M-F} = \frac{EBIT+F}{EBIT} \quad (4-17)$$

【例4-16】泰华公司产销某种服装，固定成本500万元，变动成本率70%。年产销额5 000万元时，变动成本为3 500万元，固定成本为500万元，息税前利润为1 000万元；年产销额7 000万元时，变动成本为4 900万元，固定成本仍为500万元，息税前利润为1 600万元。可以看出，该公司产销量增长了40%，息税前利润增长了60%，产生了1.5倍的经营杠杆效应。

$$DOL = \frac{\Delta EBIT}{EBIT} \bigg/ \frac{\Delta Q}{Q} = \frac{600}{1\ 000} \bigg/ \frac{2\ 000}{5\ 000} = 1.5$$

$$DOL = \frac{M}{EBIT} = \frac{5\,000 \times 30\%}{1\,000} = 1.5$$

（三）经营杠杆与经营风险

经营风险是指企业由于生产经营上的原因而导致的资产报酬波动的风险。引起企业经营风险的主要原因是市场需求和生产成本等因素的不确定性，经营杠杆本身并不是资产报酬不确定的根源，只是资产报酬波动的表现。但是，经营杠杆放大了市场和生产等因素变化对利润波动的影响。经营杠杆系数越高，表明资产报酬等利润波动程度越大，经营风险也就越大。根据经营杠杆系数的计算公式，有：

$$DOL = \frac{EBIT + F}{EBIT} = 1 + \frac{F}{EBIT} \tag{4-18}$$

式（4-18）表明，在企业不发生经营性亏损、息税前利润为正的前提下，经营杠杆系数最低为1，不会为负数；只要有固定性经营成本存在，经营杠杆系数总是大于1。

从式（4-18）可知，影响经营杠杆的因素包括企业成本结构中的固定成本比重、息税前利润水平。其中，息税前利润水平又受产品销售数量、销售价格、成本水平（单位变动成本和固定成本总额）高低的影响。固定成本比重越高、成本水平越高、产品销售数量和销售价格水平越低，经营杠杆效应越大，反之亦然。

【例4-17】DL公司生产A产品，固定成本100万元，变动成本率60%，当销售额分别为1 000万元、500万元、250万元时，经营杠杆系数分别为：

$$DOL_{1\,000} = \frac{1\,000 - 1\,000 \times 60\%}{1\,000 - 1\,000 \times 60\% - 100} = 1.33$$

$$DOL_{500} = \frac{500 - 500 \times 60\%}{500 - 500 \times 60\% - 100} = 2$$

$$DOL_{250} = \frac{250 - 250 \times 60\%}{250 - 250 \times 60\% - 100} \to \infty$$

上例计算结果表明：在其他因素不变的情况下，销售额越小，经营杠杆系数越大，经营风险也就越大，反之亦然。如销售额为1 000万元时，DOL为1.33，销售额为500万元时，DOL为2，显然后者的不稳定性大于前者，经营风险也大于前者。在销售额处于盈亏临界点250万元时，经营杠杆系数趋于无穷大，此时企业销售额稍有减少便会导致更大的亏损。

二、财务风险和财务杠杆

（一）财务风险

企业经营利润（息税前利润）的不确定性，来自于经营活动中诸因素的变动对销售额或业务量变动的影响，并通过固定成本的放大作用后形成的，而这一息税前利润的不确定性，又通过企业的融资活动中固定的负债成本的放大作用，进一步夸大了企业所有者的收益或每股收益的不确定性，这种来自融资活动的风险称作融资风险，或财务风险。

由于企业资金来源中,有一部分是来自所有者的投资,形成企业的所有者权益项目,而另一部分则来自债权人的融资,形成企业的负债。与不需偿还的所有者权益相比,负债是企业必须如期清偿的债务,此外,企业还必须向债权人支付固定的利息。融资风险可以概括为下列几个方面的内容:

(1) 由于负债是有固定的偿还日期,到期必须偿还。只要企业举债,就必须如期清偿。

(2) 由于负债有着固定的偿还金额,所以,企业举借债务,就必须如数偿还。

(3) 由于负债的利息是固定的,在举借债务时就已经约定,所以企业营业利润的变动对债权人的利息收入不会发生影响。

正是由于债务的刚性,其偿还时间、金额都是固定的,并不随着企业的营业活动的变化而变化,企业投资项目无论是盈利、亏损,还是其他的什么结果,对债权人收回债权从时间到金额都不会发生影响,特别是负债的固定的利息,企业的营业利润的变动由于不会影响利息支出,所以来自企业各个方面的因素对营业利润的影响都全部由企业的所有者负担,直接影响到企业所有者权益的变动。而且,企业的全部资金来源中,负债的额度大时,营业利润的较小变动,会对权益资本收益率(所有者的报酬率)产生较大的影响;负债的比重较小时,营业利润的较小变动,对权益资本收益率的影响就小,如果企业全部资金都是所有者的投资,负债为零,此时,营业利润的变动都直接表现为权益资本收益率的变动。这种由于向外部债权人筹集资金而带来的企业所有者报酬率的不确定性,就是财务风险或融资风险。

(二) 财务杠杆

融资风险也可以运用财务杠杆来反映。如前所述,由于存在着固定的利息即财务费用支出,当息税前利润增加时,每一元利润所负担的财务费用就会相对减少,这就为所有者带来更多的盈利;反之,如果息税前利润减少,每一元的利润负担的财务费用就会相对增加,所有者的收益就会进一步减少,这种由于存在着固定的利息支出而导致的息税前利润的较小变化所引起的所有者收益的较大变化的现象就被称为财务杠杆。

财务杠杆是反映融资风险的重要指标,通常用财务杠杆系数表示,财务杠杆系数是每股收益变动率相当于息税前利润变动率的倍数,其计算公式是:

$$DFL = \frac{\frac{\Delta EPS}{EPS}}{\frac{\Delta EBIT}{EBIT}} \quad (4-19)$$

或 $= \dfrac{息税前利润}{息税前利润 - 利息支出}$

式中:DFL——财务杠杆系数

EPS——每股收益

ΔEPS——每股收益的变动额

利息支出是指企业向债权人借债所负担的固定的费用支出,如果企业发行了优先股股票,则优先股的股息也与债务利息一样,是企业固定的支出。此时,公式中的"利息支出"应该包括优先股股息在内,但由于优先股股息是在所得税后支付的,所以应该转化为所得税前的支出,即:

$$税前优先股股息 = 税后优先股股息/(1-所得税税率) \quad (4-20)$$

财务杠杆系数的公式计算为:

$$DFL = \frac{销售收入 - 变动成本 - 固定成本}{销售收入 - 变动成本 - 固定成本 - 债务利息} \quad (4-21)$$

由上述计算公式可知:

(1) 由于存在着固定的债务成本 I,使得财务杠杆率大于 1,如果企业没有负债,即全部资金均为所有者出资形成的,此时债务成本为零,则财务杠杆系数为 1,财务杠杆将不会发生作用。同样,在企业全部资金来源中,负债数额越大,债务成本就会越大,财务杠杆的作用越明显,融资风险越大。所以,财务杠杆作用的前提条件是存在着固定债务成本因素。

(2) 当息税前利润 < 利息时,企业将丧失偿债能力。

(3) 当息税前利润 > 利息时,财务杠杆将发生放大作用。如果负债成本率低于资产报酬率(即总资产的息税前利润率),财务杠杆将发生正向放大作用;反之,如果负债成本率高于资产报酬率,财务杠杆将会发生反向的放大作用。正向的放大作用是指负债比例越高,每股收益上升越快,风险越大;反向放大作用是指负债比例越高,每股收益下降的速度越快,风险也同样越大。这样,在筹资决策中,负债成本率低于资产报酬率时,应该利用财务杠杆利益,增加负债比重;负债成本率高于资产报酬率时,应该降低负债比重。

可见,只要企业有债务利息,就必然使得财务杠杆率大于 1,而且,举债规模越大,利息越多,财务杠杆作用也就越大。由于存在着固定的利息支出,利息税前利润的变动,将会引起所有者收益率或每股收益的变化幅度成 DFL 倍变化。所以固定的利息支出,增加了所有者的收益率或每股收益变动的不确定性,扩大了所有者或股东的风险。

【例 4-18】DM 公司是一新创立公司,其资金总额 1 000 万元。其中 40% 为负债,其余为普通股,负债利息率为 10%,预计息税前利润总额为 400 万元,试计算:财务杠杆系数;如果该企业的息税前利润增长 20%,计算每股收益的增长率。

$$DFL = \frac{400}{400 - 1\ 000 \times 40\% \times 10\%} = 1.11$$

财务杠杆系数为 1.11,表明:当息税前利润增长 100% 时,每股收益将增长 115%;当息税前利润增长 20% 时,每股收益增长为 $20\% \times 1.11 = 22.2\%$。

三、总体风险和复合杠杆

(一) 总体风险

企业的风险包括两部分:一是来自企业外部各项市场变化的因素对企业销售额或业务量的影响,这一影响通过企业的固定成本反映在息税前利润的不确定上,我们称之为经营风险;二是来自企业的融资活动,由于融资中负债利息的固定不变,造成了息税前利润的变动被转嫁到所有者或股东身上,导致了所有者或股东收益的不确定性。经营活动中销售额的不确定性,通过固定成本已经对企业息税前利润的不确定性起到了夸大作用,而息税前利润的不确定性又进一步通过固定的负债利息对所有者的收益或每股收益进行了放大。这样,所有者或股东的风险是在销售额或业务量不确定性的基础上,通过固定成本和固定的利息支出两级放大后形成的。这种由于销售额的不确定性而导致的由最终所有者承担的收益或每股收益的不确定性风险,就是企业的总风险或市场风险。

(二)复合杠杆

公司总体风险是由固定成本作用的经营风险和固定的利息支出作用的融资风险两部分所组成,为了测定市场风险的大小,可以直接运用复合杠杆或复合杠杆系数指标。

复合杠杆是指销售额或业务量的变动对所有者的收益率或每股收益变动率影响和程度的度量。复合杠杆系数又称为总杠杆系数或联合杠杆系数,可用营业杠杆系数与财务杠杆系数的乘积表示,其计算公式如下:

$$DTL = \frac{\text{所有者收益率或每股收益的变化幅度}}{\text{销售额或销售量的变化幅度}}$$

$$= \frac{\frac{\Delta EPS}{EPS}}{\frac{\Delta S}{S}}$$

$$= DOL \times DFL \quad (4-22)$$

式中:DTL——总杠杆系数

复合杠杆系数也可以用下式计算:

$$DTL = \frac{\text{销售收入} - \text{变动成本}}{\text{销售收入} - \text{变动成本} - \text{固定成本} - \text{债务利息}} \quad (4-23)$$

从复合杠杆的计算公式中,可以看出:

(1)复合杠杆系数是对企业总风险程度的度量,受固定性经营成本和债务成本双重因素影响。

(2)一般情况下,盈利企业的经营杠杆系数与财务杠杆系数均大于1,所以它们的积也大于1,而且,复合杠杆系数既大于营业杠杆率,也大于财务杠杆率。

(3)如果企业的销售量扩大,会导致复合杠杆率的分子与分母的差距缩小,复合杠杆系数就越小,企业的总风险也就越小。

【例4-19】DL公司全年的销售量为50万件,销售单价为110元,单位变动成本为70元,公司的资产总额为5 000万元,其中40%为负债,债务利息率为10%,经营性固定成本总额为1 000万元。请计算:①营业杠杆系数;②财务杠杆系数;③复合杠杆系数;④若下一年度预计销售量增加20%,营业杠杆系数、财务杠杆系数和复合杠杆系数会变动为多少。

$$DOL = \frac{(110-70) \times 50}{(110-70) \times 50 - 1\ 000} = 2$$

$$DFL = \frac{(110-70) \times 50 - 1\,000}{(110-70) \times 50 - 1\,000 - 5\,000 \times 40\% \times 10\%} = 1.25$$

$DTL = DOL \times DFL = 2 \times 1.25 = 2.5$

如果销售量增加20%,则:

$$DOL = \frac{(110-70) \times 50 \times (1+20\%)}{(110-70) \times 50 \times (1+20\%) - 1\,000} = 1.71$$

$$DFL = \frac{(110-70) \times 50 \times (1+20\%)}{(110-70) \times 50 \times (1+20\%) - 1\,000 - 5\,000 \times 40\% \times 10\%} = 2$$

$DTL = DOL \times DFL = 1.71 \times 2 = 3.42$

课后练习题

一、单项选择题

1. 可以作为资本结构决策基本依据的成本是（　　）。
   A. 个别资本成本　　　　　　　B. 综合资本成本
   C. 边际资本成本　　　　　　　D. 资本总成本

2. 下列筹资方式中,资本成本最低的是（　　）。
   A. 发行股票　　B. 发行债券　　C. 长期借款　　D. 留用利润

3. 下列筹资方式中,资本成本最高的是（　　）。
   A. 发行普通股　　B. 发行债券　　C. 发行优先　　D. 长期借款

4. 普通股价格10.50元,筹资费用每股0.50元,第一年支付股利1.50元,股利增长率5%。则该普通股的成本最接近于（　　）。
   A. 10.5%　　B. 15%　　C. 19%　　D. 20%

5. 息税前利润变动率相当于销售额变动率的倍数,表示的是（　　）。
   A. 边际资本成本　　　　　　　B. 财务杠杆系数
   C. 营业杠杆系数　　　　　　　D. 联合杠杆系数

6. 普通每股税后变动率相当于息税前利润变动率的倍数表示的是（　　）。
   A. 营业杠杆系数　　　　　　　B. 边际资金成本
   C. 财务杠杆系数　　　　　　　D. 联合杠杆系数

7. 当营业杠杆系数和财务杠杆系数都是1.5时,联合杠杆系数应为（　　）。
   A. 3　　B. 2.25　　C. 1.5　　D. 1

8. 要使资本结构达到最佳,应使（　　）达到最低。
   A. 综合资本成本　　　　　　　B. 边际资本成本
   C. 债务资本成本　　　　　　　D. 自有资本成本

二、多项选择题

1. 企业在经营决策时对经营成本中固定成本的利用称为（　　）。
   A. 营业杠杆　　　　　　　　　B. 财务杠杆
   C. 经营杠杆　　　　　　　　　D. 融资杠杆

E. 联合杠杆

2. 企业资本结构最佳时，应该（　　）。
A. 资本成本最大
B. 财务风险最小
C. 营业杠杆系数最大
D. 债务资本最多
E. 企业价值最大

三、判断题

1. 资本成本通常用相对数表示，即用资费用加上筹资费用之和除以筹资额的商。（　　）

2. 由于营业杠杆的作用，当销售额下降时，息税前利润下降得更快。（　　）

3. 一般而言，营业杠杆系数越大，对营业杠杆利益的影响越强，营业风险也越高。（　　）

4. 由于财务杠杆的作用，当息税前利润下降时，普通股每股收益会下降得更快。（　　）

四、简答题

1. 什么是资本成本？资本成本的作用有哪些？
2. 试述营业杠杆、财务杠杆和联合杠杆的含义及衡量方法？
3. 试述债务资本在资本结构中的作用？

五、计算与分析题

1. 某公司发行期限为5年、利率为12%的债券一批，发行总价格为250万元，发行费率为3.25%；该公司所得税税率规定为3%。

要求：测算某公司该债券的资本成本。

2. SD公司年拟发行优先股150万元，预定年股利率为12.5%，预计筹资费用5万元。

要求：测算SD公司该优先股的资本成本。

3. HH股份有限公司普通股现行市价每股20元，现增发新股80 000股，预计筹资费用率为6%，第一年每股发放股利2元，股利增长率为5%。

要求：测算本次增发普通股的资本成本。

4. 某企业年销售净额为280万元，息税前利润为80万元，固定成本为32万元，变动成本率为60%，资本总额为200万元，债务比率为40%，债务利率为12%。

要求：分别计算企业的营业杠杆系数、财务杠杆系数和联合杠杆系数。

第五章

有价证券投资

证券资产是企业进行金融投资所形成的资产。证券投资的对象是金融资产，金融资产是一种以凭证、票据或者合同合约形式存在的权力性资产，包括股票、债券及其衍生证券等。公司（投资者）进行有价证券投资的目的包括：

（1）作为现金的替代品。企业在生产经营过程中，需要拥有一定数量的现金，以满足日常经营周转的需要。但持有现金不能使其获取收益，为此，企业可以利用闲置的现金进行流动性较强的短期证券投资，以获取一定的收益。当企业需要现金时，可随时出售证券。此时，流动性较强的短期证券投资实际上就成为了现金的替代置存状态。

（2）为获取投资收益。有的企业可能拥有大量闲置的现金，而本企业在较长的时期内没有大量的现金支出，也没有盈利较高的投资项目，因此，就可以利用这笔资金进行长期证券投资，购买风险较小、投资回报较高的有价证券。这样，可以充分利用闲置的资金，获取较高的投资收益。

（3）满足企业未来的财务需求。有时企业为将来进行长期投资，或要偿还即将到期的债务，或由于季节性经营等原因，而将目前暂时闲置的现金以购买有价证券的方式进行短期投资，将来需要现金时，再将有价证券出售。这种投资行为实质上是为满足企业未来对现金需求的目的而进行的。

（4）为取得被投资企业控制权。有时企业从长远的利益考虑，需要控制某一企业，这时就应对其进行长期股权投资，以取得对该企业的控制权。

第一节 股票投资

进行股票投资的目的主要是：获利和控股。获利目的是通过股票的价格波动来获取买卖价差，此时应将股票投资作为投资组合的组成部分，不应冒险只投资于一只股票；控股目的是通过购买某一企业的大量股票来达到控制对方的目的，此时企业会将大量资金购买股票用于兼并或控制对方企业。无论为达到哪种投资目的，都需要对股票价值进行合理评估。

一、普通股估价

对普通股进行价值评估时,可以采用现金流量折现模型和相对价值模型。

(一)现金流量折现模型

1. 普通股股票估价一般模型

普通股股票价值取决于股东预期的未来现金流入量的现值。普通股持有者未来现金流量包括两部分:①每期的预期股利;②出售股票时的净收入,即资本利得收益或损失。普通股一般估价模型为:

$$P_0 = D_1(1+K)^{-1} + D_2(1+K)^{-2} + D_3(1+K)^{-3} + \cdots + D_t(1+K)^{-t}$$
$$+ \cdots + (D_n + P_n) \times (1+K)^{-n}$$
$$P_0 = \sum D_t(1+K)^{-t} + P_n(1+K)^{-n}$$

当 $n \to +\infty$,$(1+K)^{-n}$ 趋近于零,从而 P_n 的现值等于零。由此可得出普通股估价的基本模型:

$$P_0 = \sum D_t(1+K)^{-t} \tag{5-1}$$

这个基本模式通常假定企业在未来某一时刻会支付股利,或者说,当公司清算或被并购时也会支付清算性股利或回购股票而发生现金支付。因为,如果企业从不支付任何现金股利或其他形式的股利,则按公式计算,股票价值为零。

2. 股利零成长股票估价模型

零成长股是指股份公司每年均发放固定金额的股利给股东,即预期增长率为零。此时,每年的股利 D 均为一固定常数,其股票价值可按永续年金折现,公式为:

$$P_0 = D/K \tag{5-2}$$

3. 股利固定增长股票估价模型

假定股票的股利按一个常数 g 持续增长,那么未来第 t 期的预期股利为:

$$D_t = D_0(1+g)^t \tag{5-3}$$

式中:D_0——$t=0$ 时的股利

根据未来股利计算公式,可推导出固定成长股估价模式:

$$P_0 = D_1/(K-g) \tag{5-4}$$

该模型成立的前提假设是投资者要求的收益率 K 大于股利增长率 g,否则股票价值趋近于无限大。

【例 5-1】假设 TD 公司 2015 年发放的股利是 3 元,股利增长率为 5%,股东要求的必要收益率为 12%,则 TD 公司的股票价值为:

$P = 3 \times (1+5\%)/(12\%-5\%) = 45$(元)

4. 股利分阶段增长股票估价模型

公司在不同的生命周期下会表现出不同的增长速度,为使股利的分配能够适应企业发展及发展所需资金的安排,常常采用不同的增长速度派发现金股利。现以两阶段增长为例评估股票价值,其计算公式为:

$$P = \sum_{t=1}^{n} \frac{D_t}{(1+K)^t} + \frac{D_{t+1}}{K-g} \times (1+K)^{-t} \qquad (5-5)$$

式中：D_t——代表第 t 年股利

$\quad\quad\;\; t$——代表稳定增长前的最后一期，即从 $t+1$ 期开始稳定增长

$\quad\quad\;\; K$——代表投资者要求的必要报酬率

$\quad\quad\;\; g$——代表股利固定增长率

【例 5-2】DL 公司预计市场在未来的 4 年内会高速增长，为适应市场的变化抢占市场份额，公司决定在未来的 4 年内将全部收益用于扩大再生产，实现全速增长。公司目前的收益是 2 元/股，预计在未来的 4 年内，公司能达到年 25% 的增长速度，但从第 5 年开始由于竞争的加剧增速放缓，降低为 4% 可持续。为此，公司决定从第 4 年开始将每股收益的 50% 用于向股东派发现金股利。若投资者要求的必要报酬率为 9%，则该股票的价值评估如表 5-1 所示。

表 5-1　　　　　　　　　　股票价值评估计算表

年度	0	1	2	3	4	5
EPS 的增长速度（%）		25	25	25	25	4
EPS（元）	2.00	2.50	3.125	3.9063	4.8828	5.0781
股利支付率（%）		0	0	0	50	50
股利（元）		0	0	0	2.4414	2.5391
股利现值（元）	37.7042	0	0	48.828		

从第 4 年以后，股利将按照 4% 的持续增长率增长，则第 4 年以后持续增长的股利在第 3 年年末的价值为：

$$P_3 = \frac{2.4414}{9\% - 4\%} = 48.828 \text{（元）}$$

然后将这一价值折现到"零"时刻，可得：

$$P = \frac{48.828}{(1+9\%)^3} = 37.7042 \text{（元）}$$

（二）相对价值模型

对普通股进行价值评估，可以使用的相对价值模型包括市盈率模型、市净率模型、市销率模型等。本书以市盈率模型为例介绍相对价值模型在股票估价中的应用。市盈率是股票市价与每股收益之比，表示股价相当于每股收益的倍数。市盈率的高低可以粗略地反映市场对股票的价值评估以及股票投资风险的大小。

$$\text{市盈率} = \frac{\text{市价}}{\text{每股收益}}$$

由于市价与市盈率、每股收益之间存在一定的关系，因此可以运用市盈率资料对股票进行价值评估，估价模型为：

$$市价 = 市盈率 \times 每股收益$$

这里的市盈率通常用公司所在行业的平均市盈率或者以类似公司的市盈率为基础调整得到的。

【例 5 - 3】某公司所处行业的平均市盈率为 20，预计公司未来的收益可达到 2 元/股，则股票的价值为：

$P = 20 \times 2 = 40$（元）

从理论上讲，股票的市场价格应当反映其投资价值，而股票投资价值是人们对股票未来收益的预期，但是随着市场中各种因素的变化，人们对股票未来收益的预期也会发生改变，从而传导到股票的价格上，使股价产生波动。影响股票价格的因素既有公司内在的基本因素，如公司的利润增长情况、公司的财务状况等，也有公司外部的市场行为因素，而这种市场行为因素是受投资者对经济发展和公司前景的预期所左右，有人预测公司前景是乐观的，有人预测却是悲观的，因此股价变化是无规律可循的，是非理性的。

二、优先股估价

优先股是介于债券和股票之间的一种混合证券。作为投资者，它构成了企业的股权资本；作为优先股股东，只能获得有限的投资报酬。

1. 优先股股票价值

优先股的价值是优先股未来股利按投资者要求的收益率贴现的现值之和。假定未来优先股股息预期不变，优先股股利现值表现为永续年金现值。其计算公式如下：

$$P = \frac{D}{K} \tag{5-6}$$

式中：P——优先股价值

D——优先股股利

K——优先股股东要求的必要报酬率

【例 5 - 4】DH 公司优先股年股利是 10 元/股，投资者投资于该股票要求的必要报酬率为 10%，则该优先股股票的内在价值为：

$P = \dfrac{D}{K} = \dfrac{10}{10\%} = 100$（元/股）

2. 优先股投资收益率

优先股投资收益率就是它的内部收益率，等于优先股股利与其市场价值之比。其计算公式是：

$$R = D/P$$

【例 5 - 5】某优先股股票市场价格是 110 元，年股利是 10 元，则该优先股股票的投资收益率为：

$R = 10/110 = 9.09\%$

三、股票投资的优缺点

（1）股票投资的优点。股票投资是一种具有挑战性的投资，其收益和风险都比较高。股票投资的优点主要有以下几点：

①投资收益高。股票投资的价格波动较大，这样善于分析证券市场的投资者能获得极大的投资和投机收益。而且从长期来看，总体股票的价值是呈上升趋势的，只要选择好股票，将来能获得较大的收益。

②购买力风险低。由于普通股的股利不固定，在通货膨胀较高时，由于物价普遍上涨，股份公司的盈利增加，股利的支付也随之增加，因此与固定收益证券相比，普通股能有效地降低购买力风险。

③拥有经营控制权。企业可以通过资本市场的运作去控制想要控制的股份公司的股票，来达到控制对方的目的。

（2）股票投资的缺点。

股票投资的缺点就是风险比较高。高风险主要体现在以下几个方面：

①求偿权位于债权人之后。由于普通股持有者作为企业的权益所有者，其对企业资产和盈利的求偿权都居后。

②价格不稳定。普通股的价格受众多因素的影响，如政治因素、经济因素、投资人心理因素、企业的盈利状况、风险情况、证券走势的技术要求，都会影响股票的价格。

③收入不稳定。股票的收入主要包括股利和投机价格差两部分。股利的多少由企业经营状况和财务状况决定；而投机价格差的取得都由市场的价格变动来决定。

第二节 债券投资

投资者在进行债券投资时，首先遇到的问题就是对所选择的债券进行价值评估，以判断是否值得投资。

一、债券估价

债券的价值实质上就是投资者投资于债券后预期能够获得的未来现金流入量的现值。债券价值不同于市场价格，市场价格是当前债券市场上形成的债券交易价格。如果债券价值大于或等于债券市场价格，则表明投资于该债券是可行的，达到了投资者所要求的必要投资收益率。债券价值的高低主要由两个因素决定：债券的预期现金流入和投资者要求的必要报酬率。因此，债券价值评估的基本模型可用下式表达：

$$P = \sum_{t=1}^{n} \frac{CF_t}{(1+K)^t} \quad (5-7)$$

式中：P——债券的价值

CF_t——债券于第 t 期获得的现金流入

K——投资者要求的必要报酬率

n——债券的到期期限

【例 5-6】某投资者准备购买 A 公司发行的债券，票面利率为 10%，面值 1 000 元，5 年期，每年年末付息到期还本。已知市场上等风险投资的必要报酬率为 10%。则该债券在发行日的价值为：

$P = 1\,000 \times 10\% \times (P/A, 10\%, 5) + 1\,000 \times (P/F, 10\%, 5)$

　　$= 1\,000 \times 10\% \times 3.7908 + 1\,000 \times 0.6209$

　　$= 1\,000$（元）

当 A 公司债券的发行价格小于或等于 1 000 元时，该债券值得投资。此时投资收益率可达到或超过 10%。

二、债券价值的影响因素

（一）债券价值与市场利率

【例 5-7】接上例，若市场上等风险投资的必要报酬率为 12%。则该债券在发行日的价值为：

$P = 1\,000 \times 10\% \times (P/A, 12\%, 5) + 1\,000 \times (P/F, 12\%, 5)$

　　$= 1\,000 \times 10\% \times 3.6408 + 1\,000 \times 0.5674$

　　$= 931.48$（元）

【例 5-8】接上例，若市场上等风险投资的必要报酬率为 8%。则该债券在发行日的价值为：

$P = 1\,000 \times 10\% \times (P/A, 8\%, 5) + 1\,000 \times (P/F, 8\%, 5)$

　　$= 1\,000 \times 10\% \times 3.9927 + 1\,000 \times 0.6806$

　　$= 1\,079.87$（元）

由上述计算过程可知，债券价值受投资者要求的必要报酬率影响。若票面利率与等风险投资的必要报酬率相等，债券价值等于面值；若票面利率高于等风险投资的必要报酬率，债券价值高于债券面值；若票面利率低于等风险投资的必要报酬率，债券价值低于债券面值。

（二）债券价值与债券到期期限

投资者进行债券投资时需要在长短期债券之间进行选择，在市场利率既定的条件下，票面利率不同的公司债券价值会随着债券期限的变动而变动。

【例 5-9】假定市场利率为 10%，面值 1 000 元，每年支付一次利息，到期归还本金，票面利率分别为 8%、10% 和 12% 的三种债券，在债券到期日发生变化时的债券价值如表 5-2 所示。

表 5-2　　　　　　　　　　债券期限变化的敏感性　　　　　　　　　　单位：元

债券期限	债券价值				
	票面利率10%	票面利率8%	环比差异	票面利率12%	环比差异
0 年期	1 000	1 000	—	1 000	—
1 年期	1 000	981.72	-18.28	1 018.08	+13.08
2 年期	1 000	964.88	-16.84	1 034.32	+16.24
5 年期	1 000	924.28	-40.60	1 075.92	+41.60
10 年期	1 000	877.60	-46.68	1 123.40	+47.48
15 年期	1 000	847.48	-30.12	1 151.72	+28.32
20 年期	1 000	830.12	-17.36	1 170.68	+18.96

将表 5-2 中债券期限与债券价值的函数描述在图 5-1 中，并结合表 5-2 的数据，可以得出如下结论：

(1) 引起债券价值随债券期限的变化而波动的原因，是债券票面利率与市场利率的不一致。如果债券票面利率与市场利率之间没有差异，债券期限的变化不会引起债券价值的变动。也就是说，只有溢价债券或折价债券，才产生不同期限下债券价值有所不同的现象。

(2) 债券期限越短，债券票面利率对债券价值的影响越小。不论是溢价债券还是折价债券，当债券期限较短时，票面利率与市场利率的差异，不会使债券的价值过于偏离债券的面值。

(3) 债券期限越长，债券价值越偏离于债券面值。

(4) 随着债券期限延长，在票面利率偏离市场利率的情况下，债券的价值会越偏离债券的面值，但这种偏离的变化幅度最终会趋于平稳。或者说，超长期债券的期限差异，对债券价值的影响不大。

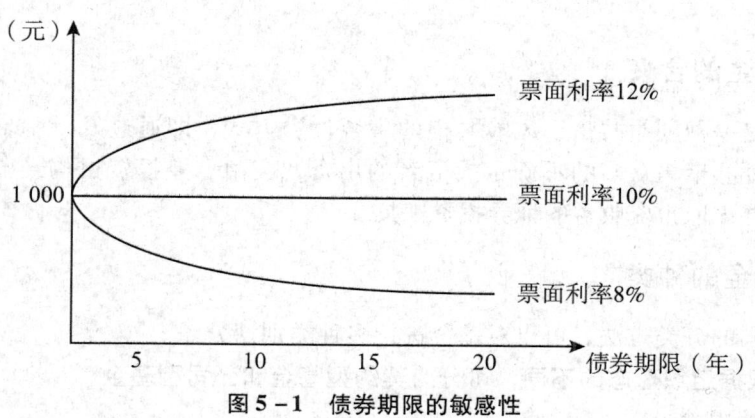

图 5-1　债券期限的敏感性

尽管我们可以用现金流量折现的方法对债券进行估价，但这种估价并非准确无误。虽然债券面值、票面利率、计息方式和期限都不会变化，但估价所使用的折现率却并非一成不变，其数值高低受各种因素影响。所以进行债券投资时，投资者还应考虑各种因素对债券市场价格的影响。影响债券价格的因素主要有：宏观经济状况、经济政策变动、公司财务状况的变化以及债券期限因素等。

三、债券投资优缺点

（一）债券投资的优点

（1）本金安全性较高。相对于股票投资，债券投资的风险较低。国债由政府的财政作为偿还后盾；公司债券对于投资者来说，有优先求偿权，其本金损失的可能性较小。

（2）收入稳定性强。债券都标有固定的票面利率，债券发行人承诺按发行公告中约定的还本付息方式、时间及时、足额支付利息。因此，在发行方公司持续经营的条件下，投资于债券能获得比较稳定的收入。

（3）市场流动性好。大部分债券在债券市场上都能较快地出售，流动性较好。

（二）债券投资的缺点

（1）购买力风险较大。债券的面值和利息率在发行时就已确定，如果投资期间的通货膨胀率较高，则本金和利息的购买力将在不同程度上受到侵蚀。或者说，在通货膨胀很高的情况下，投资者的实际收益率低于名义收益率。

（2）没有经营管理权。投资于债券只是获得收益的一种手段，无权对债券发行公司的经营活动实施影响和控制。

第三节　基　金　投　资

一、基金的含义

基金，是一种利益共享、风险共担的集合投资方式，即通过发行基金股份或受益凭证等有价证券聚集众多的不确定投资者的出资，交由专业投资机构经营运作，以规避投资风险并谋取投资收益的证券投资工具。

二、基金的种类

按照不同的分类方法，可以对基金进行多种类别划分。

（一）根据组织形态的不同，可分为契约型基金和公司型基金

1. 契约型基金

契约型基金，又称为单位信托基金，是指把受益人（投资者）、管理人、托管人

三者作为基金的当事人,由管理人与托管人通过签订信托契约的形式发行受益凭证而设立的一种基金。契约型基金由基金管理人负责基金的管理操作;由基金托管人作为基金资产的名义持有人,负责基金资产的保管和处置,对基金管理人的动作实行监督。

2. 公司型基金

公司型基金,是指按照公司法以公司形态组成的,它以发行股份的方式募集资金,一般投资者购买该公司的股份即为认购基金,也就成为该公司的股东,凭其持有的基金份额依法享有投资收益。

3. 契约型基金与公司型基金的区别

(1) 资金的性质不同。契约型基金的资金是信托财产,公司型基金的资金为公司法人的资本。

(2) 投资者的地位不同。契约型基金的投资者购买受益凭证后成为基金契约的当事人之一,即受益人;公司型基金的投资者购买基金公司的股票后成为该公司的股东,以股息或红利形式取得收益。因此,契约型基金的投资者没有管理基金资产的权利,而公司型基金的股东通过股东大会和董事会享有管理基金公司的权利。

(3) 基金的运营依据不同。契约型基金依据基金契约运营基金,公司型基金依据基金公司章程运营基金。

(二) 根据变现方式的不同,可分为封闭式基金和开放式基金

1. 封闭式基金

封闭式基金,是指基金的发起人在设立基金时,限定了基金单位的发行总额,筹集到这个总额后,基金即宣告成立,并进行封闭,在一定时期内不再接受新的投资。基金单位的流通采取在交易所上市的办法,通过二级市场进行竞价交易。

2. 开放式基金

开放式基金,是指基金发起人在设立基金时,基金单位的总数是不固定的,可视经营策略和发展需要追加发行。投资者也可根据市场状况和各自的投资决策,或者要求发行机构按现期净资产值扣除手续费赎回股份或受益凭证,或者再买入股份或受益凭证,增加基金单位份额的持有比例。

3. 封闭式基金与开放式基金的比较

(1) 期限不同。封闭式基金通常有固定的封闭期,而开放式基金没有固定期限,投资者可随时向基金管理人赎回。

(2) 基金单位的发行规模要求不同。封闭式基金在招募说明书中列明其基金规模,开放式基金没有发行规模限制。

(3) 基金单位转让方式不同。封闭式基金的基金单位在封闭期限内不能要求基金公司赎回。开放式基金的投资者则可以在首次发行结束一段时间(多为3个月)后,随时向基金管理人或中介机构提出购买或赎回申请。

(4) 基金单位的交易价格计算标准不同。封闭式基金的买卖价格受市场供求关系的影响,并不必然反映公司的净资产值。开放式基金的交易价格则取决于基金的每单

位资产净值的大小,基本不受市场供求影响。

(5) 投资策略不同。封闭式基金的基金单位数不变,资本不会减少,因此基金可进行长期投资。开放式基金因基金单位可随时赎回,为应付投资者随时赎回兑现,基金资产不能全部用来投资,更不能把全部资本用来进行长线投资,必须保持基金资产的流动性。

(三) 根据投资标的不同,可分为股票基金、债券基金、货币基金、期货基金、期权基金、认股权证基金、专门基金等

1. 股票基金

股票基金,是所有基金品种中最为流行的一种类型,它是指投资于股票的投资基金,其投资对象通常包括普通股和优先股,其风险程度较个人投资股票市场要小得多,且具有较强的变现性和流动性,因此它也是一种比较受欢迎的基金类型。

2. 债券基金

债券基金,是指投资管理公司为稳健型投资者设计的,投资于政府债券、市政公债、企业债券等各类债券品种的投资基金。债券基金一般情况下定期派息,其风险和收益水平通常较股票基金低。

3. 货币基金

货币基金,是指由货币存款构成投资组合,协助投资者参与外汇市场投资,赚取较高利息的投资基金。其投资工具包括银行短期存款、国库券、政府公债、公司债券、银行承兑票据及商业票据等。这类基金的投资风险小,投资成本低,安全性和流动性较高,在整个基金市场上属于低风险的安全基金。

4. 期货基金

期货基金,是指投资于期货市场以获取较高投资回报的投资基金。由于期货市场具有高风险和高回报的特点,因此投资期货基金既可能获得较高的投资收益,同时也面临着较大的投资风险。

5. 期权基金

期权基金,是指以期权作为主要投资对象的基金。期权交易,是指期权购买者向期权出售者支付一定费用后,取得在规定时期内的任何时候,以事先确定好的协定价格,向期权出售者购买或出售一定数量的某种商品合约的权利的一种买卖。

6. 认股权证基金

认股权证基金,是指以认股权证为主要投资对象的基金。认股权证,是指由股份有限公司发行的、能够按照特定的价格,在特定的时间内购买一定数量该公司股票的选择权凭证。由于认股权证的价格是由公司的股份决定的,一般来说,认股权证的投资风险较通常的股票要大得多。因此,认股权证基金也属于高风险基金。

7. 专门基金

专门基金由股票基金发展演化而成,属于分类行业股票基金或次级股票基金,包括:黄金基金、资源基金、科技基金、地产基金等,这类基金的投资风险较大,收益水平较易受到市场行情的影响。

三、基金估价

基金估价涉及三个概念：基金的价值、基金单位净值、基金报价。

基金的价值取决于基金净资产的现在价值。由于投资基金不断变换投资组合，未来收益较难预测，再加上资本利得是投资基金的主要收益来源，变幻莫测的证券价格使得对资本利得的准确预计非常困难，因此基金的价值主要由基金资产的现有市场价值决定。

基金单位净值也称为单位净资产值或单位资产净值，是在某一时点每一基金单位（或基金股份）所具有的市场价值，是评价基金价值的最直观指标。基金单位净值的计算公式为：

$$基金单位净值 = \frac{基金净资产价值总额}{基金单位总份数} \quad (5-8)$$

式中：基金净资产价值总额等于基金资产总值减基金负债总额。

基金负债包括以基金名义对外融资借款以及应付给投资者的分红、应付给基金管理人的经理费等。

基金的报价理论上是由基金的价值决定的。基金单位净值高，基金的交易价格也高。具体而言，封闭型基金在二级市场上竞价交易，其交易价格由供求关系和基金业绩决定，围绕基金单位净值上下波动；开放基金的价格则完全以基金单位净值为基础，通常采用两种报价形式：认购价（卖出价）和赎回价（买入价）。

$$基金认购价 = 基金单位净值 + 首次认购费$$
$$基金赎回价 = 基金单位净值 - 基金赎回费$$

四、基金收益率

基金收益率是反映基金增值情况的指标，它通过基金净资产的价值变化来衡量。基金净资产的价值是以市价计量的，基金资产的市场价值增加，意味着基金的投资收益增加，基金投资者的权益也随之增加。

$$基金收益率 = \frac{年末持有份数 \times 基金单位净值年末数 - 年初持有份数 \times 基金单位净值年初数}{年初持有份数 \times 基金单位净值年初数} \quad (5-9)$$

上式中，持有份数是指基金单位的持有份数。如果年末和年初基金单位的持有份数相同，基金收益率就简化为基金单位净值在本年内的变化幅度。

年初的基金单位净值相当于购买基金的本金投资，基金收益率也就相当于一种简便的投资报酬率。

【例 5-10】假设某基金组合持有的资产包括三只股票和银行存款，三只股票的持股数量分别为 10 万股、50 万股和 100 万股，三只股票的每股市价分别为 30 元、20 元和 10 元。该基金持有的银行存款金额为 1 000 万元。此外，公司承担两项负债，包括对托管人、管理人应付未付的报酬为 500 万元、应付税金为 500 万元，已售出的基金单位为 2 000 万。

要求：计算基金单位净值。

基金单位净值 =（基金资产总值 − 基金负债总额）/ 基金单位总份额
$= (10 \times 30 + 50 \times 20 + 100 \times 10 + 1\,000 - 500 - 500)/2\,000$
$= 1.15$（元）

【例 5 – 11】某基金公司发行开放式基金，2016 年的该基金相关资料如表 5 – 3 所示。

表 5 – 3　　　　　　　　　　　　　　　　　　　　　　　　　　　　　　　单位：万元

项目	年初	年末
基金资产账面价值	1 000	1 200
负债账面价值	300	320
基金资产市场价值	1 500	2 000
基金单位份额单位	500 万份	600 万份

该公司收取首次认购费，认购费为基金净值的 5%，不再收取赎回费。

要求：（1）计算年初的下列指标：

①该基金公司基金净资产价值总额；②基金单位净值；③基金认购价；④基金赎回价。

（2）计算年末的下列指标：

①该基金公司基金净资产价值总额；②基金单位净值；③基金认购价；④基金赎回价。

（3）计算 2016 年基金的收益率。

解答：（1）计算年初的有关指标：

①基金净资产价值总额 = 基金资产市场价值 − 负债总额
$= 1\,500 - 300 = 1\,200$（元）

②基金单位净值 $= 1\,200/500 = 2.4$（元）

③基金认购价 = 基金单位净值 + 首次认购费 $= 2.4 + 2.4 \times 5\% = 2.52$（元）

④基金赎回价 = 基金单位净值 − 基金赎回费 $= 2.4$（元）

（2）计算年末的有关指标：

①基金净资产价值总额 $= 2\,000 - 320 = 1\,680$（万元）

②基金单位净值 $= 1\,680/600 = 2.8$（元）

③基金认购价 $= 2.8 + 2.8 \times 5\% = 2.94$（元）

④基金赎回价 = 基金单位净值 − 基金赎回费 $= 2.8$（元）

（3）2006 年基金收益率 $= \dfrac{600 \times 2.8 - 500 \times 2.4}{500 \times 2.4} \times 100\% = 40\%$

五、基金投资的优缺点

（一）基金投资的优点

基金投资的最大优点是能够在不承担太大风险的情况下获得较高收益。原因在于投资基金具有专家理财优势，具有资金规模优势。

（二）基金投资的缺点

（1）无法获得很高的投资收益。投资基金在投资组合过程中，在降低风险的同时，也丧失了获得巨大收益的机会。

（2）在大盘整体大幅度下跌的情况下，投资人可能承担较大风险。

课后练习题

一、单项选择题

1. 下列证券风险中最小的证券是（　　）。
   A. 股票　　　　B. 国库券　　　　C. 短期融资券　　　　D. 可转让存单

2. 下列证券风险的表述中，不正确的是（　　）。
   A. 公司债券的风险比政府债券要大
   B. 期限不同的债券，其利息率风险不同
   C. 到期期限越长的债券，其违约风险越大
   D. 普通股比债券能更好地避免购买力风险

3. 利率上升时，证券价格（　　）。
   A. 上升　　　　B. 下降　　　　C. 不受影响　　　　D. 全选

4. 若两种股票呈正相关，但不是完全正相关，则组合这两种股票（　　）。
   A. 不能消除任何风险　　　　　　B. 能分散掉全部风险
   C. 能分散掉全部可分散风险　　　D. 能分散掉部分风险

5. 按照资本资产定价模型，一项投资的必要报酬率与（　　）无关。
   A. β 系数　　　　　　　　　　B. 无风险报酬率
   C. 所有证券的平均收益率　　　　D. 实际报酬率

6. 某种股票，预期报酬率为20%，股利支付为每股2元，估计股利年增长率为10%，则该种股票的价格为（　　）。
   A. 22元　　　　B. 20元　　　　C. 18元　　　　D. 10元

7. 某股票的 β 系数为2，无风险利率为6%，上市所有股票的平均报酬率为10%，则该公司股票的报酬率为（　　）。
   A. 14%　　　　B. 26%　　　　C. 8%　　　　D. 20%

8. 张某购买10 000股股票，每股买价8元，随后按每股12元的价格卖出股票，交易费用为400元，则该笔交易的资本利得是（　　）元。
   A. 39 600　　　　B. 40 000　　　　C. 40 400　　　　D. 120 000

二、多项选择题

1. 由影响所有公司的因素引起的风险，可以称为（　　）。
   A. 市场风险　　B. 系统风险　　C. 不可分散风险　　D. 非系统风险
2. 不存在投资风险的品种（　　）。
   A. 国债　　B. 企业债券　　C. 优先股　　D. 普通股
3. 相对股票投资，债券投资的优点有（　　）。
   A. 本金安全性高　　　　　　　　B. 收入稳定性强
   C. 购买力风险低　　　　　　　　D. 有管理权
4. 影响股票价格的因素为（　　）。
   A. 股票的预期股利　　　　　　　B. 市场利率
   C. 经济环境　　　　　　　　　　D. 分析投资者心理因素
5. 不可分散风险通常由哪些因素引起（　　）。
   A. 国家调整税率　　　　　　　　B. 国家货币政策的变化
   C. 财政政策的变化　　　　　　　D. 世界经济形势的变化
6. 证券投资组合的一般方法为（　　）。
   A. 选择足够数量的证券进行组合　　B. 将风险大、中、小的证券组合
   C. 将投资收益呈正相关的证券组合　D. 将投资收益呈负相关的证券组合
7. 在进行债券评级时要考虑的因素是（　　）。
   A. 在破产清算时债权人的相对地位　B. 违约的可能性
   C. 债务的性质和有关附属条款　　　D. 债务人的地位
8. 在下列风险中，一般固定利率债券比浮动利率债券风险大（　　）。
   A. 违约风险　　B. 利率风险　　C. 购买力风险　　D. 流动性风险

三、判断题

1. 任何证券都可能存在违约风险。　　　　　　　　　　　　　　　　　（　　）
2. 投资者可根据证券的内在价值和市场价格的比较来决定是否进行投资。（　　）
3. 一般来说，证券的价格和银行利率呈正比。　　　　　　　　　　　　（　　）
4. 证券组合的风险等于组合中各个证券风险的加权平均。　　　　　　　（　　）
5. 假若某股票的 β 系数是1，则它的风险程度是市场平均风险的一倍。（　　）

四、简答题

1. 试述证券投资对象的品种及各品种的风险、收益比较。
2. 试论资本资产定价模型在证券投资中的运用。
3. 试述证券投资组合理论及其在中国证券市场上的应用。

五、计算题与分析题

1. 国库券的利率为6%，市场组合的报酬率为10%。要求：
   （1）计算市场风险报酬率。
   （2）如果某一投资的 β 系数为1.5，其短期报酬率为12%，是否该投资？
   （3）如果某证券的必要报酬率为16%，则其 β 系数是多少？

2. 通达公司拥有 A、B、C、D 四种股票的投资组合,其 β 系数分别为 1.8、1.5、0.7 和 0.8,在证券组合中的比重分别为 40%、20%、30%、10%,股票的市场收益率为 15%,无风险收益率为 12%。

要求:计算该证券组合的风险收益率。

第六章

项目投资

　　项目投资是以特定项目为对象，以获取投资收益、实现价值增值为目的的长期投资行为。与其他形式投资相比，项目投资具有数额高、期限长（至少一年或一个营业周期以上）、频率低、流动性差、风险大与固定资产投资密切相关（每个项目都至少涉及一项固定资产投资）的特点。从宏观角度看，项目投资是实现社会资本积累功能的主要途径，也是扩大社会再生产的重要手段，有助于促进社会经济的长期可持续发展；增加项目投资，能够为社会提供更多的就业机会，提高社会总供给量，可以满足不断增长的社会需求并拉动社会消费的增长。从微观角度看，企业通过项目投资，能扩大其资本积累规模，提高收益能力和抵御风险的能力；通过自主研发、购买知识产权，结合投资项目的实施，在实现科技成果转化的同时，企业能够不断地获得技术创新，提升其市场竞争力。

第一节　项目投资概述

一、项目投资类型

　　按照不同的分类标准，项目投资可以进行多种分类。

（一）按项目投资涉及的内容分类

　　按项目投资涉及的内容不同，项目投资可细分为单纯固定资产投资、完整工业投资和更新改造投资。单纯固定资产投资项目是指在项目投资中只涉及为取得固定资产而发生的资本投入而不涉及营运资金的垫支等内容；完整工业投资项目是指在项目投资中不仅涉及固定资产投资，而且还涉及营运资金垫支，甚至包括其他长期资产方面（如无形资产、长期待摊费用等）的投资。

（二）按投资项目与其他项目的关系分类

　　按投资项目与其他项目的关系不同，项目投资可以分为独立项目、互斥项目和依存项目三种类型。独立项目指项目的接受或者放弃不影响其他项目的考虑与选择。互斥项目指项目一经接受，就排除了采纳另一项目或其他项目的可能性。依存项目指项目的选择与否取决于公司对其他项目的决策。因此在决策依存项目是否可行时，公司需要对各关联项目进行统一考虑，并进行单独评估。例如，某企业决定在外地开设子公司，这就需要考虑到生产线的购置、人员的招聘、研究与开发的安排等其他诸多项目。

(三) 按投资项目的建设性质分类

按投资项目建设性质分类不同，投资项目可以分为新建项目、扩建项目和改建项目。新建项目是指过去未有过的，完全是新建造的，还有的建设项目原有规模很小，经重新进行总体设计，扩大建设规模后，其新增加固定资产价值超过原有固定资产价值三倍以上的，也属于新建项目；扩建项目是指企业为扩大原有产品的生产能力、为增加新品种生产能力而增建的主要生产车间或工程项目；改建项目是指改变固定资产物理结构、核心组件、延长使用年限等的投资项目。

二、项目投资管理的原则

(一) 可行性原则

由于项目投资涉及的资金规模大、资金占用时间长、投资后具有不可逆性、对公司未来财务状况、经营能力和发展前景影响深远。因此，在项目投资决策过程中，需要对项目的可行性进行充分的调研、分析、论证。可行性是指一项事物可以做到的、现实行得通的、有成功把握的可能性。对于企业项目投资而言，其可行性包括：项目运行对环境造成的不利影响小；项目在技术上具有先进性和适应性；项目投资生产的产品在市场上能够被容纳或被接受；财务上具有合理性、资金支付能力和较强的盈利能力；项目运行后，不仅能够为股东创造财富，也能够为社会创造效益履行企业的社会责任。在此意义上，对投资项目进行可行性分析应当包含四个方面，即环境可行性分析、技术可行性分析、市场可行性分析和财务可行性分析。

1. 环境可行性分析

在环境可行性分析中，必须开展建设项目对环境影响力评估。所谓建设项目的环境，是建设项目所在地的自然环境、社会环境和生态环境的统称。建设项目的环境影响评估报告书应当包括：(1) 建设项目概况；(2) 建设项目周围环境现状；(3) 建设项目对环境可能造成影响的分析、预测和评估；(4) 建设项目环境保护措施及其技术、经济论证；(5) 建设项目对环境影响的经济损益分析；(6) 对建设项目实施环境监测的建议；(7) 环境影响评价的结论。建设项目的环境影响评价属于否决性指标，凡未开展或没通过环评的建设项目，不论其经济可行性和财务可行性如何，一律终止不得展开后续活动。

2. 技术可行性分析

广义的技术可行性分析是指对构成项目组成部分及后续发展阶段上与技术问题有关的分析、论证与评价。它贯穿于投资项目确立、厂址选择、工程设计、设备选型和生产工艺确定等各项工作中，成为与财务可行性评价相区别的技术层面评价的主要内容。厂址选择分析包括选点和定址两方面内容。前者主要是指建设地区的选择，主要考虑生产力布局对项目的约束；后者则指项目具体地理位置的确定。在厂址选择时，应通盘考虑自然因素（包括自然资源和自然条件）、经济技术因素、社会政治因素和运输及地理位置因素。狭义的技术分析是指对项目本身所采用工艺技术、技术装备的构成以及产品内在的技术含量等方面内容进行的分析、研究与评价。技术可行性研究是一项十分复杂的工作，通常由专业工程师完成。

3. 市场可行性分析

市场可行性分析是指在市场调查的基础上，通过预测未来目标市场的变化趋势，了解拟建项目所生产产品的未来销售渠道、销售量而开展的工作。进行投资项目可行性研究，必须要从市场分析入手。因为一个投资项目的设想，大多来自市场分析的结果或源于某一自然资源的发现和开发，以及某一新技术新设计的应用。即使是后两种情况，也必须把市场分析放在可行性研究的首要位置。如果市场对于项目的产品完全没有需求，项目仍不能成立。

市场分析要提供未来运营期不同阶段的产品年需求量和预测价格等预测数据，同时要综合考虑潜在或现实竞争产品的市场占有率和变动趋势，以及人们的购买力及消费心理的变化情况。这项工作通常由市场营销人员或委托的市场分析专家完成。

4. 财务可行性分析

财务可行性分析，是指在已完成相关环境与市场分析、技术与生产分析的前提下，围绕已具备技术可行性的建设项目而开展的，有关该项目在财务方面是否具有投资可行性的一种专门分析评价。财务可行性分析涉及的内容包括：经营期内与经营成果有关的收入、成本费用和利润等指标的分析；项目投资在资产、负债、股东权益等方面对企业财务状况影响的分析；与保障项目运转有关的资金筹措与配置分析；与项目经济效益水平有关的现金流量、净现值、内含报酬率等财务指标分析；项目投资运行过程中风险与收益之间关系、项目抵御风险能力、投资项目的敏感性分析等。

（二）结构平衡原则

由于投资往往是一个综合性的项目，不仅涉及固定资产等生产能力和生产条件的构建，还涉及使生产能力和生产条件正常发挥作用所需要的流动资产的配置。同时，由于受资金来源的限制，投资也常常会遇到资金需求超过资金供应的矛盾。如何合理配置资源，使有限的资金发挥最大的效用，是投资管理中资金投放所面临的重要问题。

投资项目在资金投放时，要遵循结构平衡的原则，合理分布资金，包括固定资金与流动资金的配套关系、生产能力与经营规模的平衡关系、资金来源与资金运用的匹配关系、投资进度和资金供应的协调关系、流动资产内部的资产结构关系、发展性投资与维持性投资配合关系、对内投资与对外投资顺序关系、直接投资与间接投资分布关系等。

（三）动态监控原则

投资的动态监控，是指对投资项目实施过程中的进程控制。特别是对于那些工程量大、工期长的建造项目来说，有一个具体的投资过程，需要按工程预算实施有效的动态投资控制。

三、项目投资程序

企业投资的程序主要包括以下步骤：

(1) 提出投资领域、投资对象形成项目投资方案。在把握良好投资机会的前提下，结合企业的长远发展战略、中长期投资计划和投资环境的演变来确定投资领域、投资对象，以企业财务能力为依据设计项目投资方案。投资项目的设计是制定投资决策的第一步，旨在把握良好投资机会。

(2) 评价投资方案的可行性。在评价投资项目的环境、市场、技术和生产可行性的基础上，对投资项目的风险、资金筹措、资金投放、经营状况进行预判以分析项目的财务可行性。

(3) 投资方案比较与选择。在财务可行性评价的基础上，对可供选择的多个投资方案进行筛选。

(4) 投资方案的执行。对于优选出的项目投资方案经董事会、相关高管层批准后将进入具体实施过程。一旦决定了执行某投资项目，就应当进一步设计、规划投资项目的执行程序和关键节点、步骤，并将投资项目的具体细节交由具体的某部门经理或其他人负责，以明确责、权、利。

(5) 投资方案的再评价。在投资方案的执行过程中，应注意对原投资决策、决策执行方案的合理性、正确性进行监控、再评价。一旦出现新情况，要随时根据变化作出评估和调整。在投资项目完结后，还需要对项目投资绩效等方面进行考核，及时反馈信息为后续项目投资管理提供借鉴。

四、项目投资决策的影响因素

项目投资决策是指企业根据其经营发展战略和规划，由相关管理人员作出的投资目标、拟投资方向或投资领域以及投资方案的选择过程。项目投资决策的制定应考虑以下重要影响因素。

(一) 需求因素

需求情况可以通过预计投资项目建成投产后与投资项目有关的各年营业收入水平反映。如果项目的产品不适销对路，或质量不符合要求，或产能不足，都会直接影响其未来的市场销路和价格的水平。其中，产品是否符合市场需求、质量应达到什么标准，取决于对未来市场的需求分析和工艺技术所达到水平的分析；而产能情况则直接取决于工厂布局是否合理、原材料供应是否有保证以及对生产能力和运输能力的分析。

(二) 时期和时间价值因素

(1) 时期因素是由项目计算期的构成情况决定的。项目计算期是指投资项目从投资建设起点开始到最终清理结束为止整个投资过程历经的全部时间。按照不同时间内从事的财务活动内容不同，可以将计算期分为建设期和运营期两个阶段。其中，建设期是指从资金正式投入开始到项目建成投产为止所需要的时间，在该阶段以建造施工业务为主。建设期第一年的年初称为建设起点，建设期最后一年的年末称为投产日（在实践中，通常应参照项目建设的合理工期或项目的建设进度计划合理确定建设期）。项目计算期最后一年的年末称为终结点，假定项目最终报废或清理均发生在终结点

(除更新改造外)。从投产日到终结点之间的时间间隔称为运营期,又包括试产期和达产期两个阶段。试产期是指项目投入生产,但生产能力尚未完全达到设计能力时的过渡阶段。达产期是指生产运营达到设计预期水平后的时间。运营期时间长度一般由项目主要设备的经济使用寿命期决定。在运营期内,以正常生产经营活动(供、产、销)为主。

项目计算期、建设期和运营期之间存在以下关系:

$$项目计算期(n) = 建设期(s) + 运营期(p)$$

图6-1为项目计算期的构成示意图。

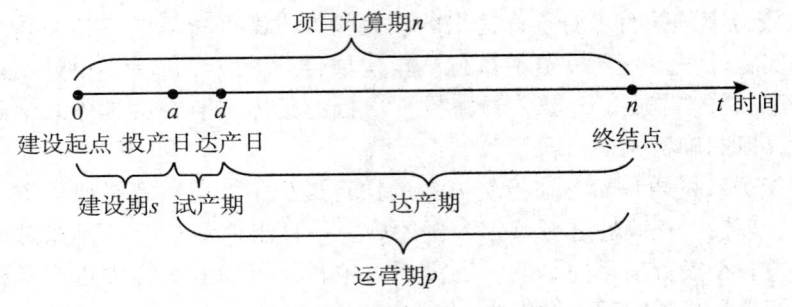

图6-1 项目计算期的构成

【例6-1】AH公司拟投资一个新建生产线的项目,项目投资支出在建设起点开始,建设施工期两年,项目建成后可立即投产,1年后生产能力将达到设计生产能力,该生产线主要设备的预计使用寿命为15年。根据上述资料,估算出该项目各时期指标如下:

项目建设期为2年

项目运营期为15年

试产期为1年

达产期 = 15 - 1 = 14(年)

项目计算期 = 2 + 15 = 17(年)

(2)时间价值因素是由投资项目历经较长的时间周期决定的。由于项目投资运行过程中,各项现金流量之间的时间间隔较长,为了对投资项目的投入产出进行对比,需要按照一定的折现率对项目计算期内不同时点产生的现金流量折算到相同时点,从而评价项目的收益能力、价值创造能力。因此,科学地选择适当的折现率,对于正确判断投资项目的可行性、制定投资决策至关重要。

(三)成本支出因素

成本支出包括建设投资期和项目运营期两个阶段的支出。

(1)建设期的投资支出。它是由建设期和运营期初期所发生的原始投资所决定的。从项目投资的角度看,原始投资(又称初始投资)是指为使该项目达到设计生产能力并具备开展正常经营能力而投入的全部现实资金,包括建设投资和营运资金垫资两项内容。建设投资是指在建设期内按一定生产经营规模和建设内容进行的投资，包括为形成固定资产、无形资产以及其他长期资产进行的投资支出。营运资金垫资是指项目投产后分次或一次投放于流动资产项目的投资支出。

在财务可行性评价中，将原始投资与建设期资本化利息之和称为项目总投资，用以反映项目投资总体规模。

【例6-2】BM企业拟新建一条生产线，建设期为2年，运营期为20年。全部建设投资支出安排在建设起点、建设期第2年年初和建设期末分三次投入，投资额分别为100万元、200万元和100万元；全部营运资金垫资安排在投产后第一年年初和第二年年末分两次投入，投资额分别为15万元和15万元。根据项目筹资方案的安排，建设期资本化借款利息为25万元。根据上述资料，可估算该项目各项投资支出指标如下：

建设投资合计 = 100 + 200 + 100 = 400（万元）
营运资金垫支合计 = 15 + 15 = 30（万元）
原始投资额 = 400 + 30 = 430（万元）
项目总投资 = 430 + 25 = 455（万元）

（2）经营期的成本支出。它是由运营期发生的经营成本和所得税两个因素决定的。经营成本又称付现的营运成本（或简称付现成本），是指在运营期内为满足正常生产经营而动用货币资金结算的成本费用支出。从企业投资者的角度看，企业所得税也属于成本费用的范畴，因此，在投资决策中需要考虑这些因素引发的支出。

（四）现金流量因素

现金流量是指在投资项目实施过程中，因投资、运营等经济行为的发生引发的或可能发生的各项经济价值的流转。按照流动方向的不同，分为现金流入量和现金流出量，流入量与流出量之间的差额称为"现金净流量"。项目投资过程中的各项支出需要有充足的现金保障，项目运营过程中能否为企业创造价值取决于决策相关营业利润的质量即现金的回收时间、金额。

第二节 财务可行性评价指标

财务可行性评价指标是指用于衡量投资项目财务效益大小和评价投入产出关系是否合理，以及评价其是否具有财务可行性所依据的一系列量化指标的统称。财务可行性评价指标，按照是否考虑资金时间价值分类，可分为静态评价指标和动态评价指标；按指标性质不同，可分为在一定范围内指标数值越大对投资方越有利的正指标和指标数值越小对投资方越有利的反指标两大类；按指标在决策中的重要性分类，可分为主要指标、次要指标和辅助指标。

一、静态评价指标

(一) 静态投资回收期

静态投资回收期(简称回收期),是指以投资项目经营期净现金流量抵偿原始总投资所需要的全部时间。它有"包括建设期的投资回收期(记作 PP)"和"不包括建设期的投资回收期(记作 PP')"两种形式。投资者都希望投资资本能尽快收回,收回时间越长,面临的不确定性越多,风险越大。因而,用回收期指标评价投资项目时,回收期越短越好。静态投资回收期指标数值越小,说明投资项目收回原始投资历经的时间越短、经营期获取现金流量的能力越强、流动性越好、投资风险越小。

确定静态投资回收期指标可采取公式法或列表法。

1. 公式法

若投资项目经营期内前 m 年每年净现金流量相等,且其合计大于或等于原始投资合计,可按以下简化公式直接计算投资回收期:

$$\text{不包括建设期的投资回收期}(PP') = \frac{\text{原始投资合计}}{\text{运营期内前若干年每年相等的净现金流量}} = \frac{\sum_{t=0}^{n} I_t}{NCF_{经}}$$

(6-1)

包括建设期的投资回收期 $(PP) = $ 不包括建设期的投资回收期 $+$ 建设期 $= PP' + s$

式中:I_t——第 t 年发生的原始投资额

s——建设期

$NCF_{经}$——经营期内各年相等的净现金流量

【例6-3】DL公司打算投资扩建一条生产线,经对财务预测数据的初步分析整理得到投资项目各时点净现金流量为:$NCF_0 = -1\,000$ 万元,$NCF_1 = 0$ 元,$NCF_{2\sim10} = 200$ 万元,$NCF_{11} = 300$ 万元,项目的静态回收期计算如下:

上述资料表明,建设期 $s = 1$ 年,投产后2~10年净现金流量相等,

经营期前9年每年净现金流量 $NCF_{2\sim10} = 200$ 万元

原始投资合计 $\sum_{t=0}^{n} I_t = 1\,000$ 万元

因为 $m \times$ 运营期前 m 年每年相等的净现金流量 $= 9 \times 200 = 1\,800 >$ 原始投资额 $= 1\,000$(万元)

所以可以使用简化公式计算静态回收期

不包括建设期的投资回收期 $PP' = \frac{1\,000}{200} = 5$(年)

包括建设期的投资回收期 $PP = PP' + s = 5 + 1 = 6$(年)

2. 列表法

若未来经营期各年净现金流量不相等,可以采用列表法计算投资回收期。列表法是指通过列表计算"累计净现金流量"的方式,来确定包括建设期的投资回收期,进而再推算出不包括建设期的投资回收期的方法。

该法的原理是：按照回收期的定义，包括建设期的投资回收期 PP 应满足以下关系式：

$$\sum_{t=0}^{PP} NCF_t = 0$$

这表明在财务现金流量表的"累计净现金流量"一栏中，包括建设期的投资回收期 PP 恰好是累计净现金流量为零的年限。

【例6-4】仍按【例6-3】数据。据此按列表法编制的表格如表6-1所示。

表6-1　　　　　达利公司固定资产投资项目现金流量表（项目投资）　　　单位：万元

项目计算期（第 t 年）	建设期		经营期								合计
	0	1	2	3	4	5	6	…	10	11	
净现金流量	-1 000	0	200	200	200	200	200	…	200	300	1 100
累计净现金流量	-1 000	-1 000	-800	-600	-400	-200	0	…	800	1 100	—

因为第6年的累计净现金流量为零

所以 $PP = 6$ 年

$PP' = 6 - 1 = 5$（年）

本例表明，按列表法计算的结果与按公式法计算的结果相同。

如果无法在"累计净现金流量"栏上找到零，可按下式计算包括建设期的投资回收期：

包括建设期的投资回收期（PP）= 最后一次为负值的累计净现金流量对应的年数

$$+ \frac{最后一次为负值的累计净现金流量绝对值}{下一年度净现金流量}$$

或 = 累计净现金流量第一次出现正值的年份 $- 1 + \dfrac{截止到该年初尚未回收的投资}{该年净现金流量}$

【例6-5】WD企业生产线项目现金流量见表6-2，据此可按列表法确定该投资项目的静态投资回收期。

表6-2　　　　　WD企业生产线项目现金流量表（项目投资）　　　单位：万元

项目计算期（第 t 年）	0	1	2	3	4	5	6	7	8	…	22	合计
净现金流量	-100	-300	-83	97.62	97.62	97.62	97.62	97.62	156.43	…	216.43	2 411.55
累计净现金流量	-100	-400	-483	-385.38	-287.76	-190.14	-92.52	5.10	161.53	…	2 411.55	—

因为第 6 年的累计净现金流量小于零

第 7 年的累计净现金流量大于零

所以包括建设期的投资回收期 $PP = 6 + \frac{|-92.52|}{97.62} \approx 6.95$（年）

不包括建设期的投资回收期 $PP' = 6.95 - 2 = 4.95$（年）

静态投资回收期的优点是能够直观地反映原始投资的收回期限，便于理解，计算也不难，可以直接利用回收期之前的净现金流量信息。缺点是没有考虑资金时间价值因素和回收期满后继续发生的净现金流量，不能正确反映投资方式不同对项目的影响。

只有静态投资回收期指标小于或等于基准投资回收期（投资方能接受的最长回收年限）的投资项目才具有财务可行性。

（二）投资收益率

投资收益率，又称投资报酬率（记作 ROI），是指达产期正常年份的年息税前利润或经营期年均息税前利润占项目总投资的百分比。用投资收益率指标评价投资项目时，投资收益率指标数值越高越好。

$$投资收益率（ROI） = \frac{年均息税前利润}{项目总投资} \times 100\% \qquad (6-2)$$

投资收益率指标的优点是计算简单，容易理解；缺点是没有考虑资金时间价值因素，不能正确反映建设期长短、投资方式和回收额的有无等条件对项目效益的影响，分子、分母的计算口径的可比性差，无法直接利用净现金流量信息。

当投资收益率指标大于或等于基准投资收益率指标的投资项目才具有财务可行性。

二、动态评价指标

（一）净现值

净现值（记作 NPV），是指一个投资项目计算期内未来现金净流量现值与原始投资额现值之差。计算公式为：

$$\begin{aligned}净现值（NPV） &= \sum NCF_t \times (P/F, i, t) \\ &= 未来现金净流量现值 - 原始投资额现值\end{aligned} \qquad (6-3)$$

计算净现值时，要按投资方预先选定的折现率对投资项目的未来现金净流量和原始投资额进行折现。预先选定的折现率是投资方能接受的最低投资报酬率（最低年增值能力）。净现值指标的经济含义是投资项目获取的剩余收益，是超过投资方要求的最低报酬的部分。在其他条件相同时，净现值指标数值越大越好。采用净现值法评价投资项目，步骤为：

第一，测定投资项目各年现金流量，包括现金流入量、现金流出量和现金净流量。

第二，选定适合投资项目的折现率。

选择折现率的标准如下：

（1）市场利率标准。市场利率是指资本市场利率，是社会投资报酬率的平均水平，可作为最低报酬率要求。

（2）期望报酬率标准。期望报酬率标准是投资者在考虑了投资项目的风险水平基础上，按照风险与报酬之间的权衡关系判定的最低报酬率要求。

（3）平均资本成本标准。平均资本成本标准是为满足项目投资所需资金安排筹资时承担的资本成本水平。投资项目获取剩余收益的条件是投资报酬率超过用资代价。在此意义上，平均资本成本标准可作为投资项目的最低报酬率要求。

第三，运用选定的折现率将未来现金流量折现。

第四，比较未来现金流量现值和原始投资额现值，计算净现值。

净现值指标的计算可以采用公式法、列表法和插入函数法三种方法来完成。

（1）公式法。公式法是指根据净现值的定义，直接利用计算公式来完成该指标计算的方法。

（2）列表法。列表法是指通过在现金流量表计算净现值指标的方法。即在现金流量表上，根据已知的各年净现金流量，分别乘以各年的复利现值系数，从而计算出各年折现的净现金流量，最后求出项目计算期内折现的净现金流量的代数和，就是所求的净现值指标。

（3）插入函数法。插入函数法是指在 EXCEL 环境下，插入财务函数"NPV"，并根据计算机系统的提示正确地输入选定的基准折现率和电子表格中的净现金流量，来直接求得净现值指标的方法。

具体操作程序如下：

（1）将已知的各年净现金流量的数值输入 EXCEL 电子表格的任意一行。

（2）在该电子表格的另外一个单元格中插入财务函数 NPV，并根据该函数的提示输入折现率 i_c 和净现金流量 NCF_t 的参数，并将该函数的表达式修改为：

$$= NPV(i_c, NCF_1 : NCF_n) + NCF_0$$

式中：i_c 为已知的数据；NCF_1 为第一期净现金流量所在的单元格参数；NCF_n 为最后一期净现金流量所在的单元格参数；NCF_0 为第零期净现金流量所在的单元格参数。

（3）回车，NPV 函数所在单元格显示的数值即为所求的净现值。

【例 6-6】接【例 6-3】，假定该投资项目选定的基准折现率为 10%。

按公式法计算净现值如下：

$$\begin{aligned}NPV &= -1\,000 \times 1 - 0 \times 0.9091 + 200 \times 0.8264 + 200 \times 0.7513 + 200 \times 0.6830 + 200 \\ &\quad \times 0.6209 + 200 \times 0.5645 + 200 \times 0.5132 + 200 \times 0.4665 + 200 \times 0.4241 + 200 \\ &\quad \times 0.3855 + 300 \times 0.3505 \\ &= 152.23 \text{（万元）}\end{aligned}$$

也可以运用年金折现原理简化为：

$$\begin{aligned}NPV &= -1\,000 + 200 \times (P/A, 10\%, 10) \times (P/F, 10\%, 1) + 100 \times (P/F, 10\%, 11) \\ &= -1\,000 + 200 \times 6.1446 \times 0.9091 + 100 \times 0.3505 \\ &= 152.26 \text{（万元）}\end{aligned}$$

也可以采用列表法计算该项目净现值（见表 6-3）。

表6-3　　　　　　　　DL公司生产线项目现金流量表（项目投资）　　　　　　　单位：万元

项目计算期	建设期		经营期				…			合计
（第 t 年）	0	1	2	3	4	5	…	10	11	
净现金流量	-1 000	0	200	200	200	200	…	200	300	1 100
$(P/F, 10\%, t)$	1	0.9091	0.8264	0.7513	0.6830	0.6209	…	0.3855	0.3505	—
折现现金流量	-1 000	0	165.28	150.26	136.60	124.18	…	77	105	152.23

由表6-3的数据可见，该方案折现的净现金流量合计数即净现值为152.23万元，与公式法的计算结果相同。

在上述介绍的各种计算方法中，按公式法展开计算过程复杂；列表法相对要简单一些；在计算机环境下，插入函数法最为省事，而且计算精确度最高，是实务中应当首选的方法。

净现值指标的优点是综合考虑了资金时间价值、项目计算期内全部净现金流量信息和投资风险，适用性强；缺点是折现率不宜选定；指标计算结果的可比性受限（不适合于独立项目、寿命期不等的互斥项目之间比较）。

净现值指标大于零，说明投资项目的实际报酬率高于投资方要求的报酬率，投资项目才具有财务可行性。净现值指标小于零，说明投资项目的实际报酬率低于投资方要求的报酬率，投资项目不具有财务可行性。

（二）净现值率

净现值率（记作 $NPVR$），是指投资项目的净现值占原始投资额现值的比率，亦可将其理解为单位原始投资所创造的净现值（剩余收益）。

净现值率的计算公式为：

$$净现值率（NPVR）=\frac{项目的净现值}{原始投资的现值} \tag{6-4}$$

【例6-7】接【例6-6】该项目净现值率为：

$$NPVR=\frac{152.23}{1\ 000}\approx 0.15$$

净现值率的优点是可以从动态的角度反映项目投资的资金投入与净产出之间的关系；缺点是指标计算结果受选定折现率影响，无法直接反映投资项目的实际收益率。

净现值率指标大于零时，投资项目具有财务可行性。

（三）现值指数

现值指数（记作 PI），是指投资项目未来现金流量现值占原始投资额现值之比。

现值指数的计算公式为：

$$现值指数（PI）=\frac{未来现金流量现值}{原始投资额现值} \tag{6-5}$$

【例6-8】接【例6-6】该项目净现值率为：

$$PI=\frac{1\ 152.23}{1\ 000}=1.15$$

现值指数的优点是可以从动态的角度反映项目投资的资金投入与产出之间的关系；缺点是指标计算结果受选定折现率影响，无法直接反映投资项目的实际收益率。

净现值率指标大于 1 时，投资项目具有财务可行性。

（四）内部收益率

内部收益率（记作 IRR），是使项目的净现值等于零时的折现率，实质上是项目投资能够达到的收益率。IRR 满足下式：

$$\sum_{t=0}^{n}[NCF_t \cdot (P/F, IRR, t)] = 0 \tag{6-6}$$

1. 未来各年现金净流量相等，并且项目的全部投资均于建设起点一次投入，建设期为零。可以简化计算

【例 6-9】宏源公司一投资项目在建设起点一次性投资 509 160 元，当年完工并投产，投产后每年可获净现金流量 100 000 元，经营期为 15 年。该项目的内部收益率计算如下：

因为 $\sum_{t=0}^{n}[NCF_t \cdot (P/F, IRR, t)] = 0$

$NCF_0 = -509\ 160 \quad NCF_{1\sim15} = 100\ 000$

所以 $100\ 000 \times (P/A, IRR, 15) = 509\ 160$

$(P/A, IRR, 15) = 5.0916$

查年金现值系数表可得：

因为 $(P/A, 18\%, 15) = 5.0916$

所以 $IRR = 18\%$

2. 未来各年现金净流量不等

计算内部收益率指标可以采用试误法、内插法和插入函数法。

（1）试误法。

试误法是指通过计算项目不同设定折现率的净现值，然后根据内部收益率的定义所揭示的净现值与设定折现率的关系，逐次测试并最终找到能使净现值等于零的折现率的方法，又称为逐次测试法。

【例 6-10】新石公司一投资项目逐次测试计算内部收益率，得到表 6-4 的数据资料。

表 6-4　　　　　　　　　　逐次测试数据资料　　　　　　　　　　单位：万元

测试次数	折现率 r_j（%）	净现值 NPV_j（按 r_j 计算）
1	10	950
2	30	-195
3	20	213
4	24	38
5	26	-30

计算该项目的内部收益率 IRR 的步骤如下：
因为 24%、26% 作为折现率计算的净现值是最接近零的。
所以 24% < IRR < 26%

（2）应用内插法。

$$IRR = 24\% + \frac{38}{30+38} \times (26\% - 24\%) = 25.12\%$$

（3）插入函数法。

插入函数法是在 EXCEL 环境下，通过插入财务函数"IRR"，并根据计算机系统的提示正确地输入已知的电子表格中的净现金流量，来直接求得内部收益率指标的方法。

操作程序如下：

①将已知的各年净现金流量的数值输入 EXCEL 电子表格的任意一行。

②在该电子表格的另外一个单元格中插入财务函数 IRR，输入净现金流量 NCF 参数，其函数的表达式为：

$$= IRR(NCF_0 : NCF_n)$$

③回车，IRR 函数所在单元格显示的数值即为所求的内部收益率。

内部收益率的优点是既可以从动态的角度直接反映投资项目的实际收益率水平，又不受基准收益率高低的影响，比较客观。缺点是计算过程复杂，尤其当运营期内大量追加投资时，采用插入函数法计算有可能导致多个内部收益率出现，或偏高或偏低，缺乏实际意义。

内部收益率指标大于选定基准折现率时，投资项目具有财务可行性。

（五）动态指标之间的关系

净现值 NPV、净现值率 NPVR 和内部收益率 IRR 指标之间存在以下数量关系：

当 $NPV > 0$ 时，$NPVR > 0$，$PI > 1$，$IRR > i_c$；

当 $NPV = 0$ 时，$NPVR = 0$，$PI = 1$，$IRR = i_c$；

当 $NPV < 0$ 时，$NPVR < 0$，$PI < 1$，$IRR < i_c$。

上述指标受建设期的长短、投资方式、各年现金净流量的数量特征的影响。所不同的是 NPV 为绝对量指标，其余为相对数指标，计算净现值 NPV、净现值率 NPVR 和现值指数 PI 所依据的折现率都是事先选定的 i_c，而内部收益率 IRR 的计算本身与选定的 i_c 数值高低无关。

三、运用相关指标评价投资项目的财务可行程度

财务可行性评价指标的首要功能，就是用于评价某个具体的投资项目是否具有财务可行性。在投资决策的实践中，必须对所有已经具备技术可行性的投资备选方案进行财务可行性评价。不能全面掌握某一具体方案的各项评价指标，或者所掌握的评价指标的质量失真，都无法完成对投资项目财务可行性的评价。

（一）判断方案完全具备财务可行性的条件

如果某一投资方案的所有评价指标均处于可行区间，即同时满足以下条件时，则可以断定该投资方案无论从哪个方面看都具备财务可行性，或完全具备可行性。这些条件

是：（1）净现值 $NPV>0$；（2）净现值率 $NPVR>0$；（3）现值指数 $PI>1$；（4）内部收益率 $IRR \geq$ 基准折现率 i_c；（5）包括建设期的静态投资回收期、不包括建设期的静态投资回收期短于投资方能接受的最长回收年限；（6）投资收益率 $ROI>$ 基准投资收益率 i（预先选定）。

（二）判断方案是否完全不具备财务可行性的条件

如果某一投资项目的评价指标均处于不可行区间，即同时满足以下条件时，则可以断定该投资项目无论从哪个方面看都不具备财务可行性，或完全不具备可行性，应当彻底放弃该投资方案。这些条件是：（1）$NPV<0$；（2）$NPVR<0$；（3）$PI<1$；（4）$IRR<i_c$；（5）PP、PP' 超过投资方能接受的最长回收年限；（6）$ROI<i$。

（三）判断方案是否基本具备财务可行性的条件

如果在评价过程中发现某项目的主要指标处于可行区间（如 $NPV>0$，$NPVR>0$，$PI>1$，$IRR>i_c$），但次要或辅助指标处于不可行区间（PP、PP' 超过投资方能接受的最长回收年限或 $ROI<i$），则可以断定该项目基本上具有财务可行性。

（四）判断方案是否基本不具备财务可行性的条件

如果在评价过程中发现某项目出现 $NPV<0$，$NPVR<0$，$PI<1$，$IRR<i_c$ 的情况，即使 PP、PP' 短于投资方能接受的最长回收年限或 $ROI \geq i$，也可判断该项目基本上不具有财务可行性。

（五）其他应当注意的问题

在对投资方案进行财务可行性评价过程中，除了要熟练掌握和运用上述判定条件外，还必须明确以下两点：

第一，主要评价指标在评价财务可行性的过程中起主导作用。

在对独立项目进行财务可行性评价和投资决策的过程中，当静态投资回收期（次要指标）或总投资收益率（辅助指标）的评价结论与净现值等主要指标的评价结论发生矛盾时，应当以主要指标的结论为准。

第二，利用动态指标对同一个投资项目进行评价和决策，会得出完全相同的结论。

在对同一个投资项目进行财务可行性评价时，净现值、净现值率和内部收益率指标的评价结论是一致的。

第三节 项目投资现金流量估算

一、项目投资现金流量估算应考虑的因素

（一）区分决策相关和决策无关的内容

决策相关是指决策实施与否会对其金额产生增减变动影响的内容，包括决策相关收入和决策相关成本。决策相关收入是指投资决策执行过程中净增加的收入；决策相

关成本是指在决策执行过程中将要发生的各种形式的有差别的未来成本。决策执行与否不能改变已经发生的历史，因而过去发生的历史成本与现在要做的决策毫无关系，属于决策无关范畴。决策相关成本包括：机会成本（从备选方案中选择某项方案而放弃其他方案可能丧失的潜在利益）。付现成本（由于某项决策而引起的需要在未来动用现金支付的成本）。重置成本（目前从市场上购买同样原有资产所需支付的成本）。差量成本（备选方案预期成本之间的差异数）。可避免成本（可以通过决策行动改变其数额的成本，或是成本发生与否直接同某项备选方案是否选用相关联的成本）。可延缓成本（对已决定选用的某一方案如推迟执行，还不致影响企业大局，而与这一方案有关的成本）。专属成本（可以明确归属于某种、某批或某个部门的固定成本等）。

（二）以项目管理者角度分析项目现金流量

明确现金流量的分析角度，是为了正确划分现金流量的分析范围。立足于项目管理者，只需要将投资、经营引起的现金流量作为分析范围，不必考虑筹资现金流量。筹资付出的代价在选定折现率时考虑即可。

（三）重视投资项目的实施对现有产品（收入、成本）的影响

若新项目投产，会导致现有产品的销售发生增减变动，也应该将影响金额并入决策相关的收入、成本进行分析。

二、项目投资现金流量估算

（一）现金流量的内容

不同类型的投资项目，其现金流量的具体内容存在差异。

1. 单纯固定资产投资项目的现金流量

（1）现金流入量。单纯固定资产投资项目的现金流入量包括：增加的营业收入和回收固定资产余值等内容。

（2）现金流出量。单纯固定资产投资项目的现金流出量包括：固定资产投资、新增经营成本和增加的各项税款等内容。

2. 完整工业投资项目的现金流量

（1）现金流入量。完整工业投资项目的现金流入量包括：营业收入、补贴收入、回收固定资产余值和回收流动资金。

（2）现金流出量。完整工业投资项目的现金流出量包括：建设投资、流动资金投资、经营成本、税金及附加、维持运营投资和所得税费用。

3. 固定资产更新改造投资项目的现金流量

固定资产更新改造投资项目可分为以恢复固定资产生产效率为目的的更新项目和以改善企业经营条件为目的的改造项目两种类型。

（1）现金流入量。固定资产更新改造投资项目的现金流入量包括：因使用新固定资产而增加的营业收入、处置旧固定资产的变现净收入和新旧固定资产回收固定资产余值的差额等内容。

(2) 现金流出量。固定资产更新改造投资项目的现金流出量包括：购置新固定资产的投资、因使用新固定资产而增加的经营成本、因使用新固定资产而增加的流动资金投资和增加的各项税款等内容。其中，因提前报废旧固定资产所发生的清理净损失而发生的抵减当期所得税税额用负值表示。

（二）计算投资项目现金流量时应注意的问题和相关假设

在计算现金流量时，为防止重复计算或漏算有关内容，需要注意以下几点：
(1) 必须考虑现金流量的增量；
(2) 尽量利用现有的会计利润数据；
(3) 不能考虑沉没成本因素；
(4) 充分关注机会成本；
(5) 考虑项目对企业其他部门的影响；
(6) 假设以销定产、产销平衡。

此外，为克服确定现金流量的困难，简化现金流量的计算过程，还对有关现金流量发生的时点作以下假设：
(1) 建设投资在建设期内需要进行投资年度的年初发生；
(2) 营运资金垫支则在需要垫支期的年初发生；
(3) 经营期内各年的收入、成本、折旧、摊销、利润、税金等项目的确认均在年末发生；
(4) 项目最终报废或清理均发生在终结点（更新改造项目除外）。

（三）完整工业投资项目现金流量的估算

由于项目投资的投入、回收及收益的形成均以现金流量的形式表现。因此，在整个项目计算期的各个阶段上，都有可能发生现金流量。必须逐年估算每一时点上的现金流入量和现金流出量。下面介绍以完整工业项目为代表的项目投资现金流量的估算方法。

1. 现金流入量的估算

(1) 营业收入是运营期最主要的现金流入量，应按项目在经营期内有关产品的各年预计单价和预测销售量（假定经营期每期均可以自动实现产销平衡）进行估算。

(2) 补贴收入是与经营期收益有关的政府补贴，可根据按政策退还的增值税、按销量或工作量分期计算的定额补贴和财政补贴等予以估算。

(3) 在终结点上一次回收的流动资金等于各年垫支的流动资金投资额的合计数。回收流动资金和回收固定资产余值统称为回收额，假定新建项目的回收额都发生在终结点。

【例6-11】A企业完整工业投资项目的营运资金垫支为20万元，终结点固定资产余值为10万元。据此可估算出终结点的回收额为30(10+20)万元。

2. 现金流出量的估算

（1）建设投资的估算。固定资产投资是所有类型的项目投资在建设期必然会发生的现金流出量，应按项目投资规模和投资计划所确定的各项建筑工程费用、设备购置费用、安装工程费用和其他费用来估算。无形资产投资和其他资产投资，应根据需要和可能，逐项按有关资产的评估方法和计价标准进行估算。在估算构成固定资产原值的资本化利息时，可根据长期借款本金、建设期年数和借款利息率按复利计算，且假定建设期资本化利息只计入固定资产的原值。

（2）营运资金垫支的估算。在项目投资决策中，营运资金垫支是指在运营期内长期占用并周转使用的营运资金。可按下式进行估算：

某年营运资金垫支额（数）= 本年营运资金需用额 − 截至上年的营运资金投资额

或 = 本年流动营运资金需用数 − 上年营运资金需用数

或 = Δ流动资产 − Δ流动负债

本年营运资金需用数 = 该年经营流动资产需用数 − 该年经营流动负债可用数

上式中，经营流动资产只考虑存货、现实货币现金、应收账款和预付账款等项内容；经营流动负债只考虑应付账款和预收账款等经营过程中因结算原因自发形成的流动负债。

由于营运资金属于垫付的周转金，因此在理论上，投产第一年所需的流动资金应在项目投产前安排，即最晚应发生在建设期末。为简化计算，我国有关建设项目评估制度假定营运资金垫支可从投产第一年开始安排。

【例6-12】A企业完整工业投资项目投产第一年预计流动资产需用额为30万元，流动负债可用额为15万元，假定该项投资发生在建设期末；投产第二年预计流动资产需用额为40万元，流动负债可用额为20万元，假定该项投资发生在投产后第一年末。根据上述资料估算出下列指标：

①每次发生的营运资金垫支额；
②终结点回收的曾垫支营运资金。

有关指标估算过程如下：
①投产第一年的营运资金需用额 = 30 − 15 = 15（万元）
第一次营运资金垫支额 = 15 − 0 = 15（万元）
投产第二年的营运资金需用额 = 40 − 20 = 20（万元）
第二次营运资金垫支额 = 20 − 15 = 5（万元）
②终结点回收的曾垫支的营运资金数额 = 营运资金垫支额合计 = 15 + 5 = 20（万元）

（3）经营成本的估算。经营成本又称付现的营运成本（或简称付现成本），是指在运营期内为满足正常生产经营而动用现实货币资金支付的成本费用。经营成本是所有类型的项目投资在运营期都要发生的主要现金流出量，它与融资方案无关。其估算公式如下：

$$某年经营成本 = 该年外购原材料燃料和动力费 + 该年工资及福利费$$
$$+ 该年修理费 + 该年其他费用$$
或　　$$= 该年不包括财务费用的总成本费用 - 该年折旧额$$
$$- 该年无形资产和开办费的摊销额$$

式中，其他费用是指从制造费用、管理费用和营业费用中扣除了折旧费、摊销费、材料费、修理费、工资及福利费以后的剩余部分。

【例6-13】A企业完整工业投资项目投产后第1~5年每年预计外购原材料、燃料和动力费为60万元，工资及福利费为30万元，其他费用为10万元，每年折旧费为20万元，无形资产摊销费为5万元；第6~10年每年不包括财务费用的总成本费用为160万元，其中，每年预计外购原材料、燃料和动力费为90万元，每年折旧费为20万元，无形资产摊销费为0元。根据上述资料可估算下列指标：

①投产后各年的经营成本；

②投产后第1~5年每年不包括财务费用的总成本费用。

有关指标估算过程如下：

①投产后第1~5年每年的经营成本 = 60 + 30 + 10 = 100（万元）

投产后第6~10年每年的经营成本 = 160 - 20 - 0 = 140（万元）

②投产后第1~5年每年不包括财务费用的总成本费用 = 100 + 20 + 5 = 125（万元）

（4）税金及附加的估算。在项目投资决策中，应按在运营期内应缴纳的消费税、土地增值税、资源税、城市维护建设税和教育费附加进行估算。

【例6-14】仍按【例6-13】的资料，A企业投资项目投产后第1~5年每年预计营业收入为200万元，第6~10年每年预计营业收入为300万元，适用的增值税税率为17%，城建税税率为7%，教育费附加率为3%。该企业不缴纳消费税。根据上述资料可估算下列指标：

①投产后各年的应缴增值税；

②投产后各年的税金及附加。

有关指标估算过程如下：

①投产后第1~5年每年的应交增值税 = （每年营业收入 - 每年外购原材料燃料和动力费）× 增值税税率

= (200 - 60) × 17% = 23.8（万元）

投产后第6~10年每年的应交增值税 = (300 - 90) × 17% = 35.7（万元）

②投产后第1~5年每年的税金及附加 = 23.8 × (7% + 3%) = 2.38（万元）

投产后第6~10年每年的税金及附加 = 35.7 × 10% = 3.57（万元）

（5）维持运营投资的估算。本项投资是指为矿山、油田等行业为维持正常运营而需要在运营期投入的固定资产投资，应根据特定行业的实际需要进行估算。

(6) 所得税费用的估算。由于对项目投资财务可行性进行分析时,有关固定资产折旧和无形资产摊销均按税法规定计算,不涉及纳税时间性差异调整,所以所得税费用的估算可简化为息税前利润与企业适用的所得税税率之积。

【例 6-15】仍沿用【例 6-13】和【例 6-14】的资料,A 企业适用的所得税税率为 25%。根据上述资料估算下列指标:

①投产后各年的息税前利润;
②投产后各年的所得税费用。

有关指标估算过程如下:

①投产后第 1~5 年每年的息税前利润 = 200 - 125 - 2.38 = 72.62(万元)

投产后第 6~10 年每年的息税前利润 = 300 - 160 - 3.57 = 136.43(万元)

②投产后第 1~5 年每年的所得税费用 = 72.62 × 25% = 18.155(万元)

投产后第 6~10 年每年的所得税费用 = 136.43 × 25% = 34.1075(万元)

3. 经营期净现金流量的确定

净现金流量(又称现金净流量),是在项目计算期内各时点现金流入量与现金流出量之间的差额所形成的时间序列指标。其理论计算公式为:

$$\text{某时点净现金流量}(NCF_t) = \text{该时点现金流入量} - \text{该时点现金流出量}$$
$$= CI_t - CO_t (t = 0, 1, 2, \cdots)$$

净现金流量具有以下两个特征:

第一,现金流量贯穿项目投资全过程。无论是在经营期内还是在建设期内都存在净现金流量;

第二,现金流量内容上的阶段性特点。由于项目计算期不同阶段上的现金流入和现金流出发生的可能性不同,使得各阶段上的净现金流量在数值上表现出不同的特点,如建设期内的财务活动以建造施工结算工程款为主(除更新改造项目外),所以建设期内各时点的净现金流量一般小于或等于零,表现出净流出量的特点;企业利用经营期内获得的现金流量收回投资并实现价值创造,因此在经营期内各时点的净现金流量大于等于零,表现出净流入量的特点。

理论上净现金流量又分为所得税前净现金流量和所得税后净现金流量两种口径。其中,所得税前净现金流量不受所得税政策变化的影响,是全面反映投资项目方案本身财务创造现金流量能力的基础数据。计算时,现金流出量的内容中不包括所得税费用因素;所得税后净现金流量则将所得税费用视为现金流出,可用于评价在考虑所得税政策条件下,项目投资对企业现金流量和企业价值层面所作的贡献。计算时,可以在所得税前净现金流量的基础上,直接扣除决策相关所得税费用求得。

由于实务中免税企业很少,因此本书对项目投资的现金流量分别从所得税前后两个口径进行估算,但是在计算财务可行性指标时均建立在所得税后现金流量基础上(为简化工作量,更新改造项目只考虑所得税后净现金流量一种口径)。

为预测投资项目在投资、运营的过程中引发的现金流转,应首先理解以下两个概念:

(1) 税后收入和税后付现成本。

项目投资过程中发生的各项以现金结算成本费用开支,凡是在所得税前列支、可以抵减所得税的项目,其本期发生额在扣除了可以抵减的所得税金额后的净额,被称为税后付现成本。与此相对应的税后收入是指应税收入扣减应交所得税后的金额。税后收入和税后付现成本直接制约公司在项目经营期内可能发生的现金流量。

$$税后付现成本 = 付现成本 \times (1 - 所得税税率)$$

$$税后收入 = 营业收入 \times (1 - 所得税税率)$$

营业收入是指根据税法规定需要纳税的收入,不包括项目结束时收回垫支的营运资金等现金流入。但是,在使用该公式估算因发生税后收入和税后付现成本对现金流量的影响时,假定公司的应收款项和应付款项在投资项目的计算期内是均衡的,即期初、期末金额相当。此时经营期净现金流量可按下式简化计算:

$$\begin{aligned}税后经营净现金流量 &= 营业收入 - 付现成本 - 所得税 \quad (6-7)\\ &= 营业收入 - (营业成本 - 折旧 - 摊销) - 所得税\\ &= (营业收入 - 营业成本) - 所得税 + 折旧 + 摊销\\ &= 息税前利润 - 所得税 + 折旧 + 摊销\\ &= 息税前利润(1 - 所得税税率) + 折旧 + 摊销 \quad (6-8)\end{aligned}$$

上式说明公司每年税后经营净现金流量主要来自于当年增加的息前税后净利。

(2) 折旧和摊销额的抵税作用。

固定资产在本会计期间计提的折旧金额和无形资产在本会计期间的确认摊销金额不需要以现金结算,不属于现金流出量内容,所以也被称为"非付现成本"。但是,在权责发生制原则下需要将其确认为当期的成本费用,进而减少公司本会计期间的应纳税所得额,相应的抵减公司应缴纳的所得税金额。由此可见按照税法规定计提的折旧额和摊销额可以起到减少公司所得税金额的作用,这种抵减所得税的作用称之为"非付现成本抵税"、"非付现成本的税收庇护利益"或"非付现成本的税收挡板作用"。折旧对所得税税负的影响可按下式计算:

$$折旧抵税额 = 税法规定的折旧额 \times 所得税税率 \quad (6-9)$$

与折旧对所得税的影响相同,摊销额对投资项目运营期所得税的缴纳也能够起到抵减的作用。其计算式为:

$$摊销额抵税 = 税法规定的摊销额 \times 所得税税率 \quad (6-10)$$

考虑到非付现成本的抵税作用,税后经营净现金流量可用下式估算:

$$\begin{aligned}经营净现金流量 &= 税后收入 - 税后成本 + 非付现成本抵税\\ &= (收入 - 付现成本) \times (1 - 所得税税率) + (折旧 + 摊销)\\ &\quad \times 所得税税率 \quad (6-11)\end{aligned}$$

以上三种经营期净现金流量估算方法使用时存在一定前提条件：

首先，公式（6-7）是最基本的公式，但必须在能够比较准确地预测项目相关的息税前利润以及据此计算的所得税的情况下才能使用，所需的成本和收入资料比较健全。

其次，公式（6-8）是在公式（6-7）的基础上推导出来的，使用条件与公式（6-7）基本相同，但如果能够比较准确地预测项目相关的息前税后利润以及折旧和摊销金额后，利用公式（6-8）就更容易一些。

再次，三种方法中，公式（6-11）是最常用的，因为公司的所得税是根据公司预计的息税前利润计算的。在决定某个项目是否投资时，往往使用差额分析法确定现金流量，并不能够比较准确地预测整个公司的净利润及与此有关的所得税，这就妨碍了公式（6-7）和公式（6-8）的使用。尤其是有关固定资产更新的决策，没有办法计量某项资产给公司带来的收入和利润，以至于无法使用前两个公式。

4. 终结点现金流量

项目投资在终结点时的主要财务活动是清理固定资产等长期资产的残余价值，并收回曾垫支的营运资金。为方便计算，假定项目投资过程中曾垫支的营运资金能够在终结点一次性100%收回。

$$终结点净现金流量 = 回收额$$

$$= 固定资产净残值 + \sum 各次垫支的营运资金 \quad (6-12)$$

对于完整工业投资项目各时点现金流量的估算举例如下：

【例6-16】 2016年年初某公司购置一台新设备。购买价格1 000 000元，设备购入可立即投入使用，预计使用年限8年，期满预计残值40 000元，税法规定直线法计提折旧。为使项目正常运行，需一次性垫支营运资金10 000元。设备投入使用后，每年能够增加营业收入550 000元，付现成本350 000元。公司的所得税适用税率为25%。

要求：（1）计算年折旧额。

（2）计算各时点净现金流量。

有关指标计算如下：

$$固定资产年折旧额 = \frac{100 - 4}{8} = 12（万元）$$

$NCF_0 = -(100 + 1) = -101$（万元）

$NCF_{1-7} = (55 - 35 - 12) \times (1 - 25\%) + 12 = 18$（万元）

$NCF_8 = 18 + 4 + 1 = 23$（万元）

【例6-17】 某固定资产项目需要一次投入价款1 000万元，建设期为1年，建设期资本化利息为100万元。该固定资产可使用10年，按直线法折旧，期满有净残值100万元。投入使用后，可使运营期第1~10年每年产品销售收入（不含增值税）增加780万元，每年的经营成本增加400万元，税金及附加增加7万元。该企业适用的所得税税率为25%，不享受减免税待遇。

按简化公式计算该项目所得税前后的净现金流量（结果保留一位小数）。
相关指标计算如下：
（1）项目计算期 = 1 + 10 = 11（年）
（2）固定资产原值 = 1 000 + 100 = 1 100（万元）
（3）年折旧 = (1 100 – 100)/10 = 100（万元）
（4）经营期第 1~10 年每年不含财务费用的总成本费用增加额 = 400 + 7 + 100 = 507（万元）
（5）经营期第 1~10 年每年息税前利润增加额 = 780 – 507 = 273（万元）
（6）经营期第 1~10 年每年增加的所得税 = 273 × 25% = 68.25（万元）

净现金流量计算方法：
按简化公式计算的建设期净现金流量为：
$NCF_0 = -1\,000$ 万元
$NCF_1 = 0$
按简化公式计算的运营期所得税后净现金流量为：
$NCF_{2\sim10} = 273 \times (1 - 25\%) + 100 = 304.75$（万元）
$NCF_{11} = 273 \times (1 - 25\%) + 100 + 100 = 404.75$（万元）

估算投资项目各时点净现金流量时，除了运用简化计算公式进行估算外，也可以通过编制专用现金流量表的方式估算各时点现金流量。现金流量表包括"项目投资现金流量表"、"项目资本金现金流量表"和"投资各方现金流量表"等不同形式。编制项目投资现金流量表能够提供更多的有关现金流量的信息，包括所得税前净现金流量、累计所得税前净现金流量、所得税后净现金流量和累计所得税后净现金流量，并可以根据所得税前后的净现金流量分别计算两套内部收益率、净现值和投资回收期指标，从而反映出所得税政策对投资项目财务价值的影响。

【例6-18】A 企业生产线的建设投资估算额如【例6-10】的结果所示，其回收额的估算额如【例6-11】的结果所示，其流动资金投资的估算额如【例6-12】的结果所示，其经营成本的估算额如【例6-13】的结果所示，其营业税金及附加的估算额如【例6-14】的结果所示，其调整所得税的估算如【例6-15】的结果所示。

据此所编制的该项目投资的现金流量表如表 6-5 所示。
计算指标：
净现值（所得税前）= 441.16 万元（行业基准折现率为 10%）
净现值（所得税后）= 305.59 万元（行业基准折现率为 10%）
内部收益率（所得税前）= 33.29%
内部收益率（所得税后）= 29.66%
包括建设期的投资回收期（所得税前）= 3.51 年
不包括建设期的投资回收期（所得税前）= 2.51 年
包括建设期的投资回收期（所得税后）= 4.083 年
不包括建设期的投资回收期（所得税后）= 3.083 年

表 6-5　现金流量表

项目计算期 (第 t 年)	建设期		运营期									合计
	0	1	2	3	4	5	6	…	9	10	11	
1. 现金流入	0	0	200	200	200	200	200	…	300	300	330	2 530
1.1 营业收入			200	200	200	200	200	…	300	300	300	2 500
1.2 补贴收入								…				0
1.3 回收固定资产余值								…			10	10
1.4 回收流动资金								…			20	20
2. 现金流出	200	40	107.38	102.38	102.38	102.38	102.38	…	143.57	143.57	143.57	1 474.75
2.1 建设投资	200	25						…				225
2.2 流动资金投资		15	5					…				20
2.3 经营成本			100	100	100	100	100	…	140	140	140	1 200
2.4 税金及附加			2.38	2.38	2.38	2.38	2.38	…	3.57	3.57	3.57	29.75
2.5 维持运营投资								…				0
3. 所得税前净现金流量	-200	-40	92.62	97.62	97.62	97.62	97.62	…	156.43	156.43	186.43	1 055.25
4. 累计所得税前净现金流量	-200	-240	-147.38	-49.76	47.86	145.48	243.1	…	712.39	868.82	1 055.25	—
5. 所得税			18.16	18.16	18.16	18.16	18.16	…	34.11	34.11	34.11	261.35
6. 所得税后净现金流量	-200	-40	74.46	79.46	79.46	79.46	79.46	…	122.32	122.32	152.32	763.9
7. 累计所得税后净现金流量	-200	-240	-165.54	-86.08	-6.62	72.84	152.3	…	519.26	641.58	763.9	—

与全投资的现金流量表相比,项目资本金现金流量表的现金流入项目没有变化,但现金流出项目不同,其具体内容包括:项目资本金投资、借款本金偿还、借款利息支付、经营成本、营业税金及附加、所得税和维持运营投资等。此外,该表只计算所得税后净现金流量,并据此计算资本金内部收益率指标。

(四)更新改造投资项目现金流量估算

更新改造项目通常需要在继续使用旧设备和购置使用新设备中择优,而新旧设备的继续可使用年限不一定相同。因此,为简化分析,可以将更新改造看作两个互斥的备选项目。一个项目是继续使用旧设备;另一个项目是购置并使用新设备。其中,购置使用新设备的现金流量分析与正常工业投资项目无差异,而继续使用新设备的现金流量分析中需要重视机会成本对现金流量的影响。继续使用旧设备的现金流量可按照以下方法估算:

$NCF_0 = -$(继续使用旧设备丧失的变价净收入 ± 处置旧设备的纳税影响)

$NCF_{1 \sim t-1} = $ 该年继续使用旧设备获得的息税前利润 × (1 - 所得税税率)
　　　　　+ 该年继续使用旧设备的折旧等非付现成本

$NCF_t = $ 该年继续使用旧设备获得的息税前利润 × (1 - 所得税税率)
　　　+ 该年继续使用旧设备的折旧等非付现成本 + 该年回收的旧设备净残值及其纳税影响

因继续使用旧设备不能处置丧失的净损失抵税利益对现金流量的影响计算公式为:

处置旧设备的纳税影响 = (旧设备的变价收入 - 旧设备的账面余值) × 所得税税率

计算结果为正值,代表如果处置旧设备需要缴纳所得税;计算结果为负值,代表如果处置旧设备可以递减所得税。

当新旧设备预计可使用年限相同时,也可以采用差额现金流量的方法进行分析。该方法在后续决策分析时详细介绍。

【例 6-19】ABC 公司打算购入新设备用以更换 3 年前购入的旧设备。直线法计提折旧,公司所得税税率 25%。有关资料见表 6-6:

表 6-6　　　　　　　　　新旧设备资料表　　　　　　　　　单位:元

项目	旧设备	新设备
原价	105 000	77 000
税法残值	5 000	5 000
税法使用年限(年)	10	6
已使用年限(年)	4	0
尚可使用年限(年)	6	6
垫支营运资金	20 000	22 000
大修理支出	20 000(第 3 年末)	25 000(第 3 年末)

续表

项目	旧设备	新设备
年营业收入	40 000	50 000
年营运成本	25 000	10 000
目前变现价值	35 000	77 000
最终报废残值	3 000	5 000

请为公司制定更新改造决策分析现金流量。

(1) 继续使用旧设备的现金流量计算见表6-7：

表6-7

项目	现金流量（元）	时间（年）
丧失的变现收入	(35 000)	0
丧失的变现净损失抵税	(65 000 - 35 000) × 25% = (22 500)	0
垫支营运资金	(20 000)	0
每年税后收入	40 000 × (1 - 25%) = 30 000	1~6
每年税后运行成本	25 000 × (1 - 25%) = (18 750)	1~6
每年折旧抵税	10 000 × 25% = 2 500	1~5
税后大修理支出	(20 000) × (1 - 25%) = 15 000	3
残值变现收入	3 000	6
残值变现净损失抵税	(5 000 - 3 000) × 25% = 500	6
运营资金收回	20 000	6

旧设备每年的折旧额 = (105 000 - 5 000)/10 = 10 000（元）
旧设备账面折余价值 = 105 000 - 10 000 × 4 = 65 000（元）
采用各时点净现金流量法，可以表示如下：

$NCF_0 = -\left(\begin{array}{c}\text{继续使用旧设备} \\ \text{丧失的变价净收入}\end{array} \pm \begin{array}{c}\text{处置旧设} \\ \text{备的纳税影响}\end{array}\right) - \text{垫支的营运资金}$

$\quad = -(35\,000 + (65\,000 - 35\,000) \times 25\%) - 20\,000$

$\quad = -77\,500$（元）

$NCF_{1~2} = $ 年税后收入 - 税后付现成本 + 非付现成本抵税

$\quad = 40\,000 \times (1 - 25\%) - 25\,000 \times (1 - 25\%) + 10\,000 \times 25\%$

$\quad = 13\,750$（元）

$NCF_3 = NCF_2 - $ 税后大修理支出

$\quad = 13\,750 - 20\,000 \times (1 - 25\%)$

$\quad = -1\,250$（元）

$NCF_{4\sim5}$ = 年税后收入 − 税后付现成本 + 非付现成本抵税
　　　　 = 40 000 × (1 − 25%) − 25 000 × (1 − 25%) + 10 000 × 25%
　　　　 = 13 750（元）

NCF_6 = 年税后收入 − 年税后付现成本 + 非付现成本抵税 + 该年回收的旧设备净残值及其纳税影响 + 曾垫支的营运资金回收
　　　 = 40 000 × (1 − 25%) − 25 000 × (1 − 25%) + 0 + 3 000 + (5 000 − 3 000) × 25% + 20 000
　　　 = 34 750（元）

（2）更换新设备的现金流量见表6−8：

表6−8

项目	现金流量（元）	时间（年）
新设备的购买和安装	(77 000)	0
垫支营运资金	(22 000)	0
每年税后收入	50 000 × (1 − 25%) = 37 500	1~6
每年税后运行成本	(10 000) × (1 − 25%) = (7 500)	1~6
折旧抵税	7 200 × 25% = 1 800	1~6
税后大修理支出	(25 000) × (1 − 25%) = 18 750	3
残值变现收入	5 000	6
残值变现收益纳税	0	6
运营资金收回	22 000	6

每年折旧额 = (77 000 − 5 000)/10 = 7 200（元）

第四节　项目投资决策

项目投资决策是利用特定财务可行性分析指标作为决策标准或依据，对多个备选方案作出最终决策的方法。

一、投资方案及其类型

前已述及，投资项目是指投资的客体，即资金投入的具体对象。譬如建设一条汽车生产线或购置一辆生产用汽车，就属于不同的投资项目，前者属于新建项目，后者属于单纯固定资产投资项目。

同一个投资项目完全可以采取不同的技术路线和运作手段来实现。如新建一个投资项目，其投资规模可大可小，建设期有长有短，建设方式可分别采取自营方式和出包方式。这些具体的选择最终要通过规划不同的投资方案来体现。投资方案就是基于投资项目要达到的目标而形成的有关具体投资的设想与时间安排，或者说是未来投资行动的预案。一个投资项目可以只安排一个投资方案，也可以设计多个可供选择的方案。

根据投资项目中投资方案的数量，可将投资方案分为单一方案和多个方案；根据方案之间的关系，可以分为独立方案、互斥方案和组合或排队方案。

所谓独立方案是指在决策过程，一组互相分离、互不排斥的方案或单一的方案。

在独立方案中，选择某一方案并不排斥选择另一方案。就一组完全独立的方案而言，其存在的前提条件是：（1）投资资金来源无限制；（2）投资资金无优先使用的排列；（3）各投资方案所需的人力、物力均能得到满足；（4）不考虑地区、行业之间的相互关系及其影响；（5）每一投资方案是否可行，仅取决于本方案的经济效益，与其他方案无关。符合上述前提条件的方案即为独立方案。例如，某企业拟进行几项投资活动，这一组投资方案有：扩建某生产车间、购置一辆运输汽车、新建办公楼等。这一组投资方案中各个方案之间没有什么关联，互相独立，并不存在相互比较和选择的问题。企业既可以全部不接受，也可以接受其中一个，接受多个或全部接受。

互斥方案是指互相关联、互相排斥的方案，即一组方案中的各个方案彼此可以相互代替，采纳方案组中的某一方案，就会自动排斥这组方案中的其他方案。因此，互斥方案具有排他性。例如，某企业拟投资增加一条生产线（购置设备），既可以自行生产制造，也可以向国内其他厂家订购，还可以向某外商订货，这一组设备购置方案即为互斥方案，因为在这三个方案中，只能选择其中一个方案。

二、财务可行性评价与项目投资决策的关系

开展财务可行性评价，就是围绕某一个投资方案而开展的评价工作，其结果是作出该方案是否具备（完全具备、基本具备、完全不具备或基本不具备）财务可行性的结论。而投资决策就是通过比较，从可供选择的备选方案中选择一个或一组最优方案的过程，其结果是从多个方案中作出了最终的选择。因此，在时间顺序上，可行性评价在先，比较选择决策在后。这种关系在不同类型的方案之间表现不完全一致。

（一）评价每个方案的财务可行性是开展互斥方案投资决策的前提

对互斥方案而言，评价每一方案的财务可行性，不等于最终的投资决策，但它是进一步开展各方案之间比较决策的重要前提，因为只有完全具备或基本具备财务可行性的方案，才有资格进入最终决策；完全不具备或基本不具备财务可行性的方案，不能进入下一轮比较选择。已经具备财务可行性，并进入最终决策程序的互斥方案也不能保证在多方案比较决策中被最终选定，因为还要进行下一轮淘汰筛选。

（二）独立方案的可行性评价与其投资决策是完全一致的行为

相对于独立方案而言，评价其财务可行性也就是对其作出最终决策的过程。从而造成了人们将财务可行性评价完全等同于投资决策的误解。

其实独立方案也存在"先评价可行性，后比较选择决策"的问题。因为每个单一

的独立方案,也存在着"接受"或"拒绝"的选择。只有完全具备或基本具备财务可行性的方案,才可以被接受;完全不具备或基本不具备财务可行性的方案,只能选择"拒绝",从而"拒绝"本身也是一种方案,一般称之为零方案。因此,任何一个独立方案都要与零方案进行比较决策。

三、互斥项目投资决策的主要方法

互斥投资决策方法,是指利用特定财务可行性指标作为决策标准或依据,对多个互斥方案作出最终决策的方法。

许多人将财务可行性评价指标的计算方法等同于投资决策的方法,这是完全错误的。事实上,在投资决策方法中,从来就不存在所谓的投资回收期法和内部收益率法。

投资决策的主要方法包括净现值法、净现值率法、差额投资内部收益率法、年等额净回收额法和计算期统一法等具体方法。

(一) 净现值法

所谓净现值法,是指通过比较所有已具备财务可行性投资方案的净现值指标的大小来选择最优方案的方法。该法适用于原始投资相同且项目计算期相等的多方案比较决策。

在此法下,净现值最大的方案为优。

【例6-20】某投资项目需要原始投资1 000万元,有A和B两个互相排斥,但项目计算期相同的备选方案可供选择,各方案的净现值指标分别为228.91万元和206.02万元。根据上述资料,按净现值法作出决策的程序如下:

(1) 评价各备选方案的财务可行性

因为A、B两个备选方案的NPV均大于零

所以这两个方案均具有财务可行性

(2) 按净现值法进行比较决策

因为228.91 > 206.02

所以A方案优于B方案

(二) 净现值率法

所谓净现值率法,是指通过比较所有已具备财务可行性投资方案的净现值率指标的大小来选择最优方案的方法。该法适用于项目计算期相等且原始投资相同的多个互斥方案的比较决策。

在此法下,净现值率最大的方案为优。

在投资额相同的互斥方案比较决策中,采用净现值率法会与净现值法得到完全相同的结论;但投资额不相同时,情况就可能不同。

【例6-21】A项目与B项目为互斥方案,它们的项目计算期相同。A项目原始投资的现值为150万元,净现值为29.97万元;B项目原始投资的现值为100万元,净现值为24万元。

根据上述资料,计算两个项目净现值率并按净现值和净现值率比较决策如下:

(1) 计算净现值率

A 项目的净现值率 $= \dfrac{29.97}{150} \approx 0.20$

B 项目的净现值率 $= \dfrac{24}{100} = 0.24$

(2) 在净现值法下

因为 29.97 > 24

所以 A 项目优于 B 项目

在净现值率法下

因为 0.24 > 0.20

所以 B 项目优于 A 项目

由于两个项目的原始投资额不相同，导致两种方法的决策结论相互矛盾。

（三）差额内部收益率法

所谓差额内部收益率法，是指在两个原始投资额不同方案的差量净现金流量（记作 ΔNCF）的基础上，计算出差额内部收益率（记作 ΔIRR），并与基准折现率进行比较，进而判断方案孰优孰劣的方法。该法适用于两个原始投资不相同，但项目计算期相同的多方案比较决策。

当差额内部收益率指标大于或等于基准收益率或设定折现率时，原始投资额大的方案较优；反之，则投资少的方案为优。

差额投资内部收益率法的原理如下：

假定有 A 和 B 两个项目计算期相同的投资方案，A 方案的投资额大，B 方案的投资额小。我们可以把 A 方案看成两个方案之和。第一个方案是 B 方案，即把 A 方案的投资用于 B 方案；第二个方案是 C 方案，用于 C 方案投资的是 A 方案投资额与 B 方案投资额之差。因为把 A 方案的投资用于 B 方案会因此节约一定的投资，可以作为 C 方案的投资资金来源。

C 方案的净现金流量等于 A 方案的净现金流量减去 B 方案的净现金流量而形成的差量净现金流量 ΔNCF。根据 ΔNCF 计算出来的差额内部收益率 ΔIRR，其实质就是 C 方案的内部收益率。

在这种情况下，A 方案等于 B 方案与 C 方案之和；A 方案与 B 方案的比较，相当于 B 与 C 两方案之和与 B 方案的比较，如果差额内部收益率 ΔIRR 小于基准折现率，则 C 方案不具有财务可行性，这就意味着 B 方案优于 A 方案。

差额投资内部收益率 ΔIRR 的计算过程和计算技巧同内部收益率 IRR 完全一样，只是所依据的是 ΔNCF。

【例 6 – 22】仍按【例 6 – 21】资料，A 项目原始投资的现值为 150 万元，项目计算期第 1~10 年的净现金流量为 29.29 万元；B 项目的原始投资额为 100 万元，项目计算期第 1~10 年的净现金流量为 20.18 万元。假定基准折现率为 10%。根据上述资料，按差额投资内部收益率法进行投资决策的程序如下：

(1) 计算差量净现金流量：

$\Delta NCF_0 = -150 - (-100) = -50$（万元）
$\Delta NCF_{1\sim 10} = 29.29 - 20.18 = 9.11$（万元）

（2）计算差额内部收益率 ΔIRR。

$(\Delta P_A/A, \Delta IRR, 10) = 5.4885$

因为 $(P_A/A, 12\%, 10) = 5.6502 > 5.4885$

$(P_A/A, 14\%, 10) = 5.2161 < 5.4885$

所以 $12\% < \Delta IRR < 14\%$，应用内插法：

$\Delta IRR = 12\% + \dfrac{5.6502 - 5.4885}{5.6502 - 5.2161} \times (14\% - 12\%) \approx 12.74\%$[1]

（3）作出决策。

因为 $\Delta IRR = 12.74\% > i_c = 10\%$

所以应当投资 A 项目

（四）年等额净回收额法

所谓年等额净回收额法，是指通过比较所有投资方案的年等额净回收额（记作 NA）指标的大小来选择最优方案的决策方法。该法适用于原始投资不相同、特别是项目计算期不同的多方案比较决策。在此法下，年等额净回收额最大的方案为优。

某方案的年等额净回收额等于该方案净现值与相关回收系数（或年金现值系数倒数）的乘积。计算公式为：

$$\text{某方案年等额净回收额} = \text{该方案净现值} \times \text{回收系数}$$

$$\text{或} = \text{该方案净现值} \times \dfrac{1}{\text{年金现值系数}}$$

【例6-23】某企业拟投资建设一条新生产线。现有三个方案可供选择：A 方案的原始投资为 1 250 万元，项目计算期为 11 年，净现值为 958.7 万元；B 方案的原始投资为 1 100 万元，项目计算期为 10 年，净现值为 920 万元；C 方案的净现值为 -12.5 万元。行业基准折现率为 10%。根据上述资料，按年等额净回收额法作出最终投资决策的程序如下：

（1）判断各方案的财务可行性

因为 A 方案和 B 方案的净现值大于零

所以这两个方案具有财务可行性

因为 C 方案的净现值小于零

所以该方案不具有财务可行性

（2）计算各个具有财务可行性方案的年等额净回收额

A 方案的年等额净回收额 = A 方案的净现值 $\times \dfrac{1}{(P/A, 10\%, 11)} = 958.7 \times \dfrac{1}{6.4951} \approx 147.60$（万元）

B 方案的年等额净回收额 = B 方案的净现值 $\times \dfrac{1}{(P/A, 10\%, 10)} = 920 \times \dfrac{1}{6.1446} \approx 149.72$（万元）

（3）比较各方案的年等额净回收额，作出决策

因为 149.72 > 147.60

所以 B 方案优于 A 方案

因此，该公司应选择甲方案。

（五）统一计算期法

统一计算期法是通过对计算期不相等的多个互斥方案选定一个共同的计算分析期，以满足时间可比性的要求，进而根据调整后的评价指标来选择最优方案的方法。

该法包括方案重复法和最短计算期法两种具体处理方法。

1. 方案重复法

方案重复法也称计算期最小公倍数法，是将各方案计算期的最小公倍数作为比较方案的计算期，进而调整有关指标，并据此进行多方案比较决策的一种方法。应用此法，可采取两种方式：

第一种方式，将各方案计算期的各年净现金流量或费用流量进行重复计算，直到与最小公倍数计算期相等；然后，再计算净现值、净现值率、差额内部收益率或费用现值等评价指标；最后根据调整后的评价指标进行方案的比较决策。

第二种方式，直接计算每个方案项目原计算期内的评价指标（主要指净现值），再按照最小公倍数原理分别对其折现，并求代数和，最后根据调整后的净现值指标进行方案的比较决策。

【例 6-24】A 和 B 两个方案均在建设期年末投资，它们的计算期分别是 10 年和 15 年，有关资料如表 6-9 所示，假定基准折现率为 12%。

表 6-9　　　　　　　　　　净现金流量资料　　　　　　　　　　单位：万元

年份 项目	1	2	3	4~9	10	11~14	15	净现值
A	-700	-700	480	480	600			756.48
B	-1 500	-1 700	-800	900	900	900	1 400	795.54

根据上述资料，按计算期统一法中的方案重复法（第二种方式）作出最终投资决策的程序如下：

确定 A 和 B 两个方案项目计算期的最小公倍数：计算结果为 30 年。

计算在 30 年内各个方案重复的次数：A 方案重复两次（30÷10-1），而 B 方案只重复一次（30÷15-1）。

分别计算各方案调整后的净现值指标：

$NPV'_A = 756.48 + 756.48 \times (P/F, 12\%, 10) + 756.48 \times (P/F, 12, 20) \approx 1\,078.47$（万元）

$NPV'_B = 795.54 + 795.54 \times (P/F, 12\%, 15) \approx 940.88$（万元）

因为 $NPV'_A = 1\,078.47$（万元）> $NPV'_B = 940.88$（万元）

所以 A 方案优于 B 方案

由于有些方案的计算期相差很大，按最小公倍数所确定的计算期往往很长。假定有四个互斥方案的计算期分别为 15 年、25 年、30 年和 50 年，那么它们的最小公倍数就是 150 年，显然考虑这么长时间内的重复计算既复杂又无必要。为了克服方案重复法的缺点，人们设计了最短计算期法。

2. 最短计算期法

最短计算期法又称最短寿命期法，是指在将所有方案的净现值均还原为等额年回收额的基础上，再按照最短的计算期来计算出相应净现值，进而根据调整后的净现值指标进行多方案比较决策的一种方法。

【例 6-25】仍按【例 6-24】的资料，按最小计算期法作出最终投资决策的程序如下：

确定 A 和 B 两个方案中最短的计算期为 A 方案的 10 年

计算调整后的净现值指标：

$NPV''_A = NPV_A = 756.48$（万元）

$NPV''_B = NPV_B \times \dfrac{1}{(P/A, 12\%, 15)} \times (P/A, 12\%, 10)$

$= 795.54 \times \dfrac{(P/A, 12\%, 10)}{(P/A, 12\%, 15)} \approx 660.30$（万元）

因为 $NPV''_A = 756.48$ 万元 $> NPV''_B \approx 660.30$ 万元

所以 A 方案优于 B 方案

四、固定资产更新改造决策

随着科学技术的飞速发展，公司为保持一定的技术领先优势或保证生产技术的先进性，不得不频繁地面对固定资产的更新改造问题。在公司财务实务中，作出这个决策要考虑许多方面的影响因素，其中最重要的是衡量更新固定资产是否能取得增量现金流入量或者能否实现现金流出量的节约，从而增加公司价值。固定资产更新改造决策的具体分析方法有差额内含报酬率法、年等额资本回收额法和年运行成本法等。

公司在制定固定资产更新决策时，按照固定资产更新改造后寿命期是否相同，可以将固定资产更新改造项目分为两种情况：一种情况是固定资产更新改造的两个备选投资项目寿命期一致，即大修理后，原设备的寿命与新设备的寿命相同，可直接用净现值法加以比较，取其中净现值大的投资方案；另一种情况是固定资产更新改造的两个备选投资项目寿命期不一致，即新、旧设备的使用寿命期不同，此时应当采用方案重复法、年等额资本回收额或者年运行成本法的分析方法，首先分别计算出每个方案的净现值，而后计算投资方案的年等额资本回收额，然后对年等额资本回收额的数额高低进行比较，选择其中数值较高的方案。

差额分析法，就是通过对比分析计算一个方案与另一个方案相比增减的现金流量现值的差额，来判断投资方案经济上是否可行。用"Δ"表示现金流量的增减额，即差量。使用差额分析法的前提条件是两个对比分析的项目寿命期一致。

【例6-26】 接【例6-19】，若企业进行更新改造的资本成本率为10%，请为企业判断是否应该进行更新改造。

继续使用旧设备和购置新设备的项目现金净流量现值如下：

（1）继续使用旧设备的现金流量折现：

表6-10

项目	现金流量（元）	时间（年）	系数	现值（元）
丧失的变现收入	(35 000)	0	1	(35 000)
丧失的变现净损失抵税	(65 000 − 35 000) × 25% = (22 500)	0	1	(22 500)
垫支营运资金	(20 000)	0	1	(20 000)
每年税后收入	40 000 × (1 − 25%) = 30 000	1~6	4.3553	130 659
每年税后运行成本	25 000 × (1 − 25%) = (18 750)	1~6	4.3553	(81 661.875)
每年折旧抵税	10 000 × 25% = 2 500	1~5	4.3553	10 888.25
税后大修理支出	(20 000) × (1 − 25%) = 15 000	3	0.7513	(11 269.5)
残值变现收入	3 000	6	0.5645	1 693.5
残值变现净损失抵税	(5 000 − 3 000) × 25% = 500	6	0.5645	282.25
运营资金收回	20 000	6	0.5645	11 290
合计				(18 618.375)

旧设备每年的折旧额 = (105 000 − 5 000)/10 = 10 000（元）

旧设备账面折余价值 = 105 000 − 10 000 × 4 = 65 000（元）

（2）更换新设备的现金流量折现：

表6-11

项目	现金流量（元）	时间（年）	系数	现值（元）
新设备的购买和安装	(77 000)	0	1	(77 000)
垫支营运资金	(22 000)	0	1	(22 000)
每年税后收入	50 000 × (1 − 25%) = 37 500	1~6	4.3553	163 323.75
每年税后运行成本	(10 000) × (1 − 25%) = (7 500)	1~6	4.3553	(32 664.75)
折旧抵税	7 200 × 25% = 1 800	1~6	4.3553	7 839.54
税后大修理支出	(25 000) × (1 − 25%) = 18 750	3	0.7513	(14 086.875)
残值变现收入	5 000	6	0.5645	2 822.5
残值变现收益纳税	0	6	0.5645	0
运营资金收回	22 000	6	0.5645	12 419
合计				40 653.165

每年折旧额 = (77 000 − 5 000)/10 = 7 200（元）

（3）两个方案净现值的差额 = 新 − 旧 = 40 653.165 − (−18 618.375) = 59 271.543（元）

因为差额净现值大于零，应该更新。即立即处置旧设备并购入新设备经营。

上述计算过程和计算结果，可用表 6−12——现金流量差额表实现。

表 6−12　　　　　　　　　　　现金流量差额表

项目＼时间	0	1	2	3	4	5	6
△初始投资	(23 500)						
△营业净现金流量		18 050	18 050	14 300	18 050	18 050	20 600
△终结现金流量							3 500
△净现金流量	(23 500)	18 050	18 050	14 300	18 050	18 050	24 100

购买新设备的差额净现值计算如下：

$$\Delta NPV = 18\,050 \times PVIF_{10\%,1} + 18\,050 \times PVIF_{10\%,2} + 14\,300 \times PVIF_{10\%,3} + 18\,050$$
$$\times PVIF_{10\%,4} + 18\,050 \times PVIF_{10\%,5} + 24\,100 \times PVIF_{10\%,6} - 23\,500$$
$$= 59\,271.543（元）$$

以上计算结果表明，更新设备比继续使用旧设备多得净现值 59 271.543 元，所以应该购买新设备。

五、风险投资决策

在财务通论中研究的投资决策，是在假定现金流量确定的条件下进行的，即没有考虑风险问题。事实上，风险是市场经济的一个重要特征，它贯穿于公司财务活动的全过程中。在公司从事的各项财务活动中充满了不确定性，由于不确定性因素的影响会导致公司收益的不确定，因此可知，风险是客观存在的。如果项目投资决策面临的不确定性因素比较少，预期对公司未来收益状况影响比较小，一般可以认为项目投资面临的风险较小，可以忽略不计。此时，可以将投资项目视为在确定情况下（无风险）运行的投资决策。反之，如果项目投资决策面临的不确定性较多，并且预计对公司未来收益的影响较大，则可以认为投资决策面临的风险较大，足以影响公司对项目投资方案的选择。此时，就应该对项目投资所面临的风险进行计量，并在判定投资项目的财务可行性时予以考虑。

风险投资决策的分析方法很多，常用的方法有风险调整贴现率法和风险调整现金流量法两种。

（一）风险调整贴现率法

风险调整贴现率法，是指在对投资项目的风险程度进行估计的前提下，根据投资项目的风险水平，利用风险报酬理论测定进行风险投资时公司要求的必要报酬率，并以其作为按风险调整后的贴现率，用以对投资项目的净现金流量进行净现值分析，进而判定投资项目财务上是否可行的投资决策分析方法。这种分析方法的基本原理是按照风险报酬理论，投资者进行投资时承受的风险越大，要求的必要报酬率越高，因此，对于高风险的投资项目，采用较高的贴现率去计算净现值，然后根据净现值法的判别规则来选择、判断投资方案。

运用风险调整贴现率法的关键问题是如何根据投资项目风险程度的大小确定包括风险因素在内的贴现率，即风险调整贴现率，在公司财务实务中常采用以下两种方法。

1. 用资本资产定价模型来确定调整后的贴现率

在前面"风险报酬理论"的研究中，已明确介绍过投资的风险分为两部分：系统性风险和非系统性风险。其中非系统性风险的大小可以借助于 β 系数来测量；非系统性风险属于公司特有风险，可以通过合理的资产投资组合来分散，而非系统性风险的分散程度决定于相关系投资对象之间的相关系数 γ，也就是说非系统性风险可以通过公司的多元化投资、多角化经营而分散。因此，在制定项目投资决策时，对公司要求的必要报酬率高低产生影响的是系统性风险的大小。为此，特定投资项目按风险调整的贴现率就可以运用资本资产定价模型来确定。其计算公式如下：

$$k_j = R_F + \beta_j \times (k_m - R_F)$$

式中：k_j——按风险调整的贴现率

R_F——无风险利息率，通常用国债利息率代替

β_j——投资项目的贝塔系数

k_m——市场平均报酬率

【例 6 - 27】目前政府债券的利率为 10%（无风险利率），市场平均报酬率为 16%（平均贴现率），当 $\beta = 1.5$、$\beta = 1$、$\beta = 0.5$ 时，则该项目按风险调整的贴现率。

当 $\beta = 1.5$ 时，说明该债券风险大于市场风险，其风险调整贴现率为：

$k_j = 10\% + 1.5 \times (16\% - 10\%) = 19\%$

当 $\beta = 1$ 时，说明该债券风险等于市场风险，其风险调整贴现率为：

$k_j = 10\% + 1 \times (16\% - 10\%) = 16\%$

当 $\beta = 0.5$ 时，说明该债券风险为市场风险的一半，其风险调整贴现率为：

$k_j = 10\% + 0.5 \times (16\% - 10\%) = 13\%$

该方法的核心问题是 β 值不易确定，往往会使投资决策的预期收益与实际收益能力产生偏差。

2. 按投资项目的风险等级来调整贴现率

该方法是对影响投资项目的各因素进行评分，根据评分来确定风险等级，并根据风险等级来调整贴现率的一种方法，一般通过列表来计算，其计算过程如表 6 - 13 所示。

表 6-13　　　　　　　　　　　　风险等级调整的贴现率

	投资项目的风险状况得分									
	A		B		C		D		E	
	状况	得分	状况	得分	状况	得分	状况	得分	状况	得分
市场竞争	无	1	较弱	3	一般	5	较强	8	很强	12
战略上的协调	很好	1	较好	3	一般	5	较差	8	很差	12
投资回收期	1.5年	4	1年	1	2.5年	7	3年	10	4年	15
资源供应	一般	8	很好	1	较好	5	很差	12	较差	10
总分	—	14	—	8	—	22	—	38	—	49

总分	风险等级	调整后的贴现率
0~8	很低	7%
8~16	较低	9%
16~24	一般	12%
24~32	较高	15%
32~40	很高	17%
40分以上	最高	25%以上

表 6-13 中数、分数等级、贴现率的确定都由人们凭经验主观估计来确定,具体的评分也由有经验的专家来评定。该方法的最大问题就是受主观因素影响太大。

(二) 按风险调整现金流量法

按风险调整现金流量法,是指先按风险程度的高低调整投资项目预期的各期净现金流量,然后利用调整后的净现金流量进行项目投资决策评价的分析方法。具体的调整方法很多,最常用的、效果最好的是肯定当量法。

肯定当量法也称约当系数法,是指将不确定的各年净现金流量,按照一定的系数(通常称为约当系数或当量系数)折算为大约相当于确定的净现金流量的数量,然后利用无风险贴现率来评价风险投资项目财务可行性的决策分析方法。该方法的基本思路是:先运用一个系数把有风险的税后现金流量调整为无风险的税后现金流量,然后再用无风险的贴现率去计算净现值,最后用净现值法的决策规则来判断投资方案的取舍。

约当系数,是指确定的现金流量对与之相当的、不确定的现金流量的比值,通常用 dt 来表示,其计算公式如下:

$$dt = \frac{\text{确定的现金流量}}{\text{不确定的现金流量期望值}}$$

在进行评价时可根据各年现金流量风险的大小,选用不同的约当系数。当现金流量为确定时,可取 $d=1.00$;当现金流量的风险很小时,可取 $1.00 > d \geq 0.08$;当风险一般时,可取 $0.08 > d \geq 0.40$;当现金流量风险很大时,可取 $0.40 > d > 0$。

约当系数的选用可能会因人而异,敢于冒险的分析者会选用较高的约当系数,而不愿冒险的投资者可能选用较低的约当系数。为了防止因决策者的偏好不同而造成决策失误。可以根据变化系数来确定约当系数，其对照关系如表 6-14 所示。

表 6-14

变化系数	约当系数
0.00~0.07	1
0.08~0.15	0.9
0.16~0.23	0.8
0.24~0.32	0.7
0.33~0.42	0.6
0.43~0.54	0.5
0.55~0.70	0.4
⋮	⋮

计算过程分为以下三个步骤：

（1）计算各年现金流入量的变化系数；

变化系数：$q = \dfrac{\sigma i}{Ei}$

（2）确定约当系数；

（3）计算各方案的净现值。

肯定当量法是用调整净现值公式中的分子的方法来考验风险，而风险调整贴现率法是用调整净现值重的方法来考虑风险，这是两种方法的重要区别。

肯定当量法的优点是克服了风险调整贴现率法夸大远期风险的缺点；缺点是约当系数的确定是个难题。如何合理、准确地确定约当系数是个不好解决的问题，目前还没有一致公认的标准，而与投资者对风险的态度有关，因而难免带有主观性。

六、资本限量投资决策

公司在制定投资决策时，有两种情况会限制投资的数量和规模。一种情况是缺乏技术力量、管理人才、没有经营力量，这种限制被称为软资金配额限制，它属于公司经营管理的范畴；另一种情况是由于资金不足，有困难投资于所有财务上可行的投资项目，不得不在一定的资金范围内进行选择投资，这种限制被称为硬资金配额限制，它属于公司财务研究的范畴。

在资金有限量的情况下，公司如何选择最好的方案，是特殊条件下的决策问题。为了获得最大的经济效益，应把有限资金投资于一组最佳的投资组合方案，其选择标准是净现值最大和现值指数最大。相应地，其决策方法有三种：现值指数法、净现值法和净现值总额法。

采用现值指数法的计算步骤：
(1) 计算各项目的现值指数；
(2) 选出现值指数大于 1 的所有项目；
(3) 计算加权平均的现值指数取最大的一组。

采用净现值的计算步骤：
(1) 计算各项目的净现值；
(2) 选出净现值 >0 的所有项目；
(3) 计算各组合的净现值总额；
(4) 取净现值总额最大的一组。

采用净现值总额法的计算步骤：
(1) 计算各投资项目的净现值、获利指数；
(2) 按照投资项目的获利指数由高到低的顺序排列；
(3) 从高到低构建可能的投资组合，并从中选择净现值总额最大的投资组合。

【例 6 - 28】某公司只有 400 万元资金供投资，有 6 种投资方案供选择，资料如表 6 - 15 所示。

表 6 - 15　　　　　　　　　　　投资方案　　　　　　　　　　　单位：万元

方案	A	B	C	D	E	F
投资额	100	100	400	300	200	200
净现值	20	22.5	58.5	42.5	25.4	22.8
获利指数	1.2	1.23	1.15	1.14	1.13	1.11

计算结果如表 6 - 16 所示。

表 6 - 16　　　　　　　　　　　　　　　　　　　　　　　　单位：万元

顺序	项目组合总额	初始投资	加权平均现值指数	净现值
1	A、B、E	400(100 + 100 + 200)	1.173	67.9
2	A、B、F	400(100 + 100 + 200)	1.163	65.3
3	B、D	400(100 + 300)	1.163	65
4	A、D	400(100 + 300)	1.155	62.5
5	C	400	1.55	58.5
6	E、F	400(200 + 200)	1.22	48.2

表中：A、B、E 组合的加权平均现值指数的计算方法如下：

$$\text{加权平均现值指数} = \frac{100}{400} \times 1.2 + \frac{100}{400} \times 1.23 + \frac{200}{400} \times 1.13 = 1.173$$

上述计算表明，在上述六种组合中、"A、B、E"的组合方案为最佳组合，它的获利指数和净现值总额都是最大值。

但是，如果其中 A、B 两个方案是互斥的，即不相容的，选 A 就不能选 B，表 6-16 中的第一个和第二个组合方案都不能成立，应选第三个组合方案，即"B、D"组合方案，它的净现值指数与第二个组合方案相同。

课后练习题

一、单项选择题

1. 在财务管理中，将以特定项目为对象，直接与新建项目或更新改造项目有关的长期投资行为称为（   ）。
   A. 项目投资   B. 证券投资
   C. 固定资产投资   D. 融资性投资

2. 下列评价指标中，其数值越小越好的是（   ）。
   A. 净现值率   B. 投资回收期   C. 内部收益率   D. 投资利润率

3. 下列各项中，属于长期投资决策静态评价指标的是（   ）。
   A. 投资利润率   B. 投资回收期   C. 内部收益率   D. 净现值率

4. 当一项长期投资的净现值大于 0 时，下列说法不正确的是（   ）。
   A. 该方案不可投资
   B. 该方案未来报酬的总现值大于初始投资的现值
   C. 该方案获利指数大于 1
   D. 该方案的内部报酬率大于其资本成本

5. 下列说法不正确的是（   ）。
   A. 当净现值大于 0 时，获利指数小于 1
   B. 当净现值大于 0 时，说明该方案可行
   C. 当净现值为 0 时，说明此时的贴现率为内部报酬率
   D. 净现值是未来总报酬的总现值与初始投资额现值之差

6. 某项目原始投资为 12 万元，当年完工投产，有效期为 3 年，每年可获现金净流量 4.6 万元，则该项目内部收益率为（   ）。
   A. 6.68%   B. 7.33%   C. 7.68%   D. 8.32%

7. 某项目在建设期内投入全部原始投资，该项目的净现值率为 25%，则该项目的获利指数为（   ）。
   A. 0.75   B. 1.25   C. 4.0   D. 25

8. 某项目原始投资额为 100 万元，使用寿命为 10 年，已知该项目第 10 年的经营净现金流量为 25 万元，期满处置固定资产残值收入及回收流动资金共 8 万元，则该投资项目第 10 年的净现金流量为（   ）万元。
   A. 8   B. 25   C. 33   D. 43

二、多项选择题

1. 下列指标中，属于动态指标的是（   ）。
   A. 获利指数　　　B. 净现值率　　　C. 内部收益率　　　D. 投资利润率

2. 下列项目中，属于经营期现金流入项目的有（   ）。
   A. 营业收入　　　　　　　　　　B. 回收流动资金
   C. 投入流动资金　　　　　　　　D. 回收固定资产余值

3. 对于同一投资方案，下列说法正确的是（   ）。
   A. 资本成本越高，净现值越低
   B. 资本成本越低，净现值越低
   C. 资本成本高于内部报1酬率时，净现值大于0
   D. 资本成本低于内部报酬率时，净现值大于0

4. 净现值法的优点有（   ）。
   A. 考虑了资金时间价值
   B. 考虑了项目计算期的全部净现金流量
   C. 考虑了投资风险
   D. 可从动态上反映项目的实际投资收益率

5. 营期每年净现金流量的组成内容主要包括（   ）。
   A. 当年利润　　　B. 当年折旧　　　C. 当年摊销额　　　D. 当年回收额

6. 投资项目具有财务可行性应具备的条件有（   ）。
   A. 净现值大于等于0　　　　　　B. 净现值率大于等于0
   C. 获利指数大于等于1　　　　　D. 内部收益率大于等于投资利润率

7. 投资利润率指标的缺点主要有（   ）。
   A. 没有考虑资金时间价值因素　　B. 指标的分子分母时间特征不一致
   C. 无法直接利用净现金流量信息　　D. 计算简单，易于操作

8. 关于约当系数的说法不正确的是（   ）。
   A. 约当系数是肯定的现金流量对与之相当的、不肯定的现金流量的比值
   B. 标准离差率越高，则约当系数也越高
   C. 冒险型的分析家会选用较低的约当系数
   D. 保守型的分析家会选用较低的约当系数

三、判断题

1. 比较任何两个投资方案项目的投资就是固定资产投资时，内部收益率较高的方案最优。（   ）

2. 投资回收期既考虑了整个回收期内的现金流量，又考虑了货币的时间价值。（   ）

3. 现金流量中的"现金"不仅包括各种货币资金，而且包括项目需要投入企业拥有的非货币资源变现的价值。（   ）

4. 在投资项目决策中，只要投资方案的投资利润大于0，该方案就是可行方案。（   ）

四、简答题

1. 完整工业投资项目的现金流量的内容有哪些？
2. 贴现评价指标的类型及其定义。
3. 怎样进行多个互斥方案的投资决策？

五、计算题

1. 已知某长期投资项目建设期净现金流量为 $NCF_0 = -500$ 万元，$NCF_1 = -500$ 万元，第 3~12 年的经营净现金流量 $NCF_1 - 12 = 200$ 万元，第 12 年末的回收额为 100 万元，行业基准折线率为 10%。

要求：计算下列指标：

（1）原始投资额；

（2）终结点净现金流量；

（3）净现值（NPV）。

2. 某企业计划投资开发甲产品，原始投资额为 150 万元，经营期为 5 年，期满无残值。甲产品投产后，预计产销量 10 000 件，单位售价 80 元，单位经营成本为 20 元。该企业按直线法折旧，所得税为 33%，设定折线率为 10%。

要求：

（1）计算静态投资回收期；

（2）计算净现值；

（3）计算净现值率；

（4）计算现值系数；

（5）计算内部收益率。

第七章

营运资本管理

第一节 营运资本管理概述

营运资本是企业生产经营活动中占用在流动资产状态上的资金。营运资本管理目标是在保证营运资金周转顺畅前提下，加速资金运转，从而降低资金使用成本，提高资金运用效率。

一、营运资本管理的对象

营运资本范畴有广义和狭义之分。广义营运资本是指全部流动资产；狭义营运资本是指流动资产扣除流动负债后的余额。本书采用狭义营运资本范畴，营运资本管理既包括流动资产管理，也包括流动负债管理。

1. 流动资产

流动资产是指可以在1年以内或超过1年的一个营业周期内变现或运用的资产，流动资产具有占用时间短、周转快、易变现等特点。企业拥有较多的流动资产，可在一定程度上降低财务风险。流动资产按不同的标准可进行不同的分类，常见分类方式如下：

（1）按占用形态不同，分为现金、交易性金融资产、应收及预付款项和存货等。

（2）按在生产经营过程中所处的环节不同，分为生产领域中的流动资产、流通领域中的流动资产以及金融领域的流动资产等。

2. 流动负债

流动负债是指需要在1年或者超过1年的一个营业周期内偿还的债务。流动负债又称短期负债，具有成本低、偿还期短的特点。流动负债按不同标准可作不同分类，最常见的分类如下：

（1）以应付金额是否确定为标准，可以分为应付金额确定的流动负债和应付金额不确定的流动负债。以短期借款为例，应付金额确定的流动负债是指那些在合同或法律文书中标明到期日、偿还金额的流动负债。以或有负债为例，应付金额不确定的流动负债是指那些要根据企业生产经营状况，到一定时期或具备一定条件才能确定的流动负债，或应付金额需要估计的流动负债。

（2）以流动负债的形成情况为标准，可以分为自然性流动负债和人为性流动负债。自然性流动负债是指由于结算程序或有关法律法规的规定等原因而自然形成的流动负债；人为性流动负债是指根据企业对短期资金的需求情况，通过人为安排（经过申请、核准、批复等环节）所形成的流动负债。

（3）以是否支付利息为标准，可以分为带息流动负债和无息流动负债。

二、营运资本的特点

（1）营运资本的来源具有多样性。与长期资本的筹集方式相比，企业筹集营运资本的方式灵活多样，常见的有银行短期借款、短期融资券、商业信用、应交税费、应付股利、应付职工薪酬、预收账款、票据贴现、应收账款转让等多种融资方式。

（2）营运资本的数额具有波动性。企业的日常经营活动会呈现出季节性、周期性波动，同时受宏观经济状况的影响也会出现不均衡变化，伴随着经营活动的波动，流动资产的数量会随之而变化，时高时低。随流动资产数额的变动，流动负债的数额也会相应发生改变。

（3）营运资本的周转具有短期性。企业占用在流动资产上的资金，伴随供产销及资金结算活动，通常会在1年或超过1年但不超过一个营业周期内收回。据此，可以用商业信用、银行短期借款等短期筹资方式来加以解决营运资本短缺问题。

（4）营运资本的实物形态具有变动性和易变现性。企业营运资本实物形态经常变化，一般按照现金→材料→在产品→产成品→应收账款→现金的顺序转化。为此，在进行流动资产管理时，必须在各项流动资产上合理配置资金数额，做到结构合理，以促进资金周转顺利进行。此外，以公允价值计量且其变动计入当期损益的金融资产、应收款项、存货等流动资产一般具有较强的变现能力，如果遇到意外情况，当企业出现资金周转不顺畅、现金短缺时，可迅速转让这些资产，以获取现金。这对财务上解决临时性资金需求具有重要意义。

（5）营运资本收益性差。与长期资产相比，营运资本的收益性差，资金被占用在营运资本状态无法取得收益（公允价值计量且其变动计入当期损益的金融资产除外），只有完成一个周期的运转才能实现收益。

三、营运资本的管理原则

营运资本在企业全部资金中占有较大比重，其周转快，形态易变，是企业财务管理工作的一项重要内容。进行营运资本管理，应遵循以下原则。

（一）确保满足合理的资金需求

企业应认真分析生产经营状况，合理确定营运资本的需求数量。企业营运资本的需求数量与企业生产经营活动有直接关系。一般情况下，当企业产销两旺时，流动资产会不断增加，流动负债也会相应增加；而当企业产销量不断减少时，流动资产和流动负债也会相应减少。营运资本的管理必须把满足正常合理的资金需求作为首要任务。

（二）提高资金使用效率

加速资金周转是提高资金使用效率的主要手段之一。提高营运资本使用效率的关键就是采取得力措施,缩短营业周期,加速变现过程,加快营运资本周转。因此,企业要千方百计地加速存货、应收款项等流动资产的周转,以便用有限的资金,保障更大的营业额,为企业取得更好的经济效益提供条件。

(三) 节约资金使用成本

在营运资本管理中,必须权衡满足经营需要和节约资金使用成本二者之间的关系。要在保证生产经营需要的前提下,遵守勤俭节约的原则,尽力降低资金使用成本。一方面,要挖掘资金潜力,盘活全部资金,精打细算地使用资金;另一方面,积极拓宽融资渠道,合理配置资源,筹集低成本资金,服务于生产经营。

(四) 保持足够的短期偿债能力

偿债能力的高低是企业财务风险高低的标志之一。合理安排流动资产与流动负债的比例关系,保持流动资产结构与流动负债结构的适配性,保证企业有足够的短期偿债能力是营运资本管理的重要原则之一。流动资产、流动负债以及二者之间的关系能较好地反映企业的短期偿债能力。流动负债是在短期内需要偿还的债务,而流动资产则是在短期内可以转化为现金的资产。因此,如果一个企业的流动资产比较多,流动负债比较少,说明企业的短期偿债能力较强;反之,则说明短期偿债能力较弱。但如果企业的流动资产太多,流动负债太少,也不是正常现象,这可能是因流动资产闲置或流动负债利用不足所致。

四、营运资本管理策略

营运资本管理策略是指企业在安排营运资本投资规模、营运资本筹资方式时采用的策略,包括营运资本投资策略和营运资本融资策略,不同的策略类型能够反映出企业在权衡风险、成本二者之间关系时的偏好。制定营运资本管理策略,财务管理者必须做两个决策:一是需要投入多少营运资本;二是如何为营运资本安排融资。

(一) 流动资产投资策略

在销售平稳、变化不大或变化可预测的情况下,企业可以安排较少的营运资本投资。此时,流动资产与流动负债在时间特征、数量特征上能够很好地规划、匹配,流动资产很少出现闲置浪费或短缺的情况,与流动资产有关的机会成本和短缺成本都能够达到适度的水平。机会成本是指随流动资产投资数额增大,企业错失投资机会增多而付出的代价,与流动资产投资占用资金数额和机会成本率成正比。短缺成本是指随流动资产投资数额减少,企业可能会面临存货量不足丧失客户、违约而付出的代价或采取抛售有价证券、紧急借款等行为应急而额外付出的交易成本、价差损失、高额利息等代价,短缺成本与流动资产投资占用资金数额呈反方向变化。

一般企业经营波动较大或波动不能可靠预测,为了防止出现短缺而加大营运资本投入,流动资产资金占用量增大、机会成本升高,同时减小短缺风险、短缺成本降低;相反,为追求营运资本周转效率的提高减少营运资本投入,流动资产资金占用量减少、机会成本将降低,但短缺风险增大、短缺成本升高。企业所处行业不同、经营规模不同时,流动资产与营业额之间的配比关系不同;企业经营的不确定性和对风险的承受能力影响其在流动资产上的投资水平。流动资产占用资金通常随销售额的变化而同方向变化，而风险则与销售的稳定性和可预测性呈负相关关系。流动资产投资策略是企业营运资本管理风格的体现，是企业在综合考虑上述影响因素的基础上，结合自身经营业务特点、结算规律和应对突发事件能力制定的管理策略。如果企业管理政策趋于保守，就会选择较高的流动资产水平，保证更高的流动性（安全性），但盈利能力也更低；然而，如果管理者偏向于为了产生更高的盈利能力而承担风险，将会以一个低水平的流动资产与销售收入比率来运营。

1. 适中型流动资产投资策略

适中型流动资产投资策略是按照预期的流动资产周转速度、营业额及其变化规律、成本水平、结算需求和通货膨胀等因素确定流动资产最优投资规模，按该规模管理流动资产相关的机会成本与短缺成本二者之和最小，如图 7-1 所示。

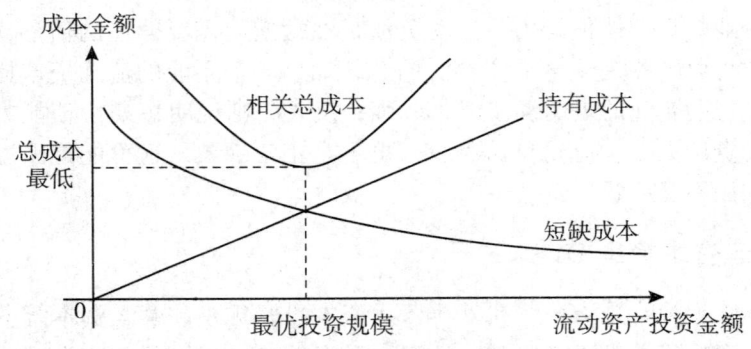

图 7-1 流动资产投资规模与相关成本关系

2. 紧缩型流动资产投资策略

紧缩型流动资产投资策略也称为激进型流动资产投资策略，就是尽可能少地持有现金、存货、应收款项、交易性金融资产。紧缩型流动资产投资策略下，企业维持低水平的流动资产与销售收入比率，力求提高流动资产周转速度。包括采用适时制（JIT）存货管理技术，原材料等存货占用资金将尽可能压缩。另外，尚未结清的应收账款和现金余额将保持在最低水平。

紧缩型流动资产投资策略将伴随着较高风险，这些风险可能源于紧缩的信用政策、压缩的存货数量和较低的现金持有量。紧缩的信用政策可能会缩小贸易客户范围，导致销售收入减少；紧缩的产品存货政策不利于顾客选择商品或错失销售机会甚至可能因短缺存货不能按时交货，从而影响企业销售；较低的现金持有量可能会是企业在需要进行资金结算时发生短缺，缺乏现金可能错失存货最佳采购时机或导致应付款项不能按时足额偿付，进而引发短缺风险或违约风险。

只要企业资产流动性没遭受不可预见事件的破坏，没有引发严重问题，紧缩型流动资产投资策略就会提高企业效益。

3. 宽松型流动资产投资策略

在宽松型流动资产投资策略下,企业通常会维持高水平的流动资产与销售收入比率。也就是说,企业将保持高水平的现金持有量、宽松的信用政策和高水平的存货持有量。与紧缩型流动资产投资策略相比,该流动资产投资策略下的优势在于流动资产持有量偏高,很少遇到短缺现象,短缺成本低;该流动资产投资策略下的劣势在于流动资产持有量偏高,资金占用数额多,付出的机会成本较高。

在宽松型流动资产投资策略下,企业资产流动性较高,流动性风险和短缺风险较低,而机会成本大幅度提高,可能导致投资收益率降低。

选择流动资产投资策略时,取决于企业对风险和收益的权衡。通常,银行和其他借款人对企业流动性水平非常重视,因为流动性包含了这些债权人对信贷扩张和借款利率的决策。他们还考虑应收账款和存货的质量,尤其是当这些资产被用来当作一项贷款的抵押品时。

许多企业,由于上市和短期借贷较为困难,通常采用紧缩型投资策略。此外,一个企业的流动资产策略可能还受产业因素的影响。在销售边际毛利较高的产业,如果从额外销售中获得的利润超过额外应收账款所增加的成本,宽松的信用政策可能为企业带来更为可观的收益。

流动资产投资策略的另一个影响因素是那些影响企业政策的决策者。财务管理人员较之运营或销售经理,通常具有不同的流动资产管理观点。运营经理通常偏好高水平的原材料存货或部分产成品,以便满足生产、销售所需。相似地,销售经理也偏好高水平的产成品存货以便满足顾客的需要,而且偏好宽松的信用政策以促进销售。相反,财务管理人员倾向于使存货和应收账款最小化,以便使流动资产融资的成本最小化。

(二) 流动资产的融资策略

一个企业对流动资产的需求数量,一般会随着产品销售的变化而变化。例如,产品销售季节性很强的企业,当销售处于旺季时,流动资产的需求一般会更旺盛,可能是平时的几倍;当销售处于淡季时,流动资产需求一般会减弱,可能是平时的几分之一;即使当销售处于最低水平时,也存在对流动资产最基本的需求。在企业经营状况不发生大的变化的情况下,流动资产的最基本的需求具有一定的刚性和相对稳定性,我们可以将其界定为流动资产的永久性水平。当销售发生季节性变化时,流动资产将会在永久性水平的基础上增加或减少。因此,流动资产可以被分解为两部分:永久性部分和波动性部分。检验各项流动资产变动与销售之间的相关关系,将有助于我们较准确地估计流动资产的永久性和波动性部分,便于我们进行应对流动资产需求的融资政策。

从以上分析可以看出,流动资产的永久性水平具有相对稳定性,是一种长期的资金需求,需要通过长期负债融资或权益性资金解决;而波动性部分的融资则相对灵活,最经济的办法是通过低成本的短期融资解决其资金需求,如 1 年期以内的短期借款或发行短期融资债券等融资方式。

融资决策主要取决于管理者的风险导向,此外它还受到利率在短期、中期、长期负债之间的差异的影响。财务人员必须知道以下两种融资方式的融资成本哪个更为高昂：一是连续地从银行或货币市场借款；二是通过获得一个固定期限贷款或通过资本市场获得资金，从而将融资成本锁定在中期或长期的利率上。

收益率曲线显示了具有不同特定日期的到期日的同一证券（例如美国国债）在到期日的收益率（见图7-2）。许多时候，收益曲线是向上倾斜的（例如短期利率低于长期利率）。然而，收益曲线也可能向下倾斜。财务人员应该收集必要的信息来进行决策。这包括估计收益曲线的未来形状，具有不同到期日的贷款利率的走势，企业获得信贷的未来途径等。

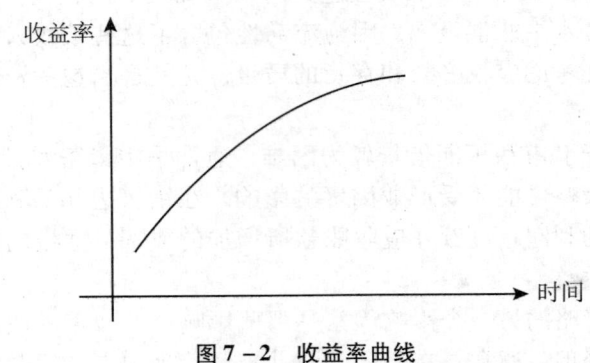

图7-2　收益率曲线

融资决策分析方法可以划分为：期限匹配融资策略、保守融资策略和激进融资策略。这些政策分析方法如图7-3所示。图中的顶端方框将流动资产分为永久性和波动性两类，剩下的方框描述了短期融资和长期融资的这三种策略的混合。任何一种方法在特定的时间都可能是合适的，这取决于收益曲线的形状、利率的移动、未来利率的预测，尤其是管理者的风险承受力。

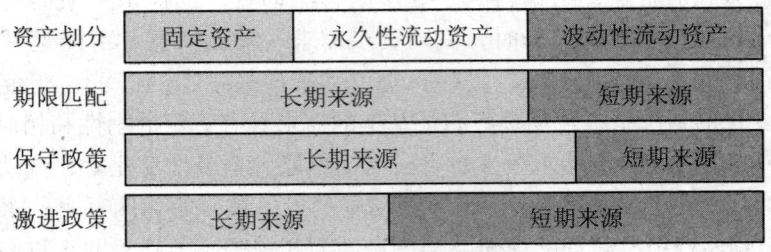

图7-3　可供选择的流动资产融资政策

1. 期限匹配融资策略

在期限匹配融资策略中，永久性流动资产和固定资产以长期融资方式（负债或权益）来融通，波动性流动资产用短期来源融通。这意味着，在给定的时间，企业的融资数量反映了当时的波动性流动资产的数量。当波动性资产扩张时，信贷额度也会增加以便支持企业的扩张；当资产收缩时，它们的投资会释放出资金，这些资金将会用于弥补信贷额度的下降。

2. 保守融资策略

在保守融资策略中，长期融资支持固定资产、永久性流动资产和某部分波动性流动资产。公司通常以长期融资来源来为波动性流动资产的平均水平融资，短期融资仅用于融通剩余的波动性流动资产。这种策略通常最小限度地使用短期融资。因为这种战略在需要时将会使用成本更高的长期负债，所以往往比其他途径具有较高的融资成本。

对短期融资的相对较低的依赖导致了较高的流动性比率，但由于总利息费用更高，这种战略也会导致利润更低。然而，如果长期负债以固定利率为基础，而短期融资方式以浮动或可变利率为基础，则利率风险可能降低。

3. 激进融资策略

在激进融资策略中，企业以自然负债、长期负债和股东权益为所有的固定资产融资，仅对一部分永久性流动资产使用长期融资方式融资。短期融资方式支持剩下的永久性流动资产和所有的临时性流动资产。这种策略比其他策略使用更多的短期融资。

短期融资方式通常比长期融资方式具有更低的成本，因为收益曲线在许多时候是向上倾斜的。然而，过多地使用短期融资方式会导致较低的流动比率和更高的流动性风险。

由于经济衰退、企业竞争环境的变化以及其他因素，企业必须面对业绩惨淡的经营年度。当销售下跌时，存货将不会那么快转换成现金，这将导致现金短缺。曾经及时支付的顾客可能会延迟支付，这会进一步加剧现金短缺。企业可能会发现它对应付账款的支付已经超过信用期限。由于销售下降以及利润下跌对固定营业费用的影响，会计利润将降低。

在这种环境下，企业需要与银行重新安排短期融资协议，但此时企业对于银行来说似乎很危险。银行可能会向企业索要更高的利率，但它的分析师可能会指出企业无法支付这么高的利息，从而导致企业在关键时刻筹集不到急需的资金。

企业依靠大量的短期负债来解决资金困境，这会导致企业每年都必须更新短期负债协议进而产生更多的风险。然而，融资协议中，有许多变异的协议可以弱化这种风险。例如，多年期（通常3~5年）滚动信贷协议，这种协议允许企业以短期为基础进行借款。这种类型的借款协议不像传统的短期借款那样会降低流动比率。企业还可以利用衍生融资产品来对紧缩投资政策的风险进行套期保值。

第二节　现金的管理

一、现金概述

现金的定义有狭义与广义之分。狭义的现金仅指库存现金，而广义的现金除了库存现金以外，还包括各种现金等价物，即指随时可以根据需要转换成现金的货币性资产，如银行存款、外埠存款和在途现金。本文所指的现金是广义的现金。

现金是流动性最强的一种货币性资产，是指在企业的生产经营过程中以货币形态存在的那部分资产，是企业流动资产的重要组成部分。现金包括一切可以自由流通与转让的交易媒介。如库存现金、银行存款、外埠存款、银行本票存款、银行汇票存款、在途现金等。

根据核算和管理的需要，可以将现金按不同的标志进行分类。现金按形式的不同可分为铸币、纸币、银行存款、支票、本票、银行汇票等；按币种不同可分为本币和外币。

（一）现金的持有动机

企业持有一定量的现金，主要是出于以下3个方面的动机：

1. 交易动机

交易动机是指企业在正常的生产经营秩序下，应当保持一定量的现金，用来满足日常结算的支付需求。例如，企业持有一定量的现金用于购买存货、支付员工劳务报酬、缴纳税款、偿还到期的债务、支付现金股利等。一般而言，企业为满足交易动机而持有的现金数量与企业的营业额之间密切相关，并随着营业额的增大而增大。

2. 预防动机

预防动机是指企业为应付紧急情况而需要保持的现金支付能力。由于企业的日常生产经营活动受很多不确定性因素的影响，因而企业对现金支付的需求也存在一定的不确定性，为保证企业在紧急情况下具有一定的财务支付能力而持有的现金，即为预防动机的现金持有需求。企业在预防动机下，持有的现金数量的多少受以下三方面因素的影响：企业对风险的承受能力、企业举借临时债务的能力、企业财务预算（特别是现金预算）的可靠程度。

3. 投机动机

投资动机是指企业为及时地捕捉稍纵即逝的市场机会，进而获取较大的投机利益而持有的一定数量的现金。例如，企业持有现金在证券市价下跌时购进，在价格反弹时抛售等。为满足投资动机而持有现金只是企业在确定最佳现金余额时考虑的一个次要的因素，在此动机下，企业持有现金数量的多少取决于企业对待风险的态度以及企业在金融市场上投资机会的多少。

（二）现金管理的目的

企业持有一定数量的现金，在一定程度上能够满足企业资金周转对财务支付能力的需求，但是现金属于流动性强，获利能力极低的资产。现金持有量过多，将会降低企业总体资金的获利水平；现金持有量不足，会影响企业的财务周转。为此，企业应在保证企业正常经营活动的前提下，尽可能减少闲置的现金量，以提高企业资金收益率。

二、库存现金的管理和监督

（一）库存现金的使用范围

库存现金是指企业库存的货币，即由出纳人员保管的那部分现金。库存现金具有通用性、体积小、价值大且没有标志证明其所有者的特点，所以很容易被挪用或侵占，成为营私舞弊的对象。企业应严格控制库存现金的使用，执行国务院颁布的现金管理暂行条例，正确进行库存现金的管理和监督。

国务院颁布的现金管理暂行条例规定，开户单位可以在下列范围内使用现金：
（1）职工工资、津贴；
（2）个人劳务报酬；
（3）根据国家规定颁发给个人的科学技术、文化、艺术、体育等各种奖金；
（4）各种劳保、福利费用以及国家规定的对个人的其他支出；
（5）向个人收购农副产品和其他物资的价款；
（6）出差人员必须随带的差旅费；
（7）结算起点以下的零星支出；
（8）中国人民银行确定需要支付现金的其他支出。

（二）库存现金的限额管理

企业要进行正常的生产经营活动，财务部门就需要保存一定数量的库存现金。库存现金要由企业和开户银行共同核定一定的限额。

（1）开户银行应当根据实际需要，核定开户单位三天或五天的日常零用开支所需的库存现金限额。

边远地区和交通不便地区的开户单位的库存现金限额，可以多于五天，但不得超过十五天的日常零星开支。

（2）经核定的库存现金限额，开户单位必须严格遵守，需要增加或减少库存现金限额的，应当向开户银行提出申请，由开户银行核定。

（三）现金收支的管理

（1）单位现金收支应当于当日送存开户银行，当日送存确有困难的，由开户银行确定送存时间。

（2）单位支付现金，可以从本单位库存现金限额中支付或者从开户银行提取，不得从本单位的现金收入中直接支付（即坐支）。因特殊情况需要坐支现金的，应当事先报经开户银行审查批准，由开户银行核定坐支范围和限额。坐支单位应当定期向开户银行报送坐支金额和使用情况。

（3）单位从开户银行提取现金，应当写明用途，由本单位财会部门负责人签字盖章，经开户银行审核后，予以支付。

（4）现金支付应当做到日清月结，确保库存现金的账面余额与实际库存额相符合，银行存款账面余额与银行对账单余额相符合，现金、银行存款日记账数额分别与现金、银行存款总账数额相符合。

（5）加强现金收支凭证的管理，强化收据与发票的领用制度，加强空白凭证与使用过的凭证的管理。

（6）法律责任。用不符合财务会计制度规定的凭证顶替库存现金的；用转账凭证套用现金的；编造用途套用现金的；利用账户替其他单位和个人套取现金的；将单位的现金收入按个人储蓄方式存入银行；保留账外公款等，都应承担法律责任。

（四）现金日常管理的策略

现金日常管理的目的在于提高现金使用效率，为了提高现金使用效率，需要采取一些策略。

1. 实现现金流量同步

实现现金流量同步，就是使现金流入与现金流出发生的时间趋于一致，这样就可以使企业所持有的交易性现金余额降到最低水平。

2. 使用现金浮游量

从企业开出支票，收款人收到支票并存入其开户银行，至银行将款项划出企业账户，中间需要一段时间，现金在这段时间的占用称为现金浮游量。在这段时间里，尽管企业已经开出了支票，但企业银行账上实际余额仍旧大于企业账上的银行存款余额，企业可以动用在银行存款账户上的这笔资金。不过，在使用现金浮游量时，一定要控制使用时间，否则，会发生银行存款的透支。

3. 加速收款

加速收款是指缩短应收款项收回的时间。企业在信用交易中形成的应收款项会增加企业的资金占用，为提高资金使用效率、降低筹资成本，企业应采用有效的策略加速应收款项的周转。企业在扩大信用销售，提高市场竞争力的同时不可避免地会增加应收账款规模，导致应收账款周转放缓、甚至发生坏账。企业需要在吸引客户提高利润与缩短收款时间两者之间权衡。

4. 推迟应付款项的支付

推迟应付款的支付，是指在付款金额相同且不影响信誉的前提下企业应尽可能地推迟应付款的支付时间，充分运用供应商所提供的信用条件。

三、最佳现金持有量的确定

现金管理的目的是提高现金的使用效率，这就需要确定出最佳现金持有量。确定最佳现金持有量的方法很多，本章主要介绍成本分析模式、存货模式和随机模式。

（一）成本分析模式

企业持有现金会付出与之相关的各种成本，主要包括：机会成本、管理成本和短缺成本。在成本分析模式下最佳现金持有量是使企业持有现金的相关成本达到最低的现金持有量。

1. 机会成本

企业为了保障正常生产经营活动的结算需要，必须持有一定数量的现金，为此将会丧失一定投资机会，也会因此付出相应的代价。机会成本高低与现金持有量、机会成本率呈同方向变化。机会成本率通常用有价证券利率来代替。

$$机会成本 = 现金持有量 \times 机会成本率$$

例如，有价证券的利率为4%，某企业年均持有50万元的现金，则该企业每年持有现金的机会成本为2万元。

企业持有的现金越多，付出的机会成本越大。但是，企业为了保证正常生产经营活动的需要，又必须持有一定量的现金，否则会发生现金的短缺，因而需要企业慎重权衡现金的机会成本与现金的短缺成本。

2. 管理成本

为确保现金资产的安全完整，企业在管理现金过程中，就会发生一定的管理费用，主要包括管理人员薪酬、安保成本等。这些费用就是现金的管理成本。现金管理成本随现金持有量增加呈现出一种阶梯式上升的趋势。

3. 短缺成本

现金的短缺成本，是指企业因现金持有量不足，不能满足结算支付现金的需求，而使企业蒙受的损失或为此付出违约成本的代价。现金的短缺成本随着现金持有量的增加而下降，随着现金持有量的减少而上升。

上述三项成本之和为现金的总成本。使上述三项成本之和——即持有现金总成本最小的现金持有量，就是最佳现金持有量。如果把上述三种成本线放在一个图上（见图7-4），就能表示出持有现金的总成本，找出最佳现金持有量的点：资金成本线向右上方倾斜，短缺成本线向右下方倾斜，而管理成本线为平行于横轴的平行线，总成本线是一条抛物线，该抛物线的最低点即为持有现金的最低总成本。超过这一点，资金成本上升的代价会大于短缺成本下降的好处；这一点之前，短缺上升的代价又会大于资金成本下降的好处；这一点横轴上的量，即是最佳现金持有量。

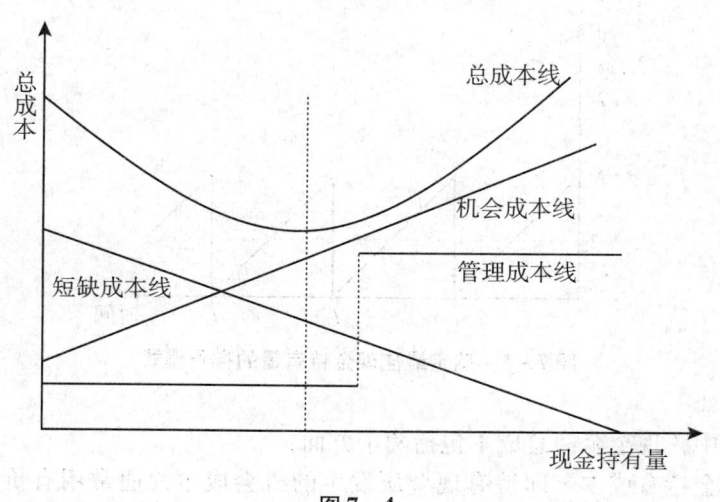

图7-4

最佳现金持有量的具体计算，可以先分别计算出各种方案的资金成本、短缺成本之和，再从中选取出成本之和最低的，相应的现金量就是最佳持有量。

【例7-1】某企业有四种现金持有方案，它们各自的资金成本、管理成本、短缺成本如表7-1所示。

表7-1　　　　　　　　　　　　　现金持有方案　　　　　　　　　　　　　单位：元

方案 项目	1	2	3	4
现金持有量	70 000	80 000	90 000	100 000
资金成本	14 000	16 000	18 000	20 000
管理成本	18 000	18 000	18 000	18 000
短缺成本	5 000	2 500	1 000	0
现金持有总成本	37 000	36 500	37 000	38 000

通过对上述各方案总成本比较，第二个方案现金持有量为80 000元时，现金持有成本最低。

（二）存货模式

存货模式是由美国学者鲍莫于1952年提出的，因此又称鲍莫模式（Baumol Model）。该模型假定，企业在期初取得一定量的现金，企业在一定时期内现金流出是均匀发生的。在一定时期后当现金额降至零时，企业就卖出有价证券来补充所需的现金满足下一时期的现金支出（见图7-5）。如此看来，现金和存货具有一定的相似性，存货经济订货模型也可以被用来确定最佳现金持有量。

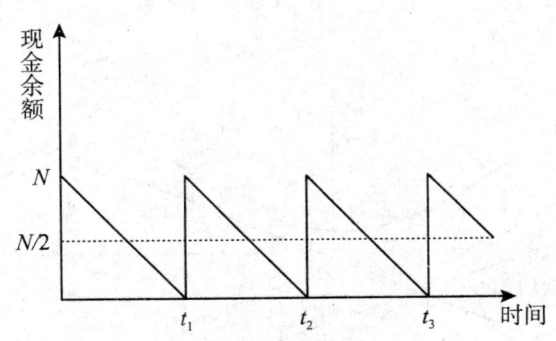

图7-5　确定最佳现金持有量的存货模式

存货模型中，现金余额总成本包括两个方面：

第一，现金持有成本。即持有现金所发生的机会成本，通常用有价证券的利息率来反映。保持的现金数额越大，该成本也越高。

第二，现金转换成本。即现金与有价证券之间相互转化的成本，如发生交易费用、管理费用等。该成本只与交易的次数有关,而与持有的现金金额无关。

通过分析可以看出,企业保留的现金余额越大,现金的持有成本越高,但是现金的转化成本会相对较小。反之,企业保留的现金余额越小,现金的持有成本越低,但是现金的转化成本会变大。两者之间的关系如图7-6所示。因此,所要制定的最佳现金持有量就是上述两种成本之和最低时的现金持有量。

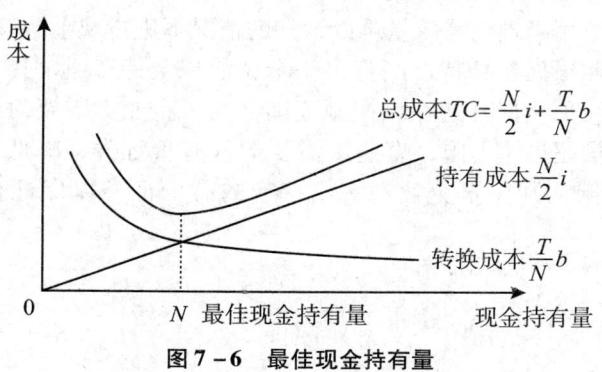

图7-6 最佳现金持有量

下面用公式来表示持有现金的总成本:

假设:TC——总成本

b——每次转换成本

T——现金需求总额

N——最佳现金持有量

i——短期有价证券的利息率

则

$$TC = \frac{N}{2}i + \frac{T}{N}b$$

对其进行求导,

$$TC' = \frac{i}{2} - \frac{Tb}{N^2}$$

令 $TC' = 0$,则

$$\frac{i}{2} = \frac{Tb}{N^2}$$

最佳现金持有量

$$N = \sqrt{\frac{2Tb}{i}} \qquad (7-1)$$

【例7-2】某企业预计一定时期需要现金4 000元,现金与有价证券转换成本为每次25元,有价证券的利息率为20%。则最佳现金持有量为:

$$N = \sqrt{\frac{2 \times 4\,000 \times 25}{20\%}} = 200（元）$$

存货模式可以精确地计算出最佳现金持有量。但是，运用该模式计算最佳持有量是在一定的前提和条件下进行的，即现金流出是均匀发生的，而且现金的持有成本和转换成本都比较容易确定。只有满足了上述条件，才可以使用存货模型来确定最佳现金持有量。

（三）随机模式

随机模式又称米勒—奥模式，它是由美国经济学家 Mertton Mill 和 Deniel Orr 首先提出来的。该模型适用于现金需求量难以预知的情况下进行现金持有量的控制。

该方法要求企业根据自身特点测算出一个企业现金持有量的控制范围，即现金持有的上限和下限，当现金持有量在该控制范围之内，企业不需要对现金持有量进行控制，如果现金持有量超过了上限，企业则需要买入有价证券，降低现金持有量。如果现金持有量低于下限，则要求企业抛售出持有的有价证券以保证企业对现金的需求（见图7-7）。

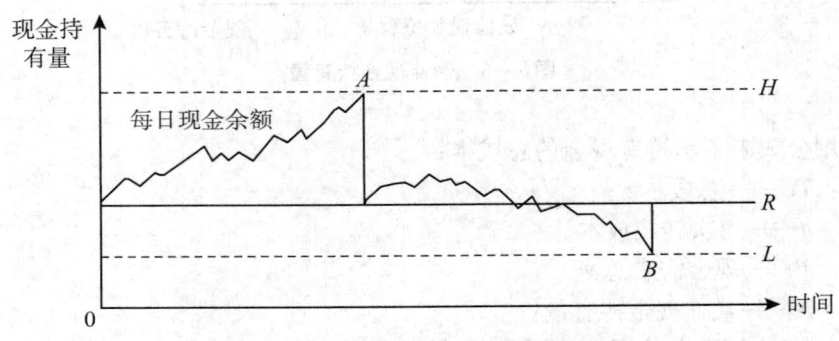

图7-7 现金持有量的随机模式图

该方法的关键在于确定一条最优现金返回线 R，当企业的现金持有量一旦超越了上限或下限时，企业需要通过买入或卖出有价证券调整现金持有量，使现金额达到最优现金返回线。最优现金返回线的确定公式如下：

$$R = \sqrt[3]{\frac{3b\delta^2}{4i}} + L$$
$$H = 3R - 2L \tag{7-2}$$

式中：b——每次有价证券转换的固定转换成本
i——有价证券的日利息率
δ——预期每日现金余额变化的标准差
L——现金持有额下限
H——现金持有额上限

在确定现金持有量下限时，应考虑企业每日的最低现金需求量、管理人员的风险承受能力、企业临时性筹资能力等方面的因素。

【例7-3】某企业有价证券的年利率为9%，固定转换成本为50元，该企业的现金持有量的下限为 2 500 元，根据以往经验测算得出的每日现金余额变化的标准差为 800 元。试计算最佳现金返回线 R 和现金持有上限 H。

有价证券的日利率 $=9\%/360=0.025\%$

$$R = \sqrt[3]{\frac{3 \times 50 \times 800^2}{4 \times 0.025\%}} + 2\,500 = 7\,079 \text{（元）}$$

$$H = 3R - 2L = 16\,237 \text{（元）}$$

第三节　短期有价证券的管理

一、短期有价证券概述

有价证券是指企业持有的能随时变现的证券。它是一种流动性仅次于现金的流动资产，包括各种债券和股票。它具有风险小、收益较高（有价证券收益比银行存款利息）的特点。

短期有价证券是指能够随时变现、持有时间不超过一年的证券。主要是企业利用正常经营中暂时闲置多余的资金，购买国家允许上市交易的股票或债券。企业进行短期有价证券投资，能够及时把短期有价证券变现并投入生产经营活动中，提高短期闲置资金的利用率。

企业进行短期有价证券投资的原因有以下几方面。

（一）以有价证券作为现金的替代品

企业持有一定量的有价证券作为现金的替代品，是因为有价证券与现金相似，具有较高的流动性，其收益又高于现金，所以它可以作为现金的替代品。这样企业既可以减少现金持有总量，又可以在需要现金时将短期有价证券变现，满足支付的需要。

（二）保持资金的流动性和取得较高的收益

1. 融通季节性资金需要

从事季节性生产的企业，在应季时需要大量的资金投入，而在过季后则剩余现金。因此，这类企业在资金剩余时，可购买短期有价证券，在需要现金时再将其变现。

2. 为应付财务上能预计的未来资金需要

企业的一些重要改扩建和更新项目，在未来需要大量资金，或企业发行的债券即将到期偿还，企业为此都可以购进短期有价证券，既可作为短期投资，又可作为未来融通资金的需要。

3. 为应付财务上无法预计的突发事件的资金需要

企业如有质量保险的产品引起索赔，法律诉讼引起的败诉赔款等，造成企业资金的临时短缺，企业都可以通过短期有价证券的投资来完成。

二、短期有价证券管理的目标

在企业的流动资产中,短期有价证券因期限较短,种类较多,且可随时在市场上交易,具有较强的变现性而被视为企业的一类现金。在市场竞争日趋激烈的形势下,当企业的现金收支不平衡时,即出现银行短期信用不能随时满足短期现金需要时,企业一般将短期有价证券作为现金的替代品,以保证在现金流出大于现金流入时,出售有价证券增加现金。

短期有价证券管理的目标,具体包括两个方面。

1. 保持短期有价证券有较好的流动性

企业通过购买政府公债和公司证券,保证能在较短的时间内把短期有价证券按市价大量出售,从而保持短期有价证券有较好的流动性,这是短期有价证券管理的主要目标。

2. 提高短期有价证券的收益

企业进行短期有价证券投资,要权衡短期有价证券的风险和报酬,在保持短期有价证券安全性的基础上,尽量提高短期有价证券的收益,这也是短期有价证券管理的目标。

三、几种主要的短期证券

(1) 国债。是由政府直接发行、由国家财政担保的有价证券。国债信誉高,风险小。国债的利率一般都高于同期银行存款利率。国债本金安全,流动性好,变现能力强,且没有违约风险。国债是企业进行短期投资的主要对象。

(2) 银行承兑汇票。是由出票人签发的,并经银行承兑的远期汇票。我国银行承兑汇票的期限通常在9个月以下,是质量和信用都较高的短期有价证券。银行承兑汇票可以背书转让或向银行贴现,流动性很强。企业购此类汇票的投资风险较小,并能获取高于同期存款利率的利息收益,在急需资金时也能背书转让或向银行贴现,灵活方便。

(3) 可转让存单。是由商业银行签发的,可以在市场上转让的,对存入该银行的一定金额、一定期限的款项加以证明的收据。可转让存单也是一种可以在金融市场上流通的有价证券,到期由银行向存单持有人支付利息。故成为企业一种有效的短期投资方式。

(4) 地方政府机构证券。是各地方政府或地方各金融机构发放的有价证券,一般由地方政府和金融机构出面担保,如建房债券、公共事业债券和一些金融债券等。虽然这些债券的利率并不一定很高,但它同样得到政府的支持,所以其投资风险很小。另外这些债券与国库券相同,在许多国家中,其收益免缴所得税,故在一定程度上对投资者仍有一定的吸引力。

四、短期有价证券投资的风险

(一) 违约风险

违约风险是指证券发行人无法按时支付负债利息或偿还本金的风险。投资人要充分考虑违约风险的大小。一般来说,政府发行的证券违约风险小,可看作是无违约风险的证券。而公司发行的证券,其违约风险的大小主要取决于发行债券公司的资金实力,经营状况及担保情况。

(二) 利率风险

利率风险是指由于利率变动而使投资人遭受损失的风险。投资者出售未到期的有价证券时,市场利率上升,证券价格下降,则该投资者将会遭受损失。对于不同期限的证券,利率风险是不一样的,期限越长,风险越大。

(三) 购买力风险

购买力风险是指由于通货膨胀使货币贬值,从而使证券到期或出售所获现金的购买力下降的风险。

(四) 变现力风险

变现力风险是指无法在短期内按合理的价格出售证券的风险。如果某种证券能够在短期内以接近于市价的价格出售,那么这种证券就具有较高的变现力;如果某种证券不能够在短期内以接近于市价的价格出售,蒙受折价损失,那么这种证券就具有变现力风险。

第四节 应收款项的管理

一、应收款项的概述

应收款项是指企业因对外销售产品、材料、供应劳务及其他原因,应向购货单位或接受劳务的单位及其他单位收取的款项,包括应收账款、其他应收款、应收票据等。

(一) 应收款项产生的原因

1. 市场竞争

在市场经济条件下,存在着激烈的市场竞争。市场竞争迫使企业以各种手段扩大销售。企业除了依靠产品质量、价格、服务等促销外,赊销也是扩大销售的重要手段。对于同等质量的产品,相同的价格,一样的售后服务,实行赊销的产品的销售额将大于现金销售的产品销售额。实行赊销,无疑给客户购买产品带来了更多的机会;实行赊销,相当于给客户一笔无息或低息贷款,所以对客户的吸引力极大。正因为如此,许多企业都广泛采取赊销方式进行产品销售,而同时应收款项应运而生。市场竞争是应收款项产生的根本原因,应收款项又反过来加剧了市场竞争。

2. 销售与收款的时间差

销售时间与应收时间常常不一致，因为货款结算需要时间。结算手段越是落后，结算需要的时间越长，应收款项收回所需的时间就越长，销售企业垫支的资金占用期限也越长，这是本质意义上的应收款项。本章所要研究的是作为竞争手段的、属于商业信用的应收款项。

（二）应收账款的成本

企业为了促销而形成应收款项，运用这种商业信用是要付出代价的，即形成应收款项的成本。这种代价表现在：

（1）坏账损失成本。应收款项收不回来而造成的损失就是应收款项的坏账损失成本。这项成本一般与应收款项发生的数量成正比。

（2）机会成本。指企业的资金由于投放应收款项而丧失的其他投资收益。这种成本一般按有价证券的利率确定。

（3）管理成本。指管理应收款项而付出的费用。包括客户信用情况调查所需的费用，收集客户各种信息的费用，账簿的记录费用、收账费用等。

（4）现金折扣成本。

（三）应收款项管理的目的

应收款项管理的目的就是要在应收款项信用政策放宽所增加的销售利润与所增加的成本之间进行权衡，确定适当的信用政策，提高企业的经济效益。

二、信用政策（应收款项管理政策）

信用（应收款项管理政策）是企业对应收款项进行规划和控制的一些原则性规定，它主要包括信用标准、信用条件和收账政策三部分。

（一）信用标准

信用标准指客户获得企业的商业信用所具备的基本要求。如果客户达不到企业的信用标准，便不能享受企业提供的商业信用。为了有效地控制应收款项，企业对客户常用5C评估法。

（1）品行（charactor）。即客户履行偿还其债务的可能性。这是衡量客户是否信守契约的重要标准，也是企业决定是否赊销给客户产品的首要条件。

（2）能力（capacity）。即考察客户按期付款的能力，主要通过了解企业的经营手段、偿债记录和获利情况等做出判断，或进行实地考察。

（3）资本（capital）。即通过分析客户的资产负债比率、流动比率等了解其财务状况，分析客户的资产、负债、所有者权益情况。

（4）担保品（collateral）。即客户为获得信用所能提供担保的资产，这是企业提供给客户信誉的可靠保证。

（5）外部环境（conditions）。即可以影响到客户偿债的一般经济趋势和某些地区或经济领域的特殊因素。

以上五个方面的资料，可以通过以前与客户打交道的经验来获得，也可以求助于有关信用服务的外部机构来获得。

（二）信用条件

信用条件指企业要求客户支付赊销款项的条件，包括信用期限、折扣期限和现金折扣。

1. 信用期限

是指企业给予客户的最长付款时间。一般来说，企业给予客户信用期限越长，所能增加的销售额也越多，但同时企业在应收款项上的投资也越大，出现坏账损失的可能性也越大。所以企业应当在延长信用期限产生的收益与成本之间做出比较，从而确定最佳信用期限。

【例7-4】某企业现行信用期限20天，为了扩大销售额，该企业打算将信用期延长至30天，销售额将增长20%。企业目前年销售额400万元（赊销额），收账费用2万元，坏账损失率为1%。扩大信用期后，收账费用将增至5万元，坏账损失率2%。企业资金成本15%，变动成本率为60%。试判断该企业是否应该延长信用期。

（1）收益的增加。

销售额的增加×边际贡献率
=400×20%×(1-60%)
=32（万元）

（2）应收账款占用资金的成本增加。

应收账款占用资金的成本=应收账款占用资金×资金成本率

应收账款占用资金=应收账款平均余额×变动成本率

应收账款平均余额=日销售额×平均收现期

20天信用期占用资金的成本
=400/360×20×60%×15%
=2（万元）

30天信用期占用资金的成本
=400×(1+20%)/360×30×60%×15%
=3.6（万元）

占用资金成本的增加额=3.6-2=1.6（万元）

（3）收账费用和坏账损失的增加。

收账费用的增加=5-2=3（万元）

坏账损失的增加=400×(1+20%)×2%-400×1%
=9.6-4=5.6（万元）

（4）改变收益期的净收益。

改变收益期的净收益
=32-1.6-3-5.6=21.8（万元）

所以，企业应该延长信用期。

2. 折扣期限

是指为客户规定的可享受现金折扣的付款时间。

3. 现金折扣

是指企业对客户在商业价格上所做的扣减。向客户提供这种价格上的优惠，主要目的是在于吸引客户为享受优惠而提前付款，缩短企业的平均收款期。另外，现金折扣也能招揽一些视折扣为减价出售的客户前来购买，企业借此扩大销售。企业在对是否提供现金折扣做出决策时应该充分考虑现金折扣所带来的收益和成本的增加额，若前者大于后者，则企业就应该提供折扣，否则企业应维持原来的价格，不予提供现金折扣。

【例7-5】BJM公司的资料如下：赊销收入为3 000万元，变动成本率为70%，资本成本率为12%。该公司为了完成增加销售收入10%的目标，拟采用以下信用条件，"2/10，1/20，N/60"。若采用该信用条件，预计将有60%的客户选择享受2%的现金折扣，15%的客户选择享受1%的现金折扣，余下部分的坏账损失率将会达到2%，收账费用达到58.78万元，试确定该方案是否可行。

（1）在扣除信用成本之前的收益。

年销售收入 = 3 000 × (1 + 10%) = 3 300（万元）

现金折扣 = (60% × 2% + 15% × 1%) × 3 300
　　　　 = 44.55（万元）

变动成本额 = 3 300 × 70% = 2 310（万元）

收益 = 3 300 - 44.55 - 2 310 = 945.45（万元）

（2）信用成本。

资金成本 = 3 300/360 × (60% × 10 + 15% × 20 + 25% × 60) × 70% × 12% = 18.48（万元）（公式见【例7-4】）

坏账损失 = 3 300 × 2% = 66（万元）

收账费用 = 58.78（万元）

信用成本 = 18.48 + 66 + 58.78 = 143.26（万元）

（3）在扣除信用成本之后的收益

= 945.45 - 143.26 = 802.19（万元）

因此，该方案可行。

关于多个方法的比较选优，也可用该方法，但需要对最终的收益进行比较，以选择收益最大的方案作为决策的标准。

（三）收账政策

收账政策是指当信用条件被违反时，企业应采取的收账策略。若企业采取积极的收账政策，就会增加企业应收款项的投资，反之，企业就会增加应收款项的收账费用。一般企业为了扩大产品的销售量，增强竞争能力，往往在客户的逾期未付款项规定一个允许拖欠的期限，超过规定的期限，企业就将进行各种形式的催还。如果企业制定的收款政策过宽，会导致逾期未付款的客户拖延时间更长，对企业不利；收款政策过严,催款过急,又可能伤害无意拖欠的客户,影响企业未来的销售和利润。因此企业在制定收款政策时必须十分谨慎,掌握好宽严程度。

企业对不同的过期账款应采取不同的收款方式。企业对账款过期较短的客户,应不给予过多的打扰,以免将来失去这一市场;对过期稍长的客户,可措辞婉转地写信催款;对过期较长的客户,频繁地信件催款并电话催询;对过期很长的客户,可在催款过程中措辞严厉,必要时提请有关部门仲裁或提请诉讼,等等。

催款要发生费用,某些催款方式的费用,如诉讼费,还会很高。一般来说,收账的费用越大,坏账措施越有力,可收回的账款就越大,坏账损失也就越小。因此制定收账政策,应在收账费用和所减少的坏账损失之间做出权衡。如果增加的收账费用高于减少的坏账损失,说明此收账措施是不合适的;如果增加的收账费用低于减少的坏账损失,可继续催款,这时若有不同的收账方案可供选择的话,可根据应收账款总成本进行比较选择,制定有效、得当的收账政策。

三、应收款项控制

应收款项的日常控制主要采取以下措施。

(一) 加强对客户偿还能力与信用状况的调查研究和分析

收集和整理反映客户信用状况的有关资料,掌握客户的财务状况和盈利状况,了解客户的信用状况;根据信用调查得到的有关资料,运用特定方法,对客户的信用状况进行分析和评价,确定各客户的信用等级;制定给予客户相应的信用条件,确定给予客户的信用期限、现金折扣、折扣期限和信用额度(企业允许客户赊购货物的最高限额)。

(二) 做好应收账款的日常核算工作

企业应在总分类中能够设置"应收账款""其他应收款""坏账损失"等账户,汇总记载企业所有销售产品给客户的账款增减变动情况;同时,另设"应收账款明细分类账",分别详细地记载各销售产品给客户的账款增减数额,以全面反映客户所赊欠账款多少变动状况,以便及时催款。

(三) 加强应收账款监督

企业已经发生的应收账款时间有长有短,有的尚未超过信用期限,已经超过信用期限的时间长短也不一样。一般来说,拖欠的时间越长,收回欠款的可能性越小,形成坏账的可能性越大,因此,企业必须采取一定的管理方法,对应收账款的收回情况进行监督,加速应收账款的收回。常用的方法有账龄分析法。

账龄分析法就是将所有赊销客户的应收账款的实际归还期编制成表,汇总反映其信用分类、账龄、比重、损失金额和百分比情况。

应收账款账龄及估计坏账损失示例见表7-2。

表7-2　　　　　　　　应收账款账龄及坏账损失估计表

应收账款账龄	应收账款金额（元）	坏账比例（%）	估计坏账损失金额（元）
未到期	50 000	1	50
过期1个月	20 000	2	40
过期2个月	24 000	3	72
过期3个月	100 000	5	500
过期3个月以上	5 000	10	50
合计	199 000		712

第五节　存货的管理

一、存货概述

存货是指企业在生产经营过程中为销售或者耗用而储备的各种资产。工业企业的存货包括原料、辅助材料、燃料、包装物、低值易耗品、在产品、自制半成品、外购商品、产成品等。商业企业的存货包括商品和非商品物资。

（一）存货的特点

存货是企业流动资产的重要组成部分，是随着企业生产经营过程的连续进行而循环周转的，它具有以下特点：

（1）流动性。存货作为流动资产分别表现为原材料存货、在产品存货、产成品存货等各种不同的占有形态。它既是依次不断地从一个阶段过渡到另一个阶段，又是同时在空间上并列地处在循环的各个不同阶段上，存货的流动性很强。

（2）周转期较短。存货的周转期短，通常是在一年内或者在超过一年的一个营业周期内，在生产和销售中耗用，其价值在销售后一次收回。存货的周转期在一年或超过一年的一个营业周期内。

（二）存货管理的目标

存货管理的目标就是以最少资金占用和最低的存货成本来保证企业生产经营的正常进行，实现企业经营管理的目标，获得最大经济效益。

二、存货成本

企业为销售和耗用而储存一定数量的存货，必然会发生一定的成本支出，与存货管理有关的成本有。

（一）取得成本

取得成本指取得某种存货而支出的成本，这由订货成本和购置成本组成。我们用

TCa 表示。

1. 订货成本

订货成本指取得订单的成本，如办公费、差旅费、邮资、电报电话等支出。订货成本中有一部分与订货次数无关，如常设采购机构的基本支出等，这些我们称为订货的固定成本，另一部分与订货次数有关，如差旅费、邮资等，这些我们称为订货的变动成本。我们用 F_1 表示订货的固定成本，K（一次的订货成本）表示每次的变动成本，D 表示存货年需要量，Q 表示每次进货批量，则订货成本为：

$$D/Q \cdot K + F_1 \tag{7-3}$$

2. 购置成本

购置成本指存货本身的价值，经常用数量与单价的乘积来确定。我们用 D 表示年需要量，用 U 表示单价，则购置成本为：DU。

存货的取得成本等于订货成本加上购置成本。表示为：

取得成本 = 订货成本 + 购置成本

= 固定订货成本 + 变动订货成本 + 购置成本

$$TCa = F_1 + D/Q \cdot K + DU \tag{7-4}$$

（二）储存成本

储存成本指生产领用或出售之前储存物资而发生的各项成本费用，包括仓储费用、存储中的损耗、库存物资的财产保险费，以及库存存货占用资金应支付的利息费用等。库存存货占用的资金应支付的利息费用应计入存货储存成本中，因为企业用现有现金购买存货，便失去了现金存放银行或投资于证券本应取得的利息，是为"放弃利息"而付出代价；企业借款购买存货，便要支付利息费用，也是"为付出"而付出代价，这两种代价都要计入存货成本中。我们用 TCc 表示。

$$TCc = F_2(储存固定成本) + Kc \cdot Q/2(储存变动成本)（Kc 为单位储存成本）$$

$$\tag{7-5}$$

（三）缺货成本

缺货成本指由于存货供应中断而造成的损失，包括材料供应中断而造成的停工损失、产成品库存缺货造成的拖欠发货损失和丧失销售机会的损失、企业商誉的损失；如果生产企业以紧急采购代用材料解决库存材料中断之急，那么缺货成本表现为紧急额外购入成本，这时的紧急额外购入成本会大于正常采购成本。我们用 TCs 表示。

存货的总成本是取得成本、储存成本、缺货成本三者之和。企业存货的最优化，就是使存货总成本最小化。我们用 TC 表示存货的总成本，则：

$$TC = TCa + TCc + TCs = F_1 + D/Q \cdot K + DU + F_2 + Kc \cdot Q/2 + TCs$$

三、存货控制

按照存货管理的目的，需要制定合理的进货批量和进货时间，使存货的总成本最低。这个批量就是经济订货量或经济批量。有了经济订货量，就可以很容易得出最适宜的进货时间。

影响存货总成本的因素很多,为了解决比较复杂的问题,有必要简化或舍弃一些变量,先研究解决简单的问题然后再扩展到复杂的问题。这需要设立一些假设,在此基础上建立经济订货量的基本模型。

(一) 经济订货量基本模型

经济订货量基本模型需要设立的假设条件是:

(1) 企业能够及时补充存货,即需要订货时便可立即取得存货;
(2) 能集中到货,而不是陆续入库;
(3) 不允许缺货,即无缺货成本,TCs 为零,这是因为良好的存货管理本来就不应该出现缺货成本;
(4) 需要量确定且能确定,即 D 为已知常量;
(5) 存货单价不变,不考虑现金折扣,即 U 为已知常量;
(6) 企业现金充足,不会因现金短缺而影响进货;
(7) 所需存货市场供应充足,不会因买不到需要的存货而影响其他。

设立了上述假设后,存货总成本的公式可以简化为:

$$TC = F_1 + D/Q \cdot K + F_2 + K_c \cdot Q/2 \tag{7-6}$$

式中:F_1、D、K、F_2、K_c 为常量,TC 与 Q 为变量,现求使存货总成本为最小时的经济批量 Q,对变量 Q 微分,公式为零,从而求得:

$$Q = \sqrt{\frac{2KD}{K_c}} \tag{7-7}$$

【例 7-6】某企业需要某种材料年度采购总量为 2 400 吨,材料单价 1 500 元,一次的订货成本为 6 000 元,每吨材料的平均储存成本为 150 元,计算出不同采购批量条件下的材料总成本为(见表 7-3):

表 7-3 材料采购批量与总成本

①	采购批量(吨)	200	400	800	1 200	2 400
②	每年采购次数 ②=2 400÷①	12	6	3	2	1
③	吨材料存储成本(元)	150	150	150	150	150
④	一年存储总成本(元) ④=③×①/2	15 000	30 000	60 000	90 000	180 000
⑤	一年订货总成本(元) ⑤=6 000×②	72 000	36 000	18 000	12 000	6 000
⑥	材料存货成本(元) ⑥=④+⑤	87 000	66 000	78 000	102 000	186 000

通过上面计算,可知采购批量为400吨时,材料存货的总成本最低,即为合理的采购批量。

按上面我们求得的经济批量计算公式:

$$Q = \sqrt{\frac{2KD}{K_c}} = \sqrt{\frac{2 \times 6\,000 \times 2\,400}{150}} \approx 438 \text{(吨)}$$

即计算出更精确的采购批量。

(二)基本模型的扩展

1. 存货陆续到货和使用

在建立基本模型时,一般假设存货一次全部到货,但事实上,各批存货可能陆续到货,使存货陆续增加(见图7-6)。特别是产成品入库和在产品转移,几乎总是陆续供应和陆续耗用的。

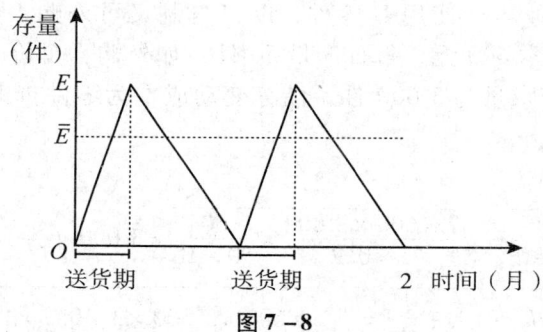

图7-8

注:图中的E表示最高库存量,$\bar{E}$表示平均库存量。

设每批订货数为Q。由于每日送货量为P,故该批货全部送达所需日数则为Q/P,称之为送货期。

因每日耗用量为d,故送货期内的全部耗用量为:

$$\frac{Q}{P} \cdot d \tag{7-8}$$

由于边送边用,所以每批送完时,最高库存量为:

$$Q - \frac{Q}{P} \cdot d \tag{7-9}$$

平均存量则为:$\frac{1}{2}\left(Q - \frac{Q}{P} \cdot d\right)$

这样,与批量有关的总成本为:

$$\begin{aligned}TC(Q) &= \frac{D}{Q} \cdot K + \frac{1}{2}\left(Q - \frac{Q}{P} \cdot d\right) \cdot K_c \\ &= \frac{D}{Q} \cdot K + \frac{Q}{2}\left(1 - \frac{d}{P}\right) \cdot K_c\end{aligned} \tag{7-10}$$

在订货变动成本与储存变动成本相等时，$TC(Q)$ 有最小值，故存货陆续供应和使用的经济订货量公式为：

$$\frac{D}{Q} \cdot K = \frac{Q}{2}\left(1 - \frac{d}{P}\right) \cdot K_c$$

$$Q^* = \sqrt{\frac{2KD}{K_c} \cdot \frac{P}{P-d}} \tag{7-11}$$

将这一公式代入公式（7-10），得存货陆续到货和使用的经济订货量总成本公式：

$$TC(Q^*) = \sqrt{2KDK_c\left(1 - \frac{d}{P}\right)} \tag{7-12}$$

此模型还可应用于自制和外购的选择决策中。如果要在自制和外购存货之间做出选择，就要全面衡量它们各自的总成本，才能得出正确结果。

【例7-7】某企业生产使用D零件，既可自制又可外购。如自制，单位成本3元，每次生产准备成本600元，每日产量50件；如外购，单价4元，一次订货成本10元。零件的全年需求量为3 600件，储存变动成本为零件价值的20%，每日平均需求量为10件。

（1）自制零件。

$$Q^* = \sqrt{\frac{2KD}{K_c} \cdot \frac{P}{P-d}} = \sqrt{\frac{2 \times 600 \times 3\ 600}{3 \times 0.2} \times \frac{50}{50-10}} = 3\ 000（件）$$

$$TC(Q^*) = \sqrt{2KDK_c \cdot \left(1 - \frac{d}{P}\right)} = \sqrt{2 \times 600 \times 3\ 600 \times 3 \times 0.2 \times \left(1 - \frac{10}{50}\right)} = 1\ 440（元）$$

$$TC = DU + TC(Q^*) = 3\ 600 \times 3 + 1\ 440 = 12\ 240（元）$$

（2）外购零件。

$$Q^* = \sqrt{\frac{2KD}{K_c}} = \sqrt{\frac{2 \times 600 \times 3\ 600}{4 \times 0.2}} = 300（件）$$

$$TC(Q^*) = \sqrt{2KDK_c} = \sqrt{2 \times 10 \times 3\ 600 \times 4 \times 0.2} = 240（元）$$

$$TC = DU + TC(Q^*) = 3\ 600 \times 3 + 240 = 14\ 640（元）$$

由于自制零件的总成本12 240元低于外购零件的总成本14 640元，故自制为宜。

2. 保险储备量

上述都假定存货的供需是稳定的并且是确切的，但事实上，每日需求量可能是变化的，交货时间也可能是变化的。若对存货的需求大增或存货的供应延迟，就会发生缺货或供货中断。为避免发生此类情况给企业造成不必要的损失，就需要多储备一些存货以备应急，这部分存货被称为保险储备量或安全存量。通常保险储备量在企业正常的生产经营中是不会被动用的，仅当企业存货使用过量或送货延迟时才动用。

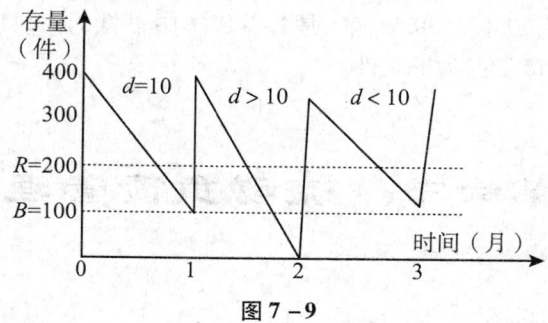

图 7-9

注：d 表示平均日需求量。

设立保险储备量会使存货的平均储备增大而使储备成本升高，因此我们就要找出合理的保险储备量，以使缺货或供应中断的损失和储备成本之和最小。

设总成本为 $TC(S、B)$，缺货成本为 C_S，保险储备成本为 C_B，则：

$$TC(S、B) = C_S + C_B \qquad (7-13)$$

设单位缺货成本为 K_u，一次订货缺货量为 S，年订货次数为 N，保险储备量为 B。单位存货成本为 K_c。

$$C_S = K_u \cdot S \cdot N$$
$$C_B = B \cdot K_c$$
$$TC(S、B) = K_u \cdot S \cdot N + B \cdot K_c \qquad (7-14)$$

一般，缺货量具有概率性，其概率可根据历史经验估计得出，保险储备量可选择而定。

【例 7-8】假定某存货的年需要量 $D = 3\ 600$ 件，单位储存变动成本 $K_c = 2$ 元，单位缺货成本 $K_u = 4$ 元，交货时间 $L = 10$ 天；已计算出的经济订货量 $Q = 300$ 件，每年订货次数 $N = 12$ 次。交货期内的存货需要量及其概率分布见表 7-4。

表 7-4

需要量（$10 \times d$）	70	80	90	100	110	120
概率（P_1）	0.01	0.04	0.20	0.50	0.20	0.04

（1）不设立保险储备量的总成本，即令 $B = 0$，且以 100 件为再订货点。

当 $B = 0$ 时缺货的期望值

$S_0 = (110 - 100) \times 0.2 + (120 - 100) \times 0.04 = 2.8$（件）

$TC(S、B) = K_u \cdot S_0 \cdot N + B \cdot K_c = 4 \times 2.8 \times 12 + 0 \times 2 = 134.4$（元）

（2）保险储备量为 10 件时，即 $B = 10$ 件，以 110 件为再订货点。

当 $B = 10$ 件时缺货的期望值

$S_{10} = (120 - 110) \times 0.04 = 0.4$（件）

$TC(S、B) = K_u \cdot S_{10} \cdot N + B \cdot K_c = 4 \times 0.4 \times 12 + 10 \times 2 = 39.2$（元）

当 $B=10$ 件时,总成本为 39.2 元,是各总成本中最低的,故应设定的保险储备量为 10 件或应设定的再订货点为 110 件。

第六节 流动负债管理

一、银行短期借款

银行短期借款是指企业向银行和其他非银行金融机构借的期限在一年或一年之内的各种借款。

(一) 银行短期借款的种类

银行短期借款的种类很多,按不同的标准可作不同的分类。企业可将银行借款按照其参与企业周转时间的长短具体分为生产周转借款、临时借款、结算借款;按偿还方式的不同可分为一次性偿还借款和分期偿还借款;按有无担保将借款分为信用借款、担保借款和票据贴现借款;按利息支付的方法不同,分为收款法借款、贴现法借款和加息法借款。

(二) 银行借款的信用条件

按照国际通行做法,企业向银行借款要受到一定信用条件的限制。

1. 信贷限额

信贷限额是银行对借款人规定的无担保贷款的最高额。信贷限额的有效期限通常为一年,但根据情况也可延期一年。一般来说,企业在批准的信贷限额内可随时向银行借款,但银行并不承担必须提供全部信贷限额的义务。如果企业财务状况恶化,银行有权不对企业发放贷款。

2. 周转信贷协议

周转信贷协议是银行具有法律义务承诺提供不超过某一最高限额的贷款协定。在协议的有效期内,只要企业的借款总额未超过最高限额,银行必须满足企业任何时候提出的借款要求。企业享用周转信贷协议,通常要对借款限额的未使用部分按一定的比率付给银行一笔承诺费。

3. 补偿性余额

补偿性余额是银行要求企业在银行中保留按贷款限额或实际借用额的一定百分比计算的最低存款余额。

【例 7-9】银行核准给某企业的信用额度为 100 万元,补偿余额要求为 10%,应保留的补偿余额为:

$100 \times 10\% = 10$(万元)

这笔贷款实际可用的金额为 $100 - 10 = 90$(万元)

银行这一做法降低了自身的风险,但对借款企业而言,却提高了银行借款的实际利率。

4. 贷款抵押

银行向财务风险较大的企业或对其信誉不甚把握的企业发放贷款时，有的需要以抵押品担保，以减少自己承受损失的风险。短期借款的抵押品经常是借款企业的应收账款、存货及股权、债券等。银行接受抵押品后，根据抵押品的面值及其变现能力决定贷款金额。

5. 偿还条件及其他承诺

贷款的偿还分到期一次偿还和贷款期内定期等额偿还两种方式。银行偏好后种偿还方式，因为这会减少企业拒付的风险，同时会提高实际贷款利率。企业则偏好前种偿还方式，因为这种方式不会提高借款的实际利率。除了要求偿还贷款外，银行还可能要求企业做出其他承诺，以保证其贷出的款项准时足额的收回。

(三) 银行短期借款的实际利率

银行借款成本的高低主要取决于借款的实际利率，实际利率是指年利息费用（一年内用资费用）占年均可动用资金的比例。实际利率的定义式为：

$$实际利率 = \frac{借款年资金使用费用}{年均可动用资金} \qquad (7-15)$$

1. 贴现方式借款的实际利率

贴现方式借款是指银行在发放贷款时，先从贷款中扣除本次贷款的利息，借款人实际得到的可动用资金为借款规模扣除利息后的余额。借款到期时只需偿还借款本金规模即可。

$$实际利率 = \frac{借款规模 \times 名义利率}{借款规模 \times (1-名义利率)}$$

$$= \frac{名义利率}{1-名义利率} \qquad (7-16)$$

【例 7-10】企业向银行借款，名义利率为 12%，银行采用贴现方式放款，则该借款的实际利率为：

$$实际利率 = \frac{12\%}{1-12\%} = 13.64\%$$

2. 补偿性余额借款的实际利率

银行如果要求企业按借款额的一定比例在银行账户上保留补偿性余额，那么企业实际可以利用的借款额就会小于实际申请的借款额，从而增加了实际借款利息。

$$补偿性余额贷款的实际利率 = \frac{借款规模 \times 名义利率}{借款规模 \times (1-补偿性余额比例)}$$

$$= \frac{名义利率}{借款规模 \times (1-补偿性余额比例)} \qquad (7-17)$$

【例 7-11】企业向银行借款，名义利率为 12%，银行要求将借款额的 20% 作为补偿性余额，则该借款的实际利率为：

$$实际利率 = \frac{12\%}{1-20\%} = 15\%$$

【例7-12】企业向银行借款,名义利率为12%,银行要求将借款额的20%作为补偿性余额,同时采用贴现方式放款,则该借款的实际利率为:

$$实际利率 = \frac{12\%}{1-12\%-20\%} = 17.65\%$$

3. 周转信贷协议借款的实际利率

企业采用周转信贷协议方式向银行借款时,年资金使用费用包括借款利息和承诺费,借款实际利率的计算公式为:

$$实际利率 = \frac{借款年利息总额 + 年承诺费}{年均可动用资金} \qquad (7-18)$$

【例7-13】企业与银行间签订为期1年的周转信贷协议,约定最高信贷限额为1 000万元,名义利率为12%,承诺费率为0.6%。年度内企业动用了800万元借款指标,使用了1年。

年度内,企业应向银行支付的利息金额为800×12%=96(万元)

企业应向银行支付的承诺费为(1 000-800)×0.6%=1.2(万元)

该借款的实际利率为

$$实际利率 = \frac{96+1.2}{800} \times 100\% = 12.15\%$$

若银行要求企业先预付最高信贷限额的全年承诺费,1年后再根据企业实际借款情况返还企业多支付的承诺费,就会因为年均可动用资金的减少而提高借款的实际利率。

【例7-14】企业与银行间签订为期1年的周转信贷协议,约定最高信贷限额为1 000万元,名义利率为12%,承诺费率为0.6%。银行要求企业先预付最高信贷限额的全年承诺费,1年后再根据企业实际借款情况返还企业多支付的承诺费,年度内企业动用了800万元借款指标,使用了1年。

年初,企业向银行预付的全年承诺费为1 000×0.6%=6(万元)

年度内,企业应向银行支付的利息金额为800×12%=96(万元)

一年后,银行返还企业多支付的承诺费为800×0.6%=4.8(万元)

该借款的实际利率为

$$实际利率 = \frac{96+(6-4.8)}{800-6} \times 100\% = 12.24\%$$

4. 加息法借款的实际利率

加息法是银行发放分期等额偿还贷款时采用的利息收取方法。在该方法下,银行按照贷款规模计算出计息并与借款本金合并在借款期内平均等额分期偿还本利和。企业按照该方法借款,随着时间的推移,企业能够动用的银行借款资金逐步减少,平均可动用金额相当于借款金额的50%,但却依然承担全额利息,最终导致借款实际利率相当于名义利率的2倍。

【例7-15】企业按年利率12%向银行借入1 000万元1年期借款,银行要求企业每个月等额还本付息。该借款的实际利率为

$$实际利率 = \frac{1\,000 \times 12\%}{1\,000/2} = 24\%$$

（四）银行短期借款的优缺点

1. 银行短期借款的优点

（1）银行的资金充足，能及时为企业提供充足的短期资金，从而满足企业季节性、临时性的资金需求。

（2）银行借款具有一定的弹性，企业可在资金需要增加时借入，在资金需要减少时还款，特别是信用额度制和周转信贷协定为企业资金的借入和归还提供了更加便利的条件。

2. 银行短期借款的缺点

（1）资金的成本较高。短期借款的资金成本要高于商业信用和短期融资券，尤其是抵押借款，除利息外，还需支付抵押品和服务费用。

（2）限制较多。向银行借款时，银行要对企业的经营和财务状况进行调查，只有银行认为企业有偿还能力才给予贷款，还会附加各种条件以保证其贷款可以偿付。

企业在选择借款银行时，除了要考虑借款实际利率水平的高低，还应该考虑银行对贷款风险的政策、银行对企业的态度、银行办理贷款的专业化程度以及银行的稳定性等因素。

二、商业信用

商业信用是指在商品交易中的延期付款或延期交货所形成的借贷关系，是企业之间的一种直接信用关系。利用商业信用，又称商业信用融资，是一种形式多样、使用范围很广的短期资金筹措方式。

（一）商业信用的形式

1. 赊购商品

赊购商品是一种最典型、最常见的商业信用形式。在这种情况下，买卖双方发生商品交易，买方取得商品后，不立即支付货款，可延期到一定时间以后付款。

2. 预收货款

在此形式下，卖方要先向买方收取货款，但要延期到一定时期以后交货，这等于卖方向买方先借一笔资金，是另外一种典型的商业信用形式。

3. 商业汇票

商业汇票是指企业之间根据购销合同进行延期付款的商品交易时，开出的反映债权债务关系的票据。根据承兑人的不同，商业汇票可分为商业承兑汇票和银行承兑汇票。商业承兑汇票是指由收款人开出，经付款人承兑，或由付款人开出并承兑的汇票。银行承兑汇票是指由收款人或承兑申请人开出，由银行审查同意承兑的汇票。商业汇票是一种期票，是反映应付账款和应收账款的书面证明。对于买方而言，它是一种短期融资方式。

（二）信用条件

所谓商业信用条件是指销货人对付款时间和现金折扣所做的具体规定，如"2/10，$n/30$"，便是一种信用条件。信用条件从总体上来看，主要有以下三种形式：

（1）预收货款。这是企业在销售商品时，要求买方在卖方发出货物之前支付货款的情形。一般用于以下两种情况：①企业已知买方的信用欠佳；②销售生产周期长、售价高的产品。在这种信用条件下，销货单位可以得到暂时的资金来源，购货单位则要预先垫支一笔资金。

（2）延期付款，但不提供现金折扣。这是指企业购买商品时，买方被允许在交易发生后一定时期内按发票金额支付货款的情形，如"$n/45$"，是指在45天内按发票金额付款。这种条件下的信用期限一般是30~60天，但有些季节性的生产企业可能为其顾客提供更长的信用期限。在此情况下，买卖双方存在商业信用，买方可因延期付款而取得资金来源。

（3）延期付款，但早付款有现金折扣。在这种条件下，买方若提前付款，卖方可给予一定的现金折扣，如买方不享受现金折扣，则必须在一定时期内付清账款。如"$2/10, n/30$"便属于此种信用条件。西方企业在各种信用交易活动中广泛地应用现金折扣，这主要是为了加速账款的回收。现金折扣一般为发票金额的1%~5%。在这种条件下，双方存在信用交易。买方若在折扣期内付款，则可获得短期的资金来源，并能得到现金折扣；若放弃现金折扣，则可在稍长时间内占用卖方的资金。

通常供应商为加速资金回收会在信用条件中提供现金折扣政策，筹资方企业在决定是否享受现金折扣时，应仔细考虑放弃现金折扣的成本，以便于制定适宜的付款方案。

（1）放弃现金折扣的成本。若企业赊购货物后在供应商规定的现金折扣期内付款，可以享受现金折扣，获得免费信用资金，这种情况下企业没有因为取得延期付款信用而付出代价。例如，供应商提供的信用条件为"$2/10, n/30$"，当赊购方在购货后的10天内付款，可获得2%的现金折扣，但若在购货后的10~30天内付款，则无折扣；供应商提供给赊购方的信用付款期限最长为30天；30天以后付款会导致赊购企业额外付出商业信誉成本。

$$\text{放弃现金折扣的成本} = \frac{\text{现金折扣率}}{1-\text{现金折扣率}} \times \frac{360}{\text{信用期}-\text{折扣期}} \quad (7-19)$$

【例7-16】某企业以"$2/10, n/40$"的信用条件购入价值600万元的货物。如果企业在10天以后付款，便放弃了现金折扣1.2万元（60万元×2%），信用额为58.8万元（60万元-1.2万元）。放弃现金折扣的成本为：

$$\text{放弃折扣的成本} = \frac{\text{现金折扣率}}{1-\text{现金折扣率}} \times \frac{360}{\text{信用期}-\text{折扣期}}$$

$$= \frac{2\%}{1-2\%} \times \frac{360}{40-10}$$

$$= 24.49\%$$

上式表明，放弃现金折扣的成本与折扣百分比大小、折扣期长短和付款期长短有关系，与货款额和折扣额没有关系。如果企业在放弃折扣的情况下，推迟付款的时间越长，其信用成本便会越小，但展期信用的结果是企业信誉恶化导致信用度的严重下降，日后可能招致更加苛刻的信用条件。

(2) 放弃现金折扣的信用决策。企业放弃应付账款现金折扣的原因,可能是企业资金暂时的缺乏,也可能是基于将应付的账款用于临时性短期投资,以获得更高的投资收益。如果企业将应付账款额用于短期投资,所获得的投资报酬率高于放弃折扣的信用成本率,则应当放弃现金折扣。

【例7-17】公司采购一批材料,供应商报价为1万元,付款条件为3/10、2.5/30、1.8/50、n/90。目前企业用于支付账款的资金需要在90天时才能周转回来,在90天内付款,只能通过银行借款解决。如果银行利率为12%,确定公司材料采购款的付款时间和价格。

根据放弃折扣的信用成本率计算公式,10天付款方案,放弃折扣的信用成本率为13.92%;30天付款方案,放弃折扣的信用成本率为15.38%;50天付款方案,放弃折扣的信用成本率为16.50%。由于各种方案放弃折扣的信用成本率均高于借款利息率,因此初步结论是要取得现金折扣,借入银行借款以偿还货款。

10天付款方案,得折扣300元,用资9 700元,借款80天,利息258.67元,净收益41.33元;

30天付款方案,得折扣250元,用资9 750元,借款60天,利息195元,净收益55元;

50天付款方案,得折扣180元,用资9 820元,借款40天,利息130.93元,净收益49.07元。

结论:第30天付款是最佳方案,其净收益最大。

(三) 商业信用筹资的优缺点

1. 商业信用筹资的优点

(1) 商业信用容易获得。商业信用的载体是商品购销行为,企业总有一批既有供需关系又有相互信用基础的客户,所以对大多数企业而言,应付账款和预售账款是自然的、持续的信贷形式。商业信用的提供方一般不会对企业的经营状况和风险作严格的考量,企业无需办理像银行借款那样复杂的手续便可取得商业信用,有利于应对企业生产经营之急需。

(2) 企业有较大的机动权。企业能够根据需要,选择决定筹资的金额大小和期限长短,同样要比银行借款等其他方式灵活得多。甚至如果在期限内不能付款或交货时,一般还可以通过与客户的协商,请求延长时限。

(3) 企业一般不用提供担保。通常,商业信用筹资不需要第三方担保,也不会要求筹资企业用资产进行担保。这样,在出现逾期付款或交货的情况时,可以避免像银行借款那样面临的抵押资产被处置的风险,企业的生产经营能力在相当长的一段时间内不会受到限制。

2. 商业信用筹资的缺点

(1) 放弃现金折扣的筹资成本高。尽管商业信用的筹资成本是一种机会成本,但由于商业信用筹资属于临时性筹资,其筹资成本比银行信用要高。

(2) 容易恶化企业的商业信誉。商业信用的期限短,还款压力大,对企业现金流量管理的要求很高。如果长期和经常性地拖欠账款，会造成企业的信誉恶化。

（3）受外部环境影响较大。商业信用筹资受外部环境影响较大，稳定性较差，即使不考虑机会成本，也是不能无限利用的。一是受商品市场的影响，如当求大于供时卖方可能停止提供信用。二是受资金市场的影响，当市场资金供应紧张或有更好的投资方向时，商业信用筹资就可能遇到障碍。

三、应收账款转让

应收账款转让又称为应收账款保理，是指企业将应收账款出让给银行、财务公司等金融机构以获取资金的一种筹资方式。应收账款转让筹资数额一般为应收账款扣减以下内容后的余额：（1）允许客户在付款时扣除的现金折扣；（2）贷款机构扣除的准备金、利息费用和手续费。其中准备金是指因在应收账款收回过程中可能发生销货退回和折让等而保留的扣存款。这一项扣除的金额通常是按照应收账款债权金额的一定百分比收取的。

（一）应收账款转让的种类

按照应收账款转让是否附加追索权可分为附加追索权的应收账款转让和不附加追索权的应收账款转让。其中，附加追索权的应收账款转让，是指企业将应收账款转让给银行等金融机构后，金融机构在应收账款到期无法从债务人处收回相应款项时，银行等金融机构有权向转让应收账款的原债权方企业追偿，或按照协议规定，原债权方企业有义务按照约定金额从银行等金融机构回购部分应收账款，此时应收账款发生的坏账风险由企业承担；不附加追索权的应收账款转让，是指企业将应收账款转让给银行等金融机构后，金融机构在应收账款到期无法从债务人处收回相应款项时，金融机构不能向转让应收账款的原债权方企业追偿，此时应收账款的坏账风险由银行承担。

此外，还可以按照办理应收账款转让业务时应收账款是否到期，可以将应收账款转让业务分为未到期保理和逾期保理；按照办理应收账款转让业务是否告知债务方企业，可以将应收账款转让分为明保理和暗保理，明保理是指办理应收账款转让业务事先告知债务方企业，暗保理是指在未告知债务方企业的前提下办理应收账款转让业务。

（二）应收账款转让筹资的成本

与贴现方式借款相似，应收账款转让时的相关费用需要预先扣除，该费用金额不仅影响用资代价，还会降低本次筹资的可动用资金金额。所以，应收账款转让的筹资成本为：

$$\frac{1-保理比例}{保理比例} \times \frac{360}{保理期限} \qquad (7-20)$$

式（7-20）中，保理比例是指从金融机构取得的扣除相关费用金额后的余额占应收账款总额的比例。

【例7-18】企业将距离到期日还有20天的应收账款1 000万元向财务公司办理应收账款转让筹资。由于债务方企业的信用较好，应收账款收回的可能性较大，企业选择办理附带追索权的未到期转让业务，转让期限为20天。财务公司提出的保理比例为98折，该条件下企业应收账款转让的筹资成本为：

$$\frac{1-98\%}{98\%} \times \frac{360}{20} = 36.73\%$$

从【例7-18】中可以看出应收账款转让筹资的成本较高,保理比例越低、保理期限越短、筹资成本越高。

(三) 应收账款转让筹资的优缺点

应收账款转让筹资的优点主要有:及时回笼资金,避免企业因赊销造成现金流量不足;节省收账成本,降低坏账损失风险,有利于改善企业的财务状况、提高资产的流动性。

应收账款转让筹资的缺点主要有:筹资成本较高;限制条件较多。

四、短期融资券

短期融资券又称商业票据、短期债券,是由大型工商企业或金融企业所发行的短期无担保本票,是一种新型的筹集短期资金的方式。

(一) 短期融资券的种类

1. 按发行方式,可分为间接销售的融资券和直接销售的融资券

间接销售的融资券,是由经纪人代发行人经销的融资券。发行人先将融资券卖给经纪人,如银行、信托投资公司、证券公司,然后再由银行、信托投资公司、证券公司卖给投资者。企业要向经纪人支付一定的手续费。

直接销售的融资券是发行人直接销售给最终投资者的融资券。直接发行并销售融资券的公司通常是经营金融业务的公司或是拥有附属金融机构的公司,这种公司有自己的分支机构,有专业的金融人才,可以自己组织经销,从而节省了向经纪人支付的手续费。直接销售的融资券目前已占有相当大的比重。

2. 按发行人的不同,可分为金融企业的融资券和非金融企业的融资券

金融企业的融资券主要是指各大公司所属的财务公司、信托投资公司、银行控股公司等发行的融资券。这类融资券一般都采用直接发行方式。

非金融企业的融资券是那些没有设立财务公司的企业所发行的融资券。这类企业一般规模不大,多数采用间接方式发行。

3. 按融资券的发行和流通范围,可分为国内融资券和国际融资券

国内融资券是指一国发行者在国内金融市场上发行的融资券。发行这类融资券一般只要遵循国内法律和金融市场惯例即可。

国际融资券是一国发行者在国土之外的金融市场上发行的融资券。

(二) 短期融资券的发行条件

(1) 发行人为非金融企业,发行企业均应经过在中国境内工商注册且具备债券评级能力的评级机构的信用评级,并将评级结果向银行间债券市场公示。

(2) 发行和交易的对象是银行间债券市场的机构投资者,不向社会公众发行和交易。

(3) 融资券的发行由符合条件的金融机构承销,企业不得自行销售融资券,发行融资券募集的资金用于本企业的生产经营。

(4) 对企业发行的融资券施行余额管理,待偿还融资券余额不超过企业净资产的40%。

（5）融资券采用实名记账方式在中央国债登记结算有限公司（简称中央结算公司）登记托管，中央结算公司负责提供有关服务。

（6）融资券在债权债务登记日的次一工作日，即可以在全国银行间债券市场的机构投资人之间流通转让。

（三）短期融资券的发行程序

（1）公司作出发行短期融资券的决策；

（2）办理发行短期融资券的信用评级；

（3）向有关审批机构（中国人民银行）提出发行申请；

（4）审批机关对企业提出的申请进行审查和批准；

（5）正式发行短期融资券，取得资金。

（四）短期融资券筹资的优缺点

1. 短期融资券筹资的优点

（1）成本低。在短期证券市场比较成熟的国家，短期融资券的发行成本及利息通常要低于银行同期等额贷款利息。在我国，由于短期证券市场不完善，短期融资券利率要高于银行同期利息率。

（2）筹资数额大。银行一般不会给企业贷放巨额的流动资金，因而对于需要巨额资金的企业，短期融资券这一方式尤为适用。

（3）提高公司信誉。由于能在货币市场上发行短期融资券的公司一般都是实力很强、信誉又好的公司。如果一个公司能发行短期融资券，一定会提高自己的信誉。

2. 短期融资券的缺点

（1）偿债风险大。短期融资券到期必须归还，一般不会有延期的可能。到期不归还，会产生严重后果。

（2）财务弹性小。只有当企业的资金需求达到一定金额时才能使用短期融资券。若金额小，则不宜采用。

（3）发行条件严苛。并不是任何企业都能发行短期融资券，只有那些实力强、资金雄厚、信誉好的企业才可获准发行短期融资券。

课后练习题

一、单项选择题

1. 营运资金是指（　　）。

   A. 企业在经营活动中占用在资产上的资金

   B. 企业在经营活动中占用在流动资产上的资金

   C. 企业在经营活动中占用在资产或负债上的资金

   D. 企业在经营活动中占用在固定资产上的资金

2. 财务管理上的现金是指（　　）。

   A. 企业持有的可用于支付的存款以及现金等价物

B. 企业持有的随时可用于支付的存款
C. 企业持有的随时可用于支付的存款以及现金等价物
D. 企业持有的存款以及现金等价物

3. 企业的筹资结构是指（　　）。
A. 企业资产总额中短期资本和长期资本各自所占比例
B. 企业资产总额中短期资金和长期资金各自所占比例
C. 企业负债总额中短期资金和长期资金各自所占比例
D. 企业负债总额中短期借款和长期借款各自所占比例

4. 就盈利性而言，关于流动资产和固定资产的说法正确的是（　　）。
A. 一般来说，固定资产的盈利能力高于流动资产的盈利能力
B. 一般来说，固定资产的盈利能力低于流动资产的盈利能力
C. 一般来说，固定资产的盈利能力等于流动资产的盈利能力
D. 固定资产的盈利能力与流动资产的盈利能力不可比

5. 资产结构可分为三种策略，即激进型、保守型及中庸型，它的划分依据是（　　）。
A. 风险性的大小
B. 盈利性和速度性的大小
C. 安全性和风险性的大小
D. 效益性

6. 对于保守型策略而言，下列说法正确的是（　　）。
A. 永久性资产的资产来源部分来源于长期资金，部分来源于短期资金
B. 不仅永久性资产的资产来源全部来源于长期资金，部分波动性流动资产也来源于长期资金
C. 永久性资产与波动性资产的资金来源全部来源于长期资金
D. 永久性资产与波动性资产的资金来源全部来源于短期资金

7. 现金浮游量是指（　　）。
A. 企业的备用金
B. 企业为预防意外事件的发生而备用的资金
C. 企业账户存款余额与银行存款余额的差额
D. 企业营业外收入中的现金收入

8. "2/10，1/20，n/60"这个信用条件的含义是（　　）。
A. 信用期限是60天，若超过信用期限30天后付款利息率为2%，若在超过信用期限20天后付款利息率为1%
B. 折扣期限是60天，若在40天之内付款可享受到2%的优惠，若在50天之内付款可享受1%的优惠
C. 信用期限是60天，若在10天之内付款可享受到2%的优惠，若在20天之内付款可享受1%的优惠
D. 信用额度是60元，若在10天之内付款每60元可享受到2元的优惠，若在20天之内付款每60元可享受1元的优惠

9. 存货决策的目的是（　　）。
   A. 确定存货的机会成本　　　　　　　B. 确定存货的采购成本
   C. 确定存货的决策相关成本　　　　　D. 确定存货的经济订货量

10. 银行核准给予某企业的信用额度是70万元，要求补偿余额是8%，贷款利率是6%，那么，企业实际可用的贷款为（　　）。
    A. 70万元　　　B. 64.4万元　　　C. 68.6万元　　　D. 65.8万元

11. 银行核准给予某企业的信用额度是70万元，要求补偿余额是8%，贷款名义利率是6%，那么，企业实际贷款利率为（　　）。
    A. 2%　　　B. 8.70%　　　C. 6.52%　　　D. 6.38%

12. 短期融资券按发行方式划分，可划分为（　　）。
    A. 直接销售的融资券和间接销售的融资券
    B. 金融企业的融资券和非金融企业的融资券
    C. 国内融资券和国际融资券
    D. 一级市场融资券和二级市场融资券

二、多项选择题

1. 在企业的筹资策略中，假定企业的总资产保持不变，下列说法正确的是（　　）。
   A. 短期负债占总资产比例越高，企业的盈利能力就越高
   B. 长期负债占总资产比例越高，企业的盈利能力就越高
   C. 短期负债占总资产比例越高，企业的风险就越高
   D. 长期负债占总资产比例越高，企业的风险就越高

2. 下列关于激进型策略的正确理解有（　　）。
   A. 流动资产的资金来源全部来源于短期资金
   B. 波动性流动资产的资金来源于短期资金
   C. 永久性流动资产的资金来源于长期资金
   D. 固定资产的资金来源于长期资金

3. 企业储备一定数量的现金，其目的在于满足下列需求（　　）。
   A. 交易性需求　　B. 储备需求　　C. 投资需求　　D. 投机需求

4. 对锁箱法的正确描述有（　　）。
   A. 此方法是为了加速收款而采取的方法
   B. 可以缩短票据邮寄时间和票据停留时间
   C. 需要支付银行相应的劳务费
   D. 银行要扣除相应的补偿性余额

5. 应收账款的信用成本包括（　　）。
   A. 机会成本　　B. 管理成本　　C. 坏账成本　　D. 短缺成本

6. 一般认为，当企业的信用期限延长时，会产生以下情况（　　）。
   A. 企业的销售量会增加　　　　　　B. 企业的收账期会延长

C. 减少应收账款的机会成本　　　　D. 会增加坏账损失
7. 存货的功能有（　　）。
A. 可以降低企业的采购成本　　　　B. 可以预防企业停工待料
C. 维持均衡生产，防止意外发生　　D. 可以适应市场变化
8. 在存货经济批量的基本模型下，属于决策无关成本的存货成本项目有（　　）。
A. 采购成本　　B. 订货成本　　C. 储存成本　　D. 缺货成本
9. 影响确定经济订货点的主要因素有（　　）。
A. 经济订货量　　B. 正常消耗量　　C. 提前期　　D. 保险储备量
10. 借款的信用条件有（　　）。
A. 信贷限额　　B. 周转信贷协定　　C. 补偿性余额　　D. 贷款抵押
11. 下列对银行短期借款的优缺点描述正确的有（　　）。
A. 能及时提供充足的资金　　　　　B. 具有一定的弹性
C. 资金成本较低　　　　　　　　　D. 限制较多
12. 下列项目属于商业信用的有（　　）。
A. 应付账款　　B. 应付票据　　C. 预收账款　　D. 预付账款

三、判断题
1. 净营运资金是指企业流动负债和流动资金的差额。（　　）
2. 贷款期限越长，风险就越小。（　　）
3. 当企业的规模较大时，较多的使用长期负债为好。（　　）
4. 进的筹资策略是指长期负债在债务总额中占较大比例的策略。（　　）
5. 流动性资产本身并不具有直接的盈利性。（　　）
6. 在流动负债保持不变的情况下，企业的净营运资金越多，偿债风险就越小。（　　）
7. 对于中庸型策略而言，流动性资产的资金来源正好是全部长期资金，而波动性流动资产的资金来源也全部是短期资金。（　　）
8. 一般而言，收账费用和坏账损失存在一定的线性关系。（　　）
9. 存货成本包括存货的采购成本、订货成本、储存成本和短缺成本。（　　）
10. 银行借款成本的高低主要取决于借款的名义利率。（　　）

四、简答题
1. 企业在制定流动资产投资策略时，要考虑哪些因素？
2. 请对比分析三种融资策略的不同。
3. 如何合理控制企业的现金支出？

五、计算题
1. 预计某企业存货周转期为 90 天，应收账款周转期为 60 天，应付账款周转为 30 天，预计全年现金需要量为 100 万元，请估算最佳现金余额。
2. 某企业预测年度赊销收入金额为 100 000 元，应收账款周转天数为 60 天，变动成本率为 65%，资金成本率为 10%，求应收账款的机会成本。

3. 某企业每年大约耗用材料 1 600 吨，该材料单位成本为 10 元，单位储存成本为 4 元，一次性订货成本为 64 元，请根据以上资料估算出该企业
（1）每年最佳订货批量；
（2）每年最佳订货次数；
（3）存货总成本；
（4）最佳订货周期；
（5）经济订货量占用资金。

4. 某公司估计在目前的营运政策下，今年销售额将达到 100 万元。该公司销售的变动成本率为 0.8，资金成本为 16%。目前的信用政策为 n/25，即无现金折扣。由于部分客户经常拖欠货款，平均收现期为 30 天，坏账损失为 1%。

该公司的财务主管拟改变信用政策，信用条件改为 n/40，预期影响如下：销售额增加 10 万元；增加部分的坏账损失比率为 4%；全部销售的平均收现期为 45 天。

要求：
（1）计算改变信用政策预期资金变动额。
（2）计算改变信用政策预期利润变动额。

第八章

股利分配管理

第一节 利润分配的内容和程序

公司的股利分配是公司财务管理的核心问题之一，股利分配不仅关系到公司股东的切身利益，而且影响到公司未来的发展。所以公司的股利分配既是一个分配问题，又是一个再融资问题。本章将着重阐述公司现金股利以及非现金股利的分配问题。

一、利润分配原则

利润分配是企业的一项重要工作，它关系到企业与投资者等有关各方的利益，涉及企业的生存与发展。因此，在利润分配的过程中，应遵循以下原则。

（一）依法分配原则

企业利润分配的对象是企业税后净利，这些利润是企业的权益，企业有权自主分配。国家有关法律、法规对企业利润分配的基本原则、一般次序和有关比例也作了较为明确的规定，其目的是为了保障企业利润分配的有序进行，维护企业、所有者、债权人以及员工的合法权益，促使企业增加积累，增强风险防范能力。国家有关利润分配的法律和法规主要有《公司法》、《税法》和《财务通则》等，企业章程必须在不违背国家有关规定的前提下，对本企业利润分配的原则、方法、决策程序等内容作出具体而又明确的规定，企业在利润分配中也必须按法律规范办事。

（二）资本保全原则

利润的分配是对经营中资本增值额的分配，不是对资本金的返还。资本保全是责任有限的现代制度的基础性原则之一，企业在分配中不能侵蚀资本。按照这一原则，一般情况下，企业如果存在尚未弥补的亏损，应首先弥补亏损，再进行其他分配。

（三）充分保护债权人利益原则

按照风险承担的顺序及其合同契约的规定，企业必须在利润分配之前偿清所有债权人到期的债务，否则不能进行利润分配。同时，在利润分配之后，企业还应保持一定的偿债能力，以免产生财务危机，危及企业生存。此外，企业在债权人签订某些长期债务契约的情况下，其利润分配政策还应征得相关债权人的同意或审核方能执行。

（四）多方及长短期利益兼顾原则

利益机制是制约机制的核心，而利润分配的合理与否是利益机制最终能否持续发挥作用的关键。利润分配涉及投资者、经营者、职工等多方面的利益，企业必须兼顾，并尽可能地保持稳定的利润分配。在企业获得稳定增长的利润后，应增加利润分配的数额或百分比。同时，由于发展及优化资本结构的需要，除依法必须留用的利润外，企业仍可以出于长远发展的考虑，合理利用利润。在积累与消费关系的处理上，企业应贯彻积累优先的原则，合理确定提取盈余公积金和分配给投资者利润的比例，使利润分配真正成为促进企业发展的有效手段。

二、利润分配的顺序

公司当年实现的利润总额，在缴纳了所得税之后，其利润分配顺序如下：

（1）计算可供分配利润。本年度税后利润首先扣除弥补被没收的财物损失，支付各项税收滞纳金、罚没款。而后与期初未分配利润（或亏损）合并，计算出可供分配利润。

（2）提取法定公积金。法定盈余公积金按照税后利润扣除前两项后的10%提取，法定盈余公积金超过资本金总额的50%时，可不再提取。提取公益金，公益金主要用于职工住宅等集体福利设施支出。提取法定公积金时，应按照抵减年初累计亏损后的本年净利润计算。要求不能用资本发放股利，也不能在没有累计盈余的情况下提取公积金。

（3）支付优先股股利。优先股的股利是在优先股股票发行时就已确定好的，因此按事先规定好的定额或定率计算支付。

（4）提取任意盈余公积金。任意盈余公积金按照公司章程或股东大会决议提取和使用。

（5）支付普通股股利。

三、公司股利支付过程中的重要日期

公司向股东支付股利，在宣布股利发放时，要规定股票转户的截止日期和股利支付的起止日期等，股利支付前后有一定的过程。

1. 股利宣布日

股利宣布日是指公司董事会宣布发放股利的日期。宣布每股支付的股利等有关事宜。同时通知股东办理必要手续，届时领取股利。

2. 股权登记日

股权登记日是指有权领取股利的股东资格登记截止日期，也称为除权日。这是决定股东能否取得此项股利的期限。凡是在股权登记日被列入企业股东名册上的股东，才有权分享股利。

3. 除息日

除息日是指领取股利的权利与股票相互分离的日期。在除息日前，股利权从属于股票，持有股票者即享有领取股利的权利；从除息日开始，股利权与股票相分离，新购入股的人不能分享股利。这是因为股票买卖的交接、过户需要一定时间，如果股票交易日期离股权登记日太近,公司将无法在股权登记日得知更换股东的信息,只能以原股东为股利支付对象。证券业一般规定在股权登记日的前四天为除息。自此日起(含除息日)该公司的股票交易称除息交易,其股票称为除息股。

4. 股利发放日

股利发放日是指将股利实际支付给股东的日期,也称为付息日。以登记在册的股东为准,公司通过各种手段将股利支付给股东。

【例8-1】某上市公司于20×9年4月10日公布20×8年度的最后分红方案,其公告如下:"20×8年4月9日在北京召开的股东大会,通过了董事会关于每股分派0.15元的20×8年股息分配方案。股权登记日为4月25日,除息日为4月26日,股东可在5月10日至25日之间通过深圳交易所按交易方式领取股息。特此公告。"

该公司的股利支付进程如图8-1所示。

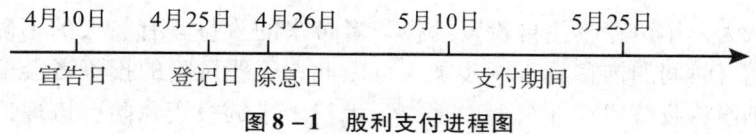

图8-1 股利支付进程图

第二节 股利分配理论与政策

股利政策是指在法律允许的范围内,企业是否发放股利、发放多少股利以及何时发放股利的方针及对策。

股利政策的最终目标是使公司价值最大化。股利往往可以向市场传递一些信息,股利的发放多寡、是否稳定、是否增长等,往往是大多数投资者推测公司经营状况、发展前景优劣的依据。因此,股利政策关系到公司在市场上、在投资者中间的形象,成功的股利政策有利于提高公司的市场价值。

一、股利分配理论

企业的股利分配方案既取决于企业的股利政策,又取决于决策者对股利分配的理解与认识,即股利分配理论。股利分配理论是指人们对股利分配的客观规律的科学认识与总结,其核心问题是股利政策与公司价值的关系问题。市场经济条件下,股利分配要符合财务管理目标。人们对股利分配与财务目标之间关系的认识存在不同的流派与观念,还没有一种被大多数人所接受的权威观点和结论。但主要有以下两种较流行的观点。

(一)股利无关论

股利无关论认为,在一定的假设条件限制下,股利政策不会对公司的价值或股票的价格产生任何影响,投资者不关心公司股利的分配。公司市场价值的高低,是由公司所选择的投资决策的获利能力和风险组合所决定,而与公司的利润分配政策无关。

由于公司对股东的分红只是盈利减去投资之后的差额部分,且分红只能采取派现或股票回购等方式,因此,一旦投资政策已定,那么,在完全的资本市场上,股利政策的改变就仅仅意味着收益在现金股利与资本利得之间分配上的变化。如果投资者按理性行事的话,这种改变不会影响公司的市场价值以及股东的财富。该理论是建立在完全资本市场理论之上的,假定条件包括:第一,市场具有强式效率;第二,不存在任何公司或个人所得税;第三,不存在任何筹资费用;第四,公司的投资决策与股利决策彼此独立。

(二) 股利相关理论

与股利无关理论相反,股利相关理论认为,企业的股利政策会影响股票价格和公司价值。主要观点有以下几种。

1. "手中鸟"理论

该理论认为,用留存收益再投资给投资者带来的收益具有较大的不确定性,并且投资的风险随着时间的推移会进一步加大,因此,厌恶风险的投资者会偏好确定的股利收益,而不愿将收益留存在公司内部,去承担未来的投资风险。该理论认为公司的股利政策与公司的股票价格是密切相关的,即当公司支付较高的股利时,公司的股票价格会随之上升,公司价值将得到提高。

2. 信号传递理论

该理论认为,在信息不对称的情况下,公司可以通过股利政策向市场传递有关公司未来获利能力的信息,从而影响公司的股价。一般来讲,预期未来获利能力强的公司,往往愿意通过相对较高的股利支付水平吸引更多的投资者。对于市场上的投资者来讲,股利政策的差异或许是反映公司预期获利能力的有价值的信号。如果公司连续保持较为稳定的股利支付水平,那么投资者会对公司未来的盈利能力与现金流量抱有乐观的预期。如果公司的股利支付水平突然发生变动,那么股票市价也会对这种变动作出反应。

3. 所得税差异理论

该理论认为,由于普遍存在的税率和纳税时间的差异,资本利得收入比股利收入更有助于实现收益最大化目标,公司应当采用低股利政策。一般来说,对资本利得收入征收的税率低于对股利收入征收的税率;再者,即使两者没有税率上的差异,由于投资者对资本利得收入的纳税时间选择更具有弹性,投资者仍可以享受延迟纳税带来的收益差异。

4. 代理理论

该理论认为,股利政策有助于减缓管理者与股东之间的代理冲突,即股利政策是协调股东与管理者之间代理关系的一种约束机制。该理论认为,股利的支付能够有效地降低代理成本。首先,股利的支付减少了管理者对自由现金流量的支配权,这在一定程度上可以抑制公司管理者的过度投资或在职消费行为,从而保护外部投资者的利益;其次,较多的现金股利发放,减少了内部融资,导致公司进入资本市场寻求外部融资，从而公司将接受资本市场上更多、更严格的监督，这样便通过资本市场的监督减少了代理成本。因此，高水平的股利政策降低了企业的代理成本，但同时增加了外部融资成本，理想的股利政策应当使两种成本之和最小。

二、股利政策

股利政策由企业在不违反国家有关法律、法规的前提下，根据本企业具体情况制定。股利政策既要保持相对稳定，又要符合公司财务目标和发展目标。在实际工作中，通常有以下几种股利政策可供选择：

1. 剩余股利政策

剩余股利政策是指公司在有良好的投资机会时，根据目标资本结构，测算出投资所需的权益资本额，先从盈余中留用，然后将剩余的盈余作为股利来分配，即净利润首先满足公司的资金需求，如果还有剩余，就派发股利；如果没有，则不派发股利。剩余股利政策的理论依据是股利无关理论。根据股利无关理论，在完全理想状态下的资本市场中，公司的股利政策与普通股每股市价无关，故而股利政策只需随着公司投资、融资方案的制定而自然确定。因此，采用剩余股利政策时，公司要遵循以下四个步骤：

（1）设定目标资本结构，在此资本结构下，公司的加权平均资本将达到最低水平；

（2）确定公司的最佳资本预算，并根据公司的目标资本结构预计资金需求中所需增加的权益资本数额；

（3）最大限度地使用留存收益来满足资金需求中所需增加的权益资本数额；

（4）留存收益在满足公司权益资本增加需求后，若还有剩余再用来发放股利。

【例8-2】某公司2016年税后净利润为1 000万元，2017年的投资计划需要资金1 200万元，公司的目标资本结构为权益资本占60%，债务资本占40%。

按照目标资本结构的要求，公司投资方案所需的权益资本数额为：

1 200 × 60% = 720（万元）

公司当年全部可用于分派的盈利为1 000万元，除了满足上述投资方案所需的权益资本数额外，还有剩余可用于发放股利。2016年，公司可以发放的股利额为：

1 000 - 720 = 280（万元）

假设该公司当年流通在外的普通股为1 000万股，那么，每股股利为：

280 ÷ 1 000 = 0.28（元/股）

剩余股利政策的优点是：留存收益优先保证再投资的需要，有助于降低再投资的资金成本，保持最佳的资本结构，实现企业价值的长期最大化。

剩余股利政策的缺点是：若完全遵照执行剩余股利政策，股利发放额就会每年随着投资机会和盈利水平的波动而波动。在盈利水平不变的前提下，股利发放额与投资机会的多寡呈反方向变动；而在投资机会维持不变的情况下，股利发放额将与公司盈利呈同方向波动。剩余股利政策不利于投资者安排收入与支出，也不利于公司树立良好的形象，一般适用于公司初创阶段。

2. 固定或稳定增长的股利政策

固定或稳定增长的股利政策是指公司将每年派发的股利额固定在某一特定水平或在此基础上维持某一固定比率逐年稳定增长。公司只有在确信未来盈余不会发生逆转时才会宣布实施固定或稳定增长的股利政策。在这一政策下，应首先确定股利分配额，而且该分配额一般不随资金需求的波动而波动。

固定或稳定增长股利政策的优点有：①由于股利政策本身的信息含量，稳定的股利向市场传递着公司正常发展的信息，有利于树立公司的良好形象，增强投资者对公司的信心，稳定股票的价格。②稳定的股利额有助于投资者安排股利收入和支出，有利于吸引那些打算进行长期投资并对股利有很高依赖性的股东。③稳定的股利政策可能会不符合剩余股利理论，但考虑到股票市场会受多种因素影响（包括股东的心理状态和其他要求），为了将股利维持在稳定的水平上，即使推迟某些投资方案或暂时偏离目标资本结构，也可能比降低股利或股利增长率更为有利。

固定或稳定增长股利政策的缺点有，股利的支付与企业的盈利相脱节，即不论公司盈利多少，均要支付固定的或按固定比率增长的股利，这可能会导致企业资金紧缺，财务状况恶化。此外，在企业无利可分的情况下，若依然实施固定或稳定增长的股利政策，也是违反《公司法》的行为。

因此，采用固定或稳定增长的股利政策，要求公司对未来的盈利和支付能力能作出准确的判断。一般来说，公司确定的固定股利额不宜太高，以免陷入无力支付的被动局面。固定或稳定增长的股利政策通常适用于经营比较稳定或正处于成长期的企业，且很难被长期采用。

3. 固定股利支付率政策

固定股利支付率政策是指公司将每年净利润的某一固定百分比作为股利分派给股东。这一百分比通常称为股利支付率，股利支付率一经确定，一般不得随意变更。在这一股利政策下，只要公司的税后利润一经计算确定，所派发的股利也就相应确定了。固定股利支付率越高，公司留存的净利润越少。

固定股利支付率的优点：（1）采用固定股利支付率政策，股利与公司盈余紧密地配合，体现了"多盈多分、少盈少分、无盈不分"的股利分配原则。（2）由于公司的获利能力在年度间是经常变动的，因此，每年的股利也应当随着公司收益的变动而变动。采用固定股利支付率政策，公司每年按固定比例从税后利润中支付现金股利，从企业支付能力的角度看，这是一种稳定的股利政策。

固定股利支付率的缺点：（1）大多数公司每年的收益很难保持稳定不变，导致年度间的股利额波动较大，由于股利的信号传递作用，波动的股利很容易给投资者带来经营状况不稳定、投资风险较大的不良印象，称为公司的不利因素。（2）容易使公司面临较大的财务压力。这是因为公司实现的盈利多，并不能代表公司有足够的现金流用来支付较多的股利额。（3）合适的固定股利支付率的确定难度比较大。

由于公司每年面临的投资机会、筹资渠道都不同，而这些都可以影响到公司的股利分派，所以，一成不变地奉行固定股利支付率政策的公司在实际中并不多见，固定股利支付率政策只是比较适用于那些处于稳定发展且财务状况也较稳定的公司。

【例8-3】某公司长期以来用固定股利支付率政策进行股利分配,确定的股利支付率为30%。2016年税后净利润为1 500万元,如果仍然继续执行固定股利支付率政策,公司本年度将要支付的股利为:

1 500 × 30% = 450(万元)

但公司下一年度有较大的投资需求,因此,准备本年度采用剩余股利政策。如果公司下一年度的投资预算为2 000万元,目标资本结构为权益资本占60%。按照目标资本结构的要求,公司投资方案所需的权益资本额为:

2 000 × 60% = 1 200(万元)

公司2016年度可以发放的股利为:

1 500 − 1 200 = 300(万元)

4. 低正常股利加额外股利政策

低正常股利加额外股利政策,是指公司事先设定一个较低的正常股利额,每年除了按正常股利额向股东发放股利外,还在公司盈余较多、资金较为充裕的年份向股东发放额外股利。但是,额外股利并不固定化,不意味着公司永久地提高了股利支付率。可用下式表示:

$$Y = \max\{a, bX - a\} \tag{8-1}$$

式中:Y——每股股利

X——每股收益

a——低正常股利

b——股利支付比率

低正常股利加额外股利政策的优点:(1)赋予公司较大的灵活性,使公司在股利发放上留有余地,并具有较大的财务弹性。公司可根据每年的具体情况,选择不同的股利发放水平,以稳定和提高股价,进而实现公司价值的最大化。(2)使那些依靠股利度日的股东每年至少可以得到虽然较低但比较稳定的股利收入,从而吸引住这部分股东。

低正常股利加额外股利政策的缺点:(1)由于年份之间公司盈利的波动使得额外股利不断变化,造成分派的股利不同,容易给投资者收益不稳定的感觉。(2)当公司在较长时间持续发放额外股利后,可能会被股东误认为"正常股利",一旦取消,传递出的信号可能会使股东认为这是公司财务状况恶化的表现,进而导致股价下跌。

相对来说,对那些盈利随着经济周期而波动较大的公司或者盈利与现金流量很不稳定时,低正常股利加额外股利政策也许是一种不错的选择。

三、利润分配政策的制约因素

企业的利润分配涉及企业相关各方的切身利益,受众多不确定因素的影响,在确定分配政策时,应当考虑各种相关因素的影响,主要包括法律、公司、股东及其他因素。

(一) 法律因素

为了保护债权人和股东的利益，法律规定就公司的利润分配作出如下规定：

（1）资本保全约束。规定公司不能用资本（包括实收资本或股本和资本公积）发放股利，目的在于维持企业资本的完整性，保护企业完整的产权基础，保障债权人的利益。

（2）资本积累约束。规定公司必须按照一定的比例和基数提取各种公积金，股利只能从企业的可供分配利润中支付。此处可供分配利润包含公司当期的净利润按照规定提取各种公积金后的余额和以前累积的未分配利润。另外，在进行利润分配时，一般应当贯彻"无利不分"的原则，即当企业出现年度亏损时，一般不进行利润分配。

（3）超额累积利润约束。由于资本利得与股利收入的税率不一致，如果公司为了避税而使得盈余的保留大大超过了公司目前及未来的投资需要时，将被加征额外的税款。

（4）偿债能力约束。要求公司考虑现金股利分配对偿债能力的影响，确定在分配后仍能保持较强的偿债能力，以维持公司的信誉和借贷能力，从而保证公司的正常资金周转。

(二) 公司因素

公司基于短期经营和长期发展的考虑，在确定利润分配政策时，需要关注一下因素：

（1）现金流量。由于会计规范的要求和核算方法的选择，公司盈余与现金流量并非完全同步，净收益的增加不一定意味着可供分配的现金流量的增加。公司在进行利润分配时，要保证正常的经营活动对现金的需求，以维持资金的正常周转，使生产经营得以有序进行。

（2）资产的流动性。企业现金股利的支付会减少其现金持有量，降低资产的流动性，而保持一定的资产流动性是企业正常运转的必备条件。

（3）盈余的稳定性。一般来讲，公司的盈余越稳定，其股利支付水平也就越高。

（4）投资机会。如果公司的投资机会多，对资金的需求量大，那么它就很可能会考虑采用低股利支付水平的分配政策；相反，如果公司的投资机会少，对资金的需求量小，那么它就很可能倾向于采用较高的股利支付水平。此外，如果公司将留存收益用于再投资所得报酬低于股东个人单独将股利收入投资于其他投资机会所得的报酬时，公司就不应多留存收益，而应多发股利，这样有利于股东价值的最大化。

（5）筹资因素。如果公司具有较强的筹资能力，随时能筹集到所需资金，那么它会具有较强的股利支付能力。另外，留存收益是企业内部筹资的一种重要方式，它同发行新股或举债相比，不需花费筹资费用，同时增加了公司权益资本的比重，降低了财务风险，便于低成本取得债务资本。

（6）其他因素。由于股利的信号传递作用，公司不宜经常改变其利润分配政策，应保持一定的连续性和稳定性。此外，利润分配政策还会受到其他公司的影响，比如不同发展阶段、不同行业的公司股利支付比例会有差异，这就要求公司在进行政策选择时要考虑发展阶段以及所处行业状况。

（三）股东因素

股东在控制权、收入和税赋方面的考虑也会对公司的利润分配政策产生影响。

（1）控制权。现有股东往往将股利政策作为维持其控制地位的工具。企业支付较高的股利导致留存收益的减少，当企业为有利可图的投资机会筹集所需资金时，发行新股的可能性增大，新股东的加入必然稀释公司的控制权。所以，股东会倾向于较低的股利支付水平，以便从内部的留存收益中取得所需资金。

（2）稳定的收入。如果股东以现金股利来维持生活，他们往往要求企业能够支付稳定的股利，而反对过多的留存。

（3）避税。由于股利收入的税率要高于资本利得的税率，一些高股利收入的股东出于避税的考虑而往往倾向于较低的股利支付水平。

（四）其他因素

（1）债务契约。一般来说，股利支付水平越高，留存收益越少，企业的破产风险加大，就越有可能损害到债权人的利益。因此，为了保证自己的利益不受侵害，债权人通常都会在债务契约、租赁合同中加入关于借款企业股利政策的限制条款。

（2）通货膨胀。通货膨胀会带来货币购买力水平下降，导致固定资产重置资金不足，此时，企业往往不得不考虑留用一定的利润，以便弥补由于购买力下降而造成的固定资产重置资金缺口。因此，在通货膨胀时期，企业一般会采取偏紧的利润分配政策。

第三节 股利分配方案

一、股利支付方式

股利支付方式可以分为不同的种类，主要有以下四种。

1. 现金股利

现金股利是以现金支付的股利，它是股利支付的最常见方式。公司选择发放现金股利除了要有足够的留存收益外，还要有足够的现金，而现金充足与否往往会成为公司发放现金股利的主要制约因素。

2. 财产股利

财产股利，是以现金以外的其他资产支付的股利，主要是以公司所拥有的其他公司的有价证券，如债券、股票等，作为股利支付给股东。

3. 负债股利

负债股利，是以负债方式支付的股利，通常以公司的应付票据支付给股东，有时也以发放公司债券的方式支付股利。

财产股利和负债股利实际上是现金股利的替代，但这两种股利支付形式在我国公司实务中很少使用。

4. 股票权利

股票权利，是公司以增发股票的方式支付的股利。股票股利对公司来说，并没有现金流出企业，也不会导致公司的财产减少，只是将公司的留存收益转化为股本和资本公积。但股票股利会增加流通在外的股票数量，同时降低股票的每股价值。它不改变公司股东权益总额，但会改变股东权益的构成。

【例8-4】某上市公司在2016年发放股票股利前，其资产负债表上的股东权益账户情况如表8-1所示。

表8-1　　　　　　　　　　　　　　　　　　　　　　　　　　　　　　单位：万元

股本（面值1元，发行在外5 000万股）	5 000
资本公积	1 000
盈余公积	1 000
未分配利润	3 000
股东权益合计	10 000

公司宣布发放10%的股票股利，即现有股东每持有公司股份10股就有权获得公司发放的1股普通股。随着股票股利的发放，需从"未分配利润"项目划转出的金额为：

5 000 × 10% = 500（万元）

由于股票面值（1元）不变，发放500万股，"股本"项目应增加500万元，公司的股东权益总额不会发生改变，仍是10 000万元，股票股利发放后的资产负债表上的股东权益部分如表8-2所示。

表8-2　　　　　　　　　　　　　　　　　　　　　　　　　　　　　　单位：万元

普通股（面值1元，发行在外5 500万股）	5 500
资本公积	1 000
盈余公积	1 000
未分配利润	2 500
股东权益合计	10 000

若有一位股东在公司派发股票股利之前持有公司普通股50万股，其在公司中拥有的股权比例为：

50万股 ÷ 5 000万股 = 1%

派发股票股利之后，他所拥有的股票数量和持股比例为：

50 × (1 + 10%) = 55（万股）

55万股 ÷ 5 500万股 = 1%

可见，发放股票股利不会对公司股东权益总额产生影响，只能引起股东权益项目内部结构发生改变。对于股东而言，股票股利派发前后其持股比例也不会发生变化。需要说明的是，例题中我国发放股票股利时会计账务处理是按股票面值进行计量、记录，很多西方国家通行的是按股票市价进行计量结转。

虽然发放股票股利不直接增加股东的财富，也不增加公司的价值，但对股东和公司却存在特殊意义。主要表现为：

对股东来讲，股票股利的好处是：

（1）派发股票股利后，相对稀释股份，从而能提高股票流动性，相对提升股价。理论上每股市价会随股票股利的派发等比例下降，但实务中这并非必然结果。因为市场和投资者普遍认为，发放股票股利往往预示着公司会有较大的发展和成长，这样的信息传递会稳定股价或使股价下降比例减少甚至不降反升，股东便可以获得股票价值相对上升的好处。

（2）与发放现金股利相比，派发股票股利能使股东获得所得税税差利益。由于资本利得所得税税率低于现金股利的所得税税率，如果股东把股票股利出售，在获取现金兑现股利收益的同时能够给投资者带来资本利得纳税上的利益。

对公司来讲，股票股利的优点主要有：

（1）发放股票股利不需要向股东支付现金，在再投资机会较多的情况下，公司就可以为再投资提供成本较低的资金，从而有助于公司的发展。

（2）发放股票股利可以降低公司股票的市场价格，既有利于促进股票的交易和流通，又有利于吸引更多的投资者成为公司股东，进而使股权更为分散，有效地防止公司被恶意控制。

（3）股票股利的发放可以传递公司未来发展前景良好的信息，从而增强投资者的信心，在一定程度上稳定股票价格。

二、股利分配方案内容

企业的股利分配方案一般包括以下几个方面：

（1）股利支付形式。决定是以现金股利、股票股利还是其他某种形式支付股利。

（2）股利支付率。股利支付率是指股利与净利润的比率。按年度计算的股利支付率非常不可靠。由于累计的以前年度盈余也可以用于股利分配，有时股利支付率会大于100%。作为一种财务政策，股利支付率应当是若干年度的平均值。

（3）股利政策的类型。决定采取固定股利政策，还是稳定增长股利政策，或是剩余股利政策等。

（4）股利支付程序。确定股利宣告日、股权登记日、除权除息日和股利支付日等具体事宜。

【例8-5】CD公司2015年度A股利润分配及资本公积金转增股本实施公告。

（一）通过分配、转增股本方案的股东大会届次和日期

CD公司2015年利润分配及资本公积转增股本方案已经于2016年1月21日召开的

2016年第一次临时股东大会审议通过。股东大会决议公告已于 2016 年 1 月 22 日登载在上海证券交易所及香港联合交易所有限公司网站,并同时刊登在《中国证券报》《上海证券报》上。

（二）利润分配、转增股本方案

1. 发放年度：2015 年。

2. 发放范围及对象：截至 2016 年 2 月 15 日 15：00 上海证券交易所收市后,在中国证券登记结算有限责任公司上海分公司（以下简称"CD 公司上海分公司"）登记在册的本公司全体 A 股股东。

3. 利润分配及资本公积金转增股本方案：本次 2015 年利润分配以 2015 年 12 月 31 日的总股本 30 亿股为基数,向全体股东每 10 股派发股票股利 10 股,每 10 股派发现金红利人民币 2.50 元（含税）,即每股派发股票股利 1 股并派发现金红利人民币 0.25 元（含税）,共计派送股票股利 30 亿股,派发现金红利人民币 75 亿元（含税）；同时以资本公积金向全体股东每 10 股转增 10 股,即每股转增 1 股,共转增 30 亿股。本次股票股利派发和资本公积转增股本实施完成后,本公司总股本增加 60 亿股,总股本变更为 90 亿股。

H 股股东的现金红利发放不适用本公告。

4. 根据国家税法有关规定：

（1）对于持有本公司 A 股的自然人股东及证券投资基金,根据《关于上市公司股息红利差别化个人所得税政策有关问题的通知（财税〔2015〕101 号）》的有关规定,本公司暂不扣缴个人所得税,现金红利按照每股 0.25 元派发。

自然人股东及证券投资基金在股权登记日后转让股票时,所转让的股票持股期限在 1 年以内（含 1 年）的,将按照上述通知有关规定执行差别化个人所得税。由 CD 公司上海分公司根据其持股期限计算实际应纳税额,由证券公司等股份托管机构从个人资金账户中扣收并划付 CD 公司上海分公司,CD 公司上海分公司于次月 5 个工作日内划付至本公司,本公司将在收到税款当月的法定申报期内向主管税务机关申报缴纳。相关持股期限（指个人从公开发行和转让市场取得上市公司股票之日至转让交割该股票之日前一日的持有时间）在 1 个月以内（含 1 个月）的,实际税负为 20%；持股期限在 1 个月以上至 1 年（含 1 年）的,实际税负为 10%；持股期限超过 1 年的,股息红利所得暂免征收个人所得税。

（2）对于 A 股的居民企业股东,其现金红利所得税自行缴纳,实际派发每股税前现金红利人民币 0.25 元。

（3）对于境外合格机构投资者（QFII）股东,根据国家税务总局与 2009 年 1 月 23 日颁布的《关于中国居民企业向 QFII 支付股息、红利、利息代扣代缴企业所得税有关问题的通知》（国税函〔2009〕47 号）的规定,本公司按照 10% 的税率统一代扣代缴企业所得税,扣税后每股实际派发现金红利 0.125 元。本公司委托中国证券登记结算有限责任公司上海分公司按照税后每股 0.125 元派发现金红利。如上述股东取得股息红利收入需要享受税收协定（安排）待遇的,可按照相关规定在取得股息红利后自行向主管税务机关提出退税申请。

（4）对于香港联合交易所有限公司投资者（包括企业和个人）投资本公司A股股票（"沪股通"），其现金红利将由本公司通过CD公司上海分公司按股票名义持有人（香港中央结算有限公司）账号以人民币派发，扣税根据《财政部、国家税务总局、证监会关于沪港股票市场交易互联互通机制试点有关税收政策的通知》（财税[2014]81号）的有关规定，按照10%的税率代扣股票股利及现金红利所得税，税后每股实际派发现金红利人民币0.125元。

（5）对于其他股东，本公司未代扣代缴所得税，由纳税人自行缴纳。

（三）利润分配具体实施日期

A股股权登记日：2016年2月15日（周一）

除权（除息）日：2016年2月16日（周二）

新增无限售条件的流通股份上市日：2016年2月17日（周三）

现金红利发放日：2016年2月16日（周二）

（四）分配对象

截至2016年2月15日15:00上海证券交易所收市后，在中国证券登记结算有限责任公司上海分公司登记在册的本公司全体A股股东。

（五）分配、转增股本实施办法

1. 现金红利的派送方法

本公司股东M公司的现金红利由本公司直接派发。

除M公司外，其他A股股东的现金红利，本公司委托中国证券登记结算有限责任公司上海分公司通过其资金清算系统，向股权登记日登记在册并在上海证券交易所各会员单位办理了指定交易的股东派发。已办理全面指定交易的投资者可于现金红利发放日在其指定的证券营业部领取现金红利，未办理指定交易的股东红利暂由中国证券登记结算有限责任公司上海分公司保管，待办理指定交易后再进行派发。

2. 股票股利及资本公积转增股本的派发方法

本次所送（转）股份，将按照CD上海分公司的有关规定，由CD上海分公司通过计算机网络根据股权登记日下午上海证券交易所收市后登记在册的公司股东持股数直接记入公司股东账户。

（六）**实施利润分配及资本公积金转增股本方案后，按新股本90亿股摊薄计算的2015年每股收益为0.50元**

从C上市公司利润分配及资本公积金转增股本实施公告披露的信息得知，该公司的股利分配包括现金股利和股票权利。

股票权利是公司以发放的股票作为股利的支付方式。股票股利并不直接增加股东的财富，不导致公司资产的流出或发债的增加，同时也并不因此而增加公司的财产，但会引起所有者权益各项目的结构发生变化。发放股票股利以后，如果盈利总额与市盈率不变，会由于普通股股数增加而引起每股收益和每股市价的下降。但由于股东所持股份的比例不变，每位股东所持有股票的市场价值总额仍保持不变，因而股票股利不涉及公司的现金流。

发放股票股利对每股收益和每股市价的影响，可以通过对每股收益、每股市价的调整直接算出：

$$发放股票股利后的每股收益 = \frac{E_0}{1+D_s}$$

式中：E_0——发放股票股利前的每股收益
D_s——股票股利发放率

$$发放股票股利后的每股市价 = \frac{M}{1+D_s}$$

式中：M——股利分配权转移日的每股市价
D_s——股票股利发放率

转增股本则是将资本公积转为股本，对企业而言属于所有者权益内项目之间的股份调整额，对股东而言可以按照其所持有股份的比例获得相应的转增股份。从股东持有数量上看，公司发放股票股利与从资本公积转增股本都会使股东具有相同的股份增持效果，但并未增加股东持有股份的价值。

我国上市公司在实施利润分配方案时，可以是单独实施发放现金股利或股票股利的分配方案，也可以是现金股利与股票股利组合方案，或者同时伴随着从资本公积转增股本的方案。由于股票股利与转增都会增加股本数量，但每个股东持有股份的比例并未改变，结果导致每股价值被稀释，从而使股票交易价格下降。

在除息日，上市公司发放现金股利、股票股利以及资本公积转增资本后，

$$股票的除权参考价 = \frac{股权登记日收盘价 - 每股现金股利}{1 + 送股率 + 转增率}$$

第四节 股票分割与股票回购

一、股票分割

股票分割又称拆股，即将一股股票拆分成多股股票的行为。股票分割一般只会增加发行在外的股票总数，但不会对公司的资本结构产生任何影响。股票分割与股票股利非常相似，都是在不增加股东权益的情况下增加了股份的数量，所不同的是，股票股利虽不会引起股东权益总额的改变，但股东权益的内部结构会发生变化，而股票分割之后，股东权益总额及其内部结构都不会发生任何变化，变化的只是股票面值。

股票分割的作用包括：

（1）降低股票价格。股票分割会使每股市价降低，买卖该股票所需资金量减少，从而可以促进股票的流通和交易。流通性的提高和股东数量的增加，会在一定程度上加大对公司股票恶意收购的难度。此外，降低股票价格还可以为公司发行新股做准备，

因为股价太高会使许多潜在投资者力不从心而不敢轻易对公司股票进行投资。

（2）向市场和投资者传递"公司发展前景良好"的信号，有助于提高投资者对公司股票的信心。

与股票分割相反，如果公司认为其股票价格过低，不利于其在市场上的声誉和未来的再筹资时，为提高股票的价格，会采取反分割措施。反分割又称股票合并或逆向分割，是指将多股股票合并为一股股票的行为。反分割显然会降低股票的流通性，提高公司股票投资的门槛，它向市场传递的信息通常都是不利的。

【例8-6】某上市公司在20×8年年末资产负债表上的股东权益账户情况如表8-3所示。

表8-3   单位：万元

普通股（面值10元，发行在外1 000万股）	10 000
资本公积	10 000
盈余公积	5 000
未分配利润	8 000
股东权益合计	33 000

要求：（1）假设股票市价为20元，该公司宣布发放10%的股票股利，即现有股东每持有10股即可获赠1股普通股。发放股票股利后，股东权益有何变化？每股净资产是多少？

（2）假设该公司按照1:2的比例进行股票分割。股票分割后，股东权益有何变化？每股净资产是多少？

根据上述资料，分析计算如下：

（1）发放股票股利后股东权益情况如表8-4所示。

表8-4   单位：万元

普通股（面值10元，发行在外1 100万股）	11 000
资本公积	11 000
盈余公积	5 000
未分配利润	6 000
股东权益合计	33 000

每股净资产为：33 000÷(1 000+100)=30（元/股）

（2）股票分割后股东权益情况如表8-5所示。

表 8-5　　　　　　　　　　　　　　　　　　　　　　　　　　　　　　　　单位：万元

普通股（面值 5 元，发行在外 2 000 万股）	10 000
资本公积	10 000
盈余公积	5 000
未分配利润	8 000
股东权益合计	33 000

每股净资产为：33 000 ÷ (1 000 × 2) = 16.5（元/股）

二、股票回购

(一) 股票回购的含义及方式

股票回购是指上市公司出资将其发行在外的普通股以一定价格购买回来予以注销或作为库存股的一种资本运作方式。公司不得随意收购本公司的股份。只有满足相关法律规定的情形才允许股票回购。

股票回购的方式主要包括公开市场回购、要约回购和协议回购三种。其中，公开市场回购，是指公司在公开交易市场上以当前市价回购股票；要约回购是指公司在特定期间向股东发出的以高出当前市价回购股票；要约回购是指公司在特定期间向股东发出的以高于当前市价的某一价格回购既定数量股票的要约；协议回购则是指公司以协议价格直接向一个或几个主要股东回购股票。

(二) 股票回购的动机

在证券市场上，股票回购的动机多种多样，主要有以下几点：

(1) 现金股利的替代。现金股利政策会对公司产生未来的派现压力，而股票回购不会。当公司有富余资金时，通过回购股东所持股票将现金分配给股东，这样，股东就可以根据自己的需要选择继续持有股票或出售获得现金。

(2) 改变公司的资本结构。无论是现金回购还是举债回购股份，都会提高公司的财务杠杆水平，改变公司的资本结构。公司认为权益资本在资本结构中所占比例较大时，为了调整资本结构而进行股票回购，可以在一定程度上降低整体资金成本。

(3) 传递公司信息。由于信息不对称和预期差异，证券市场上的公司股票价格可能被低估，而过低的股价将会对公司产生负面影响。一般情况下，投资者会认为股票回购意味着公司认为其股票价值被低估而采取的应对措施。

(4) 基于控制权的考虑。控股股东为了保证其控制权，往往采取直接或间接的当时回购股票，从而巩固既有的控制权。另外，股票回购使流通在外的股份数变少，股价上升，从而可以有效地防止敌意收购。

(三) 股票回购的影响

股票回购对上市公司的影响主要表现在以下几个方面：

(1) 股票回购需要大量资金支付回构成本，容易造成资金紧张，降低资产流动性，影响公司的后续发展。

(2) 股票回购无异于股东退股和公司资本的减少,也可能会使公司的发起人股东更注重创业利润的实现,从而不仅在一定程度上削弱了对债权人利益的保护,而且忽视了公司的长远发展,损害了公司的根本利益。

(3) 股票回购容易导致公司操纵股价。公司回购自己的股票容易导致其利用内幕消息进行炒作,加剧公司行为的非规范化,损害投资者的利益。

课后练习题

一、单项选择题

1. 以下股利政策中,有利于稳定股票价格,从而树立公司良好的形象,但股利的支付与收益相脱节的是( )。
   A. 剩余股利政策 B. 固定股利政策
   C. 固定股利支付率政策 D. 正常股利加额外股利政策

2. 按照剩余股利政策,假定某公司资金结构是30%的负债资金,70%的股权资金,明年计划投资600万元,今年年末股利分配时,应从税后净利中保留( )万元用于投资需要。
   A. 180 B. 240 C. 360 D. 420

3. 公司采用固定股利政策发放股利的好处主要表现为( )。
   A. 降低资金成本 B. 维持股价稳定
   C. 提高支付能力 D. 实现资本保全

4. 除息日开始,( )。
   A. 股利权从属于股票 B. 股利宣告发放
   C. 股利权与股票相分离 D. 持有股票者享有领取股利的权利

5. 企业在分配收益时,必须按一定比例和基数提取各种公积金,这一要求体现的是( )。
   A. 资本保全约束 B. 资本积累约束
   C. 偿债能力约束 D. 超额累积利润约束

6. 对收益经常波动的企业最不适宜选择的股利政策是( )。
   A. 剩余股利政策 B. 固定股利政策
   C. 固定股利支付率政策 D. 正常股利加额外股利政策

7. 某公司现有发行在外的普通股1 000 000股,每股面额1元,资本公积3 000 000元,未分配利润8 000 000元,股票市价20元,若按10%的比例发放股票股利并按市价折算,公司资本公积的报表列示将为( )元。
   A. 1 000 000 B. 2 900 000 C. 4 900 000 D. 3 000 000

8. 关于股票股利,说法正确的有( )。
   A. 股票股利会导致股东财富的增加
   B. 股票股利会引起所有者权益各项目的结构发生变化

C. 股票股利会导致公司资产的流出
D. 股票股利会引起负债的增加

9. 容易造成股利支付额与本期净利相脱节的股利分配政策是（ ）。
   A. 剩余股利政策　　　　　　　　B. 固定股利政策
   C. 固定股利支付率政策　　　　　D. 正常股利加额外股利政策

10. 主要依靠股利维持生活的股东和养老基金管理人最不赞成的公司股利政策是（ ）。
   A. 剩余股利政策　　　　　　　　B. 固定股利政策
   C. 固定比例政策　　　　　　　　D. 正常股利加额外股利政策

11. 影响股利政策的法律因素不包括（ ）。
   A. 资本保全约束　　　　　　　　B. 控制权约束
   C. 资本积累约束　　　　　　　　D. 超额累积利润约束

12. 企业采用剩余股利政策进行收益分配的主要优点是（ ）。
   A. 有利于稳定股价　　　　　　　B. 获得财务杠杆利益
   C. 降低综合资金成本　　　　　　D. 增强公众投资信心

13. 公司以股票形式发放股利，可能带来的结果是（ ）。
   A. 引起公司资产减少　　　　　　B. 引起公司负债减少
   C. 引起股东权益内部结构变化　　D. 引起股东权益与负债同时变化

二、多项选择题

1. 关于收益分配政策，下列说法正确的是（ ）。
   A. 剩余股利政策能充分利用筹资成本最低的资金资源保持理想的资金结构
   B. 固定股利政策有利于公司股票价格的稳定
   C. 固定股利支付率政策体现了风险投资与风险收益的对等
   D. 正常股利加额外股利政策有利于股价的稳定

2. 下列表述正确的是（ ）。
   A. 在除息日前，股利权从属于股票
   B. 在除息日前，持有股票者不享有领取股利的权利
   C. 在除息日前，股利权不从属于股票
   D. 从除息日开始，新购入股票的投资者不能分享最近一期股利

3. 公司的经营需要对股利分配常常会产生影响，下列叙述正确的是（ ）。
   A. 为保持一定的资产流动性，公司不愿支付过多的现金股利
   B. 保留盈余因无需筹资费用，故从资金成本考虑，公司也愿采取低股利政策
   C. 成长型公司多采取高股利政策，而处于收缩期的公司多采用低股利政策
   D. 举债能力强的公司有能力及时筹措到所需现金，可能采取较宽松的股利政策

4. 公司股票回购可能对上市公司经营造成的负面影响有（ ）。
   A. 股票回购需要大量资金支付回购的成本，易造成资金紧缺，资产流动性变差，影响公司发展后劲

B. 回购股票可能使公司的发起人股东更注重创业利润的兑现，而忽视公司长远的发展，损害公司的根本利益

C. 股票回购容易导致内幕操纵股价

D. 股票回购导致公司股票市场价值减少

5. 发放股票股利，会产生下列影响（　　）。

A. 引起每股利润下降

B. 使公司留存大量现金

C. 股东权益各项目的比例发生变化

D. 股东权益总额发生变化使股票价格下跌

6. 公司实施剩余股利政策，意味着（　　）。

A. 公司接受了股利无关理论

B. 公司可以保持理想的资金结构

C. 公司统筹考虑了资本预算、资金结构和股利政策等财务基本问题

D. 兼顾了各类股东、债权人的利益

7. 在下列收益分配政策中，企业普遍采用、并为广大投资者所认可的基本政策有（　　）。

A. 剩余股利政策　　　　　　　　B. 固定股利政策

C. 固定股利支付率政策　　　　　D. 正常股利加额外股利政策

8. 以下属于利润分配原则的有（　　）。

A. 依法分配的原则　　　　　　　B. 分配与积累并重的原则

C. 成本与效益原则　　　　　　　D. 投资与收益对等

9. 收益分配的剩余股利政策的优点包括（　　）。

A. 保持理想的资金结构　　　　　B. 充分利用资金成本最低的资金来源

C. 收益分配稳定　　　　　　　　D. 有利于公司股票价格的稳定

10. 股东在决定公司收益分配政策时，通常考虑的主要因素有（　　）。

A. 规避风险　　　　　　　　　　B. 稳定股利收入

C. 防止公司控制权旁落　　　　　D. 避税

三、判断题

1. 公司奉行剩余股利政策的目的是保持理想的资金结构；采用固定股利政策主要是为了维持股价；固定股利支付率政策将股利支付与公司当年经营业绩紧密相连，以缓解股利支付压力；而正常股利加额外股利政策使公司在股利支付中较具灵活性。

（　　）

2. 固定股利政策的一个主要缺点是当企业盈余较少甚至亏损时，仍须支付一固定数额的股利，可能导致企业财务状况恶化。（　　）

3. 在收益分配实践中，固定股利政策和正常股利加额外股利政策为最常见的两种股利政策。（　　）

4. 企业发生的年度经营亏损，依法用以后年度实现的利润弥补。连续 5 年不足弥

补的，用税后利润弥补，或者经企业董事会或经理办公会审议后，依次用企业盈余公积、资本公积弥补。（　　）

5. 股票回购会使得公司流通在外的股份减少，并不改变公司的资金结构。（　　）

6. 处于成长中的公司多采取低股利政策；陷于经营收缩的公司多采取高股利政策。（　　）

7. 某公司目前的普通股100万股（每股面值1元，市价25元），资本公积400万元，未分配利润500万元。发放10%的股票股利后，公司的未分配利润将减少250万元，股本增加250万元。（　　）

8. 一般情况下，公司通过发放股票股利增加普通股股本，普通股股本增加前后，资金成本不变。（　　）

9. 固定股利比例分配政策的主要缺点，在于公司股利支付与其盈利能力相脱节，当盈利较低时仍要支付较高的股利，容易引起公司资金短缺、财务状况恶化。（　　）

10. 采用固定股利支付率政策分配利润时，股利不受经营状况的影响，有利于公司股票价格的稳定。（　　）

四、计算题

1. 发放股票股利会因普通股股数的增加而引起每股利润的下降，进而引起每股市价下跌，但利润为60万元，目前股票价格为每股3元，A公司计划按照10股送1股的比例发放股票股利。请问：

(1) 发放股票股利后的理论价格为多少？

(2) 如果某投资者在发放股票股利前拥有A公司股票100股，那么发放股票股利后他所拥有的股票总体价值有何变化？

2. 某投资者拥有A公司8%的普通股，在A公司宣布1股分割为2股之前，A公司股票的市价为98元，A公司现有发行在外的普通股30 000股。请问：

(1) 与现在的情况相比较，股票分割后投资者拥有的A公司股票的价值有何变化（假定股票价格同比例变动）？

(2) A公司财务经理认为股票价格只会下降45%，如果这一判断是正确的，那么投资者的收益是多少？

3. 某公司有盈利5 000 000元，现在发行在外的普通股为1 000 000股。公司管理当局计划将其中的2 000 000元盈利分配给股东，其分配形式有两种：现金股利或股票回购。股票在除息日后的价格预计为每股30元，流通在外的计划发放现金股利550 000元，现在发行在外的普通股为275 000股。现假定公司决定以每股32元的价格回购部分流通在外的股票。如果股票回购前后的市盈率保持不变、公司盈利保持不变，则股票回购将对剩余的股东产生什么影响？

五、综合题

1. 某上市公司本年度每股支付现金股利2元。预计该公司净收益第1年增长8%，第2年增长10%，第3年及以后年度其净收益可能为：

(1) 将保持第2年的净收益水平；

（2）将保持第2年的净收益增长率水平。该公司一直采用固定股利支付率政策，并打算今后继续实行该政策。该公司没有增发普通股和发行优先股的计划。

要求：假设投资者要求的报酬率为20%，计算上述两种情形该股票的价值。

2. 光华股份有限公司有关资料如下：

（1）公司本年年初未分配利润贷方余额为181.92万元，本年息税前利润为800万元，适用的所得税税率为33%。

（2）公司流通在外的普通股60万股，发行时每股面值1元，每股溢价收入9元；公司负债总额为200万元，均为长期负债，平均年利率为10%，假定公司筹资费用忽略不计。

（3）公司股东大会决定本年度按10%的比例计提法定公积金，按10%的比例计提法定公益金。本年按可供投资者分配利润的16%向普通股股东发放现金股利，预计现金股利以后每年增长6%。

（4）该公司股票的贝塔系数为1.5，无风险收益率为8%，市场上所有股票的平均收益率为14%。

要求：

（1）计算光华公司本年度净利润。

（2）计算光华公司本年应计提的法定公积金和法定公益金。

（3）计算光华公司本年末可供投资者分配的利润。

（4）计算光华公司每股支付的现金股利。

（5）计算光华公司现有资金结构下的财务杠杆系数和利息保障倍数。

（6）计算光华公司股票的风险收益率和投资者要求的必要投资收益率。

（7）利用股票估价模型计算光华公司股票价格为多少时投资者才愿意购买。

第九章

财务分析

第一节 财务分析概述

一、财务分析的概念

财务分析是财务管理的重要方法,企业应定期或不定期地对过去和现在的财务状况、发展趋势进行研究和评价,以反馈信息,为企业下一步的财务预测、决策提供依据。上述含义表明了财务分析具有三个特征:

第一,财务分析是在财务报表所披露信息的基础上,进一步提供和利用财务信息。财务分析是以财务报表为主要依据进行的,从提供财务信息的角度看,它是在财务报表所披露信息的基础上,进一步提供和利用财务信息,是财务报表编制工作的延续和发展。

第二,财务分析是一个判断过程。在财务分析过程中,通过比较分析,观察经营活动的数量及其差异、趋势、结构比重、比率等方面的变化,了解发生变化的原因,从而对企业的经营活动作出判断;在分析和判断的基础上再作出评价和预测。所以,财务分析的全过程也就是通过比较分析,对企业的经营活动及其绩效作出判断、评价和预测的过程。

第三,科学的评价标准和适用的分析方法是财务分析的重要手段。财务分析要清楚反映出影响企业经营情况及其绩效的多方面因素,达到全面、客观、公正地作出判断、评价和预测的目的,就必须采用科学的评价标准和多种适用的分析方法,且把单个方面的分析和整体分析相结合。由此可知,科学的评价标准和适用的分析方法在财务分析中有着重要作用,它既是分析的重要手段,也是作出判断、评价和预测的基础。

二、财务分析的目的

财务分析是以企业的财务报表等核算资料为基础,对企业财务活动的过程和结果进行研究和评价,以分析企业在生产经营过程中的利弊得失、财务状况及发展趋势,为评价和改进财务管理工作,并为未来进行经济决策提供重要的财务信息。

财务分析对于企业经营管理者、投资者和债权人都是至关重要的。不同人员进行财务分析的目的各不相同,归纳起来,财务分析主要出于下列目的。

（一）评价企业的财务状况

通过对企业的财务报表等核算资料进行分析，可以了解企业资产的流动性、负债水平以及偿还债务的能力，从而评价企业的财务状况和经营风险，为企业管理者、投资者提供财务信息。

（二）评价企业的资产管理水平

企业的生产经营过程就是利用资产取得收益的过程，资产是企业生产经营活动的经济资源，资产的管理水平直接影响到企业的收益，它体现了企业的整体素质。进行财务分析，可以了解到企业对资产的管理水平、资金周转状况，为评价企业的经营管理水平提供依据。

（三）评价企业的获利能力

获取利润是企业的主要经营目标，它也反映了企业的综合素质。企业要生存和发展，必须争取获得较高的利润，这样才能在竞争中立于不败之地。投资者和债权人都十分关心企业的获利能力，获利能力强可以提高企业偿还债务能力，提高企业的信誉。对企业获利能力的分析不能仅看其获取利润的绝对数，而应分析其相对指标，这些都可以通过财务分析进行。

（四）评价企业的发展趋势

无论是企业的经营管理者，还是投资者、债权人，都十分关注企业的发展趋势，这关系到他们的切身利益。通过对企业进行财务分析，可以判断出企业的发展趋势，预测企业的经营前景，从而为企业经营管理者进行经营决策和投资决策提供重要的依据，避免决策方向性错误给其带来重大损失。

三、财务信息的用户及其信息需求

企业进行会计核算，产生财务报表，形成一个比较完备的财务信息体系，这个信息体系是为财务信息的用户服务的。这些用户大体包括：投资人、债权人、政府和企业本身四个方面。由于财务信息用户的利益视角不同，财务信息的需求也就不完全相同，即对财务信息的需求既有相同的一面，又各有所侧重。

（一）投资者

投资人包括现有投资者和潜在投资者，他们最关心的是投资的安全和收益。具体说，投资收益率（或称净资产收益率）是他们最为关心和重视的财务信息。除此以外，他们也需要了解总资产收益率、销售利润率、资产保值增值率等。投资者对股份制企业的投资，还需要了解自己持有股票的市场价值等。

（二）债权人

债权人是指那些对企业提供需偿还的融资的机构或个人，包括给企业提供贷款的机构或个人（贷款债权人）和以出售货物或劳务形式提供短期融资的机构或个人（商业债权人）。贷款债权人最关心的是债权的安全，包括贷款到期的收回和利息的偿付。因此，他们需要了解企业的获利能力和现金流量，以及有无其他需要到期偿还的贷款。商业债权人最关心的是企业准时偿还债务的能力。因此，他们需要了解企业的短期偿还债务的能力,即流动资产的状况及其变现能力,包括流动比率、速动比率和现金比率等。

(三) 政府

政府主要指政府中管理经济的综合经济管理部门和专业经济管理部门,包括中央和地方各级政府,如国家发展计划委员会、财政、税收、人民银行、证券监督管理委员会等中央和地方的各个部门。在我国,政府对经济行使两种职能:行政管理职能和国有资产管理职能。对后者应视同投资人关注投入国有企业的资本金的管理和投资收益。而前者则包括两个方面:一方面是从宏观经济管理的需要出发来了解和关注企业的财务信息;另一方面是从对市场和企业的经济行为进行监管的需要出发,要求企业提供所需的财务信息。

(四) 企业内部人员

企业内部的各级管理阶层和一般职工,也是财务信息的使用者。企业内部的管理者是履行经营和管理职责的直接责任人,他们要适应市场的需求和变化,制定明确的营销策略和技术创新战略,搞好企业的营销和发展;他们要制定和完善企业内部的各项规章制度,搞好企业管理,包括成本管理、资金管理和质量管理,不断提高管理水平,提高效率和效益。这些,都必须掌握大量的财务信息。

从上述分析可以看出,以上四个方面都是企业财务信息的使用者,企业有义务和责任向他们传输财务信息。为了保障这项义务的有效履行,国家制订有相应的法律和法规,这些法律和法规主要来自两个方面:第一,国家制定和公布的法律,比如,《会计法》中规定,各单位必须按照国家统一会计制度的规定编制会计报表报送上级主管单位,并上报财政部门和有关部门;《证券法》规定了证券发行人、上市公司、大股东和有关业务机构有及时、准确地披露信息的义务,并要求这些信息必须真实、准确和完整,不得有虚假、误导性陈述和存在重大遗漏。特别是在证券交易环节,证券法作出了一系列必须持续信息公开的规定。第二,国家财政部门制定和发布的会计准则和统一会计制度,比如,《企业会计准则》《事业单位会计准则》和统一的企业会计制度等,对应披露的会计信息的内容、方法和要求都作了明确、具体的规定。这些法律和法规的规定对企业履行信息披露义务有着重要的法律意义。它既有促进作用,也有约束作用。

此外还必须指出,财务信息用户为了决策和管理的需要,有赖于大量的财务信息,但这并不意味着以财务信息为限,恰恰相反,在以财务信息为主要依据的同时,还有赖于一些不属于财务数据的经营数据和业绩指标,比如,主要产品的销售量及发展趋势、重要资源的消耗量和发展趋势、职工的教育水平和素质、售后服务的机构设置和质量等。

四、财务分析的种类

(一) 按财务分析的主体不同

财务分析按财务分析主体不同可分为内部分析和外部分析。

(1) 内部分析是企业内部管理部门对本企业的生产经营过程、财务状况所进行的分析。这种财务分析,不仅要利用财务会计所提供的会计资料,也要利用管理会计和其他方面所提供的经济资料,是对整个生产经营活动的全面分析。通过这种分析,可以了解企业的财务状况是否良好,生产经营活动是否有效率,存在什么问题,从而为今后的生产经营提供决策依据。

(2)外部分析是企业外部的利益集团根据各自的要求对企业进行的财务分析。这种分析,因各自目的不同,分析的范围也不同,它可以是对企业某一方面进行局部财务分析,也可以是对整个企业的各方面进行全面的财务分析。例如,债权人常常关心的是贷款的风险,这样他需要对企业的偿债能力进行分析;投资者在购买企业股票时,要对企业的获利能力进行分析;而要与企业进行合资经营的人,则要对企业的各方面进行全面的分析。

(二)按财务分析的对象不同

财务分析按分析的对象不同可分为资产负债表分析、利润表分析和现金流量表分析。

(1)资产负债表分析是以资产负债表为对象所进行的财务分析。从财务分析的历史看,最早的财务分析都是以资产负债表为中心,通过资产负债表可以分析企业资产的流动状况、负债水平、偿还债务能力、企业经营的风险等。

(2)利润表分析是以利润表为对象进行的财务分析。在分析企业的盈利状况和经营成果时,必须要从利润表中获取财务资料,而且,即使分析企业偿债能力,也应结合利润表,因为一个企业的偿债能力同其获利能力密切相关,一般而言,获利能力强,偿还债务的能力也强。因此,现代财务分析的中心逐渐由资产负债表转向利润表。

(3)现金流量表分析是以现金流量表为对象进行的财务分析。现金流量表是资产负债表与利润表的中介,也是这两张报表的补充。通过现金流量表的分析,可以了解到企业资金周转状况,在一定时期内,有多少现金来源,是从何而来,又有多少现金被运用,运用到哪些方面。这种分析可以了解到企业财务状况变动的全貌。

(三)按财务分析的方法不同

财务分析按分析的方法不同可分为比率分析和比较分析。

(1)比率分析,是将财务报表中的相关项目进行对比,得出一系列财务比率,以此来揭示企业的财务状况。

(2)比较分析,是将企业本期的财务状况同以前不同时期的财务状况进行对比,从而揭示企业财务状况变动趋势,这是纵向比较。也可以横向比较,即把本企业的财务状况与同行业平均水平或其他企业进行对比,以了解本企业在同行业中所处的水平,以及财务状况中所存在的问题。

另外,为综合分析企业的财务状况,常把各种财务指标放在一起进行综合分析,综合分析最常见的方法是杜邦体系分析和沃尔分析。这种分析有利于了解企业财务状况的全貌,但这种分析也常常以比率分析为基础。

(四)按财务分析的目的不同

财务分析按分析的目的不同可分为偿债能力分析、盈利能力分析、资金营运能力分析、发展趋势分析和综合分析等。

五、企业财务分析的依据和程序

（一）财务分析的依据

财务分析要取得真实可靠的分析结果，就必须有科学的依据。一般来说，通过财务分析所提示的信息能否用于经济决策，取决于分析的依据。它的主要依据有以下几方面。

1. 真实、系统和完整的数据资料

数据是财务分析的主要依据，是分析的基础。数据资料主要来自财务报表，但又不限于财务报表。财务报表中的数据有表内数据和表外数据。表外数据主要是财务报表附注中所列示的数据，对这些数据应当与表内数据同样重视。比如，会计政策和会计处理方法的改变，改变的原因和改变后的影响金额是在报表附注中披露，这样的数据对分析工作极为有用。此外，还有来自经营单位和管理部门的财务报表以外的财务数据和非财务数据、市场供求动态数据、存货变动数据等。又如管理部门为改进和提高企业管理水平所制订的方案以及所取得的成效的各种数据。总之，为加强企业管理的发展战略、技术创新战略、市场营销战略以及各项提高企业内部管理水平有关的数据，都与财务分析工作密切相关，都应当纳入依据的范围。

2. 客观的内外部环境信息

虽然财务数据在财务分析中占有重要地位，但仅凭数据，财务分析工作难以深入。因此，数据资料必须结合客观、可靠的内外部环境信息，才能在分析进程中作出正确的判断，得出正确结论。特别是财务分析中的原因分析，要依赖对实际经济状况的掌握。外部环境有生产和市场的供求变动、结构调整、资本市场和其他金融市场的调整和变化、全球和国内的经济发展趋势，等等。内部环境主要是指本企业的经营管理策略的调整，包括发展战略、营销策略以及内部结构的调整等。

3. 法律、法规、制度以及政府的方针和政策

法律、法规、制度以及政府所采取的方针和政策，特别是上述这些方面的调整和变化，它们对企业的经济活动和经营活动必然产生影响，有时有相当大的影响。比如，为积极稳妥地降低企业杠杆率，2016年10月正式公布了《关于市场化银行债权转股权的指导意见》，在该意见指导下，实施债转股企业的资产负债率和经济效益将产生重大变化。所以，在财务分析过程中，对企业的各项经济指标和经营业绩进行评价时，必须把法律、法规、制度以及所采取的方针和政策对企业经济活动所产生的影响作为一个重要因素，以作出全面、准确的评价。

（二）财务分析的程序

建立规范而合理的分析程序，是使分析工作能够有序地顺利进行，并对分析过程中进行正确判断和最终作出恰当的评价，保证分析质量，有着十分重要的意义。财务分析工作，一般应当按照以下程序进行。

1. 明确分析的目的、内容、范围和重点，并据以制定分析工作方案

财务分析有全面分析和专题分析；有以企业经营为中心的分析和以投资决策或贷款决策为中心的分析。各种分析都有其特定目的。明确的分析目的是分析工作的灵魂。分析过程中的各项工作都应当围绕实现分析目的而进行。分析目的确定之后，就应当根据目的确定分析的内容和范围，并明确分析的重点内容，分清主次和难易，并据此制定分析工作方案。工作方案一般包括：分析的目的和内容、分析人员的分工和职责、分析工作的步骤和完成各步骤的标准和时间，等等。周密的工作方案有利于分析工作的顺利进行。

2. 搜集、整理和核实资料

搜集、整理和核实资料是保障分析质量和分析工作顺利进行的基础性程序。一般来说，在分析的技术性工作开始之前就应占有主要资料。切忌资料不全就着手技术性的分析。整理资料是指根据分析的目的和分析人员的分工，将资料进行分类、分组，并做好登记和保管工作，以便使用和提高效率。核实资料是这道程序的一个重要环节，目的是保证资料的真实、可靠和正确无误。对财务报告和财务报表要全面审阅，如发现有不正确或不具有可比性之处，应要求改正或剔除、调整。经过注册会计师审计过的财务报表，必须认真审阅注册会计师的审计报告，特别关注审计报告中注册会计师的保留意见、否定意见和拒绝表示意见的三种意见的审计报告。对其他资料也应核实，摸清其真实可靠程度，并分清有用和无用，对无用的资料，真实可靠程度低的资料都应当舍弃不用。

3. 选用适宜的分析方法，进行分析工作

一般应根据分析的目的、内容选用适宜的分析方法。分析方法恰当与否，对分析的结果和分析的质量有重要影响，应通过深入考虑和集体研讨，做到集思广益。分析工作一般应先进行主要项目分析，后进行次要项目分析；由表及里，由粗入细，逐步深入；先分析差异，后分析引发差异的原因等顺序进行。在分析过程中，对各项数据和原因要作出判断，整个分析过程就是判断过程。分析结束后，要对分析的对象作出中肯评价。

4. 编写分析报告

财务分析报告是分析组织和人员反映企业财务状况和财务成果意见的报告性书面文件。分析报告要对分析目的作出明确回答，评价要客观、全面、准确，要作必要的分析，说明评价的依据，即说明评价是怎么得出来的。对分析的主要内容，选用的分析方法，采用的分析步骤也要作简明扼要的叙述，以备审阅分析报告的人了解整个分析过程。此外，分析报告中还应当包括分析人员针对分析过程中发现的矛盾和问题，提出改进措施或建议。如果能对今后的发展提出预测性意见的分析报告则具有更大的作用。

第二节　财务分析的基本方法

财务分析的方法是实现财务分析的手段。由于分析目标不同，在实际分析时必然要适应不同目标的要求，采用多种多样的分析方法，包括评价的标准、方法和预测方法。下面介绍几种常用的分析方法。

一、比较分析法

（一）比较分析法的含义

比较分析法是财务分析中最常用的一种方法，也是一种基本方法。是将实际达到的数据同特定的各种标准相比较；从数量上确定其差异，并进行差异分析或趋势分析的一种分析方法。所谓差异分析是指通过差异揭示成绩或差距，作出评价，并找出产生差异的原因及其对差异的影响程度，为今后改进企业的经营管理指引方向的一种分析方法。所谓趋势分析是指将实际达到的结果，同不同时期财务报表中同类指标的历史数据进行比较，从而确定财务状况、经营状况和现金流量的变化趋势和变化规律的一种分析方法。由于差异分析和趋势分析都是建立在比较的基础上，所以统称为比较法。

（二）比较数据

有绝对数比较和相对数比较两种。

1. 绝对数比较

即利用财务报表中两个或两个以上的绝对数进行比较，以揭示其数量差异。比如，企业上年的产品销售额为120万元，产品销售利润为9.6万元；今年的产品销售额为160万元，产品销售利润为16万元，则今年与上年的差异额为：产品销售额40万元，产品销售利润6.4万元。

2. 相对数比较

即利用财务报表中有相关关系的数据的相对数进行对比，如将绝对数换算成百分比、结构比重、比率等进行对比，以揭示相对数之间的差异。比如，企业上年的产品销售成本占产品销售额的百分比为80%；今年的产品销售成本占产品销售额的百分比为75%，则今年与上年相比，产品销售成本占产品销售额的百分比下降了5%，这就是利用百分比进行比较分析。对某些由多个个体指标组成的总体指标，就可以通过计算每个个体指标占总体指标的比重进行比较，分析其构成变化和趋势。这就是利用结构比重进行比较分析。也可以将财务报表中存在一定关系的项目数据组成比率进行对比，以揭示企业某一方面的能力，如偿债能力、获利能力等，这就是利用比率进行比较分析。各种比较方法将在以后的各章节中予以说明。

一般来说，绝对数比较只通过差异数说明差异金额，但没有表明变动程度，而相对数比较则可以进一步说明变动程度，比如上例中，用该企业的产品销售成本占产品销售额的比重进行比较，就能求得今年比上年降低了5%的变动程度。在实际工作中，绝对数比较和相对数比较可以交互应用，以便通过比较作出更充分的判断和更准确的评价。

（三）比较标准

在财务分析中经常使用的比较标准有以下几种。

1. 真实值与计划值比较

这种比较可以揭示实际与目标、计划或定额之间的差异，并可进一步分析发生差异的原因，是目标、计划或定额本身缺乏科学性，还是实际中的问题。如果是前者，就有助于今后提高目标、计划或定额的预测工作；如果是后者，就有利于改进企业的经营管理工作。

2. 真实值与历史值比较

包括本期实际值与上年同期实际、本年实际与上年实际或历史最好水平比较，以及与若干期的历史资料比较。这种比较有两方面作用：一是揭示差异，进行差异分析，查明产生差异的原因，为改进企业经营管理提供依据；二是通过本期实际与若干期的历史资料比较，进行趋势分析，以了解和掌握经济活动的变化趋势及其规律性，为预测前景提供依据。

3. 真实值与国内外先进水平比较

这种比较有利于找出本企业同国内先进水平、国外先进水平之间的差距，明确本企业今后的努力方向。

4. 真实值与标准值进行比较

评价标准值是权威机构根据大量数据资料进行测算而得出的，具有客观、公正、科学的价值，是一个比较理想的评价标尺。本企业实际与评价标准值比较，比同一个或几个国内外先进企业的水平比较，更能得出准确、客观的评价结论。

（四）比较方法

按比较对象不同，比较分析法可分为：横向比较、纵向比较和结构比较。

1. 横向比较法

与同行业企业或同类企业进行比较，即与同行业的平均水平（先进水平）或重点竞争对手的财务情况进行比较。与行业平均指标的对比，可以分析判断该企业在同行业中所处的位置。与先进企业的指标对比，有利于吸收先进经验，克服本企业的缺点。

2. 纵向比较法

与本企业的历史资料进行比较，即本企业不同的历史时期的财务数据进行比较，在比较过程中可以用本企业历史的平均数据、历史的最好水平、过去几年的财务资料等进行不同内容的比较，以说明不同的问题。

【例9-1】东方公司2015年的净利润为60万元，2016年的净利润为90万元，2016年与2015年比较，净利润增加了30万元，或者说，东方公司2016年的净利润是2015年净利润的150%，增长了50%。这是一种简单的纵向比较，常用于差异分析。

【例9-2】BH公司2011~2015年连续5年的销售收入金额与净利润金额如表9-1所示。

表9-1 北方公司2011~2015年销货收入和净利润金额

会计年度：1月1日~12月31日 单位：万元

年份	2011	2012	2013	2014	2015
销货收入	4 500	5 000	5 000	5 833	7 200
净利润	450	500	400	700	900

表9-1可用于趋势分析。通过此表可以看出，BH公司5年来的销货收入和净利润除2013年的净利润下降外，一般是呈增长趋势，比较令人满意。但如果以2011年作为基年，用基年的数字去除各年的数字，则可得出以下的趋势百分比。现以表9-2列示如下。

表9-2 BH公司2011~2015年销货收入和净利润趋势表

会计年度：1月1日~12月31日 单位：%

年份	2011	2012	2013	2014	2015
销货收入	100	111.11	111.11	129.62	160
净利润	100	111.11	88.89	155.56	200

表9-2的趋势百分比表明：在5年内，总的趋势是，销货收入和净利润都在逐步增长，而且净利润的增长超过了销货收入的增长，2015年的净利润比2011年增长了1倍，而销货收入仅增长0.60倍。仅2012年的净利润增长与销货收入增长持平。但也应该看到，2013年的情况较为特殊，这一年的销货收入比2011年增长了11.11%，而净利润却下降了11.11%。所以用百分比来看趋势，不仅能清晰地看到总的趋势，而且能更精确地表明各年的变动程度。但应当注意的是，对基年的选择要有代表性，如果基年选择不当，情况异常，则以其为基数而计算出的百分比趋势，会造成判断失误或作出不准确的评价。

横向比较分析经常采用的一种形式是编制比较财务报表。这种比较财务报表可以选取最近两期的数据并列编制，也可以选取数期的数据并列编制。前者一般作差异分析用，后者则可作趋势分析用。

3. 结构比较法

结构比较法以资产负债表、利润表等财务报表中的某一关键项目为基数项目，以其金额为100，而将其余项目的金额分别计算出各占关键项目金额的百分比，这个百分比则表示各项目的比重，通过比重对各项目作出判断和评价。这种仅有百分比而不表示金额的财务报表称为共同比财务报表，它是纵向分析的一种重要形式。资产负债表的共同比报表通常以资产总额为基数。利润表的共同比报表通常以营业收入总额为基数。

共同比财务报表亦可用于几个会计期间的比较,为此而编制的财务报表称为比较共同比财务报表。它通过报表中各项目所占百分比的比较,不仅可以看出其差异,而且通过数期比较,还可以看出它的变化趋势。

共同比财务分析的主要优点是便于对不同时期报表的相同项目进行比较,如果能对数期报表的相同项目作比较,可以观察到相同项目变动的一般趋势,有助于评价和预测。但无论是金额、百分比或共同比的比较,都只能作出初步分析和判断,还需在此基础上作进一步分析,才能对变动的有利或不利因素作出较明确的判断。

(五)运用比较分析法应注意的问题

在运用比较分析法时应注意相关指标的可比性。具体来说有以下几点:

(1)指标内容、范围和计算方法的一致性。比如在运用比较分析法时,必须大量运用资产负债表、利润表、现金流量表等财务报表中的项目数据。必须注意这些项目的内容、范围以及使用这些项目数据计算出来的经济指标的内容、范围和计算方法的一致性,只有一致才具有可比性。

(2)会计计量标准、会计政策和会计处理方法的一致性。财务报表中的数据来自账簿记录,而在会计核算中,会计计量标准、会计政策和会计处理方法都有变动的可能,若有变动,则必然要影响到数据的可比性。因此,在运用比较分析法时,对由于会计计量标准、会计政策和会计处理方法的变动而不具可比性的会计数据,就必须进行调整,使之具有可比性才可以进行比较。

(3)时间单位和长度的一致性。在采用比较分析法时,不管是实际与实际的对比,实际与预定目标或计划的对比,或是本企业与先进企业的对比,都必须注意所使用的数据的时间及其长度的一致,包括月、季、年度的对比,不同年度的同期对比,特别是本企业的数期对比或本企业与先进企业的对比,所选择的时间长度和所选择的年份都必须具有可比性,以保证通过比较分析所作出的判断和评价具有可靠性和准确性。

(4)企业类型、经营规模和财务规模以及目标大体一致。这主要是指本企业与其他企业对比时应当注意之处。只有大体一致,企业之间的数据才具有可比性,比较的结果才具有实用性。

二、比率分析法

(一)比率分析法的含义和作用

比率是两数相比所得的值。任何两个数字都可以计算出比率,但是要使比率具有意义,计算比率的两个数字就必须具有相互联系。在财务报表中这种具有重要联系的相关数字比比皆是,可以计算出一系列有意义的比率,这种比率通常叫做财务比率。利用财务比率,包括一个单独的比率或者一组比率,以表明某一个方面的业绩、状况或能力的分析,就称为比率分析法。

比率分析法是财务分析中的一个重要方法。它之所以重要,主要体现在比率分析的作用之中。如前所述,由于比率是由密切联系的两个或两个以上的相关数字计算出来的，所以通过比率分析，往往可以利用一个或几个比率就可以独立地揭示和说明企业某一方面的财务状况和经营业绩，或者说明某一方面的能力。比如，一个总资产报酬率可以揭示企业的总资产所取得的利润水平和能力；一个投资收益率也可以在一定程度上说明投资者的获利能力，如此等等。比率分析法在这方面的作用是较为明显的。当然对比率分析法的作用也不能估计过高，它和比较分析法一样，只适用于某些方面，其揭示信息的范围也有一定局限，更为重要的是，在实际运用比率分析法时，还必须以比率所揭示的信息为起点；结合其他有关资料和实际情况，作更深层次的探究，才能做出正确的判断和评价，更好地为决策服务。因此，在财务分析中既要重视比率分析法的利用，又要和其他分析方法密切配合，合理运用，以提高财务分析的效果。

（二）财务比率的类型

在比率分析法中应用的财务比率很多，为了有效的应用，一般要对财务比率进行科学的分类。但目前还没有公认的、权威的分类标准。比如美国早期的会计著作中对同一年份财务报表的比率分类中，将财务比率分成五类：获利能力比率、资本结构比率、流动资产比率、周转比率和资产流转比率。在这五组比率中又包括一些具体比率，这种分类现在已不多见了。英国特许公认会计师公会编著的ACCA财会资格证书培训教材《财务报表解释》一书中，将财务比率分为获利能力比率、清偿能力比率、财务杠杆比率和投资比率四类。我国目前一般将财务比率分为三类，即：获利能力比率、偿债能力比率和营运能力比率。

三、因素分析法

因素分析法是用来计算几个相互联系的因素对综合经济指标变动影响程度的一种分析方法。按照具体的计算方法不同，因素分析法可以分为连环替代法和差额分析法。

（一）连环替代法

这种分析方法的计算程序可以归纳为以下四个步骤。

（1）分解指标体系，确定分析对象。即根据影响某项经济指标完成情况的因素，按其依存关系将经济指标的基数（计划数或上期数）和实际数分解为两个指标体系，并将该指标的实际数与基数进行比较，求出实际脱离基数的差异，即为分析对象。

（2）连环顺序替代，计算替代结果。即以基数指标体系为计算基础，用实际指标体系中每项因素的实际数顺序地替代其基数；每次替代后，实际数就被保留下来，有几个因素就替换几次；每次替换后计算出由于该因素变动所得新的结果。

（3）比较替代结果，确定影响程度。即将每次替换所计算的结果，与这一因素被替换前的结果进行比较，两者的差额，就是这一因素变化对经济指标差异的影响程度。

（4）加总影响数值，验算分析结果。即将各个因素的影响数值相加，其代数和应与经济指标的实际数与基数的总差异数（即分析对象）相符，据此检验分析结果是否正确。

设某一经济指标 M 是由相互联系的 A、B、C 三因素组成，计划指标和实际指标的公式为：

计划指标 $M_0 = A_0 \times B_0 \times C_0$ (1)
第一次替代 $M_1 = A_1 \times B_0 \times C_0$ (2)
第二次替代 $M_2 = A_1 \times B_1 \times C_0$ (3)
第三次替代 $M_3 = A_1 \times B_1 \times C_1$ (4)
(即实际替代基期或计划)

据此测定的结果:

(2) - (1): $M_1 - M_0$ ⋯是由于 $A_0 \to A_1$ 变动的影响

(3) - (2): $M_2 - M_1$ ⋯是由于 $B_0 \to B_1$ 变动的影响

(4) - (3): $M_3 - M_2$ ⋯是由于 $C_0 \to C_1$ 变动的影响

应用连环替代法,必须注意以下几个问题:

(1) 因素分解的关联性。即确定构成经济指标的因素,必须是客观上存在着因果关系,要能够反映形成该项指标差异的内在构成原因,否则就失去了其存在的价值。如影响某种产品某种材料的总消耗数额,只能是该产品的产量、单位产品材料耗用数量和材料单价,而不能确定为工人人数、每个工人平均用料量和材料单价。否则,就是毫无意义的分析。

(2) 因素替代的顺序性。替代因素时,必须按照因素的依存关系,排列成一定的顺序并依次替代,不可随意加以颠倒,否则就会得出不同的计算结果。因此,在分析工作中必须从可能的替代顺序中确定正确的替代顺序。正确排列因素替代顺序的原则是,按分析对象的性质,从诸因素相互依存关系出发,并使分析结果有助于分清责任。实际工作中,往往将这一原则具体化为,先替代数量指标,后替代质量指标;先替代实物量指标,后替代货币量指标;先替代主要指标,后替代次要指标。

(3) 顺序替代的连环性。连环替代在计算每一个因素变动的影响时,都是在前一次的基础上进行。并采用连环比较的方法确定因素变化影响结果。因为只有保持计算程度上的连环性,才能使各个因素影响数之和,等于所分析指标变动的差异,以全面说明分析指标变动的原因。同时,各因素影响数之和,等于分析指标变动的总差异,也是对分析计算的正确性进行检查验证的依据。

(4) 计算结果的假定性。由于因素分析法计算的各因素变动影响数,因替代计算顺序的不同而有差别,因而计算结果不免带有假定性,即它不可能使每个因素计算的结果,都达到绝对准确,它只能说是在某种假定前提下的影响结果,离开了这种假定前提条件,也就不会是这种影响结果。问题在于分析中,应力求使这种假定合乎逻辑,是具有实际经济意义的假定。这样,计算结果的假定性,才不至于妨碍分析的有效性。

认识上述因素分析法的性质,不仅是正确运用因素分析法的需要,也是根据分析计算结果,对企业经济活动作出正确评价的需要。

【例 9-3】DR 公司 2016 年 10 月甲原材料费用的实际金额是 4 620 元,实际比计划超支了 620 元。由于原材料费用受产品产量、单位产品材料消耗量和材料单价三个因素影响,为确认三个因素的影响作用公司收集到以下数据资料,如表 9-3 所示。

表9-3

项目	单位	计划数	实际数
产品产量	件	100	110
单位产品材料消耗量	千克	8	7
材料单价	元	5	6
材料费用总额	元	4 000	4 620

根据表9-3中资料，材料费用总额实际数较计划数增加620元。运用连环替代法，可以计算各因素变动对材料费用总额的影响。

计划指标：$100 \times 8 \times 5 = 4\,000$（元）　　　①
第一次替代：$110 \times 8 \times 5 = 4\,400$（元）　　②
第二次替代：$110 \times 7 \times 5 = 3\,850$（元）　　③
第三次替代：$110 \times 7 \times 6 = 4\,620$（元）　　④
实际指标：
②-① = 4 400 - 4 000 = 400（元）　　产量增加的影响
③-② = 3 850 - 4 400 = -550（元）　　材料节约的影响
④-③ = 4 620 - 3 850 = 770（元）　　价格提高的影响
400 - 550 + 770 = 620（元）　　全部因素的影响

（二）差额分析法

差额分析法是因素分析法的一种简化形式，它是利用各个因素的实际数与基数之间的差额，直接计算各个因素对综合指标差异的影响数值的一种技术方法。这一方法的特点在于运用数学提取公因数的原理，来简化因素分析法的计算程序。其他应遵循的原则、应注意的问题都与连环替代法相同，两种方法计算的结果也完全一样。

差额分析法的基本程序如下：

（1）确定各因素的实际数与基数的差额；

（2）以各因素的差额乘以计算公式中该因素前面的各因素的实际数，以及列在该因素后面的其余因素的基数，就可求得各因素的影响值；

（3）将各个因素的影响值相加，其代数和应同该项经济指标的实际数与基数之差相符。差额分析法的基本原理，仍用前例表示如下：

因素影响：

（1）$A_0 \to A_1$ 变动的影响

$$\Delta A = (A_1 - A_0) \times B_0 \times C_0$$

（2）$B_0 \to B_1$ 变动的影响

$$\Delta B = A_1 \times (B_1 - B_0) \times C_0$$

（3）$C_0 \to C_1$ 变动的影响

$$\Delta C = A_1 \times B_1 \times (C_1 - C_0)$$

【例9-4】仍用表9-3中的资料。可采用差额分析法计算确定各因素变动对材料费用的影响。

(1) 由于产量增加对财务费用的影响为：$(110-100) \times 8 \times 5 = 400$（元）

(2) 由于材料消耗节约对材料费用的影响为：$(7-8) \times 110 \times 5 = -550$（元）

(3) 由于价格提高对材料费用的影响为：$(6-5) \times 110 \times 7 = 770$（元）

第三节 财务比率分析

一、偿债能力分析

偿债能力分析是企业财务分析的一个重要的方面，指企业偿还各种到期债务的能力，可以在一定程度上反映企业财务风险的大小。按照债务到期时间的长短不同可以将偿债能力分析分成两类，即短期偿债能力和长期偿债能力。

（一）短期偿债能力

短期偿债能力是指企业偿还流动负债的能力。在《企业会计制度》中给出的流动负债的定义为：将在一年或超过一年的一个营业周期内偿还的债务。制度中还规定在资产负债表中流动负债按实际发生额计量。一般情况下，正常运营周转的企业偿还流动负债时所使用的资产总是流动资产（特别是其中的现金资产），所以在资产负债表中流动资产与流动负债便形成了一种对应关系。当企业偿还流动负债时对企业的财务周转影响较大，如果不能及时偿还流动负债不仅会影响到企业的信用等级，企业在公众中的形象，还可能会导致企业面临破产倒闭的危险，即企业偿还短期债务的能力对企业的财务风险影响较大。影响企业偿还流动负债能力的主要因素是企业流动资产的变现能力。故而也将反映短期偿债能力的指标称为"变现能力比率"。除此之外，经营活动创造现金的能力对企业短期偿债能力也有着不可忽视的作用（与之有关的财务分析指标将在现金流量表分析中进行详细地介绍）。常用来反映企业短期偿债能力的财务分析指标有：流动比率、速动比率、现金比率以及与现金流量有关的现金流量比率和到期债务本息偿付比率等。本节中着重介绍流动比率、速动比率、现金比率（为了便于说明，本章中各项财务分析比率的计算主要以 ABC 公司 2016 年的财务报表为例，该公司的资产负债表、利润表、现金流量表见表 9–4、表 9–5、表 9–6）。

表 9–4　　　　　　　　　　　　　资产负债表

编制单位：ABC 公司　　　　　2016 年 12 月 31 日　　　　　　　　　　　　　　单位：万元

资产	年初数	年末数	负债及股东权益	年初数	年末数
流动资产：			流动负债：		
货币资金	3 500	5 000	短期借款	4 700	5 800

续表

资产	年初数	年末数	负债及股东权益	年初数	年末数
以公允价值计量且其变动计入当期损益的金融资产	400	800	以公允价值计量且其变动计入当期损益的金融负债	0	0
应收票据	200	150	应付票据	500	800
应收账款	3 600	4 200	应付账款	2 000	2 000
预付账款	250	200	预收账款	300	100
应收利息	0	0	应付职工薪酬	20	10
应收股利	0	0	应交税费	60	50
其他应收款	150	50	应付利息	0	0
存货	8 500	9 500	应付股利	100	100
一年内到期的非流动资产	300	50	其他应付款	200	210
其他流动资产	250	50	一年内到期的非流动负债	700	400
			其他流动负债	50	80
流动资产合计	17 150	20 000	流动负债合计	9 170	1 000
非流动资产:			非流动负债:		
可供出售金融资产	0	0	长期借款	5 000	4 500
持有至到期投资	1 100	1 800	应付债券	3 000	3 000
长期应收款	0	0	长期应付款	1 000	1 000
长期股权投资	0	0	专项应付款	0	0
固定资产	17 000	20 000	预计负债	0	0
在建工程	3 000	2 000	递延所得税负债	0	0
固定资产清理	0	0	其他非流动负债	0	0
无形资产	300	400	非流动负债合计	9 000	8 500
开发支出	0	0	负债合计	18 170	18 500
商誉	0	0	股东权益:		
长期待摊费用	200	100	股本	16 000	16 000
递延所得税资产	0	0	资本公积	1 500	1 500
其他非流动资产	0	0	其他综合收益	0	0
非流动资产合计	21 600	24 300	盈余公积	2 600	4 500
			未分配利润	480	3 800
			股东权益合计	20 580	25 800
资产总计	38 750	44 300	负债及股东权益合计	38 750	44 300

1. 流动比率

流动比率使企业流动资产与流动负债的比率。反映的是企业流动资产是流动负债的多少倍。其计算公式为：

$$流动比率 = \frac{流动资产}{流动负债}$$

式中，流动资产包括资产负债表中的货币资金、以公允价值计量且其变动计入当期损益的金融资产、应收票据、应收账款、预付账款、应收利息、应收股利、其他应收款、存货、1年内到期的非流动资产以及其他流动资产等。一般在计算流动比率时常用资产负债表中的期末流动资产总额；流动负债包括资产负债表中的短期借款、以公允价值计量且其变动计入当期损益的金融负债、应付票据、应付账款、预收账款、其他应付款、应付职工薪酬、应交税费、应付利息、应付股利、1年内到期的非流动负债以及其他流动负债等。

表 9-5   利润表

编制单位：ABC 公司　　　　　2016 年度　　　　　　　　　单位：万元

项目	上年数（略）	本年累计数
一、营业收入		85 000
减：营业成本		42 000
税金及附加		6 800
销售费用		14 000
管理费用		10 800
财务费用		3 500
资产减值损失		0
加：公允价值变动损益		0
投资收益		10 100
二、营业利润		18 000
加：营业外收入		100
减：营业外支出		100
三、利润总额		18 000
减：所得税费用		5 580
四、净利润		12 420

ABC 公司 2016 年的资产负债表中年末流动资产合计为 20 000 万元，流动负债合计为 10 000 万元，则该公司的流动比率为：

$$流动比率 = \frac{流动资产}{流动负债}$$

$$= \frac{20\,000}{10\,000}$$
$$= 2$$

流动比率为2,说明该企业2016年年末流动资产是流动负债的2倍,当企业用流动资产偿还了流动负债后,还会剩余10 000万元的营运资金。说明企业不能偿还短期债务的风险较小。当分析企业短期偿债能力时,流动资产越多,流动负债越少则还款能力越强;但不能简单地凭借营运资金的绝对数量的多少对不同企业的短期偿债能力进行评价。若企业的经济规模差异较大,则营运资金的绝对量便不具有可比性。所以,运用流动资产与流动负债的比例关系——流动比率来衡量企业的短期偿债能力,排除了企业规模不同产生的绝对量上的影响,也适合于同一企业在不同的历史时期偿债能力的比较。

对企业来讲,流动比率的数值只有在与某种标准进行比较时才能说明企业短期偿债能力的高低。为了更恰当地评价企业短期偿债能力,可以将本企业的流动比率与同行业平均流动比率、本企业历史最佳流动比率、本企业计划流动比率进行比较。

表9-6　　　　　　　　　　　　　　现金流量表

编制单位：ABC公司　　　　　　　　2016年度　　　　　　　　　　　　　　单位：万元

项目	行次	金额
一、经营活动产生的现金流量		
销售商品、提供劳务收到的现金		84 650
收到的税费返还		0
收到的其他与经营活动有关的现金		0
经营活动现金流入小计		84 650
购买商品、接受劳务支付的现金		40 000
支付给职工以及为职工支付的现金		8 710
支付的各项税费		12 480
支付的其他与经营活动有关的现金		0
经营活动现金流出小计		61 180
经营活动产生的现金流量净额		23 470
二、投资活动产生的现金流量		
收回投资所收到的现金		250
取得投资收益所收到的现金		1 100
处置固定资产、无形资产和其他长期资产所收到的现金		100
收到的其他与投资活动有关的现金		0
投资活动现金流入小计		1 450

续表

项目	行次	金额
购置固定资产、无形资产和其他长期资产所支付的现金		14 100
投资所支付的现金		700
支付的其他与投资活动有关的现金		0
投资活动现金支出小计		14 800
投资活动产生的现金流量净额		-13 350
三、筹资活动产生的现金流量		
吸收投资所收到的现金		0
借款所收到的现金		1 300
收到的其他与筹资活动有关的现金		0
现金流入小计		1 300
偿还债务所支付的现金		1 900
分配股利、利润或偿付利息所支付的现金		7 600
支付的其他与筹资活动有关的现金		420
现今流出小计		9 920
筹资活动产生的现金流量净额		-8 620
四、汇率变动对现金的影响		0
五、现金及现金等价物净增加额		1 500
加：期初现金及现金等价物余额		3 500
六、期末现金及现金等价物余额		5 000

分析结论的经济含义也各有不同。计算流动比率的数值并不是财务分析的最终目的，进行财务分析不仅要了解企业的偿债能力而且还要了解导致偿债能力变化的原因。为此，还必须分析流动资产和流动负债所包含内容的变化以及生产经营中存在的问题。一般情况下，影响企业流动比率可信性的因素有：营业周期、流动资产中应收账款和存货占用资金量及其周转速度的快慢。

2. 速动比率

单纯利用流动比率分析评价企业的短期偿债能力存在一定的片面性。当企业为达到自己的某种目的而在年末对流动资产、流动负债进行临时性调整时，很容易会人为地粉饰企业的流动比率。例如，为提高流动比率，在年末故意将某些流动负债还清，在下个年度利用各种筹资方式筹集所需的流动负债资金。以 ABC 公司 2016 年的资产负债情况为例，目前该公司 2016 年末流动比率为 2∶1，若公司在年末偿还 2 000 万元的短期借款，则可以使年末的流动资产数值调整到 18 000 万元，流动负债降低到 8 000 万元，此时的流动比率将会上升到 2.25；若偿还 4 000 万元的短期借款，则会使流动比率上升到 2.78；同样为降低流动比率，提高企业的资产管理效率可能会在年末大量地赊购存货或是形成大量的流动负债等。

即使企业账面流动比率较高，也会因流动资产的流动性较差使企业的"真实的"短期偿债能力减弱。在企业各项流动资产中，存货需要经过加工、销售和结算才能变成现金，如果存货滞销，则其变现能力减弱，所以，存货是流动资产中流动性相对较差的。唯谨慎的揭示企业短期偿债能力，有必要将流动资产中变现能力较弱、无法或不能用以抵偿债务的项目剔除。因此，在评价企业偿债能力时，通常将存货从流动资产中扣除（其差额部分被称为"速动资产"），以速动资产的金额与流动负债进行比较，研究速动资产与流动负债之间的比例关系，此项财务分析指标称为"速动比率"在西方也称为"酸性测试比率"。其计算公式为：

$$速动比率 = \frac{速动资产}{流动负债}$$

$$= \frac{流动资产 - 存货}{流动负债}$$

该比值反映了速动资产是流动负债的多少倍，比值越大说明企业的短期偿债能力越强，偿还流动负债的保障越大。例如：表 9-4 中的 ABC 公司 2016 年年末的速动比率为：

$$速动比率 = \frac{速动资产}{流动负债}$$

$$= \frac{流动资产 - 存货}{流动负债}$$

$$= \frac{20\,000 - 9\,500}{10\,000}$$

$$= 1.05$$

财务分析者认为将存货从流动资产中剔除是因为：

①在流动资产中，存货的变现能力最弱；

②由于某种原因，部分存货可能已经报废还没做处理；

③部分存货已经抵押给债权人；

④存货的期末计价采用成本与可变现净值孰低法时，对存货的成本与可变现净值孰低的估计存在主观因素，可能会造成人为的操纵速动比率数值的情况。综上所述，将存货从流动负债中扣除后计算的企业短期偿债能力更加令人信服。

一般认为，速动比率为 1 较为适宜。但是与流动比率相同的是在进行实际分析时，应根据企业的性质和其他因素综合评判，切不可以偏概全、一概而论。影响该指标可信度的主要原因是以公允价值计量且其变动计入当期损益的金融资产和应收账款的变现能力。目前，在资产负债表中应收账款报表行次的数据为：应收账款净额——即应收账款期末余额减计提的坏账准备后金额。若企业在提取坏账准备时按年末应收账款余额的一定比率计提的，而企业实际会发生坏账的金额往往与已计提的金额相差甚远，无法真实地反映应收账款的净值，也就不能反映企业真实的短期债务的偿还能力。不仅如此，企业也可以通过组织经营活动人为地控制速动比率的比值。例如，期末，企业采用大量的赊销行为或偿还部分流动负债将会提高速动比率；但若相反采用大量的采购行为，则会降低速动比率。但是上述财务信息是无法被外界财务分析者掌握的。

此外，由于各利益相关群体在进行分析时对风险的厌恶程度不同以及企业所处的行业不同，在计算速动比率时，厌恶风险的人不仅将存货剔除在外还会将无法或很难产生现金流量的、不可用于抵偿债务的报表项目（其他流动资产、预付账款等）剔除，以便进一步真实地反映企业流动资产的变现能力，并将由此而计算得到的速动比率改称为"保守速动比率"（或"超速动比率"）。其计算公式为：

$$保守速动比率 = \frac{速动资产 - 其他流动资产 - 预付账款}{流动负债}$$

保守速动比率也可以按下式计算

$$\frac{货币资金 + 以公允价值计量且其变动计入当期损益的金融资产 + 应收账款 + 应收票据 + 其他应收款 + 一年内到期的非流动资产}{流动负债}$$

见表9-4，ABC公司2016年年末的保守速动比率为

$$保守速动比率 = \frac{500 + 80 + 15 + 420 + 5 + 5}{1\ 000}$$

$$= 1.025$$

正因为不同的分析者对速动资产的理解不同，所以在借助于速动比率评价企业的短期偿债能力时，不仅要比较财务分析指标数值的大小，而且还应注意在计算该比值的过程中所使用的速动资产的指标口径，指标的计算口径不同也会表现为速动比率的数值出现差异。

3. 现金比率

为了更加保守地分析企业的短期偿债能力，还可以使用现金比率，即现金资产与流动负债间的比例关系。现金资产包括企业的库存现金，随时可以用于支付的存款和现金等价物，即现金流量表中所定义的现金的范畴。其计算公式为：

$$现金比率 = \frac{现金资产}{流动负债}$$

$$= \frac{货币资金 + 以公允价值计量且其变动计入当期损益的金融资产}{流动负债}$$

上式中的以公允价值计量且其变动计入当期损益的金融资产是指可以随时变现的有价证券投资，具体包括短期股票投资和在三个月内到期的债券投资。

利用表9-4可知，ABC公司2016年年末的现金比率为

$$现金比率 = \frac{现金资产}{流动负债}$$

$$= \frac{5\ 000 + 800}{10\ 000}$$

$$= 0.58$$

现金比率反映的是用现金资产可以偿还多大比重的流动负债。现金比率越高说明

企业偿还流动负债时的现金支付能力越强。但是，从企业自身的经济利益角度考虑，现金比率并非越高越好，因为现金比率过高，表明企业的流动资产中过多的资金占用在获利能力较差的现金资产状态，企业的流动资产未能得到有效的运用，企业的资产管理效率较低。

4. 现金流量比率

现金流量比率是经营活动现金流量净额与流动负债之比。其计算公式为：

$$现金流量比率 = \frac{经营活动现金流量净额}{流动负债}$$

利用表9-4、表9-6可知，ABC公司2016年年末的现金流量比率为

$$现金流量比率 = \frac{经营活动现金流量净额}{流动负债}$$

$$= \frac{23\,470}{10\,000}$$

$$= 2.347$$

现金流量比率表明每单位流动负债的偿还受经营活动现金流量净额的保障程度。该指标数值越大，说明企业短期偿债能力越强。

5. 影响企业短期偿债能力的表外因素

以上对企业短期偿债能力的分析因素均是建立在财务报表的数据可靠性角度进行的，此外还有一些表外因素（即在财务报表中无法反映出的因素）也会影响企业流动资产的变现力，进而影响企业短期偿债能力。各利益相关群体在充分了解到上述信息后，有利于其利用辅助信息正确评价企业短期偿债能力。

按照各因素对企业短期偿债能力的影响不同，可以将表外影响因素划分成两类：即增强短期偿债能力的因素和减弱短期偿债能力的因素。

（1）增强短期偿债能力的因素包括：①可动用的银行授信额度；②可快速变现的非流动资产；③企业偿债能力的声誉。

（2）减弱短期偿债能力的因素：①在财务报表中未披露的；②与担保有关的或有负债；③各项承诺付款（如经营租赁合同中的承诺付款等）。

（二）长期偿债能力

长期偿债能力是指企业偿还长期负债的能力。企业承担的长期负债主要有：长期借款、应付债券、长期应付款等。从企业长远的发展趋势角度讲，企业债权人和所有者不仅关心企业的短期偿债能力更关心长期偿债能力，以便于债权人和所有者通过分析全面了解企业的偿债能力和财务风险。制约企业长期偿债能力的决定性因素是企业的资本结构和企业经营活动的效率即企业的财务政策和经营管理效率。分析企业的偿债能力实质上是分析企业偿还债务本金和支付债务利息的能力。在利用资产负债表和利润表的有关数据分析企业的偿债能力时，通常对比研究企业的资产、收益与企业的各种资金来源之间的比例关系，进而构建一系列的财务分析指标。用来反映企业长期偿债能力的指标有：资产负债率、权益乘数、债务权益比率、有形净值债务率和已获利息倍数等。

1. 资产负债率

资产负债率是指企业的债务总额与资产总额间的比例关系，也称为"负债比率"。反映企业所拥有或控制的经济资源中有多少是通过举借债务由债权人提供的。该比率也可以从另一角度反映企业在清算时用资产保障债权人利益的程度。其计算公式为：

$$资产负债率 = \frac{负债总额}{资产总额} \times 100\%$$

该比值越大，说明企业偿债能力越强；反之，说明企业的偿债能力越差。公式中的资产总额是减除了八大资产减值跌价准备和累计折旧后的净额。公式中的分子部分为债务资金总规模，不仅包括了长期负债还包括短期负债。因为短期负债作为一个整体，有相当一部分被企业长期占用着，这部分短期负债的偿还期限虽然短，但从企业占用经济资源的角度讲这部分被企业长期稳定占用的短期负债实质上是企业的一笔长期资金来源，可以视为企业长期资金来源的一部分。例如，一个应付账款明细科目是短期负债，但是从应付账款的总账上进行分析企业总是稳定地保留有一定数额的应付账款，这部分应付账款可以成为企业长期资金来源的一部分。因此，将短期负债并入债务总额中分析企业的长期偿债能力是更加稳妥的。

例如：表9-4中，ABC公司2016年年末的资产总额为44 300万元，负债总额为18 500万元，资产负债率为：

$$资产负债率 = \frac{负债总额}{资产总额} \times 100\%$$

$$= \frac{18\ 500}{44\ 300} \times 100\%$$

$$= 41.76\%$$

对于该比值，由于不同的利益相关群体的经济利益目标不同，所以他们对企业资产负债率的理解和要求也各不相同。下面，分别从企业的债权人、股东（所有者）和经营者三方面进行分析：

（1）从债权人角度看，他们最关心的问题是债权的安全性、企业的偿债能力的强弱，也就是自己贷出的本金和利息能否按期得到清偿、自己的债权受企业资产的保障程度。如果该比值过高，则说明企业的全部资产中由债权人提供的部分过多、由企业股东（所有者）提供的过少，此时企业的财务风险将主要由债权人所承担，这对债权人来讲是不利的。因此，债权人希望企业的负债比率越低越好，该比值越低说明企业偿债越有保障，债权人贷出的资金风险越小，债权越安全。

（2）从股东（所有者）角度看，他们最关心的问题是投入资本所获得的收益水平以及资本的保值增值状况。由于企业利用各种筹资方式所筹集到的资金在企业的经营过程中发挥着同等的作用。但是，当企业的资金利润率水平超过债务利息率时，利用财务杠杆作用可以使企业的股东（所有者）所能获得的利润加大。相反，则是对股东（所有者）不力，因为当企业的资金利润率水平低于债务利息率时，借入资本的利息不仅要用该部分资金创造的利润来补偿还要从应由股东分享的利润份额中划出一部分进行清偿。所以，股东（所有者）更关心的是企业的获利能力，要求决策层能够根据企业的获利水平制定出与企业战略发展目标相适应的资本结构,及债务资金和自由资金的比例关系。而资产负债率指标从另一侧面反映了企业经济资源来源的构成情况,是股东(所有者)用来衡量企业资本结构是否合理的分析指标。为此,从股东(所有者)角度看,当企业的资金利润率水平超过债务利息率时,较高的负债比率能提高企业的获利水平;反之,当企业的资金利润率水平低于债务利息率时,举债对企业不利,会降低股东的收益。

(3) 从经营管理层角度看,他们关心的问题不仅包括企业的获利能力,还包括企业的偿债能力的强弱。因为偿债能力太弱,无法偿还债务是企业终止、进入破产清算的一个重要的直接原因。此外,资产负债率从资本结构角度反映了企业所选取的财务政策,同时也反映出经营管理层的经营理念和风险意识以及经营管理者对企业发展前景和获利能力的预期。如果企业不举债或负债比率过低,说明企业的决策层过于保守畏缩不前、对企业的发展前景和获利能力信心不足、利用债权人资本进行经营活动的能力较差(风险意识差)。但如果举债比例过高,虽然能够反映出决策层风险承受能力较强、对未来的发展前景和获利能力有充分的自信,可对于债权人来说如果企业的举债比例过高超出了他们的心理承受能力将会影响到企业日后的筹资能力,即很难筹集到债务资金,财务风险太大。从财务管理角度讲,企业的决策层应当全面地对企业的获利能力和预期的风险进行充分的估计后,权衡收益与风险二者间的利弊得失,做出正确的资本结构决策。

2. 权益乘数

权益乘数是指资产总额与股东权益的比值,表明资产总额是股东权益的多少倍。权益乘数越大,说明公司资产中股东投入所占比重越小,债务资金所占比重越大。其计算公式为:

$$权益乘数 = \frac{资产总额}{股东权益总额}$$

从上述计算公式中可知,权益乘数的倒数与资产负债率之和为1。二者是从不同的侧面反映企业的财务状况,以及长期偿债能力的。权益乘数越大,资产负债率越大,说明企业资本结构中债务资金所占比重越大,企业的财务风险越大,偿债能力越弱;反之,偿债能力越强。根据表9-4的有关数据,ABC公司2016年年末的权益乘数为:

$$权益乘数 = \frac{资产总额}{股东权益总额}$$

$$= \frac{44\ 300}{25\ 800}$$

$$= 1.72$$

3. 产权比率

产权比率也是衡量企业长期偿债能力的财务分析指标之一。产权比率是指负债总额与所有者权益总额(股东权益总额)的比值,也称为"债务股权比率"。计算公式为:

$$产权比率 = \frac{负债总额}{所有者权益总额} \times 100\%$$

或者

$$\frac{负债总额}{股东权益总额} \times 100\%$$

如上例，ABC 公司 2016 年年末负债总额为 18 500 万元，股东权益合计为 25 800 万元，按照上述计算公式可得，该公司的产权比率为：

$$产权比率 = \frac{18\ 500}{25\ 800} \times 100\% = 71.71\%$$

该指标反映由债权人提供的资本与股东提供的资本的相对关系。一般来讲，股东投入的资本大于借入资本较好，但也不能一概而论。不同的利益相关群体，因其所处的经济利益的地位不同，分析的角度也不相同。从股东角度讲，在通货膨胀加剧时期，企业多举借债务资本可以把损失和风险转嫁给债权人；在经济繁荣时期，多举借债务资本可以使所有者获得额外的经济效益；在经济萎缩时期，少举债可以减少利息负担和财务风险。同时，产权比率也能从某一侧面反映企业的资本结构及其稳定性，产权比率高，是高风险、高报酬的财务结构；产权比率低，是低风险、低报酬的财务结构。从上述的计算结果中分析，该公司的债权人提供的资本是股东提供资本的 71.71%。如果经济发展状况较好，则会因公司举债力度较弱而不能借助于财务杠杆获得额外的经济利益，属于低风险的资本结构；如果经济发展停滞或下滑，则会因负债比率较低而降低损失和财务风险。

此外，该指标同时也表明了债权人投入的资本受股东投入资本的保障程度，或当企业面临清算时对债权人利益的保障程度。国家规定债权人的求偿权在股东之前，如果债权人投入的资本小于股东投入资本，则在公司清算时，股东权益越大，债权人的权益受股东权益保障的程度越高。从本例中看，债权人利益因股东提供的资本在总资本中的比重较大而得到保障。

4. 有形净值债务率

有形净值债务率是指企业负债总额与有形净资产的比率。有形净资产是指股东权益减去无形资产后的净值，即股东具有所有权的有形资产的净值。计算公式为：

$$有形净值债务率 = \frac{负债总额}{股东权益总额 - 无形资产净值} \times 100\%$$

例如，ABC 公司 2016 年年末无形资产净值为 400 万元，则该公司的有形净值债务率为：

$$\begin{aligned}有形净值债务率 &= \frac{负债总额}{股东权益总额 - 无形资产净值} \times 100\% \\ &= \frac{18\ 500}{25\ 800 - 400} \times 100\% \\ &= 72.83\%\end{aligned}$$

有形净值债务率实质上是产权比率的延伸，该指标更加谨慎、保守地反映出企业清算时债权人投入的资本受股东权益保障的程度。从长期偿债能力来讲，该比率越低长期偿债能力越强。

5. 已获利息倍数

已获利息倍数是指企业息税前利润与利息费用的比值,反映企业偿还借款利息的能力,也称为"利息保障倍数"。计算公式为:

$$已获利息倍数 = \frac{息税前利润}{利息费用} \times 100\%$$

公式中的分子部分——"息税前利润"是指在利润表中没有扣除债务利息和所得税前的利润。"息税前利润" = "利润总额" + "利息费用"。由于目前我国的利润表中并没有单独列示"利息费用",所以,外部报表信息使用者只能用"利润总额 + 财务费用"来进行估算。

公式中的分母部分——"利息费用"是指本期发生的全部应付利息,不仅包括财务费用中的利息费用,还包括计入固定资产成本的资本化利息。资本化利息虽然不能作为当期的费用在利润表中扣除,但是仍然需要公司动用资产进行偿还。"已获利息倍数"指标主要反映企业运用当期的收益偿还利息的能力,如果没有足够大的息税前利润,利息的支付将会面临困难。

例如,ABC 公司 2016 年净利润为 12 420 万元,所得税费用为 5 580 万元,利息费用为 3 500 万元。该公司已获利息倍数为:

$$已获利息倍数 = \frac{息税前利润}{利息费用}$$

$$= \frac{12\,420 + 5\,580 + 3\,500}{3\,500}$$

$$= 6.14$$

已获利息倍数指标的数值反映了企业息税前利润相当于本期所要支付的债务利息的多少倍。只要企业已获利息倍数足够大,企业就具有足够的能力偿还利息,否则相反。而对于某一特定企业来说,已获利息倍数多大为宜并无一定之规。分析时需要将企业的这一指标与其他企业,特别是同行业中的平均水平进行比较,进而为本企业制定一个适宜的指标数值。另外,从稳健性角度出发,还可以将本企业历史上的最低指标数值作为标准进行比较,并保持不低于该标准。这是因为,无论企业的经营好坏,企业都需要偿还债务利息,而且当企业的资本结构相对稳定,债务资金来源变动不大时,各个会计年度企业所要偿还的债务利息是大致相等的。但是,已获利息倍数指标数值并非越高越好,指标数值过高表明企业的偿债能力没有得到充分运用,举债不足。

6. 现金流量利息保障倍数

现金流量利息保障倍数是企业经营活动现金流量净额与利息费用的比值,反映企业运用经营活动创造的现金流量偿还借款债务利息的能力,计算公式为:

$$现金流量利息保障倍数 = \frac{经营活动现金流量净额}{利息费用} \times 100\%$$

公式中的分子部分——"经营活动现金流量净额"来自现金流量表。

公式中的分母部分——"利息费用"是指本期发生的全部应付利息,不仅包括财务费用中的利息费用,还包括计入固定资产成本的资本化利息。"现金流量利息保障倍数"指标主要反映每单位利息费用受经营活动现金流量净额的保障程度,该指标比"利息保障倍数"可信度更高,因为企业偿还利息的最直接、最有效的手段是现金而非会计利润。

例如,ABC公司2016年经营活动现金流量净额为23 470万元,利息费用为3 500万元。该公司现金流量利息保障倍数为:

$$现金流量利息保障倍数 = \frac{经营活动现金流量净额}{利息费用}$$

$$= \frac{23\ 470}{3\ 500}$$

$$= 6.71$$

虽然现金流量利息保障倍数指标数值高,说明偿还债务利息能力强,但过高的保障倍数也能反映出公司对债务资金的利用不充分,可以进一步举债筹资满足企业的发展需要或调整资本结构。

二、营运能力分析

反映资产周转速度的财务指标分别有总资产周转率、固定资产周转率和流动资产周转率及主要流动资产项目的周转率等。

(一)总资产周转率

总资产是企业所拥有或控制的、能以货币计量的全部经济资源。总资产周转状况分析实际上就是对企业的总资产及其各项构成要素的营运能力的分析。企业的总资产营运能力集中反映在总资产的销售水平上,因此总资产周转率可用于分析企业全部资产的使用效率。总资产周转率是指企业营业收入与资产总额的比率,即企业的总资产在一定时期内(通常为一年)周转的次数。总资产周转率是反映企业的总资产在一定时期内创造了多少销售收入或周转额的指标。其计算公式如下:

$$总资产周转率(次数) = \frac{营业收入}{平均资产总额}$$

其中:$$平均资产总额 = \frac{期初资产总额 + 期末资产总额}{2}$$

企业的总资产周转率反映总资产的周转速度。总资产周转率越高,周转次数越多,表明总资产周转速度越快,说明企业的全部资产进行经营利用的效果越好,企业的经营效率越高,进而使企业的偿债能力和盈利能力得到增强。反之,则表明企业利用全部资产进行经营活动的能力差、效率低,最终还将影响企业的盈利能力。如果总资产周转率长期处于较低的状态,企业则应采取适当措施提高各项资产的利用程度,对那些确实无法提高利用率的多余、闲置资产及时进行处理,加速资产周转速度。总资产周转率也可用周转天数表示,其计算公式为:

$$总资产周转天数 = \frac{计算期日历天数}{总资产周转率(次数)}$$

其中,"计算期日历天数"取决于实际计算期长短,通常为一年,按360天计。

根据表9-4、表9-5的资料,计算总资产周转率如下:

$$总资产周转率 = \frac{85\,000}{(38\,750 + 44\,300)/2} = 2.05\,(次/年)$$

总资产周转天数 = 360/2.05 = 176(天)

(二) 固定资产周转率

固定资产周转率是指企业营业收入净额与固定资产平均净值的比率。它是反映企业固定资产周转状况,衡量固定资产运用效率的一项指标。其计算公式为:

$$固定资产周转率(次数) = \frac{营业收入}{平均固定资产净值}$$

其中:$平均固定资产净值 = \frac{期初固定资产净值 + 期末固定资产净值}{2}$

$$固定资产周转天数 = \frac{计算期日历天数}{固定资产周转率(次数)}$$

固定资产周转率也没有绝对的判断标准,一般通过与企业原来的水平相比较加以考察,因为种类、数量、时间均基本相似的机器设备与厂房等外部参照物几乎不存在,即难以找到外部可以借鉴的标准企业和标准比率。一般情况下,固定资产周转率越高,表明企业固定资产利用越充分,说明企业固定资产投资得当,固定资产结构分布合理,能够较充分地发挥固定资产的使用效率,企业的经营活动越有效;反之,则表明固定资产使用效率不高,提供的生产经营成果不多,企业的营运能力较差。

在利用固定资产周转率进行分析时,应注意以下问题:

(1) 该比率的分母使用固定资产净额,这样做是为了与总资产周转率计算保持一致,因为报表中资产总额均是净值。然而,即使同样的固定资产,由于企业所采用的折旧方法和使用的折旧年限长短不同,也会导致不同的固定资产账面净值,从而影响固定资产周转率指标,造成该指标的人为差异,这也正是采用净值计算该指标的缺陷;

(2) 企业的固定资产一般采用历史成本法记账,因此在企业的固定资产、销售情况都并未发生变化的条件下,也可能由于通货膨胀导致物价上涨等因素而使销售收入虚增,导致固定资产周转率的提高,而实际上企业的固定资产效能并未增加;

(3) 利用固定资产周转率进行分析时,还应注意结合流动资产投资规模、周转额、周转速度等来分析固定资产的利用效果,以免片面和偏激。

根据表9-4、表9-5的资料,计算固定资产周转率如下:

$$固定资产周转率 = \frac{85\,000}{(17\,000 + 3\,000 + 20\,000 + 2\,000)/2} = 4.05\,(次/年)$$

固定资产周转天数 = 360/4.05 = 89(天)

(三) 流动资产周转率

流动资产周转率是指企业流动资产在一定时期内所完成的周转额与流动资产平均余额的比率,即企业的流动资产在一定时期内(通常为一年)周转的次数。流动资产周转率是反映企业的流动资产周转速度的指标。其计算公式如下:

$$流动资产周转率(次数) = \frac{营业收入}{流动资产平均占用额}$$

其中：流动资产平均占用额 = $\dfrac{\text{期初流动资产总额} + \text{期末流动资产总额}}{2}$

流动资产周转天数 = $\dfrac{\text{计算期日历天数}}{\text{流动资产周转率（次数）}}$

企业的流动资产周转率越高，流动资产周转速度越快，周转次数越多，表明企业以相同的流动资产完成的周转额越高，说明企业流动资产的经营利用效果越好，企业的经营效率越高，进而使企业的偿债能力和盈利能力得到增强。反之，则表明企业利用流动资产进行经营活动的能力差，效率低。

根据表9-4、表9-5的资料，计算流动资产周转率如下：

流动资产周转率 = $\dfrac{85\,000}{(17\,150 + 20\,000)/2}$ = 4.58（次/年）

流动资产周转天数 = 360/4.58 = 79（天）

（四）应收账款周转率

应收账款周转率是指企业商品或产品赊销净额与应收账款平均余额的比率，即企业的应收账款在一定时期内（通常为一年）周转的次数。应收账款周转率是反映企业的应收账款周转速度的指标。其计算公式如下：

应收账款周转率（次数） = $\dfrac{\text{赊销收入净额}}{\text{赊销形成的债权平均金额}}$

其中：赊销收入净额 = 销售收入 - 现销收入 - 销售退回 - 销售折让

赊销形成的债权平均余额 = $\dfrac{\text{期初应收账款和应收票据总额} + \text{期末应收账款和应收票据总额}}{2}$

应收账款周转率是反映企业应收账款变现速度快慢与管理效率高低的指标。一定期间内，企业的应收账款周转率越高，周转次数越多，表明企业应收账款回收速度越快，企业的经营管理的效率越高，资产流动性越强；短期偿债能力越强。同时，较高的应收账款周转率，可有效地减少收款费用和坏账损失，从而相对增加企业流动资产的收益。反之，较低的应收账款周转率，则表明企业应收账款的管理效率较低，企业需加强应收账款的管理和催收工作，还要根据应收账款周转率更细致地评价客户的信用程度及企业所制定的信用政策的合理性。应收账款周转率也可以用周转天数来表示。应收账款周转天数也称应收账款账龄，是指企业自商品或产品销售出去开始，至应收账款收回为止经历的天数。其计算公式为：

应收账款周转天数 = $\dfrac{\text{计算期日历天数}}{\text{应收账款周转率（次数）}}$

应收账款账龄越短，说明企业应收账款变现的速度越快，企业资金被外单位占用的时间越短，管理工作的效率越高，它是应收账款流动程度的补充指标。

在计算分析应收账款周转率指标时，应注意以下几个问题：

（1）赊销收入净额指标在企业内部进行分析时是适用的，但在与其他企业进行比较时，或是外部报表使用者计算该指标时，因企业公开发表的财务资料中很少披露赊销收入金额，所以在计算应收账款周转率时一般可以采用营业收入。

（2）公式中的赊销形成的债权金额应包括资产负债表中"应收账款"与"应收票据"等全部赊销应收款项在内。应收账款周转率是用来反映赊销形成的应收债权收回速度快慢的指标，但报表中的应收账款和应收票据已经扣除了集体的坏账准备后净额，运用该数据不能真实反映应收债权的收回质量，因此有能力取得坏账准备数额时应该用计提坏账准备之前的应收债权总额而非净额。

（3）为便于分析，在实际工作中，可以通过测算连续若干年的应收账款周转率指标与本期应收账款周转率对比，以得出比较准确的分析结果。

（4）应收账款周转率只是分析企业流动资产周转情况的一个部分，它还与客户的信用状况、企业提取坏账准备的多少、催收账款工作的及时性等因素相联系，分析中还应该综合考虑这些因素的变化情况。

根据表9-4、表9-5的资料，计算应收账款周转率如下：

$$应收账款周转率 = \frac{85\,000}{(3\,600+200+4\,200+150)/2} = 20.86（次）$$

（五）存货周转率

在企业的流动资产中，存货所占的比重较大，因此要特别重视对存货的分析。存货周转率是企业产品或商品销货成本与存货平均余额的比率，即企业的存货在一定时期内（通常为一年）周转的次数。存货周转率是反映企业的存货周转速度的指标，也是衡量企业生产经营各环节中存货运营效率的综合性指标。其计算公式如下：

$$存货周转率（次数） = \frac{营业收入}{存货平均余额}$$

$$其中：存货平均余额 = \frac{期初存货余额 + 期末存货余额}{2}$$

企业的存货周转率指标不仅是考核企业存货周转情况的指标，还与企业的获利能力直接相关。一定期间内，企业的存货周转率越高，周转次数越多，表明企业存货回收速度越快，企业的经营管理的效率越高，资产流动性越强，则企业的利润率越高（在企业有利经营的条件下）；反之，则表明企业存货的管理效率较低，存货周转较慢，存货占用资金较多，企业的利润率较小。

存货周转率也可以用周转天数来表示。其计算公式为：

$$存货周转天数 = \frac{计算期日历天数}{存货周转率（次数）}$$

存货周转天数越少，说明企业存货变现的速度越快，存货流动性越强。在计算分析存货周转率指标时，应注意以下几个问题：

（1）要以提高企业存货管理水平为前提。企业存货管理是企业管理的重要内容之一，报表使用者在分析存货周转率指标时，应尽可能结合存货的批量因素、季节性变化因素等对存货的结构以及影响存货周转速度的重要指标进行分析，通过进一步计算原材料周转率、在产品周转率或某种存货的周转率，从不同角度、环节上找出存货管理中的问题，在满足企业生产经营需要的同时，尽可能减少经营占用资金，提高企业存货管理水平。当评估企业存货管理绩效时，应当用"营业成本"数据代替"营业收入",使分子分母的指标口径保持一致。

(2) 要对存货周转率作出合理的判断。一方面,存货周转率指标较慢,是企业经营情况欠佳的一种迹象,它可能是由于企业存货中出现了冷背残次品、存货不适应生产销售需要、存货投入资金过多等原因造成的。另一方面,存货周转率指标较高,也不能完全说明企业的存货状况很好,因为若企业存货资金投入过少,可能会因存货储备不足影响生产或销售业务的进一步发展,特别是那些采购困难的存货。此外,存货周转率加快也可能是由于企业提高了销售价格,而存货成本并未改变。分析时应注意这些情况的影响。

根据表9-1、表9-2的资料,计算存货周转率如下:

$$存货周转率 = \frac{85\,000}{(8\,500 + 9\,500)/2} = 9.44(次)$$

(六) 营业周期分析

营业周期是指从取得存货开始到销售存货并收回现金为止的时期,亦即企业的生产经营周期。营业周期长短对企业生产经营具有重要影响:营业周期越短,说明资产的效率越高,其收益能力也相应增强;营业周期越短,资产的流动性越强,资产风险降低;营业周期的长短还影响着企业资产规模和资产结构,周期越短,流动资产的占用相对越少;反之,则相反。因此,分析研究企业的营业周期,并想方设法缩短营业周期,对于增强资产的管理效果具有重要意义。

营业周期的长短可以通过应收账款周转天数和存货周转天数近似的反映出来,因此,我们可由应收账款周转天数和存货周转天数之和简化计算营业周期。即:

$$营业周期 = 应收账款周转天数 + 存货周转天数$$

当采用这种简化计算方法计算营业周期时,应注意下列因素可能会影响计算结果:

(1) 采用营业年度或日历年度的年初、年末数简单计算平均数。营业年度的年初、年末通常是企业生产经营的淡季,则由于应收账款和存货的数据偏低,而使营业周期被缩短。采用日历年度时,则由于不同企业可能处于淡季,也可能处于旺季,从而使营业周期有可能被缩短,也有可能被延长。

(2) 采用不同存货计价方法时,由于存货价值不同,而导致不同的存货周转天数在价格上涨的情况下,如采用后进先出法,则存货价值偏低,存货周转天数被低估,从而也人为地缩短了营业周期。

(3) 如前所述,对于外部报表分析人而言,通常只能根据销售净额而非赊销净额计算应收账款的周转天数,由于应收账款周转天数被低估,也将导致营业周期的缩短。

根据表9-4、表9-5的资料,计算营运周期如下:

应收账款周转天数 = 360/20.86 = 17.26(天)
存货周转天数 = 360/9.44 = 38.14(天)
营运周期 = 17.26 + 38.14 = 56(天)

三、盈利能力分析

盈利能力是指企业赚取利润的能力。不论是企业的所有者、债权人,还是企业的经营管理者，都日益重视和关心企业的盈利能力。反映盈利能力的指标主要有毛利率、营业利润率、资产净利率、净资产收益率等。

（一）毛利率

毛利是销售收入与销售成本的差，毛利占营业收入的比率即毛利率。

$$毛利率 = 毛利/营业收入 \times 100\%$$

在评价特定公司的毛利率时，分析者需要考虑公司上一期间的毛利率水平；同时也要参考同行业的毛利率水平。对大多数商业企业而言，毛利率水平一般介于20%～50%，毛利率的水平取决于公司销售何种类型的商品。一般来说，流动性强的商品（如杂货）的毛利率较低；而设计新颖的特殊商品（如高档时装）的毛利率则往往较高。

一般情况下，在前后期间，公司的毛利率水平有着相对合理稳定的特点。如果发生重大的毛利率水平的变化，则常常提供给投资者这样一种信息，即市场对公司商品的消费需求正在发生变化，应引起管理当局的警觉。

毛利率是企业营业净利率的最初基础，没有足够大的毛利率便不能盈利。

根据表9-4、表9-5的资料，计算毛利率如下：

$$毛利率 = (85\ 000 - 42\ 000)/85\ 000 \times 100\% = 50.59\%$$

（二）营业利润率

营业利润率是指企业营业利润占营业收入的比重，其计算公式为：

$$营业利润率 = 营业利润/营业收入 \times 100\%$$

营业反映每百元营业收入带来的利润是多少，反映企业基本获利能力。从营业的指标关系看：利润额与营业利润率呈正比关系，而营业收入额与营业利润率呈反比关系。企业在增加营业收入的同时，必须相应地获得更多的净利润，才能使营业利润率保持不变或有所提高。而营业利润又受营业成本和费用的影响，通过分析营业利润率的升降变动，可以促使企业在扩大营业收入的同时，注意改进经营管理，降低成本和费用，提高盈利水平。

为了便于分析，实际工作中还可以将营业利润率分解为营业成本率、销售费用率、营业税费率，进一步分析影响营业利润率的因素。

（1）营业成本率。目的是分析营业成本对营业利润率的影响。其计算公式为：

$$营业成本率 = 营业成本/营业收入 \times 100\%$$

（2）销售费用率。目的是分析营业费用对营业利润率的影响。其计算公式为：

$$销售费用率 = 销售费用/营业收入 \times 100\%$$

（3）营业税费率。目的是分析税金及附加对营业利润率的影响。其计算公式为：

$$营业税费率 = 税金及附加营业收入 \times 100\%$$

在利用这一比率时，我们不仅要注意净利润的绝对数量，而且也要注意到它的质量问题：一是会计处理方面，有的企业在会计处理方面比较谨慎，资产减值准备、坏账准备、存货跌价准备就提得多些，因此净利润就会比提得少的企业低，但这并意味着前者的业绩比后者差，如果从现金的角度去考察，二者是一样的，因为各种准备的计提，对现金流量不会产生影响；二是结构方面，即构成项目上，利润表中净利润项目前的一些非营业项目不是企业营业发生的，不能反映出企业的经营实力。如果本期利润率的上升是由于拍卖掉一个部门所导致，这并不是一件值得乐观的事，更不能以此认为管理水平有所提高。

这一比率因行业不同而异，一般来说，越是资本密集的行业，其产品附加值越高，利润率也就越高，反之，资本密集程度相对低的行业，产品附加值越低，利润率也越低。

根据表9-4、表9-5的资料，计算营业利润率如下：

营业利润率 = 16 900/85 000 × 100% = 19.88%

（三）总资产净利率

总资产净利率是企业净利润与平均资产总额的百分比。计算公式如下：

$$总资产净利率 = \frac{净利润}{平均总资产} \times 100\%$$

$$= \frac{净利润}{营业收入} \times \frac{营业收入}{平均总资产}$$

$$= 营业净利率 \times 总资产周转率$$

可知，总资产周转率对资产净利率有着直接影响。企业营业净利率即使很高，但若资产周转不利的话，资产净利率自然不会高，从而也影响了股东权益报酬率。

从资产运用效率方面分析，它是以周转次数的多寡作为测验各项资产运用效率的工具，而且一般认为周转次数越多，效率则越高；但企业经营的最终目标在于获取利润，如果不能产生报酬，再高的资产运用效率也没有任何意义。因此，周转类的比率只反映资产的利用情况而不反映利用结果即运用资产所实现的利润情况，它只有同利润率指标相结合，才可全面反映企业经营业绩，为正确的投资决策作出参考。

就资产运用效率分析自身而言，在使用时有两方面问题需要引起分析者的注意：

（1）企业营业收入受许多因素影响，如企业的有关政策、价格、产品质量、广告效应、推销员素质等，而不受资产运用效率左右。因此，在进行上述比率分析时，不能忽视这些因素对营业收入可能造成的影响；

（2）在物价波动时期，用反映当期平均物价水平的营业收入除以原始成本资产，比率会有高估的倾向，若用现实成本取代原始成本作为资产计价的基础，比率则更为科学一些。总资产净利率这一指标在评价公司盈利能力时所发挥的揭示作用要远远超过每股收益与净资产收益率，但它也存在一定的局限性。总资产净利率是一个综合指标，它的高低与企业的资产结构、经营管理水平有着密切的关系。为了正确评价企业经济效益的高低，挖掘提高利润水平的潜力，可以用该项指标与本企业历史前期、与计划、与本行业平均水平和本行业内先进企业进行对比，分析形成差异的原因。

影响资产净利率高低的因素主要有：

（1）企业资产的结构。企业的资产有生产经营用、非生产经营用、不良资产、闲置资产，其结构如何直接影响该指标，因为只有生产经营用的资产才与创利有关。企业应调整资产结构，提高资产使用效益。

(2) 盈利能力。可通过对企业利润形成结构的分析，找出影响利润的主要因素和次要因素，提高企业的盈利能力，从而提高资产净利率。

根据表9-4、表9-5的资料，计算总资产净利率如下：

$$资产净利率 = \frac{12\ 420}{\frac{38\ 750 + 44\ 300}{2}} \times 100\% = 29.91\%$$

（四）净资产收益率

净资产收益率是净利润与平均所有者权益（股东权益）的百分比，也叫股东权益报酬率。其计算公式为：

$$净资产收益率 = \frac{净利润}{平均净资产}$$

式中：

$$平均净资产 = \frac{期初股东权益 + 期末股东权益}{2}$$

由于，

$$股东权益 = 总资产 - 负债 = 净资产$$

所以，

$$净资产收益率 = \frac{净利润}{平均净资产} \times 100\%$$

公式中的所有者权益，如为股份制企业则指股东对企业净资产的权利。股份制企业的全部资产减全部负债后的净资产即股东权益，它包括股本、资本公积金、盈余公积金、公益金和未分配利润。平均股东权益则指年初股东权益与年末股东权益的平均数。

该指标反映所有者权益的收益水平，指标值越高，说明投资人投入资本带来的收益越高。分析该指标时，应注意以下问题：

（1）净资产收益率反映投资者投资的回报率，因此，要将该指标与银行存款利率相比较。

（2）净资产收益率的高低还要与利润分配率相比较。

（3）净资产收益率的高低要结合净利润的构成进行分析。

一般来说，股东期望规模较大、财力雄厚的公司的权益投资的平均年度净资产收益率能超过一定标准。在国外，年度净资产收益率达到30%以上的情况也并不少见，特别是对于那些具有成功的新产品或产品高速成长的公司而言更是如此。

该指标的局限性表现在，在评价上市公司盈利能力时被过分看重。但它在许多情况下具有极大的误导性。

根据表9-4、表9-5的资料，计算净资产收益率如下：

$$净资产收益率 = \frac{1\ 242}{\frac{2\ 058 + 2\ 580}{2}} \times 100\% = 53.56\%$$

四、发展能力分析

企业为了生存和竞争，需要不断发展，在发展中壮大自身的实力。企业的发展能力，是企业依靠自身积累资金或向外界筹资来扩大经营规模的能力。由于企业实现了良性的发展，必将为社会作出贡献，并为财政提供积累。应当指出，企业的发展能力，最终取决于其获利能力，获利能力越大，发展的潜力也越大。很难想象，一家多年严重亏损的企业，会有实质性的发展和稳定可靠的社会贡献。

（一）销售增长率

销售增长率是指企业本年销售收入增长额同上年销售收入总额的比率。销售增长率表示与上年相比，企业销售收入的增减变动情况，是评价企业成长状况和发展能力的重要指标。计算公式如下：

$$销售增长率 = \frac{本年销售增长额}{上年销售收入总额} \times 100\%$$

式中：本年销售增长额是企业本年销售收入与上年销售收入的差额，本年销售增长额 = 本年销售收入 - 上年销售收入。如本年销售收入低于上年，本年销售收入增长额用"-"表示；上年销售收入总额指企业上年全年销售收入总额。

在使用该比率时，应注意：

（1）销售增长率是衡量企业经营状况和市场占有能力、预测企业经营业务拓展趋势的重要指标，也是企业扩张增量和存量资本的重要前提。不断增加的销售收入，是企业生存的基础和发展的条件，世界500强企业就主要以销售收入的多少进行排序。

（2）该指标若大于0，表示企业本年的销售收入有所增长，指标值越高，表明增长速度越快，企业市场前景越好；若该指标小于0，则说明企业的产品不适销对路、质次价高，或是在售后服务等方面存在问题，产品销售不出去，市场份额萎缩。

（3）该指标在实际操作时，应结合企业历年的销售水平、企业市场占有情况、行业未来发展及其他影响企业发展的潜在因素，进行前瞻性预测，或者结合企业前三年的销售收入增长率作出趋势性分析判断。

（二）资本积累率

资本积累率是企业本年所有者权益的增长额同年初所有者权益的比例，反映企业当年资本的积累能力。其计算公式为：

$$资本积累率 = \frac{本年股东权益增长额}{年初股东权益} \times 100\%$$

式中：分子为所有者权益年末的合计数 - 所有者权益年初的合计数；分母为年初所有者权益的合计数。

该指标反映了投资者投入企业资本的保全性和增长性，体现了企业资本的积累能力，这个指标也适用于不同所有制的企业。该指标也是站在所有者的角度，考核所有者的权益是否受到了保护。该指标同资本保值增值率一样，指标值越高越好。该指标越高，说明企业的所有者权益增长越快，资本积累能力越强，保全情况越好，企业的持续发展能力越大。使用该指标应注意的问题。在实际工作中，利用该指标评价企业经营业绩和经营管理者的业绩时，也应具体分析资本增长的原因。

根据表9-4的资料，计算资本积累率如下：

$$资本积累率 = \frac{25\ 800 - 20\ 580}{20\ 580} \times 100\% = 25.36\%$$

(三) 总资产增长率

总资产增长率是企业本年总资产增长额同年初资产总额的比率。总资产增长率可以衡量企业本期资产规模的增长情况，评价企业经营规模总量上的扩张程度。计算公式如下：

$$总资产增长率 = \frac{本年总资产增长额}{年初资产总额} \times 100\%$$

式中：本年总资产增长额是指资产总额年末数与年初数的差额，本年总资产增长额＝资产总额年末数－资产总额年初数。如本年资产总额减少，用"－"表示。年初资产总额是资产总额的年初数。

在运用该比率分析时，应注意：

（1）总资产增长率指标是从企业资产总量扩张衡量企业的发展能力，表明企业规模增长水平对企业发展后劲的影响。

（2）该指标越高，表明一个企业经营规模扩张的速度越快。但实际操作时，应注意资产规模扩张的质与量的关系，以及企业的后续发展能力，避免资产盲目扩张。

（3）该指标是考核企业发展的重要指标，我国上市公司业绩综合排序中，该指标位居第二。

(四) 三年利润平均增长率

三年利润平均增长率表明企业利润的连续三年增长情况，体现企业的发展潜力。计算公式如下：

$$三年利润平均增长率 = \sqrt[3]{\frac{年末利润总额}{三年前年末利润总额}} - 1$$

式中：三年前年末利润总额指企业三年前的利润总额数。

在运用该指标分析时，应注意：利润是企业积累和发展的基础，该指标越高，表明企业积累越多，可持续发展能力越强，发展的潜力越大；利用三年利润平均增长率指标，能够反映企业的利润增长趋势和效益稳定程度，较好体现企业的发展状况和发展能力，避免因少数年份利润不正常增长而对企业发展潜力的错误判断。

第四节 上市公司基本财务分析

一、上市公司每股份额指标

(一) 每股收益

每股收益是综合反映企业获利能力的重要指标，可以用来判断和评价管理层的经营业绩。

1. 基本每股收益

基本每股收益的计算公式为：

$$基本每股收益 = \frac{归属于公司普通股股东的净利润}{发行在外的普通股加权平均数}$$

【例9-5】某上市公司20×8年度归属于普通股股东的净利润为25 000万元。20×7年年末的股本为8 000万股,20×8年2月8日,经公司20×7年度股东大会决议,以截至20×7年年末公司总股本为基础,向全体股东每10股送红股10股,工商注册登记变更完成后公司总股本变为16 000万股。20×8年11月29日发行新股6 000万股。

$$基本每股收益 = \frac{25\ 000}{8\ 000 + 8\ 000 + 6\ 000 \times 1/12} \approx 1.52(元/股)$$

在【例9-5】计算中,公司20×7年度分配10送10导致股本增加8 000万股,由于送红股是将公司以前年度的未分配利润转为普通股,转化与否都一直作为资本使用,因此新增的这8 000万股不需要按照实际增加的月份加权计算,可以直接计入分母;而公司发行新股6 000万股,这部分股份由于在11月底增加,对全年的利润贡献只有1个月,因此应该按照1/12的权数进行加权计算。

2. 稀释每股收益

企业存在稀释性潜在普通股的,应当计算稀释每股收益。潜在普通股主要包括:可转换公司债券、认股权证和股份期权等。

(1) 可转换公司债券。对于可转换公司债券,计算稀释每股收益时,分子的调整项目为可转换公司债券当期已确认为费用的利息等的税后影响额;分母的调整项目为假定可转换公司债券当期期初或发行日转换为普通股的股数加权平均数。

(2) 认股权证和股份期权。认股权证、股份期权等的行权价格低于当期普通股平均市场价格时,应当考虑其稀释性。

计算稀释每股收益时,作为分子的净利润金额一般不变;分母的调整项目为增加的普通股股数,同时还应考虑时间权数。

行权价格和拟行权时转换的普通股股数,按照有关认股权证合同和股份期权合约确定。公式中的当期普通股平均市场价格,通常按照每周或每月具有代表性的股票交易价格进行简单算术平均计算。在股票价格比较平稳的情况下,可以采用每周或每月股票的收盘价作为代表性价格;在股票价格波动较大的情况下,可以采用每周或每月股票最高价与最低价的平均值作为代表性价格。无论采用何种方法计算平均市场价格,一经确定,不得随意变更,除非有确凿证据表明原计算方法不再适用。当期发行认股权证或股份期权的,普通股平均市场价格应当自认股权证或股份期权的发行日起计算。

【例9-6】某上市公司20×8年7月1日按面值发行年利率3%的可转换公司债券,面值10 000万元,期限为5年,利息每年年末支付一次,发行结束一年后可以转换股票,转换价格为每股5元,即每100元债券可转换为1元面值的普通股20股。20×8年该公司归属于普通股股东的净利润为30 000万元,20×8年发行在外的普通股加权平均数为40 000万股,债券利息不符合资本化条件,直接计入当期损益,所得税税率为25%。假设不考虑可转换公司债券在负债成分和权益成分之间的分拆,且债券票面利率等于实际利率。则稀释每股收益计算如下:

基本每股收益 = $\frac{30\,000}{40\,000}$ = 0.75（元）

假设全部转股，所增加的净利润 = $10\,000 \times 3\% \times \frac{6}{12} \times (1-25\%)$ = 112.5（万元）

假设全部转股，所增加的年加权平均普通股股数 = $\frac{10\,000}{100} \times 20 \times \frac{6}{12}$ = 1 000（万股）

增量股的每股收益 = $\frac{112.5}{1\,000}$ = 0.1125（元）

增量股的每股收益小于原每股收益，可转换债券具有稀释作用。

稀释每股收益 = $\frac{30\,000 + 112.5}{40\,000 + 1\,000}$ ≈ 0.73（元）

在分析每股收益指标时，应注意企业利用回购库存股的方式减少发行在外的普通股股数，使每股收益简单增加。另外，如果企业将盈利用于派发股票股利或配售股票，就会使企业流通在外的股票数量增加，这样将会大量稀释每股收益。在分析上市公司公布的信息时，投资者应注意区分公布的每股收益是按原始股股数还是按完全稀释后的股份计算规则计算的，以免受到误导。

对投资者来说，每股收益是一个综合性的盈利概念，能比较恰当地说明收益的增长或减少。人们一般将每股收益视为企业能否成功地达到其利润目标的计量标志，也可以将其看成一家企业管理效率、盈利能力和股利来源的标志。

每股收益这一财务指标在不同行业、不同规模的上市公司之间具有相当大的可比性，因而在各上市公司之间的业绩比较中被广泛地加以引用。此指标越大，盈利能力越好，股利分配来源越充足，资产增值能力越强。

（二）每股股利

每股股利是企业股利总额与企业流通股数的比值。其计算公式为：

$$每股股利 = \frac{股利总额}{流通股数}$$

【例9-7】 某上市公司20×8年度发放普通股股利3 600万元，年末发行在外的普通股股数为12 000万股。每股股利计算如下：

每股股利 = $\frac{3\,600}{12\,000}$ = 0.3（元）

每股股利反映的是上市公司每一普通股获取股利的大小。每股股利越大，则企业股本获利能力就越强；每股股利越小，则企业股本获利能力就越弱。但须注意，上市公司每股股利发放多少，除了受上市公司获利能力大小影响以外，还取决于企业的股利发放政策。如果企业为了增强企业发展后劲儿增加企业的公积金，则当前的每股股利必然会减少；反之，则当前的每股股利会增加。

反映每股股利和每股收益之间关系的一个重要指标是股利发放率，即每股股利分配额与当期的每股收益之比。借助于该指标，投资者可以了解一家上市公司的股利发放政策。

(三) 每股净资产

每股净资产,又称每股账面价值,是指企业净资产与发行在外的普通股股数之间的比率。用公式表示为:

$$每股净资产 = \frac{股东权益总额}{发行在外的普通股股数}$$

【例9-8】某上市公司20×8年年末股东权益为15 600万元,全部为普通股,年末普通股股数为12 000万股。则每股净资产计算如下:

$$每股净资产 = \frac{15\ 600}{12\ 000} = 1.3(元)$$

每股净资产显示了发行在外的每一普通股股份所能分配的企业账面净资产的价值。这里所说的账面净资产是指企业账面上的总资产减去负债后的余额,即股东权益总额。每股净资产指标反映了在会计期末每一股份在企业账面上到底值多少钱,它与股票面值、发行价值、市场价值乃至清算价值等往往有较大差距。

利用该指标进行横向和纵向对比,可以衡量上市公司股票的投资价值。如在企业性质相同、股票市价相近的条件下,某一企业股票的每股净资产越高,则企业发展潜力与其股票的投资价值越大,投资者所承担的投资风险越小。但是也不能一概而论,在市场投机气氛较浓的情况下,每股净资产指标往往不太受重视。投资者,特别是短线投资者注重股票市价的变动,有的企业的股票市价低于其账面价值,投资者会认为这个企业没有前景,从而失去对该企业股票的兴趣;如果市价高于其账面价值,而且差距较大,投资者会认为企业前景良好、有潜力,因而甘愿承担较大的风险购进该企业股票。

二、上市公司市价比率指标

(一) 市盈率

市盈率是股票每股市价与每股收益的比率,其计算公式如下:

$$市盈率 = \frac{每股市价}{每股收益}$$

【例9-9】沿用【例9-5】的资料,同时假定该上市公司20×8年末每股市价30.4元。则该公司20×8年末市盈率计算如下:

$$市盈率 = \frac{30.4}{1.52} = 20(倍)$$

一方面,市盈率越高,意味着企业未来成长的潜力越大,也即投资者对该股票的评价越高,反之,投资者对该股票评价越低。另一方面,市盈率越高,说明投资于该股票的风险越大,市盈率越低,说明投资于该股票的风险越小。

影响企业股票市盈率的因素有:第一,上市公司盈利能力的成长性。如果上市公司预期盈利能力不断提高,说明企业具有较好的成长性,虽然目前市盈率较高,也值得投资者进行投资。第二,投资者所获取报酬率的稳定性。如果上市公司经营效益良好且相对稳定,则投资者获取的收益也较高且稳定,投资者就愿意持有该企业的股票,则该企业的股票市盈率会由于众多投资者的普遍看好而相应提高。第三，市盈率也受到利率水平变动的影响。当市场利率水平变化时，市盈率也应作相应的调整。在股票市场的实务操作中，利率与市盈率之间的关系常用如下公式表示：

$$市场平均市盈率 = \frac{1}{市场利率}$$

所以，上市公司的市盈率一直是广大股票投资者进行中长期投资的重要决策指标。

对于因送红股、公积金转增资本、配股造成股本总数比上一年年末数增加的公司，其每股税后利润按变动后的股本总数予以相应的摊薄。

（二）市净率

市净率是每股市价与每股净资产的比率，是投资者用以衡量、分析个股是否具有投资价值的工具之一。市净率的计算公式如下：

$$市净率 = \frac{每股市价}{每股净资产}$$

【例9-10】沿用【例9-7】的资料，同时假定该上市公司20×8年年末每股市价为3.9元，则该公司20×8年年末市净率计算如下：

$$市净率 = \frac{3.9}{1.3} = 3（倍）$$

净资产代表的是全体股东共同享有的权益，是股东拥有公司财产和公司投资价值最基本的体现，它可以用来反映企业的内在价值。一般来说，市净率较低的股票，投资价值较高；反之，则投资价值较低。但有时较低市净率反映的可能是投资者对公司前景的不良预期，而较高市净率则相反。因此，在判断某只股票的投资价值时，还要综合考虑当时的市场环境以及公司经营情况、资产质量和盈利能力等因素。

第五节 综合分析

一、综合分析的概述

所谓会计报表综合分析，就是将营运能力、发展能力、偿债能力和获利能力等诸方面的分析纳入一个有机的整体之中。全方位地评价企业的财务状况、经营成果和现金流量情况，从而对企业经济效益作出准确的评价与判断。

与单项分析相比较，财务报表综合分析具有以下特点：

（1）分析方法不同。单项分析通常采用由一般到个别，把企业财务活动的总体分解为每个具体部分，然后逐一加以考查分析；而综合分析则是通过归纳综合，把个别财务现象从财务活动的总体上作出总结。因此，单项分析具有实务性和实证性，综合分析则具有高度的抽象性和概括性，着重从整体上概括财务状况的本质特征。单项分析能够真切地认识每一个具体的财务现象，可以对财务状况和经营成果的某一方面作出判断和评价,并为综合分析提供良好的基础。但如果不在此基础上抽象概括,把具体的问题提高到理性高度认识,就难以对企业的财务状况和经营业绩作出全面、完整和综合的评价。因此,综合分析要以各单项分析指标及其各指标要素为基础,要求各单项指标要素及计算的各项指标一定要真实、全面和适当,所设置的评价指标必须能够涵盖企业盈利能力、偿债能力及营运能力等诸方面总体分析的要求。只有把单项分析和综合分析结合起来,才能提高财务报表分析的质量。

(2) 分析重点和基准不同。单项分析的重点和比较基准是财务计划、财务理论标准,而综合分析的重点和基准是企业整体发展趋势。因此,单项分析把每个分析的指标视为同等重要的地位来处理,它难以考虑各种指标之间的相互关系。而财务综合分析强调各种指标有主辅之分,一定要抓住主要指标。只有抓住主要指标,才能抓住影响企业财务状况的主要矛盾。在主要财务指标分析的基础上再对其辅助指标进行分析,才能分析透彻,把握准确、详尽。各主辅指标功能应相互协调匹配,在利用主辅指标时,还应特别注意主辅指标间的本质联系和层次关系。

因此,把财务报表综合分析同单项分析加以区分是十分必要的,它有利于财务报表分析者把握企业财务的全面状况,而不至于把精力仅局限于个别的具体问题上。

二、综合分析的原则

由于企业内部经济活动与外部环境都很复杂,因此要成功地分析把握企业总体的财务状况和经营成果,在进行综合分析时,应遵循一定的原则,具体表现在综合财务分析指标体系的设置原则及综合分析方法的具体原则两个方面。

(一) 综合财务分析指标体系的设置原则

综合分析企业的整体能力,应设置评价指标,在综合财务分析指标体系设置方面具体可分为三个具体原则:

(1) 综合性原则。指标要素的综合性,要求所设置的评价指标必须能够综合反映企业获利能力、偿债能力、营运能力及发展能力诸方面总体考核的要求。

(2) 重要性原则。重要性原则要求在确定获利能力、偿债能力、营运能力及发展能力诸方面评价的主要指标与辅助指标的同时,进一步明晰总体结构中各指标的主辅地位,即使包含在指标体系中,也不能平均分配重要性系数,亦即有些指标更重要,有些指标则次重要,从而构成一套主次分明的评价指标体系。

(3) 有用性原则。有用性原则要求指标体系必须能够提供多层次、多角度的信息资料,既满足企业内决策的需要,同时又能满足外部投资者和政府经济管理机构的信息息需要。

(二) 综合分析方法的具体原则

(1) 信息资料充分原则。只有充分地占有分析所需的信息资料,才能作出正确的分析结论。这些资料既包括企业的会计报表,又包括企业所处的政治、经济、地理、文化、资源等环境变化的情况;既包括定量的数据,又包含定性的文字分析说明。

(2) 定性分析与定量分析相结合原则。现代企业所处的外部环境的复杂性,决定了定性分析的重要性。因为有些外部环境,是难以定量描述的,而这些外部环境的变化会深刻地影响企业的发展及理财目标的实现。同时,定量地分析能为决策提供准确的数据,因此二者不可偏废,应遵循定性与定量分析相结合的原则。

(3)静态分析与动态分析相结合原则。企业会计报表提供的是过去某时点的静态信息(如资产负债表)或过去某会计期间的动态信息(如利润表、现金流量表)。在进行会计报表综合分析时,要时刻注意数据的时间性,在弄清过去情况的基础上,分析在当前情况下可能的结果及对未来的影响。另外,静态与动态的区分也不是绝对的,二者可以相互转化。如资产负债表中固定资产原值期末比期初有大量增长,这是两个"静态"的数据,但深入分析可以得出动态的判断:一方面本期因为增加固定资产投资,而影响到企业的资产结构及现金流出等方面,对现金流量表会有影响;另一方面,下一年度的折旧费用将增大,会影响到下一年度的利润表。因此,应在综合分析时,静态指标和动态指标相结合。

三、杜邦财务分析体系

(一)杜邦财务分析体系的含义和特点

杜邦财务分析体系,简称杜邦体系,又称杜邦分析法,是利用各主要财务比率指标间的内在联系,对企业财务状况及经济效益进行综合系统分析和评价的方法。该体系是以股东(所有者)权益报酬率为龙头,以总资产利润率为核心,重点揭示企业获利能力及其前因后果。因其最初由美国杜邦公司成功应用,所以得名。杜邦财务分析体系的特点在于:它通过几种主要的财务比率之间的相互关系,全面、系统、直观地反映出企业的财务状况,从而大大节省了财务报表使用者的时间。杜邦分析体系中的几种主要的财务指标关系为:

$$股东(所有者)权益报酬率 = 总资产利润率 \times 权益乘数$$

$$总资产利润率 = 销售净利率 \times 资产周转率$$

$$股东(所有者)权益报酬率 = 销售净利润 \times 资产周转率 \times 权益乘数$$

$$权益乘数 = \frac{1}{1-资产负债率}$$

对此要注意以下几点:

(1)股东(所有者)权益报酬率是一个综合性最强的财务分析指标,是杜邦分析系统的核心。财务管理及会计核算的目标之一是使股东财富最大化,股东(所有者)权益报酬率反映企业所有者投入资本的获利能力,说明企业筹资、投资、资产营运等各项财务及其管理活动的效率,不断提高股东(所有者)权益报酬率是所有者权益最大化的基本保证。所以,这一财务分析指标是企业所有者、经营者都十分关心的。而股东(所有者)权益报酬率高低的决定因素主要有三个方面,即销售净利率、资产周转率和权益乘数。这样分解之后,就可以将股东(所有者)权益报酬率这一综合指标发生升降变化的原因具体化,比只用一项综合性指标更能说明问题。

(2)销售净利率反映企业利润与销售收入的关系,它的高低取决于销售收入与成本总额的高低。要想提高销售净利率,一是要扩大销售收入,二是要降低成本费用。

扩大销售收入既有利于提高销售净利率，又可提高总资产周转率。降低成本费用是提高销售净利率的一个重要因素，从杜邦分析图可以看出成本费用的基本结构是否合理，从而找出降低成本费用的途径和加强成本费用控制的办法，如果企业财务费用支出过高，就要进一步分析其负债比率是否过高，如果是管理费用过高，就要进一步分析其资产周转情况，等等。从杜邦分析图中还可以看出，提高利润率的另一途径是提高其他利润，想办法增加其他业务利润，适时适量进行投资取得收益，千方百计降低营业外支出等。为了详细了解企业成本费用的发生情况，在具体列示成本总额时，还可根据重要性原则，将那些影响较大的费用单独列示（如利息费用等），以便寻求解释。

（3）影响资产周转率的一个重要因素是资产总额。它由流动资产与长期资产组成。它们的结构合理与否将直接影响资产的周转速度。一般来说，流动资产直接体现企业的偿债能力和变现能力，而长期资产则体现该企业的经营规模、发展潜力。两者之间应保持一种合理的比率关系。如果发现某项资产比重过大，影响资金周转，就应深入分析原因。例如，企业持有的货币资金超过业务需要，就会影响企业的盈利能力；如果企业占有过多的存货和应收账款，则既会影响获利能力，又会影响偿债能力。因此，还应进一步分析各项资产的占用数额和周转速度。

（4）权益乘数主要是受资产负债率指标的影响。负债比率越大，权益乘数就越高，说明企业的负债程度比较高，给企业带来了较多的杠杆利益，同时，也带来了较多的风险。对权益乘数的分析要联系销售收入分析企业的资产使用是否合理，联系权益结构分析企业的偿债能力。在资产总额不变的条件下，开展合理的负债经营，可以减少所有者权益所占的份额，从而达到提高所有者权益净利率的目的。

（二）杜邦财务分析体系图

利用杜邦财务分析体系进行综合分析时，可把各项财务指标之间的关系绘制成杜邦财务分析体系图，并用数字说明它们之间的相互关系。如图 9-1 所示。

（三）杜邦财务分析体系的作用

通过杜邦分析体系自上而下或自下而上地分析，不仅可以了解企业财务状况的全貌以及各项财务分析指标间的结构关系，而且还可以查明各项主要财务指标增减变动的影响因素及存在问题。杜邦分析体系提供的上述财务信息，较好地解释了指标变动的原因和趋势，这为进一步采取具体措施指明了方向，而且还为决策者优化经营结构和理财结构，提高企业偿债能力和经营效益提供了基本思路，即要提高净值报酬率的根本途径在于扩大销售、改善经营结构，节约成本费用开支，合理资源配置，加速资金周转，优化资本结构等。在具体应用杜邦分析法时，应注意这一方法不是另外建立新的财务指标，它是一种对财务比率进行分解的方法。因此，它既可以通过所有者权益收益率的分解来说明问题，也可通过分解其他财务指标（如总资产收益率）来说明问题。总之，杜邦分析法和其他财务分析方法一样，关键不在于指标的计算而在于对指标的理解和运用。

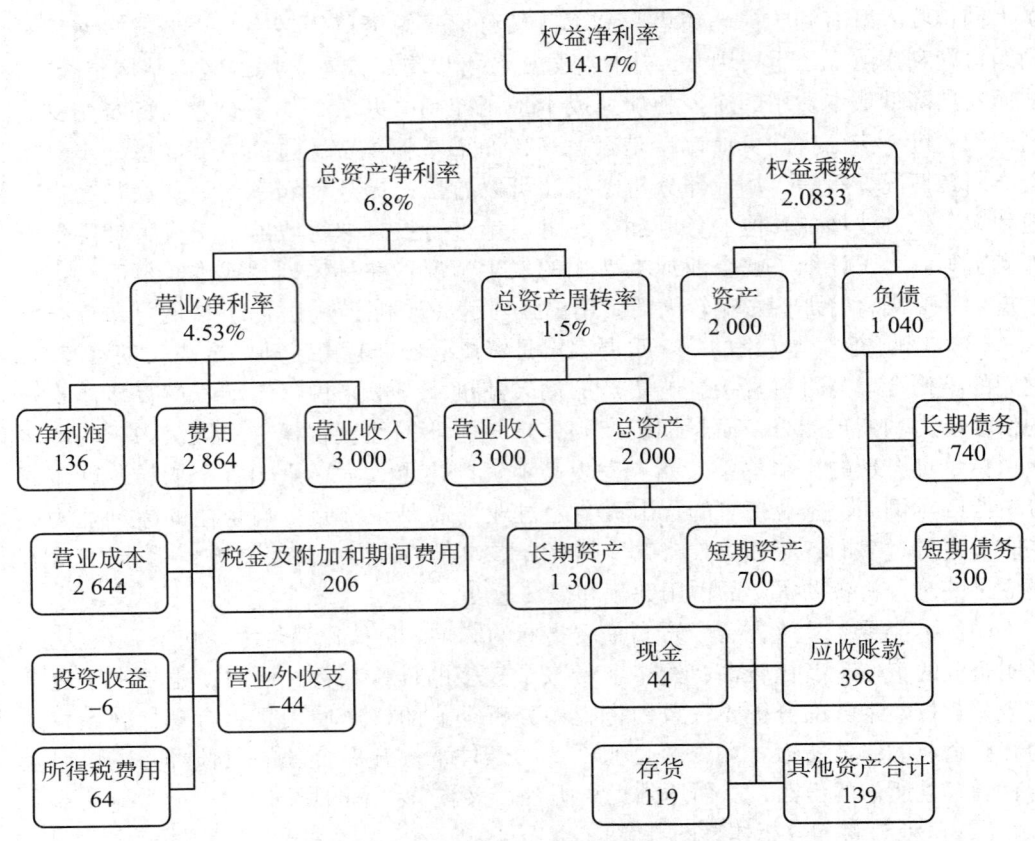

图 9-1 杜邦分析体系的基本框架图

四、权益乘数主要受资产负债率指标的影响

资产负债率越高,权益乘数就越高,说明企业的负债程度比较高,给企业带来了较多的杠杆利益,同时,也带来了较大的风险。

【例 9-11】某企业有关财务数据如表 9-7 所示。分析该企业净资产收益率变化的原因(表 9-8)。

表 9-7　　　　　　　　　　基本财务数据　　　　　　　　　　单位:万元

年度	净利润	销售收入	平均资产总额	平均负债总额	全部成本	制造成本	销售费用	管理费用	财务费用
20×7	10 284.04	411 224.01	306 222.94	205 677.07	403 967.43	373 534.53	10 203.05	18 667.77	1 562.08
20×8	12 653.92	757 613.81	330 580.21	215 659.54	736 747.24	684 261.91	21 740.96	25 718.20	5 026.17

表 9-8　　　　　　　　　　　　　　财务比率

年度	20×7	20×8
净资产收益率	10.23%	11.01%
权益乘数	3.05	2.88
资产负债率	67.2%	65.2%
总资产净利率	3.36%	3.83%
销售净利率	2.5%	1.67%
总资产周转率（次）	1.34	2.29

（1）对净资产收益率的分析。该企业的净资产收益率在20×7～20×8年出现了一定程度的好转，从20×7年的10.23%增加至20×8年的11.01%。企业的投资者在很大程度上依据这个指标来判断是否投资或是否转让股份，考察经营者业绩和决定股利分配政策。这些指标对企业的管理者也至关重要。

$$净资产收益率 = 权益乘数 \times 总资产净利率$$

20×7年：10.23% = 3.05 × 3.36%

20×8年：11.01% = 2.88 × 3.83%

通过分解可以明显地看出，该企业净资产收益率的变动在于资本结构（权益乘数）变动和资产利用效果（总资产净利率）变动两方面共同作用的结果，而该企业的总资产净利率太低，显示出很差的资产利用效果。

（2）对总资产净利率的分析。

$$总资产净利率 = 销售净利率 \times 总资产周转率$$

20×7年：3.36% = 2.5% × 1.34

20×8年：3.83% = 1.67% × 2.29

通过分解可以看出20×8年该企业的总资产周转率有所提高，说明资产的利用得到了比较好的控制，显示出比前一年较好的效果，表明该企业利用其总资产产生销售收入的效率在增加。总资产周转率提高的同时销售净利率的减少阻碍了总资产净利率的增加。

（3）对销售净利率的分析。

$$销售净利率 = \frac{净利润}{销售收入}$$

20×7年：2.5% = 10 284.04 ÷ 411 224.01

20×8年：1.67% = 12 653.92 ÷ 757 613.81

该企业20×8年大幅度提高了销售收入，但是净利润的提高幅度却很小，分析其原因是成本费用增多，从表8-2可知：全部成本从20×7年的403 967.43万元增加到20×8年的736 747.24万元，与销售收入的增加幅度大致相当。

（4）对全部成本的分析。

$$全部成本 = 制造成本 + 销售费用 + 管理费用 + 财务费用$$

20×7年：403 967.43 = 373 534.53 + 10 203.05 + 18 667.77 + 1 562.08

20×8年：736 747.24 = 684 261.91 + 21 740.96 + 25 718.20 + 5 026.17

本例中，导致该企业净资产收益率小的主要原因是全部成本过大。也正是因为全部成本的大幅度提高导致了净利润提高幅度不大，而销售收入大幅度增加，就引起了销售净利率的降低，显示出该企业销售盈利能力的降低。资产净利率的提高当归功于总资产周转率的提高，销售净利率的减少却起到了阻碍的作用。

(5) 对权益乘数的分析。

$$权益乘数 = \frac{资产总额}{权益总额}$$

20×7年：$3.05 = \frac{306\ 222.94}{306\ 222.94 - 205\ 677.07}$

20×8年：$2.88 = \frac{330\ 580.21}{330\ 580.21 - 215\ 659.54}$

该企业下降的权益乘数，说明企业的资本结构在20×7~20×8年发生了变动，20×8年的权益乘数较20×7年有所减小。权益乘数越小，企业负债程度越低，偿还债务能力越强，财务风险有所降低。这个指标同时也反映了财务杠杆对利润水平的影响。该企业的权益乘数一直处于2~5，也即负债率在50%~80%，属于激进战略型企业。管理者应该准确把握企业所处的环境，准确预测利润，合理控制负债带来的风险。

(6) 结论。对于该企业，最为重要的就是要努力降低各项成本，在控制成本上下功夫，同时要保持较高的总资产周转率。这样，可以使销售净利率得到提高，进而使总资产净利率有大的提高。

五、沃尔评分法

企业财务综合分析的先驱者之一是亚历山大·沃尔。他在20世纪初出版的《信用晴雨表研究》和《财务报表比率分析》中提出了信用能力指数的概念，他把若干个财务比率用线性关系结合起来，以此来评价企业的信用水平，被称为沃尔评分法。他选择了七种财务比率，分别给定了其在总评价中所占的比重，总和为100分；然后，确定标准比率，并与实际比率相比较，评出每项指标的得分，求出总评分。

【例9-12】某企业是一家中型电力企业，20×8年的财务状况评分的结果如表9-9所示。

表9-9　　　　　　　　　　　　沃尔综合评分表

财务比率	比重 1	标准比率 2	实际比率 3	相对比率 4=3÷2	综合指数 5=1×4
流动比率	25	2.00	1.66	0.83	20.75
净资产/负债	25	1.50	2.39	1.59	39.75

续表

财务比率	比重 1	标准比率 2	实际比率 3	相对比率 4=3÷2	综合指数 5=1×4
资产/固定资产	15	2.50	1.84	0.736	11.04
销售成本/存货	10	8	9.94	1.243	12.43
销售收入/应收账款	10	6	8.61	1.435	14.35
销售收入/固定资产	10	4	0.55	0.1375	1.38
销售收入/净资产	5	3	0.40	0.133	0.67
合计	100				100.37

从表9-9可知，该企业的综合指数为100.37，总体财务状况是不错的，综合评分达到标准的要求。但由于该方法技术上的缺陷，夸大了达到标准的程度。尽管沃尔评分法在理论上还有待证明，在技术上也不完善，但它还是在实践中被广泛地加以应用。

沃尔评分法从理论上讲，有一个弱点，就是未能证明为什么要选择这七个指标，而不是更多些或更少些，或者选择别的财务比率，以及未能证明每个指标所占比重的合理性。沃尔评分法从技术上讲有一个问题，就是当某一个指标严重异常时，会对综合指数产生不合逻辑的重大影响。这个缺陷是由相对比率与比重相"乘"而引起的。财务比率提高一倍，其综合指数增加100%；而财务比率缩小一倍，其综合指数只减少50%。

现代社会与沃尔的时代相比，已有很大的变化。一般认为企业财务评价的内容首先是盈利能力，其次是偿债能力，再次是成长能力，它们之间大致可按5:3:2的比重来分配。盈利能力的主要指标是总资产报酬率、销售净利率和净资产收益率，这三个指标可按2:2:1的比重来安排。偿债能力有四个常用指标。成长能力有三个常用指标(都是本年增量与上年实际量的比值)。假定仍以100分为总评分。

【例9-13】仍以【例9-12】中企业20×8年的财务状况为例，以中型电力生产企业的标准值为评价基础，则其综合评分标准如表9-10所示。

表9-10　　　　　　综合评分表

指标	评分值	标准比率（%）	行业最高比率（%）	最高评分	最低评分	每分比率的差
盈利能力：						
总资产报酬率	20	5.5	15.8	30	10	1.03
销售净利率	20	26.0	56.2	30	10	3.02
净资产收益率	10	4.4	22.7	15	5	3.66

续表

指标	评分值	标准比率（%）	行业最高比率（%）	最高评分	最低评分	每分比率的差
偿债能力：						
自有资本比率	8	25.9	55.8	12	4	7.475
流动比率	8	95.7	253.6	12	4	39.475
应收账款周转率	8	290	960	12	4	167.5
存货周转率	8	800	3 030	12	4	557.5
成长能力：						
销售增长率	6	2.5	38.9	9	3	12.13
净利增长率	6	10.1	51.2	9	3	13.7
总资产增长率	6	7.3	42.8	9	3	11.83
合计	100			150	50	

标准比率以本行业平均数为基础，在给每个指标评分时，应规定其上限和下限，以减少个别指标异常对总分造成不合理的影响。上限可定为正常评分值的1.5倍，下限可定为正常评分值的0.5倍。此外，给分不是采用"乘"的关系，而是采用"加"或"减"的关系来处理，以克服沃尔评分法的缺点。例如，总资产报酬率每分比率的差为1.03% =（15.8% － 5.5%）÷（30 － 20）。总资产报酬率每提高1.03%，多给1分，但该项得分不得超过30分。

根据这种方法，对该企业的财务状况重新进行综合评价，得124.94分（表9－11），是一个中等略偏上水平的企业。

表9－11　　　　　　　　　　财务情况评分

指标	实际比率 1	标准比率 2	差异 3＝1－2	每分比率 4	调整分 5＝3÷4	标准评分值 6	得分 7＝5＋6
盈利能力：							
总资产报酬率	10	5.5	4.5	1.03	4.37	20	24.37
销售净利率	33.54	26.0	7.54	3.02	2.50	20	22.50
净资产收益率	13.83	4.4	9.43	3.66	2.58	10	12.58
偿债能力：							
自有资本比率	72.71	25.9	46.81	7.475	6.26	8	14.26
流动比率	166	95.7	70.3	39.475	1.78	8	9.78
应收账款周转率	861	290	571	167.5	3.41	8	11.41
存货周转率	994	800	194	557.5	0.35	8	8.35

续表

指标	实际比率 1	标准比率 2	差异 3=1-2	每分比率 4	调整分 5=3÷4	标准评分值 6	得分 7=5+6
成长能力：							
销售增长率	17.7	2.5	15.2	12.13	1.25	6	7.25
净利增长率	-1.74	10.1	-11.84	13.7	-0.86	6	5.14
总资产增长率	46.36	7.3	39.06	11.83	3.30	6	9.30
合计						100	124.94

六、综合绩效评价

综合绩效评价是综合分析的一种，一般是站在企业所有者（投资人）的角度进行的。

综合绩效评价，是指运用数理统计和运筹学的方法，通过建立综合评价指标体系，对照相应的评价标准，定量分析与定性分析相结合，对企业一定经营期间的盈利能力、资产质量、债务风险以及经营增长等经营业绩和努力程度等各方面进行的综合评判。

科学地评价企业绩效，可以为出资人行使经营者的选择权提供重要依据；可以有效地加强对企业经营者的监管和约束；可以为有效激励企业经营者提供可靠依据；还可以为政府有关部门、债权人、企业职工等利益相关方提供有效的信息支持。

（一）综合绩效评价的内容

企业综合绩效评价由财务绩效定量评价和管理绩效定性评价两部分组成。

1. 财务绩效定量评价

财务绩效定量评价是指对企业一定期间的盈利能力、资产质量、债务风险和经营增长四个方面进行定量对比分析和评判。

（1）企业盈利能力分析与评判主要通过资本及资产报酬水平、成本费用控制水平和经营现金流量状况等方面的财务指标，综合反映企业的投入产出水平以及盈利质量和现金保障状况。

（2）企业资产质量分析与评判主要通过资产周转速度、资产运行状态、资产结构以及资产有效性等方面的财务指标，综合反映企业所占用经济资源的利用效率、资产管理水平与资产的安全性。

（3）企业债务风险分析与评判主要通过债务负担水平、资产负债结构、或有负债情况、现金偿债能力等方面的财务指标，综合反映企业的债务水平、偿债能力及其面临的债务风险。

（4）企业经营增长分析与评判主要通过销售增长、资本积累、效益变化以及技术投入等方面的财务指标，综合反映企业的经营增长水平及发展后劲。

2. 管理绩效定性评价

管理绩效定性评价是指在企业财务绩效定量评价的基础上，通过采取专家评议的方式，对企业一定期间的经营管理水平进行定性分析与综合评判。

管理绩效定性评价指标包括企业发展战略的确立与执行、经营决策、发展创新、风险控制、基础管理、人力资源、行业影响、社会贡献等方面。

（二）综合绩效评价指标

企业综合绩效评价指标由 22 个财务绩效定量评价指标和 8 个管理绩效定性评价指标组成。

1. 财务绩效定量评价指标

财务绩效定量评价指标由反映企业盈利能力、资产质量状况、债务风险状况和经营增长状况等四个方面的基本指标和修正指标构成。

其中，基本指标反映企业一定期间财务绩效的主要方面，并得出财务绩效定量评价的基本结果。修正指标是根据财务指标的差异性和互补性，对基本指标的评价结果作进一步的补充和矫正。

（1）企业盈利能力状况以净资产收益率、总资产报酬率两个基本指标和销售（营业）利润率、利润现金保障倍数、成本费用利润率、资本收益率四个修正指标进行评价，主要反映企业一定经营期间的投入产出水平和盈利质量。

（2）企业资产质量状况以总资产周转率、应收账款周转率两个基本指标和不良资产比率、流动资产周转率、资产现金回收率三个修正指标进行评价，主要反映企业所占用经济资源的利用效率、资产管理水平与资产的安全性。

（3）企业债务风险状况以资产负债率、已获利息倍数两个基本指标和速动比率、现金流动负债比率、带息负债比率、或有负债比率四个修正指标进行评价，主要反映企业的债务负担水平、偿债能力及其面临的债务风险。

（4）企业经营增长状况以销售（营业）增长率、资本保值增值率两个基本指标和销售（营业）利润增长率、总资产增长率、技术投入比率三个修正指标，主要反映企业的经营增长水平、资本增值状况及发展后劲。

2. 管理绩效定性评价指标

企业管理绩效定性评价指标包括战略管理、发展创新、经营决策、风险控制、基础管理、人力资源、行业影响、社会贡献等八个方面的指标，主要反映企业在一定经营期间所采取的各项管理措施及其管理成效。

（1）战略管理评价主要反映企业所制定战略规划的科学性，战略规划是否符合企业实际，员工对战略规划的认知程度，战略规划的保障措施及其执行力，以及战略规划的实施效果等方面的情况。

（2）发展创新评价主要反映企业在经营管理创新、工艺革新、技术改造、新产品开发、品牌培育、市场拓展、专利申请及核心技术研发等方面的措施及成效。

（3）经营决策评价主要反映企业在决策管理、决策程序、决策方法、决策执行、决策监督、责任追究等方面采取的措施及实施效果，重点反映企业是否存在重大经营决策失误。

（4）风险控制评价主要反映企业在财务风险、市场风险、技术风险、管理风险、信用风险和道德风险等方面的管理与控制措施及效果,包括风险控制标准、风险评估程序、风险防范与化解措施等。

(5) 基础管理评价主要反映企业在制度建设、内部控制、重大事项管理、信息化建设、标准化管理等方面的情况,包括财务管理、对外投资、采购与销售、存货管理、质量管理、安全管理、法律事务等。

(6) 人力资源评价主要反映企业人才结构、人才培养、人才引进、人才储备、人事调配、员工绩效管理、分配与激励、企业文化建设、员工工作热情等方面的情况。

(7) 行业影响评价主要反映企业主管业务的市场占有率、对国民经济及区域经济的影响与带动力、主要产品的市场认可程度、是否具有核心竞争能力以及产业引导能力等方面的情况。

(8) 社会贡献评价主要反映企业在资源节约、环境保护、吸纳就业、工资福利、安全生产、上缴税收、商业诚信、和谐社会建设等方面的贡献程度和社会责任的履行情况。

各指标评价内容与权重如表 9-12 所示。

表 9-12　　　　　　　　　企业综合绩效评价指标及权重表

评价内容与权重		财务绩效(70%)				管理绩效(30%)	
		基本指标	权重	修正指标	权重	评议指标	权重
盈利能力状况	34	净资产收益率 总资产报酬率	20 14	销售(营业)利润率 利润现金保障倍数 成本费用利润率 资本收益率	10 9 8 7	战略管理 发展创新 经营决策 风险控制 基础管理 人力资源 行业影响 社会贡献	18 15 16 13 14 8 8 8
资产质量状况	22	总资产周转率 应收账款周转率	10 12	不良资产比率 流动资产周转率 资产现金回收率	9 7 6		
债务风险状况	22	资产负债率 已获利息倍数	12 10	速动比率 现金流动负债比率 带息负债比率 或有负债比率	6 6 5 5		
经营增长状况	22	销售(营业)利润率 资本保值增值率	12 10	销售(营业)利润增长率 总资产增值率 技术投入比率	10 7 5		

(三) 企业综合绩效评价标准

综合绩效评价标准分为财务绩效定量评价标准和管理绩效定性评价标准。

1. 财务绩效定量评价标准

财务绩效定量评价标准包括国内行业标准和国际行业标准。国内行业标准根据国内企业年度财务和经营管理统计数据,运用数理统计方法,分年度、分行业、分规模统一测算。国际行业标准根据居于行业国际领先地位的大型企业相关财务指标实际值，或者根据同类型企业组相关财务指标的先进值，在剔除会计核算差异后统一测算。其中，财务绩效定量评价标准的行业分类，按照国家统一颁布的国民经济行业分类标准结合企业实际情况进行划分。

财务绩效定量评价标准按照不同行业、不同规模及指标类别，划分为优秀（A）、良好（B）、平均（C）、较低（D）、较差（E）五个档次，对应五档评价标准的标准系数分别为 1.0、0.8、0.6、0.4、0.2，较差（E）以下为 0。

2. 管理绩效定性评价标准

管理绩效定性评价标准分为优（A）、良（B）、中（C）、低（D）、差（E）五个档次。对应五档评价标准的标准系数分别为 1.0、0.8、0.6、0.4、0.2，差（E）以下为 0。

管理绩效定性评价标准具有行业普遍性和一般性，在进行评价时，应当根据不同行业的经营特点，灵活把握个别指标的标准尺度。对于定性评价标准没有列示，但对被评价企业经营绩效产生重要影响的因素，在评价时也应予考虑。

（四）企业综合绩效评价工作程序

1. 财务绩效评价工作程序

财务绩效定量评价工作具体包括提取评价基础数据、基础数据调整、评价计分、形成评价结果等内容。

（1）提取评价基础数据。以经社会中介机构或内部审计机构审计并经评价组织机构核实确认的企业年度财务会计报表为基础提取评价基础数据。

（2）基础数据调整。为客观、公正地评价企业经营绩效，对评价基础数据进行调整。

（3）评价计分。根据调整后的评价基础数据，对照相关年度的行业评价标准值，利用绩效评价软件或手工评价计分。

（4）形成评价结果。对任期财务绩效评价需要计算任期内平均财务绩效评价分数，并计算绩效改进度；对年度财务绩效评价除计算年度绩效改进度外，需要对定量评价得分深入分析，诊断企业经营管理存在的薄弱环节，并在财务决策批复中提示有关问题，同时进行所监管企业的分配排序分析，在一定范围内发布评价结果。

2. 管理绩效评价工作程序

管理绩效定性评价工作具体包括收集整理绩效评价资料、聘请咨询专家、召开专家评议会、形成定性评价结论等内容。

（1）收集整理管理绩效评价资料。为了深入了解被评价企业的管理绩效状况，应当通过问卷调查、访谈等方式，充分收集并认真整理管理绩效评价的有关资料。

（2）聘请咨询专家。根据所评价企业的行业情况，聘请不少于 7 名的管理绩效评价咨询专家，组成专家咨询组，并将被评价企业的有关资料提前送达咨询专家。

（3）召开专家评议会。组织咨询专家对企业的管理绩效指标进行评议打分。

（4）形成定性评价结论。汇总管理绩效定性评价指标得分，形成定性评价结论。

（五）企业综合绩效评价计分方法

1. 财务绩效评价计分

（1）基本指标计分。财务绩效定量评价基本指标计分是按照功效系数法计分原理，将评价指标实际值对照行业评价标准值，按照规定的计分公式计算各项基本指标得分。计算公式为：

$$基本指标总得分 = \sum 单项基本指标得分$$

$$单项基本指标得分 = 本档基础分 + 调整分$$

$$本档基础分 = 指标权数 \times 本档标准系数$$

$$调整分 = 功效系数 \times (上档基础分 - 本档基础分)$$

$$上档基础分 = 指标权数 \times 本档标准系数$$

$$功效系数 = \frac{实际值 - 本档标准值}{上档标准值 - 本档标准值}$$

本档标准值是指上下两档标准值居于较低等级一档。

（2）修正指标的计分。财务绩效定量评价修正指标的计分是在基本指标计分结果的基础上，运用功效系数法原理，分别计算盈利能力、资产质量、债务风险和经营增长四部分的综合修正系数，再据此计算出修正后的分数。计算公式为：

$$修正后总得分 = \sum 各部分修正后得分$$

$$各部分修正后得分 = 各部分基本指标分数 \times 该部分综合修正系数$$

$$某部分综合修正系数 = \sum 该部分各修正指标加权修正系数$$

$$某指标加权修正系数 = \frac{修正指标权数}{该部分权数} \times 该指标单项修正系数$$

某指标单项修正系数 = 1.0 +（本档标准系数 + 功效系数 × 0.2 - 该部分基本指标分析系数）（单项修正系数控制修正幅度为 0.7~1.3）

$$某部分基本指标分析系数 = 该部分基本指标得分/该部分权数$$

在计算修正指标单项修正系数过程中，对于一些特殊情况应进行调整：

①如果修正指标单项修正系数过程中，对于一些特殊情况应进行调整：

$$单项修正系数 = 1.2 + 本档标准系数 - 该部分基本指标分析系数$$

②如果修正指标实际值处于较差值以下，其单项修正系数的计算公式如下：

$$单项修正系数 = 1.0 - 该部分基本指标分析系数$$

③如果资产负债率≥100%，指标得0分；其他情况按照规定的公式计分。

④如果盈余现金保障利润分子为正数，分母为负数，单项修正系数确定为1.1；如果分子为负数，分母为正数，单项修正系数确定为0.9；如果分子分母同为负数，单项修正系数确定为0.8。

⑤如果不良资产比率≥100%或分母为负数，单项修正系数确定为0.8。

⑥对于销售（营业）利润增长率指标，如果上年主营业务利润为负数，本年为正数，单项修正系数为1.1；如果上年主营业务利润为零，本年为正数，或者上年为负数本年为零，单项修正系数确定为1.0。

⑦如果个别指标难以确定行业标准,该指标单项修正系数确定为1.0。

2. 管理绩效评价计分

管理绩效定性评价指标的计分一般通过专家评议打分形式完成,聘请的专家应不少于7名;评议专家应当在充分了解企业管理绩效状况的基础上,对照评价参考标准,采取综合分析判断法,对企业管理绩效指标做出分析评议,评判各项指标所处的水平档次,并直接给出评价分数。计分公式为:

$$管理绩效定性评价指标分数 = \sum 单项指标分数$$

$$单项指标分数 = \frac{\sum 每位专家给定的单项指标分数}{专家人数}$$

3. 综合绩效评价计分

在得出财务绩效定量评价分数和管理绩效定性评价分数后,应当按照规定的权重,耦合形成综合绩效评价分数。计算公式为:

$$企业综合绩效评价分数 = 财务绩效定量评价分数 \times 70\% \\ + 管理绩效定性评价分数 \times 30\%$$

在得出评价分数以后,应当计算年度之间的绩效改进度,以反映企业年度之间经营绩效的变化状况。计算公式为:

$$绩效改进度 = \frac{本期绩效评价分数}{基期绩效评价分数}$$

绩效改进度大于1,说明经营绩效上升;绩效改进度小于1,说明经营绩效下滑。

(六)企业综合绩效评价结果与评价报告

1. 评价结果

企业综合绩效评价结果以评价得分、评价类型和评价级别表示。

评价类型是根据评价分数对企业综合绩效所划分的水平档次,用文字和字母表示,分为优(A)、良(B)、中(C)、低(D)、差(E)五种类型。

评价级别是对每种类型再划分级次,以体现同一评价类型的不同差异,采用在字母后标注"+、-"号的方式表示。

企业综合绩效评价结果以85、70、50、40分作为类型判定的分数线。

(1)评价得分达到85分以上(含85分)的评价类型为优(A),在此基础上划分为三个级别,分别为:A++≥95分;95分>A+≥90分;90分>A≥85分。

(2)评价得分达到70分以上(含70分)不足85分的评价类型为良(B),在此基础上划分为三个级别,分别为:85分>B+≥80分;80分>B≥75分,75分>B-≥70分。

(3)评价得分达到50分以上(含50分)不足70分的评价类型为中(C),在此基础上划分为两个级别,分别为:70分>C≥60分;60分>C-≥50分。

(4)评价得分在40分以上(含40分)不足50分的评价类型为低(D)。

(5)评价得分在40分以下的评价类型为差(E)。

2. 评价报告

企业综合绩效评价报告是指为完成一定的综合绩效评价目的，运用科学、规范的评价方法，对一定经营期间的资产质量、经营质量、财务能力等方面进行定量及定性对比分析，做出真实、客观、公正的综合性评判后撰写的完整、系统的总结材料。按照综合绩效评价报告的服务对象不同，分为内部综合绩效评价报告和外部综合绩效评价报告两种。内部综合绩效评价报告是为企业内部管理层服务的，目的是评判企业经营中的优势和不足，查找引发不足的原因并提出改进措施、建议。外部综合绩效评价报告是为企业外部投资者、债权人、供应商、政府主管部门等提供企业某方面状况的评价材料，以便于有关利益者制定正确的决策。二者的典型区别在于评价工作重心不同，内部综合绩效评价报告重点在于查找问题提出解决方案；外部综合绩效评价报告重点在于评价出某方面财务能力高低、强弱即可。

企业内部定期编制综合绩效评价报告能够为管理者掌握企业运营状况提供客观、全面、系统的数据信息，能够督促企业内部各层级员工，高效完成绩效指标并缩小不利差异；编制外部综合绩效评价报告能够为上级管理部门等利益相关者提供专业的分析数据和分析结论，以便于综合绩效评价报告使用者制定正确的决策。

以企业内部综合绩效评价报告为例，综合绩效评价报告一般应包括以下内容：

（1）企业基本概况介绍。

（2）评价依据，包括选定的评价标准；是否有调整项目、调整的依据、调整方法、调整后数值、调整对业绩评价指标数值的影响；选定业绩评价指标并确定指标权重；确定各指标评分方法等。

（3）各项业绩评价指标的实际值，包括但不限于企业盈利能力状况；资产营运能力状况；偿债能力状况；发展能力状况；各层级管理者和员工绩效状况等。

（4）各项业绩评价指标的标准值，包括但不限于标准盈利能力指标数值；标准资产营运能力指标数值；标准偿债能力指标数值；标准发展能力指标数值等。

（5）评价结论，依据评价标准主项分析后查找差异及其产生的原因，并判断企业相对于评价标准的各项能力表现水平（分值或优良程度）。

（6）给出改进建议。

（7）其他需要说明的事项等。

课后练习题

一、单项选择题

1. 资产负债表不提供下列财务信息（　　）。
   A. 资产结构　　　　　　　　　B. 负债水平
   C. 经营成果　　　　　　　　　D. 资金来源状况
2. 下列财务比率反映企业短期偿债能力的有（　　）。
   A. 现金流量比率　　　　　　　B. 资产负债率

C. 偿债保障比率　　　　　　　　　D. 利息保障倍数
3. 下列财务比率反映企业营运能力的有（　　）。
　A. 资产负债率　B. 流动比率　C. 存货周转率　D. 资产报酬率
4. 下列经济业务会使企业速动比率提高的是（　　）。
　A. 销售产成品　　　　　　　　　B. 收回应收账款
　C. 购买短期债券　　　　　　　　D. 用固定资产对外进行长期投资
5. 下列各项经济业务不会影响流动比率的是（　　）。
　A. 赊购原材料　　　　　　　　　B. 用现金购买短期债券
　C. 用存货进行长期投资　　　　　D. 向银行借款
6. 下列各项经济业务会影响企业资产负债率的是（　　）。
　A. 以固定资产的账面价值对外进行长期投资
　B. 收回应收账款
　C. 接受所有者以固定资产进行的投资
　D. 用现金购买股票

二、多项选择题

1. 对企业财务分析的主要目的有（　　）。
　A. 评价企业的偿债能力　　　　　B. 评价企业的资产管理水平
　C. 评价企业的获利能力　　　　　D. 评价企业的发展趋势
　E. 评价企业的投资项目的可行
2. 下列财务比率反映企业短期偿债能力的有（　　）。
　A. 现金比率　　　　　　　　　　B. 资产负债率
　C. 到期债务偿付比率　　　　　　D. 现金流量比率
　E. 股东权益比率
3. 下列经济业务会影响流动比率的有（　　）。
　A. 销售商品、提供劳务取得收入　B. 偿还应付账款
　C. 用银行存款购买固定资产　　　D. 用银行存款购买短期有价证券
　E. 发行公司债券融资，款项存入银行
4. 下列财务比率反映企业营运能力的有（　　）。
　A. 存货周转率　　　　　　　　　B. 现金流量比率
　C. 固定资产周转率　　　　　　　D. 总资产周转率
　E. 市盈率
5. 下列经济业务会影响企业存货周转率的是（　　）。
　A. 收回应收账款　　　　　　　　B. 销售产成品
　C. 期末购买存货　　　　　　　　D. 偿还应付账款
　E. 产品完工验收入库
6. 下列经济业务会影响企业应收账款周转率的是（　　）。
　A. 赊销产成品　　　　　　　　　B. 现销产成品

C. 期末收回应收账款   D. 发生销售退货
E. 发生销售折扣

三、简答题

1. 财务分析方法及局限性。
2. 偿债能力分析指标包括哪些。
3. 盈利能力分析指标包括哪些。
4. 营运能力分析指标包括哪些。
5. 发展能力分析指标包括哪些。
6. 简述杜邦分析体系的构成。

四、计算题

丙公司是一家上市公司,管理层要求财务部门对公司的财务状况和经营成果进行评价,财务部门根据公司 2013 年和 2014 年的年报整理出用于评价的部分财务数据,如下表所示:

丙公司部分财务数据   单位:万元

资产负债表项目	2014 年期末余额	2013 年期末余额
应收账款	65 000	55 000
流动资产合计	200 000	220 000
流动负债合计	120 000	110 000
负债合计	300 000	300 000
资产总计	800 000	700 000
利润表项目	2014 年度	2013 年度
营业收入	420 000	400 000
净利润	67 500	50 000

要求:

(1) 计算 2014 年度的下列财务指标:①营运资金;②权益乘数。

(2) 计算 2014 年度的下列财务指标:①应收账款周转率;②净资产收益率;③资本保值增长率。

附　录

附表一　　　　　　　　　　　　　复利终值系数表

期数	1%	2%	3%	4%	5%	6%	7%	8%	9%	10%
1	1.0100	1.0200	1.0300	1.0400	1.0500	1.0600	1.0700	1.0800	1.0900	1.1000
2	1.0201	1.0404	1.0609	1.0816	1.1025	1.1236	1.1449	1.1664	1.1881	1.2100
3	1.0303	1.0612	1.0927	1.1249	1.1576	1.1910	1.2250	1.2597	1.2950	1.3310
4	1.0406	1.0824	1.1255	1.1699	1.2155	1.2625	1.3108	1.3605	1.4116	1.4641
5	1.0510	1.1041	1.1593	1.2167	1.2763	1.3382	1.4026	1.4693	1.5386	1.6105
6	1.0615	1.1262	1.1941	1.2653	1.3401	1.4185	1.5007	1.5809	1.6771	1.7716
7	1.0721	1.1487	1.2299	1.3159	1.4071	1.5036	1.6058	1.7138	1.8280	1.9487
8	1.0829	1.1717	1.2668	1.3686	1.4775	1.5938	1.7182	1.8509	1.9926	2.1436
9	1.0937	1.1951	1.3048	1.4233	1.5513	1.6895	1.8385	1.9990	2.1719	2.3579
10	1.1046	1.2190	1.3439	1.4802	1.6289	1.7908	1.9672	2.1589	2.3674	2.5937
11	1.1157	1.2434	1.3842	1.5395	1.7103	1.8983	2.1049	2.3316	2.5804	2.8531
12	1.1268	1.2682	1.4258	1.6010	1.7959	2.0122	2.2522	2.5182	2.8127	3.1384
13	1.1381	1.2936	1.4685	1.6651	1.8856	2.1329	2.4098	2.7196	3.0658	3.4523
14	1.1495	1.3195	1.5126	1.7317	1.9799	2.2609	2.5785	2.9372	3.3417	3.7975
15	1.1610	1.3459	1.5580	1.8009	2.0789	2.3966	2.7590	3.1722	3.6425	4.1772
16	1.1726	1.3728	1.6047	1.8730	2.1829	2.5404	2.9522	3.4259	3.9703	4.5950
17	1.1843	1.4002	1.6528	1.9479	2.2920	2.6928	3.1588	3.7000	4.3276	5.0545
18	1.1961	1.4282	1.7024	2.0258	2.4066	2.8543	3.3799	3.9960	4.7171	5.5599
19	1.2081	1.4568	1.7535	2.1068	2.5270	3.0256	3.6165	4.3157	5.1417	6.1159
20	1.2202	1.4859	1.8061	2.1911	2.6533	3.2071	3.8697	4.6610	5.6044	6.7275
21	1.2324	1.5157	1.8603	2.2788	2.7860	3.3996	4.1406	5.0338	6.1088	7.4002
22	1.2447	1.5460	1.9161	2.3699	2.9253	3.6035	4.4304	5.4365	6.6586	8.1403
23	1.2572	1.5769	1.9736	2.4647	3.0715	3.8197	4.7405	5.8715	7.2579	8.2543
24	1.2697	1.6084	2.0328	2.5633	3.2251	4.0489	5.0724	6.3412	7.9111	9.8497
25	1.2824	1.6406	2.0938	2.6658	3.3864	4.2919	5.4274	6.8485	8.6231	10.835
26	1.2953	1.6734	2.1566	2.7725	3.5557	4.5494	5.8076	7.3964	9.3992	11.918
27	1.3082	1.7069	2.2213	2.8834	3.7335	4.8823	6.2139	7.9881	10.245	13.110
28	1.3213	1.7410	2.2879	2.9987	3.9201	5.1117	6.6488	8.6271	11.167	14.421
29	1.3345	1.7758	2.3566	3.1187	4.1161	5.4184	7.1143	9.3173	12.172	15.863
30	1.3478	1.8114	2.4273	3.2434	4.3219	5.7435	7.6123	10.063	13.268	17.449
40	1.4889	2.2080	3.2620	4.8010	7.0400	10.286	14.794	21.725	31.408	45.259
50	1.6446	2.6916	4.3839	7.1067	11.467	18.420	29.457	46.902	74.358	117.390
60	1.8167	3.2810	5.8916	10.520	18.679	32.988	57.946	101.26	176.03	304.48

续表

期数	12%	14%	15%	16%	18%	20%	24%	28%	32%	36%
1	1.1200	1.1400	1.1500	1.1600	1.1800	1.2000	1.2400	1.2800	1.3200	1.3600
2	1.2544	1.2996	1.3225	1.3456	1.3924	1.4400	1.5376	1.6384	1.7424	1.8496
3	1.4049	1.4815	1.5209	1.5609	1.6430	1.7280	1.9066	2.0872	2.3000	2.5155
4	1.5735	1.6890	1.7490	1.8106	1.9388	2.0736	2.3642	2.6844	3.036	3.4210
5	1.7623	1.9254	2.0114	2.1003	2.2878	2.4883	2.9316	3.436	4.0075	4.6526
6	1.9738	2.1950	2.3131	2.4364	2.6996	2.9860	3.6352	4.3980	5.2899	6.3275
7	2.2107	2.5023	2.6600	2.8262	3.1855	3.5832	4.5077	5.6295	6.9826	8.6054
8	2.4760	2.8526	3.0590	3.2784	3.7589	4.2998	5.5895	7.2508	9.2170	11.703
9	2.7731	3.2519	3.5179	3.8030	4.4355	5.1598	6.9310	9.2234	12.166	15.917
10	3.1058	3.7072	4.0456	4.4114	5.2338	6.1917	8.5944	11.806	16.060	21.647
11	3.4785	4.2262	4.6524	5.1173	6.1759	7.4301	10.657	15.112	21.119	29.439
12	3.8960	4.8179	5.3503	5.9360	7.2876	8.9161	13.215	19.343	27.983	40.037
13	4.3635	5.4924	6.1528	6.8858	8.5994	10.699	16.386	24.759	36.937	54.451
14	4.8871	6.2613	7.0757	7.9875	10.147	12.839	20.319	31.691	48.757	74.053
15	5.4736	7.1379	8.1371	9.2655	11.974	15.407	25.196	40.565	64.359	100.71
16	6.1304	8.1372	9.3576	10.748	14.129	18.488	31.243	51.923	84.954	136.97
17	6.8660	9.2765	10.761	12.468	16.672	22.186	38.741	66.461	112.14	186.28
18	7.6900	10.575	12.375	14.463	19.673	26.623	48.039	86.071	148.02	253.34
19	8.6128	12.056	14.232	16.777	23.214	31.948	59.568	108.89	195.39	344.54
20	9.6463	13.743	16.367	19.461	27.393	38.338	73.864	139.38	257.92	468.57
21	10.804	15.668	18.822	22.574	32.324	46.005	91.592	178.41	340.45	637.26
22	12.100	17.861	21.645	26.186	38.142	55.206	113.57	228.36	449.39	866.67
23	13.552	20.362	24.891	30.376	45.008	66.247	140.83	292.30	593.20	1 178.7
24	15.179	23.212	28.625	35.236	53.109	79.497	174.63	374.14	783.02	1 603.0
25	17.000	26.462	32.919	40.874	62.669	95.396	216.54	478.90	1 033.6	2 180.1
26	19.040	30.167	37.857	47.414	73.949	114.48	268.51	613.00	1 364.3	2 964.9
27	21.325	34.390	43.535	55.00	87.260	137.37	332.95	784.64	1 800.9	4 032.3
28	23.884	39.204	50.066	63.800	102.97	164.84	412.86	1 004.3	2 377.2	5 483.9
29	26.750	44.693	57.575	74.009	121.50	197.81	511.95	1 285.6	3 137.9	7 458.1
30	29.960	50.950	66.212	85.850	143.37	237.38	634.82	1 645.5	4 142.1	10 143
40	93.051	188.83	267.86	378.72	750.38	1 469.8	5 455.9	19 427	66 521	*
50	289.00	700.23	1 083.7	1 670.7	3 927.4	9 100.4	46 890	*	*	*
60	897.60	2 595.9	4 384.0	7 370.2	20 555	56 348	*	*	*	*

* >99 999

附表二　　　　　　　　　　　　复利现值系数表

期数	1%	2%	3%	4%	5%	6%	7%	8%	9%	10%
1	0.9901	0.9804	0.9709	0.9615	0.9524	0.9434	0.9346	0.9259	0.9174	0.9091
2	0.9803	0.9712	0.9426	0.9246	0.9070	0.8900	0.8734	0.8573	0.8417	0.8264
3	0.9706	0.9423	0.9151	0.8890	0.8638	0.8396	0.8163	0.7938	0.7722	0.7513
4	0.9610	0.9238	0.8885	0.8548	0.8227	0.7921	0.7629	0.7350	0.7084	0.6830
5	0.9515	0.9057	0.8626	0.8219	0.7835	0.7473	0.7130	0.6806	0.6499	0.6209
6	0.9420	0.8880	0.8375	0.7903	0.7462	0.7050	0.6663	0.6302	0.5963	0.5645
7	0.9327	0.8606	0.8131	0.7599	0.7107	0.6651	0.6227	0.5835	0.5470	0.5132
8	0.9235	0.8535	0.7874	0.7307	0.6768	0.6274	0.5820	0.5403	0.5019	0.4665
9	0.9143	0.8368	0.7664	0.7026	0.6446	0.5919	0.5439	0.5002	0.4604	0.4241
10	0.9053	0.8203	0.7441	0.6756	0.6139	0.5584	0.5083	0.4632	0.4224	0.3855
11	0.8963	0.8043	0.7224	0.6496	0.5847	0.5268	0.4751	0.4289	0.3875	0.3505
12	0.8874	0.7885	0.7014	0.6246	0.5568	0.4970	0.4440	0.3971	0.3555	0.3186
13	0.8787	0.7730	0.6810	0.6006	0.5303	0.4688	0.4150	0.3677	0.3262	0.2897
14	0.8700	0.7579	0.6611	0.5775	0.5051	0.4423	0.3878	0.3405	0.2992	0.2633
15	0.8613	0.7430	0.6419	0.5553	0.4810	0.4173	0.3624	0.3152	0.2745	0.2394
16	0.8528	0.7284	0.6232	0.5339	0.4581	0.3936	0.3387	0.2919	0.2519	0.2176
17	0.8444	0.7142	0.6050	0.5134	0.4363	0.3714	0.3166	0.2703	0.2311	0.1978
18	0.8360	0.7002	0.5874	0.4936	0.4155	0.3503	0.2959	0.2502	0.2120	0.1799
19	0.8277	0.6864	0.5703	0.4746	0.3957	0.3305	0.2765	0.2317	0.1945	0.1635
20	0.8195	0.6730	0.5537	0.4564	0.3769	0.3118	0.2584	0.2145	0.1784	0.1486
21	0.8114	0.6598	0.5375	0.4388	0.3589	0.2942	0.2415	0.1987	0.1637	0.1351
22	0.8034	0.6468	0.5219	0.4220	0.3418	0.2775	0.2257	0.1839	0.1502	0.1228
23	0.7954	0.6342	0.5067	0.4057	0.3256	0.2618	0.2109	0.1703	0.1378	0.1117
24	0.7876	0.6217	0.4919	0.3901	0.3101	0.2470	0.1971	0.1577	0.1264	0.1015
25	0.7798	0.6095	0.4776	0.3751	0.2953	0.2330	0.1842	0.1460	0.1160	0.0923
26	0.7720	0.5976	0.4637	0.3604	0.2812	0.2198	0.1722	0.1352	0.1064	0.0839
27	0.7644	0.5859	0.4502	0.3468	0.2678	0.2074	0.1609	0.1252	0.0976	0.0763
28	0.7568	0.5744	0.4371	0.3335	0.2551	0.1956	0.1504	0.1159	0.0895	0.0693
29	0.7493	0.5631	0.4243	0.3207	0.2429	0.1846	0.1406	0.1073	0.0822	0.0630
30	0.7419	0.5521	0.4120	0.3083	0.2314	0.1741	0.1314	0.0994	0.0754	0.0573
35	0.7059	0.5000	0.3554	0.2534	0.1813	0.1301	0.0937	0.0676	0.0490	0.0356
40	0.6717	0.4529	0.3066	0.2083	0.1420	0.0972	0.0668	0.0460	0.0318	0.0221
45	0.6391	0.4102	0.2644	0.1712	0.1113	0.0727	0.0476	0.0313	0.0207	0.0137
50	0.6080	0.3715	0.2281	0.1407	0.0872	0.0543	0.0339	0.0213	0.0134	0.0085
55	0.5785	0.3365	0.1968	0.1157	0.0683	0.0406	0.0242	0.0145	0.0087	0.0053

续表

期数	12%	14%	15%	16%	18%	20%	24%	28%	32%	36%
1	0.8929	0.8772	0.8696	0.8621	0.8475	0.8333	0.8065	0.7813	0.7576	0.7353
2	0.7972	0.7695	0.7561	0.7432	0.7182	0.6944	0.6504	0.6104	0.5739	0.5407
3	0.7118	0.6750	0.6575	0.6407	0.6086	0.5787	0.5245	0.4768	0.4348	0.3975
4	0.6355	0.5921	0.5718	0.5523	0.5158	0.4823	0.4230	0.3725	0.3294	0.2923
5	0.5674	0.5194	0.4972	0.4762	0.4371	0.4019	0.3411	0.2910	0.2495	0.2149
6	0.5066	0.4556	0.4323	0.4104	0.3704	0.3349	0.2751	0.2274	0.1890	0.1580
7	0.4523	0.3996	0.3759	0.3538	0.3139	0.2791	0.2218	0.1776	0.1432	0.1162
8	0.4039	0.3506	0.3269	0.3050	0.2660	0.2326	0.1789	0.1388	0.1085	0.0854
9	0.3606	0.3075	0.2843	0.2630	0.2255	0.1938	0.1443	0.1084	0.0822	0.0628
10	0.3220	0.2697	0.2472	0.2267	0.1911	0.1615	0.1164	0.0847	0.0623	0.0462
11	0.2875	0.2366	0.2149	0.1954	0.1619	0.1346	0.0938	0.0662	0.0472	0.0340
12	0.2567	0.2076	0.1869	0.1685	0.1373	0.1122	0.0757	0.0517	0.0357	0.0250
13	0.2292	0.1821	0.1625	0.1452	0.1163	0.0935	0.0610	0.0404	0.0271	0.0184
14	0.2046	0.1597	0.1413	0.1252	0.0985	0.0779	0.0492	0.0316	0.0205	0.0135
15	0.1827	0.1401	0.1229	0.1079	0.0835	0.0649	0.0397	0.0247	0.0155	0.0099
16	0.1631	0.1229	0.1069	0.0980	0.0709	0.0541	0.0320	0.0193	0.0118	0.0073
17	0.1456	0.1078	0.0929	0.0802	0.0600	0.0451	0.0259	0.0150	0.0089	0.0054
18	0.1300	0.0946	0.0808	0.0691	0.0508	0.0376	0.0208	0.0118	0.0068	0.0039
19	0.1161	0.0829	0.0703	0.0596	0.0431	0.0313	0.0168	0.0092	0.0051	0.0029
20	0.1037	0.0728	0.0611	0.0514	0.0365	0.0261	0.0135	0.0072	0.0039	0.0021
21	0.0926	0.0638	0.0531	0.0443	0.0309	0.0217	0.0109	0.0056	0.0029	0.0016
22	0.0826	0.0560	0.0462	0.0382	0.0262	0.0181	0.0088	0.0044	0.0022	0.0012
23	0.0738	0.0491	0.0402	0.0329	0.0222	0.0151	0.0071	0.0034	0.0017	0.0008
24	0.0659	0.0431	0.0349	0.0284	0.0188	0.0126	0.0057	0.0027	0.0013	0.0006
25	0.0588	0.0378	0.0304	0.0245	0.0160	0.0105	0.0046	0.0021	0.0010	0.0005
26	0.0525	0.0331	0.0264	0.0211	0.0135	0.0087	0.0037	0.0016	0.0007	0.0003
27	0.0469	0.0291	0.0230	0.0182	0.0115	0.0073	0.0030	0.0013	0.0006	0.0002
28	0.0419	0.0255	0.0200	0.0157	0.0097	0.0061	0.0024	0.0010	0.0004	0.0002
29	0.0374	0.0224	0.0174	0.0135	0.0082	0.0051	0.0020	0.0008	0.0003	0.0001
30	0.0334	0.0196	0.0151	0.0116	0.0070	0.0042	0.0016	0.0006	0.0002	0.0001
35	0.0189	0.0102	0.0075	0.0055	0.0030	0.0017	0.0005	0.0002	0.0001	*
40	0.0107	0.0053	0.0037	0.0026	0.0013	0.0007	0.0002	0.0001	*	*
45	0.0061	0.0027	0.0019	0.0013	0.0006	0.0003	0.0001	*	*	*
50	0.0035	0.0014	0.0009	0.0006	0.0003	0.0001	*	*	*	*
55	0.0020	0.0007	0.0005	0.0003	0.0001	*	*	*	*	*

* <0.0001

附表三　　　　　　　　　　年金终值系数表

期数	1%	2%	3%	4%	5%	6%	7%	8%	9%	10%
1	1.0000	1.0000	1.0000	1.0000	1.0000	1.0000	1.0000	1.0000	1.0000	1.0000
2	2.0100	2.0200	2.0300	2.0400	2.0500	2.0600	2.0700	2.0800	2.0900	2.1000
3	3.0301	3.0604	3.0909	3.1216	3.1525	3.1836	3.2149	3.2464	3.2781	3.3100
4	4.0604	4.1216	4.1836	4.2465	4.3101	4.3746	4.4399	4.5061	4.5731	4.6410
5	5.1010	5.2040	5.3091	5.4163	5.5256	5.6371	5.7507	5.8666	5.9847	6.1051
6	6.1520	6.3081	6.4684	6.633	6.8019	6.9753	7.1533	7.3359	7.5233	7.7156
7	7.2135	7.4343	7.6625	7.8983	8.1420	8.3938	8.6540	8.9228	9.2004	9.4872
8	8.2857	8.5830	8.8923	9.2142	9.5491	9.8975	10.260	10.637	11.028	11.436
9	9.3685	9.7546	10.159	10.583	11.027	11.491	11.978	12.488	13.021	13.579
10	10.462	10.950	11.464	12.006	12.578	13.181	13.816	14.487	15.193	15.937
11	11.567	12.169	12.808	13.486	14.207	14.972	15.784	16.645	17.560	18.531
12	12.683	13.412	14.192	15.026	15.917	16.870	17.888	18.977	20.141	21.384
13	13.809	14.680	15.618	16.627	17.713	18.882	20.141	21.495	22.953	24.523
14	14.947	15.974	17.086	18.292	19.599	21.015	22.550	24.214	26.019	27.975
15	16.097	17.293	18.599	20.024	21.579	23.276	25.129	27.152	29.361	31.772
16	17.258	18.639	20.157	21.825	23.657	25.673	27.888	30.324	33.003	35.950
17	18.430	20.012	21.762	23.698	25.840	28.213	30.840	33.750	36.974	40.545
18	19.615	21.412	23.414	25.645	28.132	30.906	33.999	37.450	41.301	45.599
19	20.811	22.841	25.117	27.671	30.539	33.760	37.379	41.446	46.018	51.159
20	22.019	24.297	26.870	29.778	33.066	36.786	40.995	45.752	51.16	57.275
21	23.239	25.783	28.676	31.969	35.719	39.993	44.865	50.423	56.765	64.002
22	24.472	27.299	30.537	34.248	38.505	43.392	49.006	55.457	62.873	71.403
23	25.716	28.845	32.453	36.618	41.430	46.996	53.436	60.883	69.532	79.543
24	26.973	30.422	34.426	39.083	44.502	50.816	58.177	66.765	76.79	88.497
25	28.243	32.030	36.459	41.646	47.727	54.863	63.294	73.106	84.701	98.347
26	29.526	33.671	38.553	44.312	51.113	59.156	68.676	79.954	93.324	109.18
27	30.821	35.344	40.710	47.084	54.669	63.706	74.484	87.351	102.72	121.1
28	32.129	37.051	42.931	49.968	58.403	68.528	80.698	95.339	112.97	134.21
29	33.450	38.792	45.219	52.966	62.323	73.640	87.347	103.97	124.14	148.63
30	34.785	40.568	47.575	56.085	66.439	79.058	94.461	113.28	136.31	164.49
40	48.886	60.402	75.401	95.026	120.80	154.76	199.64	259.06	337.88	442.59
50	64.463	84.579	112.80	152.67	209.35	290.34	406.53	573.77	815.08	1 163.9
60	81.670	114.05	163.05	237.99	353.58	533.13	813.52	1 253.2	1 944.8	3 034.8

续表

期数	12%	14%	15%	16%	18%	20%	24%	28%	32%	36%
1	1.0000	1.0000	1.0000	1.0000	1.0000	1.0000	1.0000	1.0000	1.0000	1.0000
2	2.1200	2.1400	2.1500	2.1600	2.1800	2.2000	2.2400	2.2800	2.3200	2.3600
3	3.3744	3.4396	3.4725	3.5056	3.5724	3.6400	3.7776	3.9184	4.0624	4.2096
4	4.7793	4.9211	4.9934	5.0665	5.2154	5.3680	5.6842	6.0156	6.3624	6.7251
5	6.3528	6.6101	6.7424	6.8771	7.1542	7.4416	8.0484	8.6999	9.3983	10.146
6	8.1152	8.5355	8.7537	8.9775	9.4420	9.9299	10.980	12.136	13.406	14.799
7	10.089	10.730	11.067	11.414	12.142	12.916	14.615	16.534	18.696	21.126
8	12.300	13.233	13.727	14.240	15.327	16.499	19.123	22.163	25.678	29.732
9	14.776	16.085	16.786	17.519	19.086	20.799	24.712	29.369	34.895	41.435
10	17.549	19.337	20.304	21.321	23.521	25.959	31.643	38.593	47.062	57.352
11	20.655	23.045	24.349	25.733	28.755	32.150	40.238	50.398	63.122	78.998
12	24.133	27.271	29.002	30.850	34.931	39.581	50.895	65.510	84.320	108.44
13	28.029	32.089	34.352	36.786	42.219	48.497	64.110	84.853	112.30	148.47
14	32.393	37.581	40.505	43.672	50.818	59.196	80.496	109.61	149.24	202.93
15	37.280	43.842	47.580	51.660	60.965	72.035	100.82	141.30	198.00	276.98
16	42.753	50.980	55.717	60.925	72.939	87.442	126.01	181.87	262.36	377.69
17	48.884	59.118	65.075	71.673	87.068	105.93	157.25	233.79	347.31	514.66
18	55.750	68.394	75.836	84.141	103.74	128.12	195.99	300.25	459.45	770.94
19	63.440	78.969	88.212	98.603	123.41	154.74	244.03	385.32	607.47	954.28
20	72.052	91.025	102.44	115.38	146.63	186.69	303.60	494.21	802.86	1 298.8
21	81.699	104.77	118.81	134.84	174.02	225.03	377.46	633.59	1 060.8	1 767.4
22	92.503	120.44	137.63	157.41	206.34	271.03	469.06	812.00	1 401.2	2 404.7
23	104.60	138.30	159.28	183.60	244.49	326.24	582.63	1 040.4	1 850.6	3 271.3
24	118.16	185.66	184.17	213.98	289.49	392.48	723.46	1 332.7	2 443.8	4 450.0
25	133.33	181.87	212.79	249.21	342.60	471.98	898.09	1 706.8	3 226.8	6 053.0
26	150.33	208.33	245.71	290.09	405.27	567.38	1 114.6	2 185.7	4 260.4	8 233.1
27	169.37	238.50	283.57	337.50	479.22	681.85	1 383.1	2 798.7	5 624.8	11 198.0
28	190.70	272.89	327.10	392.50	566.48	819.22	1 716.1	3 583.3	7 425.7	15 230.3
29	214.58	312.09	377.17	456.30	669.45	984.07	2 129.0	4 587.7	9 802.9	20 714.2
30	241.33	356.79	434.75	530.31	790.95	1 181.9	2 640.9	5 873.2	12 941	28 172.3
40	767.09	1 342.0	1 779.1	2 360.8	4 163.2	7 343.2	27 290	69 377	*	*
50	2 400.0	4 994.5	7 217.7	10 436	21 813	45 497	*	*	*	*
60	7 471.6	18 535	29 220	46 058	*	*	*	*	*	*

* >99 999

附表四   年金现值系数表

期数	1%	2%	3%	4%	5%	6%	7%	8%	9%
1	0.9901	0.9804	0.9709	0.9615	0.9524	0.9434	0.9346	0.9259	0.9174
2	1.9704	1.9416	1.9135	1.8861	1.8594	1.8334	1.8080	1.7833	1.7591
3	2.9410	2.8839	2.8286	2.7751	2.7232	2.6730	2.6243	2.5771	2.5313
4	3.9020	3.8077	3.7171	3.6299	3.5460	3.4651	3.3872	3.3121	3.2397
5	4.8534	4.7135	4.5797	4.4518	4.3295	4.2124	4.1002	3.9927	3.8897
6	5.7955	5.6014	5.4172	5.2421	5.0757	4.9173	4.7665	4.6229	4.4859
7	6.7282	6.4720	6.2303	6.0021	5.7864	5.5824	5.3893	5.2064	5.0330
8	7.6517	7.3255	7.0197	6.7327	6.4632	6.2098	5.9713	5.7466	5.5348
9	8.5660	8.1622	7.7861	7.4353	7.1078	6.8017	6.5152	6.2469	5.9952
10	9.4713	8.9826	8.5302	8.1109	7.7217	7.3601	7.0236	6.7101	6.4177
11	10.3676	9.7868	9.2526	8.7605	8.3064	7.8869	7.4987	7.1390	6.8052
12	11.2551	10.5753	9.9540	9.3851	8.8633	8.3838	7.9427	7.5361	7.1607
13	12.1337	11.3484	10.6350	9.9856	9.3936	8.8527	8.3577	7.9038	7.4869
14	13.0037	12.1062	11.2961	10.5631	9.8986	9.2950	8.7455	8.2442	7.7862
15	13.8651	12.8493	11.9379	11.1184	10.3797	9.7122	9.1079	8.5595	8.0607
16	14.7179	13.5777	12.5611	11.6523	10.8378	10.1059	9.4466	8.8514	8.3126
17	15.5623	14.2919	13.1661	12.1657	11.2741	10.4773	9.7632	9.1216	8.5436
18	16.3983	14.9920	13.7535	12.6896	11.6896	10.8276	10.0591	9.3719	8.7556
19	17.2260	15.6785	14.3238	13.1339	12.0853	11.1581	10.3356	9.6036	8.9601
20	18.0456	16.3514	14.8775	13.5903	12.4622	11.4699	10.5940	9.8181	9.1285
21	18.8570	17.0112	15.4150	14.0292	12.8212	11.7641	10.8355	10.0168	9.2922
22	19.6604	17.6580	15.9369	14.4511	13.4886	12.3034	11.0612	10.2007	9.4424
23	20.4558	18.2922	16.4436	14.8568	13.4886	12.3034	11.2722	10.3711	9.5802
24	21.2434	18.9139	16.9355	15.2470	13.7986	12.5504	11.4693	10.5288	9.7066
25	22.0232	19.5235	17.4131	15.6221	14.0939	12.7834	11.6536	10.6748	9.8226
26	22.7952	20.1210	17.8768	15.9828	14.3752	13.0032	11.8258	10.8100	9.9290
27	23.5596	20.7059	18.3270	16.3296	14.6430	13.2105	11.9867	10.9352	10.0266
28	24.3164	21.2813	18.7641	16.6631	14.8981	13.4062	12.1371	11.0511	10.1161
29	25.0658	21.8444	19.1885	16.9837	15.1411	13.5907	12.2777	11.1584	10.1983
30	25.8077	22.3965	19.6004	17.2920	15.3725	13.7648	12.4090	11.2578	10.2737
35	29.4086	24.9986	21.4872	18.6646	16.3742	14.4982	12.9477	11.6546	10.5668
40	32.8347	27.3555	23.1148	19.7928	17.1591	15.0463	13.3317	11.9246	10.7574
45	36.0945	29.4902	24.5187	20.7200	17.7741	15.4558	13.6055	12.1084	10.8812
50	39.1961	31.4236	25.7298	21.4822	18.2559	15.7619	13.8007	12.2335	10.9617
55	42.1472	33.1748	26.7744	22.1086	18.6335	15.9905	13.9399	12.3186	11.0140

续表

期数	10%	12%	14%	15%	16%	18%	20%	24%	28%	32%
1	0.9091	0.8929	0.8772	0.8696	0.8621	0.8475	0.8333	0.8065	0.7813	0.7576
2	1.7355	1.6901	1.6467	1.6257	1.6052	1.5656	1.5278	1.4568	1.3916	1.3315
3	2.4869	2.4018	2.3216	2.2832	2.2459	2.1743	2.1065	1.9813	1.8684	1.7663
4	3.1699	3.0373	2.9173	2.8550	2.7982	2.6901	2.5887	2.4043	2.2410	2.0957
5	3.7908	3.6048	3.4331	3.3522	3.2743	3.1272	2.9906	2.7454	2.5320	2.3452
6	4.3553	4.1114	3.8887	3.7845	3.6847	3.4976	3.3255	3.0205	2.7594	2.5342
7	4.8684	4.5638	4.2882	4.1604	4.0386	3.8115	3.6046	3.2423	2.9370	2.6775
8	5.3349	4.9676	4.6389	4.4873	4.3436	4.0776	3.8372	3.4212	3.0758	2.7860
9	5.7590	5.3282	4.9464	4.7716	4.6065	4.3030	4.0310	3.5655	3.1842	2.8681
10	6.1446	5.6502	5.2161	5.0188	4.8332	4.4941	4.1925	3.6819	3.2689	2.9304
11	6.4951	5.9377	5.4527	5.2337	5.0286	4.6560	4.3271	3.7757	3.3351	2.9776
12	6.8137	6.1944	5.6603	5.4206	5.1971	4.7932	4.4392	3.8514	3.3868	3.0133
13	7.1034	6.4235	5.8424	5.5831	5.3423	4.9095	4.5327	3.9124	3.4272	3.0404
14	7.3667	6.6282	6.0021	5.7245	5.4675	5.0081	4.6106	3.9616	3.4587	3.0609
15	7.6061	6.8109	6.1422	5.8474	5.5755	5.0916	4.6755	4.0013	3.4834	3.0764
16	7.8237	6.9740	6.2651	5.9542	5.6685	5.1624	4.7296	4.0333	3.5026	3.0882
17	8.0216	7.1196	6.3729	6.0472	5.7487	5.2223	4.7746	4.0591	3.5177	3.0971
18	8.2014	7.2497	6.4674	6.1280	5.8178	5.2732	4.8122	4.0799	3.5294	3.1039
19	8.3649	7.3658	6.5504	6.1982	5.8775	5.3162	4.8435	4.0967	3.5386	3.1090
20	8.5136	7.4694	6.6231	6.2593	5.9288	5.3527	4.8696	4.1103	3.5458	3.1129
21	8.6487	7.5620	6.6870	6.3125	5.9731	5.3837	4.8913	4.1212	3.5514	3.1158
22	8.7715	7.6446	6.7429	6.3587	6.0113	5.4099	4.9094	4.1300	3.5558	3.1180
23	8.8832	7.7184	6.7921	6.3988	6.0442	5.4321	4.9245	4.1371	3.5592	3.1197
24	8.9847	7.7843	6.8351	6.4338	6.0726	5.4509	4.9371	4.1428	3.5619	3.1210
25	9.0770	7.8431	6.8729	6.4641	6.0971	5.4669	4.9476	4.1474	3.5640	3.1220
26	9.1609	7.8957	6.9061	6.4906	6.1182	5.4804	4.9563	4.1511	3.5656	3.1227
27	9.2372	7.9426	6.9352	6.5135	6.1364	5.4919	4.9636	4.1542	3.5669	3.1233
28	9.3066	7.9844	6.9607	6.5335	6.1520	5.5016	4.9697	4.1566	3.5679	3.1237
29	9.3696	8.0218	6.9830	6.5509	6.1656	5.5098	4.9747	4.1585	3.5687	3.1240
30	9.4269	8.0552	7.0027	6.5660	6.1772	5.5168	4.9789	4.1601	3.5693	3.1242
35	9.6442	8.1755	7.0700	6.6166	6.2153	5.5386	4.9915	1.1644	3.5708	3.1248
40	9.7791	8.2438	7.1050	6.6418	6.2335	5.5482	4.9966	4.1659	3.5712	3.1250
45	9.8628	8.2825	7.1232	6.6543	6.2421	5.5523	4.9986	4.1664	3.5714	3.1250
50	9.9148	8.3045	7.1327	6.6605	6.2463	5.5541	4.9995	4.1666	3.5714	3.1250
55	9.9471	8.3170	7.1376	6.6636	6.2482	5.5549	4.9998	4.1666	3.5714	3.1250

附表五 自然对数表

N	0	1	2	3	4	5	6	7	8	9
1.0	0.0000	0.0100	0.0198	0.0296	0.0392	0.0488	0.0583	0.0677	0.0770	0.0862
1.1	0.0953	0.1044	0.1133	0.1222	0.1310	0.1398	0.1484	0.1570	0.1655	0.1740
1.2	0.1823	0.1906	0.1989	0.2070	0.2151	0.2231	0.2311	0.2390	0.2469	0.2546
1.3	0.2624	0.2700	0.2776	0.2852	0.2927	0.3001	0.3075	0.3148	0.3221	0.3293
1.4	0.3365	0.3436	0.3507	0.3577	0.3646	0.3716	0.3784	0.3853	0.3920	0.3988
1.5	0.4055	0.4121	0.4187	0.4253	0.4318	0.4383	0.4447	0.4511	0.4574	0.4637
1.6	0.4700	0.4762	0.4824	0.4886	0.4947	0.5008	0.5068	0.5128	0.5188	0.5247
1.7	0.5306	0.5365	0.5423	0.5481	0.5539	0.5596	0.5653	0.5710	0.5766	0.5822
1.8	0.5878	0.5933	0.5988	0.6043	0.6098	0.6152	0.6206	0.6259	0.6313	0.6366
1.9	0.6419	0.6471	0.6523	0.6575	0.6627	0.6678	0.6729	0.6780	0.6831	0.6881
2.0	0.6931	0.6981	0.7031	0.7080	0.7129	0.7178	0.7227	0.7275	0.7324	0.7372
2.1	0.7419	0.7467	0.7514	0.7561	0.7608	0.7655	0.7701	0.7747	0.7793	0.7839
2.2	0.7885	0.7930	0.7975	0.8020	0.8065	0.8109	0.8154	0.8198	0.8242	0.8286
2.3	0.8329	0.8372	0.8416	0.8459	0.8502	0.8544	0.8587	0.8629	0.8671	0.8713
2.4	0.8755	0.8796	0.8838	0.8879	0.8920	0.8961	0.9002	0.9042	0.9083	0.9123
2.5	0.9163	0.9203	0.9243	0.9282	0.9322	0.9361	0.9400	0.9439	0.9478	0.9517
2.6	0.9555	0.9594	0.9632	0.9670	0.9708	0.9746	0.9783	0.9821	0.9858	0.9895
2.7	0.9933	0.9969	1.0006	1.0043	1.0080	1.0116	1.0152	1.0188	1.0225	1.0260
2.8	1.0296	1.0332	1.0367	1.0403	1.0438	1.0473	1.0508	1.0543	1.0578	1.0613
2.9	1.0647	1.0682	1.0716	1.0750	1.0784	1.0818	1.0852	1.0886	1.0919	1.0953
3.0	1.0986	1.1019	1.1053	1.1086	1.1119	1.1151	1.1184	1.1217	1.1249	1.1282
3.1	1.1314	1.1346	1.1378	1.1410	1.1442	1.1474	1.1506	1.1537	1.1569	1.1600
3.2	1.1632	1.1663	1.1694	1.1725	1.1756	1.1787	1.1817	1.1848	1.1878	1.1909
3.3	1.1939	1.1969	1.2000	1.2030	1.2060	1.2090	1.2119	1.2149	1.2179	1.2208
3.4	1.2238	1.2267	1.2296	1.2326	1.2355	1.2384	1.2413	1.2442	1.2470	1.2499
3.5	1.2528	1.2556	1.2585	1.2613	1.2641	1.2669	1.2698	1.2726	1.2754	1.2782
3.6	1.2809	1.2837	1.2865	1.2892	1.2920	1.2947	1.2975	1.3002	1.3029	1.3056
3.7	1.3083	1.3110	1.3137	1.3164	1.3191	1.3218	1.3244	1.3271	1.3297	1.3324
3.8	1.3350	1.3376	1.3403	1.3429	1.3455	1.3481	1.3507	1.3533	1.3558	1.3584
3.9	1.3610	1.3635	1.3661	1.3686	1.3712	1.3737	1.3762	1.3788	1.3813	1.3838
4.0	1.3863	1.3888	1.3913	1.3938	1.3962	1.3987	1.4012	1.4036	1.4061	1.4085
4.1	1.4110	1.4134	1.4159	1.4183	1.4207	1.4231	1.4255	1.4279	1.4303	1.4327
4.2	1.4351	1.4375	1.4398	1.4422	1.4446	1.4469	1.4493	1.4516	1.4540	1.4563
4.3	1.4586	1.4609	1.4633	1.4656	1.4679	1.4702	1.4725	1.4748	1.4770	1.4793
4.4	1.4816	1.4839	1.4861	1.4884	1.4907	1.4929	1.4951	1.4974	1.4996	1.5019
4.5	1.5041	1.5063	1.5085	1.5107	1.5129	1.5151	1.5173	1.5195	1.5217	1.5239
4.6	1.5261	1.5282	1.5304	1.5326	1.5347	1.5369	1.5390	1.5412	1.5433	1.5454
4.7	1.5476	1.5497	1.5518	1.5539	1.5560	1.5581	1.5602	1.5623	1.5644	1.5665
4.8	1.5686	1.5707	1.5728	1.5748	1.5769	1.5790	1.5810	1.5831	1.5851	1.5872
4.9	1.5892	1.5913	1.5933	1.5953	1.5974	1.5994	1.6014	1.6034	1.6054	1.6074
5.0	1.6094	1.6114	1.6134	1.6154	1.6174	1.6194	1.6214	1.6233	1.6253	1.6273
5.1	1.6292	1.6312	1.6332	1.6351	1.6371	1.6390	1.6409	1.6429	1.6448	1.6467
5.2	1.6487	1.6506	1.6525	1.6544	1.6563	1.6582	1.6601	1.6620	1.6639	1.6658
5.3	1.6677	1.6696	1.6715	1.6734	1.6752	1.6771	1.6790	1.6808	1.6827	1.6845
5.4	1.6864	1.6882	1.6901	1.6919	1.6938	1.6956	1.6974	1.6993	1.7011	1.7029

续表

N	0	1	2	3	4	5	6	7	8	9
5.5	1.7047	1.7066	1.7084	1.7102	1.7120	1.7138	1.7156	1.7174	1.7192	1.7210
5.6	1.7228	1.7246	1.7263	1.7281	1.7299	1.7317	1.7334	1.7352	1.7370	1.7387
5.7	1.7405	1.7422	1.7440	1.7457	1.7475	1.7492	1.7509	1.7527	1.7544	1.7561
5.8	1.7579	1.7596	1.7613	1.7630	1.7647	1.7664	1.7681	1.7699	1.7716	1.7733
5.9	1.7750	1.7766	1.7783	1.7800	1.7817	1.7834	1.7851	1.7867	1.7884	1.7901
6.0	1.7918	1.7934	1.7951	1.7967	1.7984	1.8001	1.8017	1.8034	1.8050	1.8066
6.1	1.8083	1.8099	1.8116	1.8132	1.8148	1.8165	1.8181	1.8197	1.8213	1.8229
6.2	1.8245	1.8262	1.8278	1.8294	1.8310	1.8326	1.8342	1.8358	1.8374	1.8390
6.3	1.8405	1.8421	1.8437	1.8453	1.8469	1.8485	1.8500	1.8516	1.8532	1.8547
6.4	1.8563	1.8579	1.8594	1.8610	1.8625	1.8641	1.8656	1.8672	1.8687	1.8703
6.5	1.8718	1.8733	1.8749	1.8764	1.8779	1.8795	1.8810	1.8825	1.8840	1.8856
6.6	1.8871	1.8886	1.8901	1.8916	1.8931	1.8946	1.8961	1.8976	1.8991	1.9006
6.7	1.9021	1.9036	1.9051	1.9066	1.9081	1.9095	1.9110	1.9125	1.9140	1.9155
6.8	1.9169	1.9184	1.9199	1.9213	1.9228	1.9242	1.9257	1.9272	1.9286	1.9301
6.9	1.9315	1.9330	1.9344	1.9359	1.9373	1.9387	1.9402	1.9416	1.9430	1.9445
7.0	1.9459	1.9473	1.9488	1.9502	1.9516	1.9530	1.9544	1.9559	1.9573	1.9587
7.1	1.9601	1.9615	1.9629	1.9643	1.9657	1.9671	1.9685	1.9699	1.9713	1.9727
7.2	1.9741	1.9755	1.9769	1.9782	1.9796	1.9810	1.9824	1.9838	1.9851	1.9865
7.3	1.9879	1.9892	1.9906	1.9920	1.9933	1.9947	1.9961	1.9974	1.9988	2.0001
7.4	2.0015	2.0028	2.0042	2.0055	2.0069	2.0082	2.0096	2.0109	2.0122	2.0136
7.5	2.0149	2.0162	2.0176	2.0189	2.0202	2.0215	2.0229	2.0242	2.0255	2.0268
7.6	2.0281	2.0295	2.0308	2.0321	2.0334	2.0347	2.0360	2.0373	2.0386	2.0399
7.7	2.0412	2.0425	2.0438	2.0451	2.0464	2.0477	2.0490	2.0503	2.0516	2.0528
7.8	2.0541	2.0554	2.0567	2.0580	2.0592	2.0605	2.0618	2.0631	2.0643	2.0656
7.9	2.0669	2.0681	2.0694	2.0707	2.0719	2.0732	2.0744	2.0757	2.0769	2.0782
8.0	2.0794	2.0807	2.0819	2.0832	2.0844	2.0857	2.0869	2.0882	2.0894	2.0906
8.1	2.0919	2.0931	2.0943	2.0956	2.0968	2.0980	2.0992	2.1005	2.1017	2.1029
8.2	2.1041	2.1054	2.1066	2.1078	2.1090	2.1102	2.1114	2.1126	2.1138	2.1150
8.3	2.1163	2.1175	2.1187	2.1199	2.1211	2.1223	2.1235	2.1247	2.1258	2.1270
8.4	2.1282	2.1294	2.1306	2.1318	2.1330	2.1342	2.1353	2.1365	2.1377	2.1389
8.5	2.1401	2.1412	2.1424	2.1436	2.1448	2.1459	2.1471	2.1483	2.1494	2.1506
8.6	2.1518	2.1529	2.1541	2.1552	2.1564	2.1576	2.1587	2.1599	2.1610	2.1622
8.7	2.1633	2.1645	2.1656	2.1668	2.1679	2.1691	2.1702	2.1713	2.1725	2.1736
8.8	2.1748	2.1759	2.1770	2.1782	2.1793	2.1804	2.1815	2.1827	2.1838	2.1849
8.9	2.1861	2.1872	2.1883	2.1894	2.1905	2.1917	2.1928	2.1939	2.1950	2.1961
9.0	2.1972	2.1983	2.1994	2.2006	2.2017	2.2028	2.2039	2.2050	2.2061	2.2072
9.1	2.2083	2.2094	2.2105	2.2116	2.2127	2.2138	2.2148	2.2159	2.2170	2.2181
9.2	2.2192	2.2203	2.2214	2.2225	2.2235	2.2246	2.2257	2.2268	2.2279	2.2289
9.3	2.2300	2.2311	2.2322	2.2332	2.2343	2.2354	2.2364	2.2375	2.2386	2.2396
9.4	2.2407	2.2418	2.2428	2.2439	2.2450	2.2460	2.2471	2.2481	2.2492	2.2502
9.5	2.2513	2.2523	2.2534	2.2544	2.2555	2.2565	2.2576	2.2586	2.2597	2.2607
9.6	2.2618	2.2628	2.2638	2.2649	2.2659	2.2670	2.2680	2.2690	2.2701	2.2711
9.7	2.2721	2.2732	2.2742	2.2752	2.2762	2.2773	2.2783	2.2793	2.2803	2.2814
9.8	2.2824	2.2834	2.2844	2.2854	2.2865	2.2875	2.2885	2.2895	2.2905	2.2915
9.9	2.2925	2.2935	2.2946	2.2956	2.2966	2.2976	2.2986	2.2996	2.3006	2.3016
10.0	2.3026									

附表六　　　　　　　　　　e^r 的值：1 元的连续复利终值系数表

r	1%	2%	3%	4%	5%	6%	7%	8%	9%	10%
1	1.0101	1.0202	1.0305	1.0408	1.0513	1.0618	1.0725	1.0833	1.0942	1.1052
2	1.0202	1.0408	1.0618	1.0833	1.1052	1.1275	1.1503	1.1735	1.1972	1.2214
3	1.0305	1.0618	1.0942	1.1275	1.1618	1.1972	1.2337	1.2712	1.3100	1.3499
4	1.0408	1.0833	1.1275	1.1735	1.2214	1.2712	1.3231	1.3771	1.4333	1.4918
5	1.0513	1.1052	1.1618	1.2214	1.2840	1.3499	1.4191	1.4918	1.5683	1.6487
6	1.0618	1.1275	1.1972	1.2712	1.3499	1.4333	1.5220	1.6161	1.7160	1.8221
7	1.0725	1.1503	1.2337	1.3231	1.4191	1.5220	1.6323	1.7507	1.8776	2.0138
8	1.0833	1.1735	1.2712	1.3771	1.4918	1.6161	1.7507	1.8965	2.0544	2.2255
9	1.0942	1.1972	1.3100	1.4333	1.5683	1.7160	1.8776	2.0544	2.2479	2.4596
10	1.1052	1.2214	1.3499	1.4918	1.6487	1.8221	2.0138	2.2255	2.4596	2.7183
11	1.1163	1.2461	1.3910	1.5527	1.7333	1.9348	2.1598	2.4109	2.6912	3.0042
12	1.1275	1.2712	1.4333	1.6161	1.8221	2.0544	2.3164	2.6117	2.9447	3.3201
13	1.1388	1.2969	1.4770	1.6820	1.9155	2.1815	2.4843	2.8292	3.222	3.6693
14	1.1503	1.3231	1.5220	1.7507	2.0138	2.3164	2.6645	3.0649	3.5254	4.0552
15	1.1618	1.3499	1.5683	1.8221	2.1170	2.4596	2.8577	3.3201	3.8574	4.4817
16	1.1735	1.3771	1.6161	1.8965	2.2255	2.6117	3.0649	3.5966	4.2207	4.953
17	1.1853	1.4049	1.6653	1.9739	2.3396	2.7732	3.2871	3.8962	4.6182	5.4739
18	1.1972	1.4333	1.7160	2.0544	2.4596	2.9447	3.5254	4.2207	5.0531	6.0496
19	1.2092	1.4623	1.7683	2.1383	2.5857	3.1268	3.7810	4.5722	5.5290	6.6859
20	1.2214	1.4918	1.8221	2.2255	2.7183	3.3201	4.0552	4.9530	6.0496	7.3891
21	1.2337	1.5220	1.8776	2.3164	2.8577	3.5254	4.3492	5.3656	6.6194	8.1662
22	1.2461	1.5527	1.9348	2.4109	3.0042	3.7434	4.6646	5.8124	7.2427	9.0250
23	1.2586	1.5841	1.9937	2.5093	3.1582	3.9749	5.0028	6.2965	7.9248	9.9742
24	1.2712	1.6161	2.0544	2.6117	3.3201	4.2207	5.3656	6.821	8.6711	11.023
25	1.2840	1.6487	2.117	2.7183	3.4903	4.4817	5.7546	7.3891	9.4877	12.182
30	1.3499	1.8221	2.4596	3.3201	4.4817	6.0496	8.1662	11.023	14.880	20.086
35	1.4191	2.0138	2.8577	4.0552	5.7546	8.1662	11.588	16.445	23.336	33.115
40	1.4918	2.2255	3.3201	4.9530	7.3891	11.023	16.445	24.533	36.598	54.598
45	1.5683	2.4596	3.8574	6.0496	9.4877	14.880	23.336	36.598	57.397	90.017
50	1.6487	2.7183	4.4817	7.3891	12.182	20.086	33.115	54.598	90.017	148.41
55	1.7333	3.0042	5.2070	9.0250	15.643	27.113	46.993	81.451	141.17	244.69
60	1.8221	3.3201	6.0496	11.023	20.086	36.598	66.686	121.51	221.41	403.43

注：例如，以 10% 的年利率连续复利，则今天投资 1 元，第 1 年末的价值为 1.1052 元，第 2 年末的价值为 1.2214 元。

参考文献

1. 中国注册会计师协会. 财务成本管理. 北京：中国财政经济出版社，2017.
2. 财政部会计资格评价中心. 财务管理. 北京：中国财政经济出版社，2017.